훈민과 계몽

한국 훈민공론장의 역사적 형성

나남
nanam

나남신서 1875

훈민과 계몽

한국 훈민공론장의 역사적 형성

2016년 5월 30일 발행
2016년 5월 30일 1쇄

지은이 강명구
발행자 趙相浩
발행처 (주) 나남
주소 10881 경기도 파주시 회동길 193
전화 (031) 955-4601(代)
FAX (031) 955-4555
등록 제 1-71호(1979.5.12)
홈페이지 http://www.nanam.net
전자우편 post@nanam.net

ISBN 978-89-300-8875-6
ISBN 978-89-300-8001-9(세트)

책값은 뒤표지에 있습니다.

이 저서는 2011년도 정부재원(교육부)으로 한국연구재단의 지원을 받아 연구되었음(NRF-2011-812-B00125).

나남신서 1875

훈민과 계몽

한국 훈민공론장의 역사적 형성

강명구 지음

나남
nanam

A Historical Formation of *Hunmin* Public Sphere in Korea

by

Myungkoo KANG

nanam

책머리에

동남아시아, 남아시아에 가면 국가 혹은 공공부문이 제대로 작동하지 않는다는 생각을 자주 하게 된다. 초현실적일 만큼 화려한 쇼핑몰에서 소비문화를 만끽하는 사람들이 있는 반면, 그 바깥을 나가면 교통, 거리 질서, 쓰레기, 하수도와 하천 등이 거의 방치된 상황을 보게 된다. 공공부문의 부패, 사적 영역의 약육강식, 빈곤 등으로 이런 점을 설명하기도 한다.

이런 모습은 도시에만 그치지 않고 농촌지역도 마찬가지다. 인도네시아, 필리핀은 기후조건으로 보나, 농토의 크기로 보나, 농촌 노동력으로 보나 쌀 수출국이어야 하는데, 오히려 쌀 수입국이다. 두 나라 모두 토지개혁이 실패하고, 대규모 토지는 사유이거나 국가 소유이다. 농사지을 땅이 없고, 많은 농토가 개발을 기대하고 있고, 빈민들이 농사를 짓다가 분쟁이 날 것을 우려한다고 한다. 관개수로 시설이 미비하고, 비료공급도 원활하지 못하다고 한다. 국가든 시민사회든 사회가 제대로 운용되지 않는다고 볼 수 있다.

이 두 가지 사례에서 국가는 사회와의 관계에 있어 어떤 역할을 할 수 있고, 어떤 위치에 있는 것일까. 두 나라 모두 자유보통선거를 치러 대통령과 국회의원들을 뽑고, 언론도 그런 대로 작동한다(물론 소수 자본의 통제 아래에서). 그럼에도 불구하고 이들 나라의 현실사회에 나가 보면 국가기구가 어디에서 작동하고 있는지 알기 어렵다.

이런 사회에 비추어 동아시아 3국의 국가를 바라다보면 전혀 다른 그림이 보인다. 중국의 경우 진나라 이후 2천 년 동안 강력한 중앙집권제와 관료제가 운용되었다. 13억의 인구를 포괄하는 행정 시스템이 작동하는 모습이 보이고, 개혁개방 이후에는 국가기구가 시장의 주체로서 경제를 끌고 가는 양상도 우리가 보아 온 대로이다. 일본 역시 에도막부 이후 강력한 천황제 국가가 국민생활 전반을 규율하는 근대 국민국가를 운용하고 있다. 한국 역시 이 점은 마찬가지이다.

이렇게 강력한 국가체제에도 불구하고, 동아시아의 시민사회는 유럽에 비해 여전히 국가 영역에 포섭되어 있는 양상을 목격할 수 있다(물론 사적 영역으로서 일상의 생활세계는 이들 공적 영역과 별도로 끈질긴 자신들의 세계를 만들어 가고 있지만). 이런 사회 구성의 차이에 주목하여, 공론장의 위상과 역할도 다르지 않을까 하는 의문에서 이 책을 쓰고자 했다. 동아시아를 아우를 수는 없었고, 중국과 일본의 공론장 논의가 보여 주는 차이를 참고로 하면서 한국 공론장의 특성을 '훈민공론장'으로 개념화하고자 한 것이다.

책의 여러 장들은 훈민공론장을 염두에 두고 쓴 것은 아니다. 이번에 훈민공론장 논의에 새로 포함하면서 고쳐 쓰고 버리는 작업을 여러 차례 거쳤다. 이들을 묶고 정리하는 과정에서 여러 사람들의 노고에 힘입었다. 중국 공론장은 오창학 씨, 일본 공론장은 남의영 씨의 도움이 없었다면 이만큼의 정리가 불가능했을 것이다. 이상규, 이성민 씨가 전체 장들을 고치고 교정보는 데 큰 도움을 주었다.

한국연구재단이 재정지원도 해주고, 마감일정까지 정해 주었기 때문에 이 책을 출판할 수 있었다. 진심으로 감사드린다.

끝으로 마감하면서 보니 곳곳에 부실한 구석들이 눈에 띈다. 다시 한번 손질하고 자료를 보완해서 개정판에서는 조금 더 나은 논증을 제시할 것을 약속드린다.

관악산 아래에서

강 명 구

차 례

제1장

훈민공론장과 서구의 부르주아 공론장

1. 왜 훈민공론장에 대해 말하고자 하는가

이 책은 '공론장'이라는 개념으로부터 '훈민공론장'(訓民公論場)이라는 변용된 개념을 도출하고 왜 그것이 필요한가를 논증하는 데 목적이 있다. 필자는 하버마스(Habermas)의 공론장으로부터 비롯된 유럽과 미국사회의 공론장 논의를 공부하면서 한국의 맥락, 동아시아의 맥락에서 무엇인가 개념과 현실이 어긋나 있다는 생각을 많이 했다.

일상생활에서 늘 느끼고 볼 수 있는 일이지만, 우리는 대학이나 학회, 공공기관 등에서 관점과 가치관이 다른 사람들과 제대로 토론하거나 논쟁하지 않는다. 토론과 논쟁을 통해 서로 다른 사람 사이에 공통의 인식이 넓어지는 게 아니라 오히려 개인적 감정이 나빠지고 적대하는 경우가 적지 않다. 학계에서 이루어지는 학술적 비판과 논쟁도 이론과 관점의 차이를 상호확인하고 서로를 이해하는 결과를 낳기보다는 당사자들 사이에 개인감정이 나빠지고 사석에서 사과까지 하는 일이 다반사로 일어난다. 사과하지 않으면 옹졸해지기까지 한다. 이렇게 우리나라 지식사회나 공적 영역에는 토론의 문화가 부재하다.

논쟁하는 풍토가 취약하다는 건 모두 경험적으로는 알지만, 왜 그런가에 대해서 별다른 해명은 없었다. 대화의 규칙에 합리성이 부족한 건 알고 있는데, 왜 그러한가에 대해서는 잘 모르는 상태에 있다. "합리성에 기초한 숙의(*deliberation*)가 정말 가능한 것일까?", "우리나라의 대화와 소통의 문법은 다른 게 아닐까?"라는 질문은 바로 이런 어긋남에 대한 경험으로부터 나오는 것이다.

또 하나, 유럽과 미국의 공론장 이론과 실제로부터 한국의 상황이 많이 다르다고 느끼게 하는 것은 사회적 토론과 저널리즘에 국가의 발전과 민족의 융성을 바라는 마음이 담겨 있다는 점이다. 진보든 보수든 국가와 민족을 위해 자신의 이념과 가치가 타당하다고 믿는다. 국가와 민족의 번영을 위하는 마음으로서의 애국주의는 어느 사회, 어느 나라에나 있게 마련이고, 그것은 사회공동체를 위해 필요한 일이다. 그러나 한국에서는 시민사회와 공론장이 국가 자체에 대해 의문을 제기하고 국가의 활동(예를 들어 부당한 전쟁, 인권탄압이나 인종차별 등)에 대해 비판적 목소리를 내기 어렵고, 내는 경우에도 국가 범주 바깥으로 나가서 사고하기 어렵다. 이것을 필자는 "한국 저널리즘이 왜 이렇게까지 애국적인가?"라는 질문을 통해 규명해 보고자 했다.

국가와 시민사회가 두 개의 축을 이루어 상호 견제하면서 국민국가

공동체를 이루기보다는 국가의 우산 아래 시민사회와 공론장이 움직이는 양상은 다른 개념을 통해서 해명할 필요가 있는 것 아닐까 하는 생각을 한 것이다. 마치 지구에서 벗어나 지구를 바라보면 다른 시야를 얻게 되듯이 "국가와 국가주의의 자장 바깥으로 나가서 한국의 국가와 시민사회를 바라다보면 어떨까?", "그런 시도가 가능할까?"라는 질문에 부분적으로 답을 하고 싶었다.

예를 들어 일본 헌법 9조 전쟁포기 조항에 대한 한국의 언론보도를 보면, 너무 쉽게 "일본의 보수우익이 9조 개정을 통해 전쟁국가로 돌아가려 한다", "일본이 군국주의의 부활을 꿈꾸고 있다"라고 비판한다. 일본의 평화헌법에 대한 한국 쪽의 비판이 실효성과 진정성을 가지기 위해서는 우리 자신에게도 같은 질문을 해야 한다. 즉, 분단 상황에서 한반도 평화체제는 어떻게 사고할 수 있는가를 자기성찰 차원에서 고민할 수 있어야 한다. 그리고 동시에 일본의 시민사회가 헌법 9조에 대해 어떻게 고민하는지도 세밀하게 살필 수 있어야 한다. (예를 들어 가라타니 고진은 헌법 9조에 대해 일본 정부가 유엔에서 다시 한 번 전쟁포기 선언을 하게 되면, 그러한 선언 자체가 세계평화에 새로운 틀을 가져오고, 전쟁포기라는 것의 세계사적 의미를 되살릴 수 있다고 제안한 바 있다.) 국가가 전쟁을 일으키고 개입하는 권한과 토대가 어디에서 오는가에 대해 의문을 제기하지 않으면서, 일본이 제국주의적 범죄를 저질렀기 때문에 일본 헌법 9조는 마땅하다는 식의 단순 대응은 결코 평화주의에 기여하기 어렵기 때문이다.

이런 점에서 국가와 국가주의라는 우산은 마치 서울의 하늘을 덮고 있는 스모그 층과 같아서 그 안에서는 보기도 어렵고 실감하기도 어렵다. 훈민공론장이라는 개념에는 공론장을 국가의 우산 바깥으로 끌어내서 다시 바라보고 싶은 희망이 담겨 있다고도 할 수 있다.

세 번째로, "한국의 공론장에서 누가 말하는가?"라는 질문을 제기하면 우리나라는 다른 나라에 비해 파워엘리트의 비중이 훨씬 강하게 나타난다. 신문 칼럼의 비중이 높기도 하거니와 대학교수, 관료, 기업인들의 발언율이 대단히 높다. 뒤에서 구체적 사례를 들겠지만, 뉴스 안에서 주요 인터뷰 소스를 분석한 연구들을 보면 한국의 저널리즘에서는 파워엘리트들이 주로 등장한다.

또 언론이나 사회적 발언, 공론에 참여하는 사람들을 계층별로 보면 중·하층의 보통사람들은 거의 공론장에서 모습을 찾아보기 어렵다. 한국의 공론장에는 발언하지 못하는 사람들, 발언과 자기표현의 기회가 주어져 있지 않은 사람들, 다시 말해 배제된 사람들의 수가 너무 많다. 교육 수준이 낮고 문화적 자본을 지니지 못한 하층민들은 대다수가 노동조합이나 공익적 시민단체, 자발적 결사체에 소속되지 못한다. 100명 미만의 사업장에서 일하는 사람들 중(정규직이든 비정규직이든) 노동조합에 가입하거나 사회단체에 소속해서 활동하는 사람은 거의 없다. 실업상태에 있거나 빈곤한 노인층은 더욱이 자신들의 요구와 희망을 말할 기회를 갖지 못하고, 구호의 대상으로 대상화되어 있을 뿐이다. 노동운동이 대기업과 공기업 중심으로 대규모 사업장, 정규직 노동자들을 과다대표하는 상황에서 이들 하층집단은 이중으로 소외되어 있는 셈이다.

하버마스의 공론장, 커뮤니케이션 이론이 부르주아 공론장에서 출발해서 시민공론장으로, 또 여성이나 소수자의 발언과 자기표현을 포괄하는 쪽으로 이동했지만, 여전히 엘리트 중심인 것은 사실이다. 훈민성을 강하게 나타내는 한국의 공론장은 엘리트 중심성이 더욱 강하게 발현되는 것 아닌가 하는 판단을 했고, 이런 생각에 기반해서 훈민공론장의 성격을 규명하는 작업이 의미 있다고 보았다.

다음으로는 훈민공론장의 개념을 어떻게 규정할 것인가를 잠시 생각해 본다.

1) 훈민공론장의 개념을 어떻게 규정할 것인가

우선 훈민(訓民)은 사전적 정의대로 '백성을 가르치다', '도덕이나 윤리를 깨우칠 수 있도록 가르치다'라는 의미를 가지고 있다. 그리고 실제 언어 사용의 맥락에서는 훈민정음의 창제 의도대로 백성들이 스스로 배울 수 있는 언어를 만들겠다는 세종대왕의 백성을 위하는 마음이 담겨 있다. 바로 이렇게 일상생활에서 사용하는 훈민의 의미가 한국 공론장에 거의 그대로 담겨 있다고 보고, 그것을 공론장의 훈민성, '훈민공론장'으로 개념화하고자 했다. 다시 말해 하버마스의 공론장 개념을 한국의 맥락에서 검토하면서 그 차이를 분명히 하고, 차이를 밝히는 데서 한 걸음 더 나아가 "한국의 공론장은 왜 이러한 특성을 지니고 있을까?", "그런 특성을 지닌 공론장은 어떻게 만들어진 것일까?"라는 질문에 대한 답을 하기 위해서는 새로운 개념이 필요했다. 이것을 훈민공론장이라 부르자는 제안인 셈이다.

그러면 한국의 공론장은 이렇고 유럽의 공론장은 이러저러하다고 하면 공통점과 차이점이 분명해지는데 왜 굳이 별도의 개념을 만들려는가

하는 질문이 있을 수 있다. 이건 비교연구가 늘 대답해야 하는 질문이다. 어떤 사회적 · 문화적 · 역사적 현상이든 비교를 통해 공통점과 차이점을 밝힐 수 있게 마련이다. 공통점이 많으면 그 개념은 살아남고, 지역별로 문화에 따라 어떤 차이를 갖는다고 설명할 수 있다.

예를 들어, 한국의 소나무와 미국 아열대 지방의 소나무는 같은 소나무라도 생장 기후가 다르기 때문에 차이가 두드러진다. 늘 비가 오는 아열대 지역의 소나무는 뿌리가 깊이 내리지 않고 쑥쑥 자라기 때문에 나무가 무르다. 그래서 단단한 가구를 위한 목재로는 쓰기 어렵다. 반면 한국의 소나무는 봄과 초여름에 집중적으로 내리는 비를 제외하고는 거의 사막 기후에 가까울 정도로 건조하고 추운 풍토에서 자라기 때문에 대단히 단단하다. 또 암석이 많은 지역의 나무는 뒤틀려서 많은 경우 목재로써 쓸모가 없다. 그러나 관상용으로는 너무나 멋진 나무이고 그래서 정원수로 사랑받는다. 같은 소나무이지만 용도와 의미가 다르다. 이렇게 성질이 다르지만 식물분류학의 입장에서는 같은 소나무로 부른다.

공론장의 경우는 어떻게 되는가? 소나무와 마찬가지로 어느 정도 차이가 나면 그대로 공론장이라 부르면 된다. 그러나 차이가 상당히 나서 전혀 다른 현상처럼 보일 경우는 어떻게 되는가? 다른 개념이 필요할 것이다. 이 지점에서 '훈민장'(訓民場)이라는 개념을 만들 수 있고, 그 중간지점에서 '훈민공론장'이란 개념을 제안할 수 있다. 이 책은 중간지점을 채택하는 셈이다.

또 훈민공론장의 개념화 과정에서 이 개념이 보편적 개념(*universal concept*)인지 아니면 특정 역사적 조건에서 발생한 특정한 현상을 지칭하는 역사적 개념(*historical concept*) 인지의 문제가 있다. 이 책을 통해 필자는 훈민공론장의 개념을 구성하기 위해 막스 베버(Max Weber)의 이념형적 개념(*ideal typical concept*) 구성 전략을 따르고자 했다. 서구의 이론을 다른 역사적 맥락에서 어떻게 활용할 것인가의 문제에서 베버의 이념형 구성이라는 방법론적 전략은 유용하다.

잘 알려진 바와 같이, 베버의 이념형은 '프로테스탄트 윤리'라는 개념에서 보듯 특정 시기의 여러 가지 복잡한 요소들을 모으고 정렬해서 현상이나 사회적 사태 안에 "다른 요소들과 함께 초래할 것이라고 '일반적으로' 기대되는 효과를 어림짐작함으로써 판정"(Weber, 1949, 79쪽) 하는 작업을 통해 이뤄진다고 봤다. '어림짐작'이란 대강대강 중요해 보이는 것을 고른다기보다 기존에 존재하는 일반적 개념을 고려하면서 '특정 요소들을 추상화하고 그 특성을 분명히 함으로써' 이념형이 된다는 것이다. 따라서 베버는 "일반적 개념(*general concept*)과 준(準) 일반적 개념, 이념형적 개념 간의 구분은 당연히 뚜렷하지 않다. 그러나 일반적 개념은 그 자체로는 전형성을 가질 수 없다"(Weber, 1949, 100쪽) 라고 설명한 바 있다.

훈민성을 추출하는 과정은 베버가 이념형을 만드는 과정과 유사하다고 할 수 있다. 프로테스탄트 윤리라는 자본주의 정신과 관련해서 베버는 특정한 시기 유럽사회 내에 가톨릭이 융성한 지역과 프로테스탄트 지역에서 노동자와 상인들이 물질, 노동, 유통체계 등을 대하는 태도에 많은 차이가 있다는 것을 관찰했다.

예를 들어, 19세기 유럽 대륙 직물산업에서 은행 역할을 한 전대업자들(사실상 중간상인) 은 돈에 크게 집착하지 않았고, 직물의 생산과 유통

구조를 합리적으로 개선하고자 했으며, 사업 확장에는 별다른 관심을 기울이지 않았다고 한다. 이들은 적당한 시간 일하고 품위 있고 편안한 생활을 영위했고, 오히려 이들의 조직이 자본주의적이었음이 관찰되었다. 즉, 생산과 유통은 자본주의적이었으나 그것을 운영하는 주체로서의 전대업자들은 기업가 정신을 강하게 가지고 있지는 않았다. 생산과 판매, 노동관리, 고객관리에서 합리적이고 계산적이었지만, 검약을 통해 재산을 축적하고 재투자함으로써 이윤을 추구하는 기업가(이런 사람들은 프로테스탄트 지역에서 주로 나타났다)와는 거리가 멀었다. 이러한 태도의 차이로부터 베버는 프로테스탄트 윤리라는 이념형을 도출했다.

이런 과정은 하버마스가 부르주아 공론장이라는 개념을 구성하는 과정에서도 그대로 적용되었다고 할 수 있다. 《공론장의 구조변동》의 세 번째 장 "공론장의 정치적 기능"에서 영국 모델을 설명하는 과정은 이렇게 요약된다. 18세기 초엽 영국에서 정치적 기능을 가진 공론장이 출현하는 사회적 배경으로 하버마스는 3가지 중요한 사건을 제시한다. 1694년과 1695년에 이뤄진 것으로, ① 영국은행의 설립(리옹과 암스테르담에는 증권거래소), ② 사전검열제도의 철폐, ③ 최초의 내각정부 성립이 그것이다. 은행은 상업 교육 중심의 체제가 자본주의적으로 혁신된 생산양식의 기초 위에 작동하기 시작한 사례이고, 사전검열제도가 철폐됨으로써 신문이 정치적 의견 개진과 의사결정의 매체로 자리 잡게 된다. 그리고 의회와 의회가 지배하는 정부의 수립을 통해 정치적 기능의 공론장이 국가기관으로 자리 잡게 되었음을 지적한다(이것은 시민사회가 정치사회를 규율할 수 있게 된 계기를 의미한다).

이런 3가지 사회적 변화와 함께 하버마스는 미디어로서 휘그당을 지지하는 〈리뷰〉, 〈업저베이터〉, 〈이그재미너〉, 야당을 지지하는 〈걸리버〉, 〈던시아드〉, 〈크래프츠먼〉, 〈젠틀맨스 매거진〉 등이 제도화되었다는 사실도 밝혀낸다. 그리고 1803년 기자의 의회 방청이 허용되고, 1834년에는 의회 건물에 기자실이 만들어졌다는 사실도 적시한다. 이는 정부와 신문이 적대할 수 있는 계기가 되었다. 그리고 일반대중들의 공적 집회가 증가하고 정치연합이 형성되는 사례들과 국민의 목소리, 국민의 함성, 국민감정 등의 용어가 생성되었다는 점에도 주목한다. 이를 통해 영국사회에서 정치적으로 공중의 여론, 여론의 영향, 그것의 정치적 발현 형태로서 선거권의 확정(2,400만 명 인구 중에 100만 명만 선거권을 행사) 등에 기반해서 공론장이 형성되었음을 논증한다. 이 과정을 보면 베버가 이념형의 구성에서 보여 준 방법론적 과정이 상당한 정도로 유사하게 적용될 수 있음을 알 수 있다.

정리하면, 훈민공론장을 한국사회의 역사적 맥락에서 개념화할 경우 작업의 과정은 무엇보다 그것의 역사적 뿌리에 다가가야 한다. 한국 공론장의 독특한 성격과 관련해서 저널리즘의 애국주의, 국가와 국가주의의 우산 아래 작동하는 시민사회와 공론장, 말하는 주체로서의 파워엘리트의 과다대표 등의 특성이 어떤 역사적 맥락으로부터 연유하는가, 혹은 그런 특성이 어떤 역사적 과정을 거쳐 형성되어 현재의 모습에 이르렀는가를 밝히는 작업이 필요하다.

이런 역사적 과정에 대한 분석 위에서 탐구하고자 하는 현재(여기서 현재란 해방 이후부터 현재까지 한국사회 근대국가 형성기를 가리킨다) 한국 공론장의 특성을 '훈민공론장'이라 명명하고, 그것이 사회변동을 거치면서 어떤 성격 변화를 겪어 왔는가를 규명하게 된다.

따라서 이 책은 크게 세 부분으로 나뉜다. 첫째 부분에서는 조선조부터 식민지 해방까지 근대국가 이전 시기 훈민공론장의 역사적 뿌리가 어떠했는가를 규명하고자 한다. 조선왕조 유교지배체제에서 왕권, 관료이면서 유교 지식인이었던 사림이 주도한 관료적 공론장이 어떤 특성을 지니고 있었는지, 한말 애국계몽 시기, 식민 시기의 역사적 특성이 어떻게 지속되었는지를 몇몇 지식인/애국계몽활동가의 사례를 통해서 밝힐 것이다.

둘째 부분에서는 훈민공론장이 해방 이후의 1950년대, 압축근대화로 이야기되는 1960~1980년대 중반의 근대화 시기, 1987년 민주화 이후 시기 동안 어떻게 훈민성을 유지하면서 동시에 사회적 변동에 따라 다른 특성을 보여 주는가를 탐구할 것이다.

셋째 부분에서는 민주화 시기 이후 사회의 민주화에도 불구하고 한국의 시민사회가 급격히 보수화되고 동시에 진보와 보수로 나뉘어 대립하는 공론장의 양상에 대해 분석한다.

이 세 부분을 시기별로 조선조 이후, 식민지 근대화, 그리고 현재까지라는 식으로 나누어 연대기적으로 서술하는 방식은 피하고자 한다. 시기가 너무 방대할 뿐만 아니라 그렇게 긴 역사적 기간을 훈민공론장이라는 개념 하나로 연결하는 것은 타당하지 않다고 판단했기 때문이다. 따라서 세 시기에 걸쳐 훈민공론장이 각 시기의 사회구성 변화에 따라 어떤 양상을 띠고 있었는가를 규명하는 방식이 될 것이다.

2) 이론적 분석틀: 국가, 국민사회, 훈민공론장의 연관

식민지를 거쳐 해방까지 한국사회 공동체의 당면과제는 근대적 국민국가를 구성하는 사회적 제도와 운영의 규범과 규칙, 제도를 만들고, 이를 운영하는 근대적 주체를 창출하는 것이었다. 근대적 국민경제는 생산주체로서의 기업과 노동자를 필요로 하고, 근대적 정치체제는 입법, 사법, 행정을 기초로 하는 정치체제와 관료집단을 갖추어야 했다. 이와 함께 시민사회는 시민적 덕성과 교양을 갖춘 시민계급을 기초로 한다. 이 모두가 근대 국민국가의 요청이었다.

조선왕조가 일본제국에 의해 무너지고, 식민통치를 거친 후 해방된 한국사회는 국가통치체제로서 식민지 유산을 물려받을 수밖에 없었다. 이어 시작된 미군정은 식민지 통치체제를 유지하면서 군정체제 아래에서 미국식 자유민주주의 정치제도를 이식하고자 했다. 아래로부터 일어나던 시민사회의 자율적 공간은 미군정과 이어 시작된 냉전, 한국전쟁을 거치면서 초기적 맹아가 제대로 자라기도 전에 싹이 잘렸다.

이어 1960년대 초 군사쿠데타를 통해 집권한 새로운 세력은 반공을 축으로 하는 냉전 헤게모니와 근대 국민경제 건설이라는 경제근대화 프로젝트를 추진함으로써 정치적 정당성을 확보, 유지하고자 했다. 정당성 확보과정에서 언론은 권위주의 정권의 정치적 정당성, 냉전 헤게모니와 경제근대화와 관련하여 중요한 역할을 수행했다. 근대 국민국가 초기 형성에서 언론의 역할을 해명할 때 '국가가 언론을 어떻게 통제했는가?'라는 틀에서만 보면, 근대화 프로젝트 전반에서 언론이 실질적으로 수행한 사회적 역할을 균형 있게 바라볼 수 없게 된다.

한국의 국가와 시민사회의 틀 안에서 공론장의 위치를 규명하기 위해 하나의 가설을 설정해 볼 수 있다. (35쪽 그림에서 볼 수 있듯) 조선조와 대한제국, 식민통치, 그리고 분단, 국가주도 근대화를 거치면서 한국의 국가는 그 성격을 어떻게 규정하든 강성국가로 자리 잡았다. 국가-시민사회(*civil society*)의 두 축보다는 국가-국민사회(*nation society*)의 두 축이 한국사회 공동체를 끌고 가는 사회구성체로서 만들어졌다고 할 수 있다.

국가-국민사회의 두 축에서 국가를 장악한 파워엘리트들은 시민을 국민으로 호명하거나 동원하고, 사회공동체의 반쪽 주체로 바라보았고, 현실 제도정치에서 시민들 역시 그것을 자연스럽게 받아들였다. 경제근대화가 중요하다고 여기기도 했고, 분단의 상황에서 반공주의를 내면화하면서 시민권의 제약에 순응하기도 했다. 다시 말해 식민지 유산으로서, 한국전쟁을 지나 강력한 반공주의에 토대한 국가체제는 자율적 시민의 공간을 허용하지 않았다. 주권이 인민으로부터 나온다는 공화주의 헌법을 채택했음에도 불구하고 현실정치에서 정부는 국가였고, 시민사회는 법조문상으로만 시민적 권리를 허용받았고, 국민은 동원이나 규율의 대상이었다. 이런 특성에 기초해서 국가-시민사회라기보다는 국가-국민사회라는 틀이 더 설득력이 있다는 게 이 책의 제안인 것이다.

국가-국민사회의 우산 아래에서 공론장은 자연스럽게 훈민성을 주조로 하게 되었다. 훈민공론장은 단일한 특성을 지닌다기보다 사회변동에 따라 다른 형태를 띠게 된다.

일반적으로 국민국가(*nation state*)는 국가에 충성할 국민(*nation*)을 필요로 한다. 여기서 국민(*nation*)은 인종적 의미의 민족(*ethnic nation*)과는 구별해서 쓴다. 단일민족이라는 오랜 역사적 전통에서 한민족은 유럽의 국민국가와는 다른 역사적 전통을 통해 형성되었기 때문에, 발명된 상상의 공동체(*invented imaginary community*)로만 설명할 수 없는 많은 부분이 있다(박명규, 2014).

강성국가, 과대성장국가로서 한국이라는 국가 역시 '건전한' 국민을 필요로 했다. 군복무와 참전의 의무를 다하고, 애국애족하며, 반공에 투철한 국민이자 윤리와 덕성을 갖춘 시민을 요구한 것이다. 또한 건전한 국민을 창출하기 위해, 식민지배를 벗어나 민족의 정신적 가치를 복원하고 진흥하는 전통문화의 보존과 육성, 분단의 냉전구도하에 반공 이데올로기 고취 등의 가치가 동원적 '선전'(*propaganda*)과 법률에 의해 강제되었다는 것은 이미 알려져 있는 사실이다.

실제 현실에서 국민국가의 국민과 민족이라는 정체성을 지닌 국민이 구분되는 것은 아니다. 한국인은 두 개의 정체성을 지니고 실생활 안에서는 두 얼굴을 지닌 채 살아간다. 해방 이후 근대국가의 초기 형성과정에서 실제 한국인들이 국민, 민족, 시민으로서의 정체성을 개념적으로 자각한 것은 아니었다. 이것은 현실적이지도 않고 이론적으로도 허상에 불과하다. 오히려 전쟁, 분단, 근대화를 거치면서 3가지 정체성이 부여되거나 획득되기도 하면서 다면적 얼굴을 가지게 되었다고 보는 게 타당하다. 이렇게 한국인들이 국민국가의 다면적 주체성을 가지게 되는 과정에서 공론장이 많은 역할을 하였고, 동시에 이러한 다양한 주체성을 지닌 사람들에 의해 공론장의 성격도 형성된 것이다.

이러한 이론적 전제를 바탕으로 이 책에서는 한국의 공론장은 국가의 일방적 선전과 언론통제, 그리고 그것에 대한 저항이라는 이분법을 넘어설 필요가 있다고 보았다. 그보다는 국가가 어떻게 시민을 국민으로 호명하고 국민사회를 구성하고자 했는가, 그 과정에서 공론장은 어떤 특성을 지니게 되었는가를 규명한다는 목적에 맞게 훈민성을 훈육적 동원(*disciplinary mobilization*)과 후견적 규율(*paternalistic discipline*), 그리고 동의와 참여에 기초한 헤게모니적 담론정치(*hegemonic discursive politics*)로 구분하고자 한다. 앞의 두 가지는 1960년대부터 1987년 민주화까지 국가주도 근대화 시기에, 헤게모니적 담론정치는 민주화 시기에 나타나는 훈민성 혹은 훈민공론장의 특성이라고 할 수 있다.

물론 이들 3가지 개념틀은 가설적으로 만들어진 게 아니라, 앞에서도 밝혔듯이 각 시기의 공론장 특성으로부터 귀납적으로 도출한 개념이다. 역사적 맥락과 현실을 분석해 보니 이런 특성이 나타났다고 설명하는 과정이 바로 베버적 의미에서 이념형의 도출과정이라고 할 수 있다.

각 장에서 자세히 논의하겠지만, 간략하게 3가지 개념을 설명하자면 이렇다. 우선 훈육적 동원은 전통적 의미에서 선전과 유사하다. 선전은 특정 집단이 자신의 정당성과 정책목표를 구현하기 위해 대중들을 특정한 방향으로 동원하거나 이데올로기를 주입하는 것을 가리킨다. 이때 특정 집단은 정치권력이 될 수도 있고, 기업, 시민단체 등 누구나 자신의 목적을 위해 상대방을 설득하려는 집단이다. 반면 훈육적 동원은 국가의 번영과 융성을 위해 정부 혹은 정치권력이 국민을 대상으로 시행하고자 하는 정책, 혹은 자신들에 대한 정당화를 강제하는 장치라 할 수 있다. 이 경우 국민은 국민국가의 주권자라기보다는 정치권력에 의해 강제로 동원되는 대상이 된다. 그 수단은 때로는 폭력적이기도 하고(국가에 의한 테러, 불법체포와 구금), 국가보안법과 같은 강제적 국가 제도를 통한 것이기도 하다. 동시에 언론의 강제적 혹은 자발적 협조를 통해 정책 목표를 달성하게 된다. 근대화 시기에는 유신체제 아래서 이러한 훈육적 동원이 일상화되었다.

이와 달리 후견적 규율은 국가가 국민들의 생활세계에 법률과 정책적 행위를 통해 직접 개입하는 것을 가리킨다. 초·중·고등학교 전반에 걸쳐 일어나는 생활양식과 행동양식에 대한 규제는 대표적인 후견적 규율의 형태라 할 수 있다. 머리 길이부터 치마 길이까지, 국가의 발전을 위해 일하는 산업역군으로서의 노동윤리부터 근검절약에 기초한 소비생활, 애국심과 민족의식을 강조하는 교육에 이르기까지, 근대 국민국가 구성원인 국민들에게 요구되는 충성심과 정체성을 만들어 내는 과정이 이에 해당한다.

근대화 과정에서 방송심의기구(*broadcasting ethics commission*)가 방송심의 과정을 통해 보여 준 '규율'의 양상은 국가기구가 방송을 통해 실현하고자 했던 '국민을 위한 공공의 이해'가 무엇을 의미하는가를 이해하는 좋은 사례가 된다. 예를 들어 공적 공간에서 남녀가 키스하는 장면을 보여 줘서는 안 된다든지, 불륜관계를 아름다운 사랑으로 그리는 드라마는 건전한 가족윤리를 해친다는 식의 심의지침은 법률적 강제력을 가진 것은 아니지만, 남녀관계에서 바람직한 행동양식을 도덕적으로 규율하는 것이라 할 수 있다. 모든 불륜을 부도덕하다고 공적 기구가 규정하고 그것을 강제하면(드라마에서 이러한 행위를 묘사해서는 안 된다는 식으로), 그것은 강제적 규율이라 할 수 있다. 이것을 행위자의 입장에서 보면 국가권력에 의해서나 사회적으로 강제된 것이기 때문에, 강제된 규범에 비자발적으로 순응(*adaptation*)하거나 그것을 내면화하게 된다.

후견적 규율은 생활세계의 규율뿐만 아니라 공적 영역에서도 일어난다. 국민국가가 강제하는 국민의 행동윤리, 집합적 정체성이라기보다는 근대사회에서 살아가는 근대인으로서 갖추어야 할 시민적 덕성(*civic virtue*)을 국가와 준(準)국가기구가 계몽하고, 대중, 국민들이 이를 받아들이면서 자발적 참여나 학습이 일어나는 경우를 말한다.

예를 들어 국가가 근검절약하는 소비생활, 노동자 일반에 요구되는 노동윤리, 공중도덕을 지키고 공적 생활 안에서 이웃과 더불어 살아가는 공동체 윤리(타인에 대한 배려, 소수자에 대한 존중, 시민적 토론과 합의 과정에의 참여 등)를 교육하고, 학생들이나 시민들은 그것을 바람직한 생활윤리나 행동양식으로 배우고 또 그러한 행위를 자발적으로 실천하는 것이다. 이 경우 청소년교육, 국민교육이라는 명분이 동원되고, 이 지점에서 후견적 규율은 국가가 주도하는 국민교육의 성격을 지니게 된다. 국민경제 구축을 위해 요구되는 저축을 확보하기 위해 초등학교부터 대학교까지 국민저축을 강제하는 것은 국가가 가정경제와 생활경제 운영에 개입하는 것이라 할 수 있다. 이때 가정경제의 안전을 확보하기 위해 근검절약하고 저축하는 것은 위로부터의 동원에 포획된 것이라기보다는 자발적 행위이기 때문에 부분적으로는 국민 스스로의 자발적 참여의 형태도 띠게 된다.[1)]

1) 여기에서 근대사회가 훈육하는 인간상, 바람직한 행위와 실천 규범의 규율에 대한 비판은 푸코에 의해 이미 잘 분석된 바 있고, 한국이나 일본에서 이러한 틀을 가지고 신체규율을 연구한 업적들이 축적되어 있다.

끝으로 1987년 이후 한국의 공론장은 상당한 변화를 겪는다. 1987년 시민저항을 통해 권위주의적 정권이 물러났기 때문에 정치권력은 아래로부터 솟구치는 자유권과 사회권의 요구를 수용할 수밖에 없었다. 국민들은 비로소 시민으로 거듭나거나 '시민권을 행사하는 국민'(*nations with civil rights*)의 면모를 지니게 되었다. 1987년 이전까지 국가의 우산 아래 억압되고 동원되었던 국민사회는 시민사회적 면모를 띠게 되고 국가의 우산 바깥으로 나가는 움직임도 나타났다. 국가보안법에 대한 저항운동, 군 입대 거부운동, 아프간 파병 반대운동 등 분단체제를 유지했던 핵심 범주들에 대한 회의와 저항이 나타났다. 그리고 정치권력은 시민사회에 대해 동원보다는 각 집단의 자발적 동의를 통해 공동체의 질서를 유지하려는 새로운 담론정치의 전략을 수행하게 되었다.

이 책 제8, 9장에서 논의되듯 이것을 헤게모니적 담론정치로 개념화하고자 했다. 민주화된 공론장이 진보와 보수로 양분되고 파워엘리트들의 기득권이 유지되는 과정에서, 공론장에 누가 참여하고 누가 발언할 수 있는가의 문제는 별다른 관심을 받지 못했다. 누가 누구에게 투표하는가, 어떤 집단이 누구를 정치적, 이념적으로 지지하는가에는 관심이 많았지만, 공론장 바깥으로 배제된 사람, 발언할 수 있는 문화적 자본을 갖지 못한 집단에 대해서는 그저 정치적 무관심, 탈정치라는 이름으로 방치했다고 할 수 있다. 이 책은 이러한 양상을 헤게모니적 담론정치라는 틀에서 해명하고자 했다.

2. 훈민공론장의 이론적 구성

1) 칸트와 하버마스의 시민적 계몽

여기서는 애국계몽에서 지칭하는 계몽과 서구 계몽주의에서 말하는 계몽의 차이를 대조하기 위해 계몽주의 철학으로 잠시 우회해 볼 필요가 있다. 서구 근대 계몽주의에서 계몽은 독립적 자아와 자립적으로 사고하는 인간의 오성(悟性) 활동을 가리킨다. 칸트(Kant)는 《계몽이란 무엇인가》에서 자신의 오성을 사용할 용기를 가질 때 비로소 인간은 자율적 인간이 된다고 보았다. 칸트에 따르면 공적 공간에서 자율적 인간으로서 공중(*Pubicum*)은 자신의 이성을 모든 면에서 공공적으로 이용하는 자유를 향유한다. 이성의 공공적 사용은 자신이 속한 집단의 이해나 자신이 놓여 있는 사회적 입장에 구속되지 않고, 공중 일반을 향해 자신의 의견을 표명하는 것이다. 이런 의미에서 공중은 세계시민사회의 구성원이 되고, 그렇기 때문에 프러시아라는 국경, 프러시아라는 국민국가의 이해에 의해 제한되지 않는 공중, 세계시민이 가능해진다.

더욱이 공론장의 국가주의적 특성을 성찰하는 이 글의 논제와 관련해서 흥미로운 점은 칸트가 국가의 공복이 공동체의 이해를 위해 헌신하는 일을 '이성의 사적 사용'이라고 보았다는 것이다. 서구 계몽사상을 이해하는 데 이 점은 대단히 중요하다. 공권력을 가지고 그것을 국민국가의 이해를 위해 행사하는 국민국가, 정부, 혹은 공직을 수행하는 자로서 공무원은 공공성(*publicness*)에 귀속되지 않는다고 전제하는 셈이다. 하버마스는 《공론장의 구조변동》의 이론적 근거를 위해 정치와 도덕의 매개원리로서 공개성(*publicity*)을 칸트에 기대 논의하는데, 그가 인용하는 칸트의 논의는 다음과 같다.

> 내가 말하는 이성의 공적 사용이란 어떤 사람이 한 사람의 학자로서 독자 대중 앞에서 이성을 사용하는 경우이다. 반면에 **이성의 사적 사용**은 그에게 맡겨진 어떤 **시민적 지위나 공직에서 이성을 사용하는 경우**를 가리킨다. 공동체의 이해가 걸려 있는 많은 일들은 어떤 기계적 장치를 필요로 하는데, 공동체의 구성원들은 이 장치에 의해 단지 수동적으로 정부의 명령대로 그 일을 수행할 수밖에 없다. … 그러나 그 기계 장치의 한 부분이 자신을 전체 공동체의 한 구성원으로서, 혹은 세계시민사회의 한 구성원으로서 간주하는 한에서, 그리고 저작을 통해 대중에게 이야기하는 학자의 자격으로서는 그는 확실히 논의할 수 있다(Kant, 1996, 36~37쪽. 고딕은 인용자).

그렇기 때문에 세계시민으로서 공중은 자신이 속한 국가공동체의 이해에 반하는 생각과 의견도 두려움 없이 표현할 수 있어야 하고, 그러한 의사표현이 가능하다는 의미에서 표현의 자유가 확보된다고 할 수 있다.

계몽주의적 정치기획을 위해 칸트가 제시한 시민의 선험적 특성은 두 가지로 요약할 수 있다. ① 자율적 인간이면서, ② 사회공동체의 구성원으로서 평등한 인간이 그것이다. 그리고 자율적이고 평등한 인간이 저절로 되는 것은 아니고 그러한 이상을 향해 나아가는 것을 계몽이라고 보았다. 첫 번째, 공론장과 관련해서 칸트는 자율성이 개인의 권리와 이익을 보호하기 위한 것이라고 보는 자유주의적 입장을 비판하면서, 자율성은 스스로 법칙을 만들고 그 법칙을 존중하고 복종하는 것을 의미한다고 보았다. 법칙이란 자기 기준에서만 타당한 게 아니라 모두가 함께할 수 있는 보편적 법칙이다. 보편성을 갖추기 위해서는 법칙의 설정 과정과 준수 과정이 여러 가지 이해로부터 자유롭고, 그 과정에서 구성원들은 타자를 언제나 목적으로 대우해야 한다. 무엇인가에 얽매여 있지 않다는 의미에서의 자유가 아니라, 스스로 법칙을 세워 그 법칙을 객관적으로 받아들이는 적극적 차원의 자유를 누리는 상태를 자율의 단계로 본 것이다. 그리고 적극성의 정도에 따라 능동시민과 수동시민을 구분할 수 있다.[2)] 이처럼 미성숙의 단계에서 계몽의 상태로 나아감을 한나 아렌트(Hannah Arendt)는 '정신의 확장'(*enlargement of mind*)으로 보았다.

비판적 사고는 분명 고립 속에서 진행되기는 하지만, 상상력의 힘에 의하여 타자들을 등장시킴으로써 잠재적으로 공적이며 모든 입장에 공개된 공간으로 들어가게 된다. 그것은 칸트가 말하는 세계시민의 입장을 채택하는 것이다. 확장된 정신으로 생각한다는 것은 자신의 상상력을 통해 다른 곳을 방문하러 가도록 스스로 훈련시키는 것을 의미한다.

---

2) 최근 칸트의 개인주의적 자율을 타자와의 관계 속에서 고민하는 자율로서 관계적 자율(*relational autonomy*)로 발전시켜야 한다는 주장이 제기되었다. 그리고 수동적 시민들에게 정치적 자율권을 부여할 수 없다고 본 칸트에 반해 능동적으로 선택하지 않은 불행에 대해 사회가 보상할 의무가 있다고 보는 입장이 제기되었다. 마찬가지로 국가로부터 복지를 수혜하며 자립적이지 못한 사람들도 정치적 자기결정권을 가진다는 주장이다(Mackenzie, C. & Stoljar, N. 참조).

둘째로, 모든 시민이 평등하다 함은 법 앞에 평등하게 구속되어 있고, 경제적 소유 정도나 지식, 직업에 의해 차별하지 않음을 의미한다. 여기서 주의할 점은 이것이 불평등함이 없다는 뜻이 아니라, 서로를 동등하게 존중하는 예의를 갖추고 있음을 가리킨다는 점이다. 하버마스는 유럽 공론장의 형성에 대해 서술하면서 만찬회, 살롱, 커피하우스에서 토론하는 사적 개인들을 이렇게 묘사했다.

> 지위의 평등을 전제로 하는 것이 아니라 지위 전체를 도외시하는 일종의 사회적 교제가 요구된다. 서열의식에 반하여 경향적으로 동등함의 예의가 관철된다. 사회적 위계질서의 권위에 대항하여 논증의 권위가 방어되고 종국에는 관철될 수 있었던 토대인 동등성은 그 당시의 자기이해에 따르면 '단순히 인간적인 것'의 대등한 자격을 의미했다. 〔…〕 경제적 예속도 원칙적으로 무효화될 수 있다. 국가의 법과 마찬가지로 시장의 법칙도 정지된다(하버마스, 1990/2001, 120쪽).

인용에서 보듯 경제적 부나 사회적 지위 여부에 관계없이 서로가 서로를 동등하다고 존중하는 예의(그래서 하버마스는 같은 페이지에서 '예의의 타당성'이란 용어를 인용하고 있다)가 통용된다. 이러한 예의의 타당성은 국가의 법도 시장의 법칙도 정지시키는 문화적 힘을 갖는다는 데서 비롯된다.

자율성과 상호존중의 덕목을 갖춘 시민들은 계몽을 통해 국가공동체의 구성원으로 정치적 공론장에 참여하게 된다. 세속적 국민국가의 구성원으로 볼 때, 시민들은 자신의 자유를 제한할 법률을 오로지 자신의 선택을 통해서만 만든다는 자기입법의 원칙을 지닌다. 국가 역시 시민들이 자유를 통해 부여한 만큼의 권한을 갖게 된다.

이와 같이 유럽에서는 계몽주의 철학과 그러한 가치 지향을 내면화한 사회세력으로서 성장한 시민이 근대 공화주의 국가의 주체가 되었다고 할 수 있다. 이와 대비해서 한국의 국민국가 형성 및 발전 과정은 개화기 이후 식민지배로 인해 단절 혹은 왜곡되었다. 1897년 대한제국(大韓帝國)부터 1919년 상하이 임시정부에서 태어난 대한민국(大韓民國)까지 20년 만에 군주제 국가에서 '민국'(民國)으로 변모했지만, 인민이 주인인 민주공화국이 되기까지는 오랜 시간을 기다려야 했다. 1948년 민주공화국이 성립하면서 식민지배체제를 살던 주민들은 피선거권과 투표권, 주권을 가진 국민으로 거듭나게 되었다. 전쟁과 근대화, 권위주의 정권과의 오랜 싸움을 거쳐 대한민국의 국민들은 법률적, 제도적으로뿐만 아니라 실질적 정치 실천 안에서 주인으로 거듭난 것이다. 이렇게 대한민국이라는 근대 국민국가의 형성과정에서 훈민공론장은 어떤 모습으로 형성되었을까?

2) 부르주아 공론장과 훈민공론장의 구조

조선사회를 포함한 전통 동아시아 사회에서 국가와 시민사회는 분리되지 않았고, 국가 안에 부르주아 사회가 포함되어 있었다. 19세기 말부터 20세기 초의 중국사회에서 상인계급이 국가의 자장 바깥에서 자율성을 가지고 있었는가, 그러한 자율성을 통해 부르주아 공론장의 단초가 나타났는가에 대한 논쟁이 진행된 바 있다(Rankin, 1986; Rowe, 1990;

Strand, 1990).

어느 주장이 타당하든 동아시아 사회의 경우 대부분의 부르주아 집단과 관료/지식인 집단도 국가의 자장 안에서 존재했다고 봐도 크게 문제가 없을 것이다. 한국의 경우는 앞에서도 잠시 언급했지만 국가의 우산 아래 생활세계가 있었고, 해방 이후 시장과 시민사회가 서서히 형성되는 전개과정을 보였다고 할 수 있다. 〈그림 1-1〉과 〈그림 1-2〉를 통해 유럽의 공론장과 한국의 공론장을 비교해 볼 수 있다.

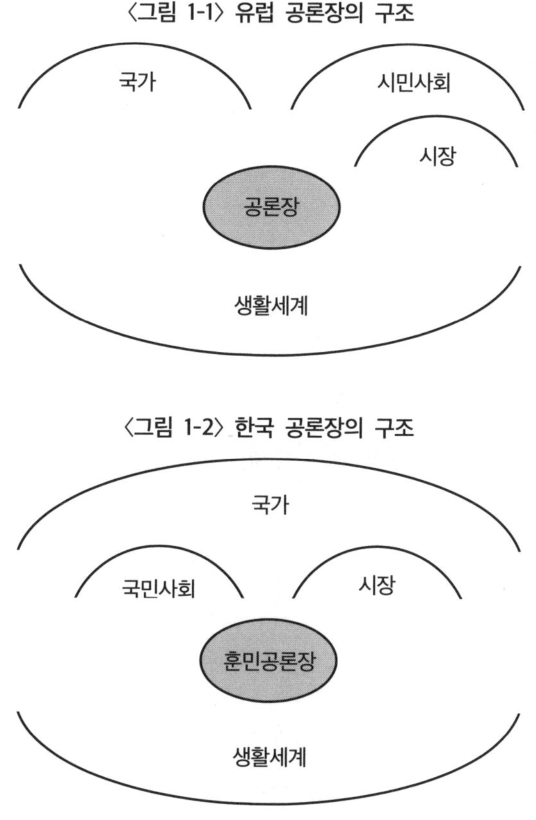

〈그림 1-1〉 유럽 공론장의 구조

〈그림 1-2〉 한국 공론장의 구조

이 그림이 보여 주는 것은 유럽의 경우 국가는 사회 위에서 자라났다는 점이다. 국가가 사회를 포괄한 중국이나 조선 사회와 달리, 유럽의 국가는 사회 위에 존재했다. 일반대중과 상인계급이 군주가 지배하는 국가에 복속되지 않았다. 그러나 19세기 말까지 중국이나 조선의 경우 (일본은 막부가 통일하기 전까지 상당히 다른 양상이었다), 황제나 왕 아래 거대한 양반관료의 권력이 시장과 시민을 포괄하고 있었다. 중국의 경우 최근 19세기 말 상인계급이 중앙권력이나 지역권력의 자장으로부터 얼마만큼 자율성이 있었느냐에 관해 논쟁이 있기는 하지만 국가의 자장이 압도적이었다는 점에는 별다른 이견이 없다. 추후에 실증적 검토를 거쳐야 하겠지만, (필자가 기존 문헌을 검토해 본 지금까지 판단에 따르면) 조선의 경우에도 19세기 말까지 활동한 상인이나 상권이 왕의 통제 바깥에 존재한 경우란 거의 없었다고 할 수 있다.

해방 이후 한국 공론장을 '훈민공론장'이라고 개념화한다는 이론적 시도에서 볼 때, 한국의 시민사회는 국가의 우산 아래에서 천천히 영역을 키우고(오랜 민주화운동은 시민영역 성장의 역사였다고도 할 수 있다), 1987년 민주화 이후 국가의 우산으로부터 부분적으로 벗어나기 시작했다. 시장 역시 국가의 자장 안에 존재해 왔다(제 1공화국에서는 무상원조의 배분권을 정부가 장악했고, 제 3공화국 이후에는 조국근대화의 이름 아래 유상원조와 차관, 경제개발정책, 특혜와 유착을 통해 사실상 시장이 통제되었다). 이러한 변화를 국가-시장-시민사회의 관계가 후견인에서 조합주의적 관계로 변모한 것으로 설명할 수도 있다.

이와 같은 구조적 수준의 설명에 이 연구 역시 동의하지만, 그러한 구조적 변동 안에서 개인의 삶을 살아내고, 조직과 제도가 운영되는 양

〈그림 1-3〉 국가 시민사회 관계 안에서 국민과 시민의 형성

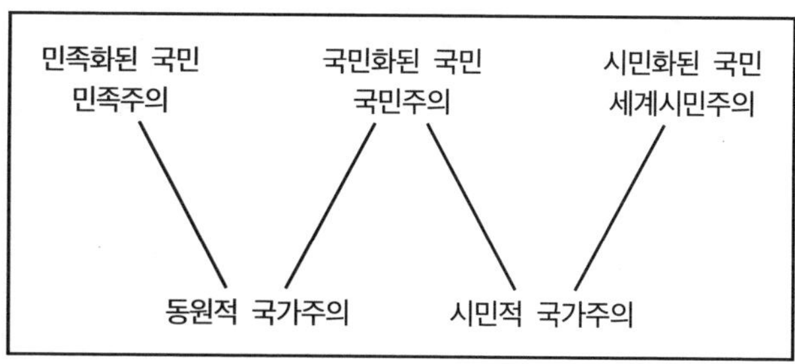

상은 별개의 분석을 필요로 한다. 구조가 그대로 개인과 조직의 실천과 운영에 관철되는 것은 아니기 때문이다.

이 글이 주목하는 훈민공론장의 관심사에서 보면, 국가의 자장에서 서서히 벗어난 시민사회와 시장의 자율적 영역이 이제 가시적으로 보이지만, 이 공간 안에서 활동하는 사람들(대한민국의 국민이자 시민)과 조직과 제도(신문과 방송, 저널리즘, 공론장 등)는 '대한민국'이라는 나라를 중심으로 움직인다고 할 수 있다.

여기에서 근대사회 이후 훈민공론장의 주체로서의 국민과 시민의 성격을 조금 더 세밀하게 검토해 볼 필요가 있을 것이다. 〈그림 1-3〉은 해방 이후 국가, 시민사회의 틀 안에서 국민과 시민이 어떻게 변모하고 있는가를 나타낸 것이다.

그림에서 나타나듯 해방 이후 1987년 민주화 때까지 한국의 국가와 시민사회 혹은 일상생활을 영위하는 국민들과의 관계를 큰 그림에서 볼 때, 동원적 국가주의라 할 만큼 국가가 국민의 일상생활을 규율하고 시민사회는 저항적 자율성을 결여한 채 국가의 우산 아래 있었다. 대부분의 시민운동이란 관(官)의 영향과 지원 아래 국민들을 동원하는 형태로

조직화되었다.

저발전된 시민사회이기는 했지만 개화기 이후 반제국주의 독립운동을 거치면서 강력하게 형성된 민족주의는 해방 이후 국가 성립을 계기로 '민족화된 국민'(*nationalized nation*)으로 연대하게 만들었다. 이어 제1공화국과 4·19, 그리고 권위주의적 동원체제로서의 발전국가 안에서 국민들은 권위주의적 통치에 반대하고 저항하면서 대한민국 국민으로서 정체성, 주권적 의식을 키워 올 수 있었다. 이러한 맥락에서 한국의 경우 시민사회가 국가의 우산 아래에서 성장했다는 의미에서 국민사회(*nation society*)라는 개념을 설정하고자 한다.

물론 근대국가가 성립하고 국민들은 피선거권과 투표권, 헌법이 보장하는 기본적 인권, 부당한 권력에 저항할 수 있는 법적 기반과 심성의 체계를 형성했다. 근대화 과정에서 압축적 경제성장과 도시화, 산업화, 조직적 자본주의 등 커다란 사회 변화를 경험하면서 국가나 시장과는 떨어져서 자율성을 가진 시민사회 영역을 서서히 조직화한 것이다. 그리고 이러한 자율적 시민사회의 분출이 1987년 민주화를 계기로 크게 가시화되었다. 이렇게 해서 한국의 시민사회는 '시민화된 국민'이라는 주체가 사회적 힘을 행사하는 국면을 부분적으로 맞이하게 되었다고 할 수 있다.

국가-시민사회가 아니라 국가-국민사회의 틀에서 설명하면 근대국가 형성과정에서 한국의 국민과 시민이 어떤 위치에 있는가를 조금 더 역사적 현실에 맞게 설명할 수 있게 된다. 〈그림 1-3〉에서 보듯 '민족화된 국민'은 식민 시기 제국주의에 대응하며 탈식민 과정에서 형성되었다. 오랜 단일민족의 역사를 유지한 한국의 경우 서구의 민족주의와 또 다른 성격을 가진다는 논증은 이미 여러 연구에서 제시되었다.

근대국가가 성립하고 한국의 국민들은 기본적 시민권을 획득하게 된다. 그런데 근대적 기본권은 식민해방과 근대국가 성립과정에서 법률적으로 갑자기 주어졌고, 법과 제도를 정치·사회적으로 실천하는 과정을 거칠 시간은 주어지지 않았다. 한국의 '시민'들은 권력이 인민으로부터 나온다는 공화주의의 핵심 테제를 내면화할 여유와 경험을 축적하지 못했다. 이를 '국민화된 국민'이라 개념화한다. 근대적 국민국가의 국민으로서 기본적 권리와 시민적 권리(노동권, 남녀평등, 표현의 자유 등)는 주어졌지만, 여전히 국가라는 테두리 안에서 행사되고 실천되어야 한다는 의식과 행동양식을 지니고 있었다고 할 수 있다.

한국 근대사회 형성과정에서 민족주의(*ethnic nationalism*), 국민주의(*nationalism*), 국가주의(*statism*)를 구분할 필요가 생긴다.

단일민족에 기초한 인종적 민족주의는 근대국가 형성 이전에 한반도와 동북만주 지역에서 강력한 중국의 조공체제 안에서 독립성을 유지하는 감성적 토대로 작동했다. 이것이 식민 시기와 탈식민 시기 반제국주의의 기반이 되었고, 해방 이후 21세기까지 분단 한국의 통일을 염원하는 심성의 기반이라고 할 수 있다.

반면 국민주의〔종족적 민족주의(*ethnic nationalism*)와 구분하기 위해 국가주의적 민족주의(*statist nationalism*)라고 부를 수도 있을 것이다〕는 식민 시기와 탈근대 근대 국민국가 형성과정에서, 그리고 과대성장한 한국의 국가 안에서, 동원적 국가제도와 실천을 통해 내면화된 자기정체성, 그리고 개인보다 국가를 우선시하는 애국주의적 심성을 가리킨다. 국가와 시민사회가 상호자율성을 가지고 사회를 구성하는 서구와 달리 강력한 국가 안에서 성장한 '시민'사회를 국민사회로 부르고자 하는 까닭이 여기에 있다.

그렇기 때문에 한국의 국민주의는 국가의 우산 아래에서 국가의 틀을 벗어나지 않는다는 의미에서 시민사회적 애국주의와는 구분된다고 할 수 있다. 다시 말해, 유럽의 경우 칸트의 논증에서도 보았듯 국가의 우산 아래에서 사고하지 않고 자율적 공간으로서 시민사회 안에서 비판적 이성을 실천한다. 서구의 정치사회적 제도를 도입하고 배우는 과정에서 한국의 국가도 시민적 기본권을 제도화했다. 이렇게 한국의 국민들은 시민적 권리를 부여받고, 민주화 과정을 통해서 독재에 저항하는 정치민주화운동, 시민운동을 통해 시민적 권리를 요구하고 실천하는 경험을 축적해 왔다고 할 수 있다. 그러나 이러한 실천과 경험의 축적이 국가의 우산 아래에서 사유되고 실천되었다는 점에서 '시민화된 국민'이라고 개념화할 수 있을 것이고, 그런 의미에서 세계시민이라는 칸트적 의미와는 구분된다고 할 수 있다.

이러한 정치사회적 변화, 국가와 시민사회의 관계 변화, 구조의 변화 안에서 '민족화된 국민', '국민화된 국민', '시민화된 국민'은 단계적으로 생성되고 소멸되었다기보다는 해방 이후 70년간 다원적 주체로 출현했다고 할 수 있고, 한 개인의 정체성도 하나의 국민이라기보다는 다원적 정체성을 유동하는 주체라고 할 수 있을 것이다. 훈민공론장이라는 사회적 장(場)에서 보면 이들 다원적 주체들이 정치에서뿐만 아니라 공론장에서 주도적 영향을 행사하기 위해 경합하는 양상을 보인다. 한 번 더 강조하자면, 이들 주체는 한 사람의 정체성 안에서도 동시에 존재하고 유동하는 존재라 할 수 있고, 다원적 주체들이 특정한 시기,

특정한 국면에서 대립하고 연대하는 양상을 보인다고도 할 수 있다. 독도 문제가 나오면 민족이 앞서지만, 후쿠시마 재난이 일어났을 때는 구조대를 자원하는 세계시민적 국민도 나오는 양상을 이렇게 이해할 수 있을 것이다.

여기까지 보면 다시 하버마스의 공론장, 혹은 그의 이론틀을 떠받쳐 주는 서구의 자유주의와 시민사회론으로 되돌아가는 듯한 느낌을 받는다. 그러나 주목해야 할 중요한 지점은 국가의 영향력이 여전히 커서 시민사회와 부분적으로 생겨난 시민화된 국민들의 생활에 그림자를 드리우고 있다는 점이다. 국가의 우산 아래 공론장이 형성되고 국민적 주체가 활동했기 때문에 드러나는 특징이 무엇인가를 밝히는 작업이 이 책의 목적이기도 하다.

3. 소결

이상에서 살펴보았듯 해방 이후 근대 형성과정에서 훈민공론장은 조선조 공론장과 애국계몽주의의 흐름을 이어받으며 강력한 국민국가 안에서 나름대로의 특성을 가지게 되었다. 이런 역사적 맥락을 고려하면 왜 한국 저널리즘이 애국적인가, 한국 지식인들이 진보 · 보수에 관계없이 모두 나라의 앞날을 걱정하는가를 이해할 수 있게 된다.

자유주의 언론 철학에서 보면 저널리즘은 어떤 이해당사자의 편에도 서지 않고 보편성 위에서 사건과 사태를 판단하는 게 상식이다. 심지어 자신이 속한 국가가 전쟁당사국일 때도 보편적 인권과 평화의 입장에서서 전쟁을 반대할 수 있어야 자유주의에 기초한 저널리즘이라 할 수 있다. 그러나 훈민공론장 안에서 활동하는 한국 언론은 상대적으로 대단히 애국적이어서 나라의 이해는 곧 국민의 이해로 등치하는 경향을 강하게 보인다.

국가의 이해가 국민의 이해가 되는 사고의 흐름 때문에 모든 권한과 책임이 국가에 있게 되고, 시민사회, 생활세계의 요구사항도 모두 국가로 수렴된다. 정치, 경제, 사회 운영에서 국가권력이 커다란 힘을 행사하고 그런 과도한 권력 행사에 대해 별다른 이견이 제시되지 않게 된다. 정치 과잉은 이런 흐름의 결과로 나타난 것이라 할 수 있다. 대통령이 누가 되느냐에 따라 나라의 흐름이 바뀌는 것처럼 걱정하고 열광하고 절망하는 상황도 이렇게 사회를 구성하는 힘이 시민사회에는 별달리 주어져 있지 않고 국가에 집중된 기형적 구조의 결과라고 할 수 있다.

한국의 지식인, 관료, 기자는 모두 나라의 앞날을 걱정한다. 진보든 보수든 이 점에서는 차이가 없다. 그래서 해방 이후 우리가 받아들인 자유주의가 실현된 적이 있는가를 자주 묻게 된다. 모두 나라를 위해 행동하고 발언하고 걱정하는 것이기 때문에(자신의 이해가 아니라고 정말로 믿는 사람이 참으로 많다), 자연스럽게 도덕적 정당성을 스스로 자임하게 된다. 자임된 도덕적 정당성에 의해, 상대의 발언과 견해가 옳을 수 있고 내가 틀릴 수 있다는 '예의를 갖춘 대화적 이성'이 설 자리는 사라진다. 애국적 열망이 관용(寬容)의 부재를 낳는 경우를, 그래서 자주 만나게 되는 것이다.

제 2 장

동아시아 맥락에서 본 훈민공론장

계몽과 자유, 훈민의 토대

1. 일본에서 공론장 논의의 전개

1) 공공성과 공론장: 일본의 '공'(公), '공공'(公共) 개념의 이중성

일본의 공론장에 관한 논의를 검토하기 전에 우선 일본에서 하버마스의 공론장 개념이 어떻게 번역, 수용되었는가를 살펴볼 필요가 있다. 이 점은 현재 일본의 공론장을 어떻게 볼 것인가, 하버마스의 논의를 바탕으로 일본의 사례를 어떻게 분석할 것인가 하는 인식 및 분석의 문제와 밀접하게 관련되기 때문이다. 다음에서는 일본에서 공론장 개념이 어떻게 번역, 수용되었는가를 검토한 뒤, 여기에서 엿볼 수 있는 근대 서구와는 다른 일본의 역사적, 사회적 맥락을 간단히 짚어 보고자 한다.

하버마스의 《공론장의 구조변동》의 일본어판 제목은 《공공성의 구조전환》이다. 'Öffentlichkeit'가 공공성(公共性)으로 번역되었다. 한편에서는 공공권(公共圈)으로 번역된다. 이 공공성은 일본에서 공론장에 대한 연구를 주도한 하나다 다쓰로(花田達郎)가 고안해 낸 개념이다. 그에 따르면, 일본어에는 'Öffentlichkeit'에 해당하는 단어는 없으나 공공성이라는 개념은 있었기 때문에, 이것이 번역어로 채택되기 시작했다고 한다. 현재 일본의 학술분야에서 'Öffentlichkeit'를 뜻하는 용어로 공공권이 상당히 정착돼 있다. 그러나 일반적으로는 아직도 공공성과 공공권이 혼용되고 있다(花田達郎, 1996).

공공성 개념의 본래 의미는 'Öffentlichkeit'와는 상이하다. 이로 인해, 공공성으로 번역해 논의를 진행하면서 'Öffentlichkeit'가 의미하는 바가 정확히 전해지지 않거나, 두 의미를 혼동하는 사태가 초래되기 시작했다. 하나다가 새로운 개념을 제안한 것은 이러한 이유에서였다. 공공성이라는 번역으로 인해 발생하는 문제는 크게 두 가지 원인에서 비롯되었다. 하나는 일본에서 공공(公共)이라는 개념이 가지는 특수성이며, 다른 하나는 'Öffentlichkeit'가 가진 공간이라는 의미와 성(性)이라는 개념의 간극이다.

일본에서 공공성의 하위개념으로서 공공(公共), 공(公)의 의미를 살펴볼 필요가 있다. 이 점은 바로 일본의 공론장의 성격을 이해하는 데 가장 중요한 단서가 된다. 역사적으로 볼 때 일본에서 공(公)과 사(私)가 무엇을 의미했으며, 이 개념이 근대 국민국가 성립과정에서 어떻게 변화했는지에 대해서는 후술하고자 한다. 여기에서는 일본에서 공론장과 공공성이라는 두 개념의 사이의 혼란이 일어난 배경으로서 '공공'과

'공'의 개념에 대해 간략히 짚어본다.

일본에서 공공성은 본래 'common', 즉 만인에게 공통된 것이라는 의미에서 오랫동안 사용된 개념이다(東島誠, 2000). 앞서 말한 대로, 이 개념이 '만인에게 열린 영역'(*public*)이라는 의미로 사용되기 시작한 것은 나중의 일이다. 공공성은 주로 공공정책의 정당성을 판정하는 기준으로 논의되는 경우가 많다. 이로 인해, 공론장에 관한 논의가 공공정책에 대한 논의와 혼동되어 자치(自治) 문제를 중심으로 전개되는 경향까지 생겨났다(東島誠, 2000).

공공성과 자치가 결부되어 논의되는 것은 '공공'과 '공'이라는 개념이 관(官)을 내포하는 일본의 사정 때문이다. 이 점은 중국과 한국에서도 마찬가지일 것이다. 일본에서 '공공'과 '공'은 다른 두 대상을 지칭하는 데 사용된다(野村一夫, 1994). '공공'은 한 사회 구성원의 집합, 즉 '열린 공적 영역'이며, 반대 개념은 '닫힌 사적 영역'이 된다. 반면에 '공'은 관, 즉 정부나 공권력을 의미하며, 이때는 '사'가 반대 개념이 된다. 근대 서구에서 공공은 국가로부터의 분리를 통해 생겨났으나, 일본에서는 공공이라는 개념은 국가 그 자체를 의미하는 것으로 받아들여진다.

일본의 공공 개념이 가진 이중성은 현실에 대한 인식이 반영된 결과일 것이다. 그런데 개념, 즉 인식의 틀이 역으로 현실 인식에도 영향을 미쳐 왔다. 공공이라는 개념이 서로 다른 두 가지를 동시에 의미함으로써, 정부 혹은 공권력의 시각이 마치 시민 공통의 뜻인 양 주장되거나, 양자가 혼동되는 경향이 생겨났다. 정부가 어떤 공공사업에 대한 주장을 펼칠 때, 공공성을 내세우면서 정부의 뜻에 이미 시민의 의사가 대표되거나 반영되어 있다는 근거를 대면서 정당성을 확보하려고 하는 경우가 비일비재했으며, 지금도 일어나고 있다(野村一夫, 1994).

이에 따라, 공공성의 하위개념으로 국가적 공공성과 시민적 공공성을 설정하는 학문적 시도가 이뤄지기도 했다. 공권력의 시각과 시민의 시각을 개념적으로 분리해 냄으로써 시민의 시점을 위치 짓고자 한 것이다(小林直樹, 1989: 花田達朗, 1996 재인용). 이렇게 근대 서구의 경우에서 관찰하기 힘든 '국가적 공공성'이라는 개념이 일본에는 존재한다. 이것은 일본의 역사적, 사회적 맥락이 반영된 결과이며, 이로부터 일본의 역사와 사회를 고찰할 때 이 개념으로 포착, 설명할 수 있는 현상이 있음을 확인할 수 있다.

그렇다면 언제부터, 어떻게 해서 관이 공공의 의미를 갖게 되었는가? 히가시지마 마코토(東島誠, 2000)의 논의에 따르면, 메이지시대에 근대적 국가를 설립하려는 과정 속에서 국가가 곧 천황을 의미하게 되었고, 이에 따라 국가가 곧 공공이라는 개념 도식이 성립되었다. 막말(幕末) 유신기(維新期)의 정치과정 이전까지 '공공'은 유학의 개념이었으나, 메이지시대에 들어 '공공업무', 즉 국가를 가리키는 것으로 변화했다. 요컨대, 근대 천황제를 바탕으로 서구의 사상을 번역, 수용하는 과정에서 관이 공공 개념과 결부되기 시작한 것이다.

이러한 배경과 함께 하나다는 공공권 개념을 제창하게 된 또 한 가지 이유로 공공성이 공간 개념을 드러내기 어렵다는 점을 언급했다. 그는 공공권을 "담론과 표상이 교통하고, 항쟁하며, 교섭하면서 귀결을 낳는 과정이 전개되는 사회공간"이자 "공적 내지는 공공적, öffentlich 혹은 public이라는 형용사로 지시되는, 어떤 이념의 운동이 투영되는 사회공간"(花田達朗, 1996, 3쪽)으로 정의한다. 이 '공간'이라는 뜻을 나타내기 위해 하나다는 '권'(圈)이라는 말을 선택했다.

하나다가 'Öffentlichkeit'의 번역어로 처음 만든 것은 '공적(公的) 의미공간'이지만, 새로운 개념이 널리 정착되기 위해서는 보다 간결해야 한다고 보아 '공공권'이라는 개념을 만들었다(花田達朗, 1996). 그런데 그의 논의에서 공공권과 공적 의미공간이 가리키는 바는 다르다. 공적 의미공간은 "역사와는 관계없는 일반적 추상개념"(花田達朗, 1996, 57쪽)으로, 서구의 공론장과는 다르나 다수가 공공의 문제를 논의하는 유사한 형태의 장까지 포괄한다. 즉, 공적 의미공간은 공공권의 상위 개념이라 할 수 있다. 후술하는 대로, 하나다는 근대 서구의 공공권에 상당하는 일본의 영역을 가리킬 때 공적 의미공간이라는 개념을 사용하는데, 이것은 일본에서 근대 서구의 공공권과 같은 장이 형성된 적이 없다고 보기 때문이며, 일본의 특수성을 강조하기 위해서다(花田達朗, 1996). 그러나 현재 일본의 학술 담론에서 공공권은 공적 의미공간과 같은 추상개념으로 상정할 때가 많다. 정리하자면, 공공권이라는 개념은 좁은 의미에서는 서구 근대의 공공권, 넓은 의미에서는 이와 유사한 형태의 공적 의미공간을 가리킨다.

2) 일본 역사 속에서 공론장의 성립에 대한 논의

일본에서 하버마스가 말하는 근대 서구의 공론장과 같은 영역이 존재했는가? 이에 대해서는 상반되는 두 가지 흐름의 논의가 전개되었다. 한편에서는 공론장이 형성된 적이 없다고 말한다. 메이지유신과 함께 근대 국민국가가 성립된 이후 오늘날에 이르기까지도 공론장이라 부를 수 있는 영역이 형성되지 않았다는 것이다. 그러나 다른 한편에서는 근대 국민국가가 성립되는 과정에서 형성된 정치적 담론의 장을 일종의 공론장으로 간주하며, 이것이 오늘날까지 이어졌다고 본다.

각각의 논의를 살펴보기에 앞서, 독자의 오해를 불러일으키지 않기 위해 한 가지 분명히 밝혀 두고 싶은 것이 있다. 일본에서 전개된 논의를 이렇게 나누는 것은 논의의 전체적 흐름과 방향을 정확하게 이해하기 위해서이지, 별개의 주장이 제기되었기 때문은 아니다. 일본의 사례연구는 본 연구와 상당히 유사한 문제의식 및 목적을 바탕으로 진행되었다. 연구자들은 공론장이 형성된 근대 서구의 특정한 조건과 맥락, 그리고 이와는 다른 일본의 상황을 분명히 인식하면서 일본의 경우를 어떻게 이론적으로 설명할 것인가를 고민했다. 이 과제를 해결하는 데 있어 연구자들 간에 접근이나 방법상의 차이가 관찰된다. 두 흐름으로 나누어 논의를 검토하는 이유는 그 차이를 놓치지 않기 위해서이다.

공론장의 존재에 대한 정반대의 주장은 하나의 현상을 두고 어떻게 해석할 것인가, 즉 관점의 차이에서 비롯된 것이다. 이 차이의 핵심은 하버마스의 분석에서 제시된 공론장의 성립조건을 얼마나 중시하느냐에 있다. 공론장 부재설을 주장하는 연구자들은 근대 서구에서 공론장이 나타난 기본적이자 핵심적인 요건을 국가와 시민사회의 분리라 본다. 이들은 이 점을 염두에 두었기 때문에 일본의 역사상 아직까지 그와 같은 현상이 나타나지 않았다는 결론을 내린다. 현재 일본에서 공론장이라 불리는 영역도 근대 서구의 공론장과는 다르며, 사실상 그로부터 상당히 동떨어져 있다고 본다.

이와 달리, 공론장 존재설로 분류한 연구들은 기본적으로 근대 서구의 공론장과 다른 성격이지만 일본에서도 유사한 형태의 장(場)이 형성되었다는 입장에서 진행된 것이다. 메이지유신을 거쳐 근대 국민국가가 성립되는 과정에서 각종 매스미디어를 바탕으로 다수가 공공의 일을 논의하는 장이 생겨났는데, 이를 공론장으로 간주한다. 이 장에서 정치에 관한 담론이 생성되고 국가에 대한 비판이 제기되었기 때문이다. 공론장 부재설을 주장하는 연구자도 이러한 사실(史實)을 알고는 있으나, 다만 이들은 여기에서 국가와 시민사회의 분리를 확인할 수 없다는 점을 들어 이 장을 공론장으로 인정하지 않는다(東島誠, 2000).

따라서 공론장 존재설을 주장하든 부재설을 주장하든, 연구자들은 기본적으로 근현대 일본에서는 서구와는 다른 역사적 과정을 거쳐 다른 성격을 지니는 공론장이 형성되어 왔다는 점에는 의견을 같이한다. 이 점을 염두에 두면서 각 주장을 검토하고자 한다.

공론장 부재설

야스나가 도시노부(安永壽延, 1976)와 하나다 다쓰로(花田達朗, 1996), 아베 긴야(阿部謹也, 2000)는 공론장 부재설을 주장하는 대표적 연구자들이다. 이들이 주장의 근거로 삼는 것은 일본의 공(公), 사(私), 공공(公共) 개념이 서구와는 다른 의미를 갖고 있다는 점이다. 이미 언급했듯이, 하나다 다쓰로(花田達朗, 1996)는 공론장이 생겨난 적이 없다는 것은 무엇보다도 일본어에 이에 해당하는 말이 없다는 것에서 단적으로 드러난다고 말한다.

일본에서는 서구와 같은 공공이 성립되기 어려운데, 그것은 공과 관이 밀착되어 있기 때문이다. 아베 긴야(阿部謹也, 2000)는 서구와는 달리 일본에서는 공과 관이 분리되지 않았기 때문에 관도 아니며 사도 아닌 공공이라는 영역이 생겨날 수 없었다고 주장한다. 그로 인해 담론의 장에서 행위자의 주체성이 중시되지 않으며, "공개된 담론에 의한 상극과 합의 형성이라는 절차"(花田達朗, 1996, 69쪽)가 성립될 수 없다고 지적한다. 이러한 상황이 제 2차 세계대전 이후에도 변함없었다는 것이 부재설 지지자들의 공통된 의견이다(安永壽延, 1976; 花田達朗, 1996).

그렇다면 이들은 근대 국민국가 성립 시기 매스미디어를 통해 나타난 정치 담론의 장을 어떻게 보는가. 히가시지마 마코토(東島誠, 2000)는 이 장이 공론장이 아닌 이유로, 여기에 참여하는 사람들이 공권력과 시민사회의 분리를 의식하지 않았다는 점을 든다. 분명 메이지 시기에 풍설서(風說書), 풍설류(風說留)라는 신문의 전신(前身)과 신문, 잡지 등을 통해 문예와 정치를 비평하는 공공적인 담론 공간이 등장했으며, 여기에서 정부에 대한 비판이 이뤄졌다. 그러나 히가시지마는 이것을 공론장의 가능성이 있었다고 생각할 뿐 공론장 그 자체는 아니었다고 주장한다.

하나다 다쓰로(花田達朗, 1996)의 논의에 따르면 근대국가 수립 이후부터 일본에 존재한 것은 '대표적 구현의 공공권'의 유사물이었다. 근대 천황제가 성립, 유지되면서 "중세 봉건제하의 공권력(영주, 교회)이 신민 앞에 그 지배권력을 현재화시킨 의미공간"과 같은 "천황제적 의미공간"(60~63쪽)이 형성되어 왔다. 하나다는 쇼와(昭和) 일왕 서거 전후의 신문 보도를 예로 들며, 이 시기의 공적 의미공간이 천황제적 의미공간에 의해 '에워싸여' 있었다고 지적한다.

또한 하나다 다쓰로(花田達朗, 1996)는 공공권의 형성을 저해하는 요인이 근대 천황제에 있다고 지적한다. 천황제는 '천황 = 공'을 정점으로 하여 거기에서 멀어질수록 사에 가까워지는 공간적 구조를 갖고 있는데, 여기에서 공과 사는 상대적 관계를 가지며 서로 분리되어 있지 않다. 따라서 근대 일본에서 공론장이라 부를 수 있는 영역이 충분히 성장하지 못한 원인은 자본주의뿐만 아니라 천황제에 있으며, 그 결과 타자와의 소통의 장은 변경으로 밀려나 있다고 하나다는 분석한다.[1)]

공론장 존재설

반복하지만, 공론장 존재설을 주장하는 연구자들이 근대 서구와 같은 성격의 공론장이 일본에서 존재했다고 보는 것은 물론 아니다. 이들은 서구와는 다른 형태이지만 일본의 근대화 과정에서 정치적 담론 공간이 형성된 것에 주목한다. 따라서 앞서 말한 대로, 일본의 공론장이 어떠한 성격을 갖고 있느냐에 대해서는 부재설과 존재설 사이에 큰 이견이 없다. 다만 한 가지 지적할 것은 부재설보다는 존재설을 취하는 연구자들이 공론장이 어떻게 형성되었는가에 대한 역사적 과정을 밝히는 작업을 훨씬 많이 수행했으며, 일본 공론장의 성격에 대한 경험적인 분석 결과를 내놓고 있다는 점이다.[2)]

---

1) 하나다 다쓰로(花田達朗, 1996)는 역사 인식이 박약하다는 점 등 일본의 공적 의미공간의 여러 병리현상을 공공권의 부재로 설명할 수 있다고 본다. 또한, 공론장을 형성하기 위해서는 천황제적 의미공간을 역사화하는 한편, '사-개인-민'의 유착관계를 해체해 '사'의 내부에서 '공'을 도출함으로써 공적 영역과 사적 영역을 분할해야 한다고 본다. '사-개인-민'의 유착관계에 대해서는 후술한다.

2) 메이지시대 이전에 등장한 문예적 공론장에 대해서는 히가시지마 마코토(東島誠, 2000), 미야카와 야스코(宮川康子, 1998), 데쓰오 나지타(テツオ・ナジタ, 1992)

메이지시대에 형성된 공론장에 대해 가장 폭넓은 시야에서 전체적 구조를 조감하는 연구로 미타니의 논의를 들 수 있다. 주요 주장과 논거를 검토하기에 앞서 주장의 바탕이 되는 이론적 논의를 간략히 짚어 보는 것은, 이로부터 존재론의 입장과도 관계되는 논점을 읽어 낼 수 있기 때문이다. 미타니 히로시(三谷博, 2004a)는 한・중・일 3국의 근대화 과정에서 공론장이 어떻게 형성되었는지를 탐구하기 위해 '공론형성'(公論形成)이라는 새로운 개념을 설정한다. 한・중・일의 역사적・사회적 맥락을 이론화하기 위해 근대 서구의 'public sphere'에 해당하는 한・중・일의 장을 '공론'(公論)이라고 부른다.[3)]

미타니 히로시(三谷博, 2004a)의 주장에 따르면, 한・중・일의 경우 공론장의 성립에 있어 중요한 조건은 관과 민의 관계이다. 공론장 부재설의 입장을 취하는 연구자들처럼 공공이 성립했는가 여부를 미타니는 따지지 않는다. 하버마스의 공론장 논의를 바탕으로 전개된 논의가 오로지 관으로부터 민의 독립에만 초점을 맞추고 있다는 점을 비판하면서, 한・중・일의 사례를 검토하기 위해서는 관 내부에서의 공론의 경험, 그리고 민 내부에서 형성되는 공론에 대한 관의 관심에 주목할 필

를 참고.

3) 왜 공공권 혹은 공공성이라는 개념을 차용하지 않는가에 대해서는 다음과 같이 설명한다. 일본에서는 파시스트적 공공성에 대한 논의가 전개되었는데, 미타니 히로시(三谷博, 2004a)는 "토론과 논의를 통해 결론이나 합의를 도출하는 자유민주주의적 성격"(8쪽)의 공론장의 형성에 초점을 맞추고자 하기 때문이다. 또한, 미타니는 한・중・일 3국의 경우를 모두 시야에 넣어 논의를 전개하고자 하는데, 공공권이라는 개념을 사용할 경우 중국에서는 구체적인 장소를 가리키는 뜻이기도 해 보다 추상화하는 개념이 필요하다고 생각하기 때문이다.

요가 있다고 말한다. 한・중・일의 근대화 과정에서 민 내부와 관과 민 사이에 공론이 형성되는 중요한 조건으로 가정하는 것은 민의 공론에서 관찰되는, 국가와 정부를 분리하는 논리이다(三谷博, 2004a).

미타니 히로시(三谷博, 2004a)는 도쿠가와 막부 및 메이지 초기 일본에 대한 분석을 통해 관과 민의 분리가 아니라 관의 분리, 즉 국가와 정부의 구별을 통해 공론공간이 부상할 수 있었음을 논증한다. 이 시기 민이 자신들의 공론행위를 정당화하는 근거로 내세운 것이 바로 국가가 아닌 정부의 잘못을 비판한다는 것이다. 이러한 민의 공론이 활성화된 계기는 막부 말기 국가 존망의 위기, 즉 미국의 문화개방 압력, 그리고 메이지유신 이후의 문명개화라는 과제였다. 미국과 불평등 조약을 맺은 정부를 비판하기 위해 국가, 즉 천황의 권위를 빌리는 경향은 그 후에도 이어져, 신문 보도와 논평에서 "'국가'의 장래를 위해, 현재의 '정부'의 결함을 지적하고"(三谷博, 2004a, 18쪽; 2004b, 45~46쪽) 이상적인 정부의 모습을 제안하는 논조를 바탕으로 이뤄졌다.

미타니 히로시(三谷博, 2004a)는 메이지 초기에 "정부로부터 독립적인, 경우에 따라서는 대항적이 될 수도 있는"(39~42쪽) 공론공간이 형성되었다고 본다. 신문, 팸플릿 등의 인쇄매체와 연설회의 보급으로 인해 공론장이 소수의 폐쇄적 영역에서 불특정 다수가 참여하는 열린 형태로 변화했는데, 이를 주도한 것은 주로 막부 말기의 정쟁에서 패한 구지배계층의 엘리트, 지식인이었다. 신문은 주로 이들에 의해 창간되었다. 이 시기 민에서 공론을 주도하던 자들은 문명개화라는 목표를 메이지 정부와 공유했기 때문에 이에 대해서는 정부에 협력했다. 그러나 정부에 대한 대항심이 여전했고 상업적 측면도 놓치지 않으려 했기 때문에 정부와 거리를 둘 수밖에 없었다.

그러나 이렇게 민에서 형성된 공론장은 정부로부터 완전히 독립되지 못하고 시기에 따라 정도의 차이는 있으나 정부의 규제와 단속을 벗어날 수 없었다. 미타니의 분석에 따르면, 도쿠가와 막부는 앞에서 서술한 위기극복을 위해 관 내부뿐만 아니라 민에서 형성되는 공론에도 귀를 기울이게 되었고, 메이지 정부는 체제통합과 문명개화를 위해 정쟁에서 패한 세력과 서민층의 협력을 구하고자 언론활동을 장려했다(三谷博, 2004b). 그러나 미타니 히로시(三谷博, 2004b)는 이 상황을 '공론'보다는 '동원'(37~38쪽)에 가까운 것으로 보는데, 정부가 민의 공론을 흡수하고 반대 세력을 포섭함으로써 정부를 강화하고자 했기 때문이다.

메이지 시기에 매스미디어를 통해 형성된 공론장의 성격과 국민이라는 주체의 형성과정에 대해서는 아사노 마사미치(淺野正道, 2003)와 히라타 유미(平田由美, 2002)가 상세하게 분석했다. 그들은 신문, 잡지의 독자층이 확대되는 과정, 즉 공론장이 형성되는 과정이 국민이 형성되는 과정과 중첩되어 있음에 주목해, 공론장의 참가자들이 어떻게 국민이라는 동일한 주체로 포섭되면서도 서열화되었는가를 분석한다.

아사노 마사미치(淺野正道, 2003)는 이 시대의 공론장 형성을 다룬 기존의 연구가 하버마스의 논의에 의거해 일본의 역사를 이론에 끼워 맞추듯 분석했다고 비판한다. 국가에 대한 '시민 = 국민'의 대항의식이 형성되었다는 가노 마사나오(鹿野正直, 1971)의 주장, 하버마스의 공론장이 일본에서 발견되었다는 스즈키 겐지(鈴木健二, 1997)의 주장을 거론하면서, 아사노는 이렇게 논의가 전개될 경우 일본에서는 시민과 공론장이 출현하지 못했으며, 그 원인을 국가와 사회의 미분리, 즉 일본 근대의 미성숙에서 찾는 뻔한 질문과 해답이 제시된다고 지적한다.

이 문제를 극복하기 위해 아사노는 하버마스의 공론장을 형성하는 영역, 즉 공중의 토의에 의해 합의가 형성되는 장이 알튀세르(Althusser)의 국가 이데올로기 장치, 즉 여러 이데올로기하에서 국민이 형성되는 장과 중첩된다는 점에 착안해, 공권력에 대항하는 담론의 실천이 그 의도에 반하는 효과를 갖게 된다는 가설을 검증한다.

그 결과에 따르면, 메이지시대에 형성된 공론장은 미타니, 가노, 스즈키의 주장과는 정반대의 성격을 띠고 있었다. 지식인들은 정부와 대립했지만 기존의 체제를 자발적으로 수용하고 강화했다고 아사노는 주장한다. 공론장에서 포섭과 배제의 논리가 생성됨으로써 지식인들은 정부와 마찬가지로 아래로부터의 정치활동을 탄압했다. 그들은 정부가 특정 소수자의 이익만을 대변한다고 비판하면서 자신들은 '다수 인민'을 대표한다고 주장했으며, 이를 통해 '전 국민'이라는 범주가 만들어졌다. 그러나 지식인들은 인쇄매체를 설립해 공론장을 형성하면서 여기에 참여할 수 있는 자를 자신들이 생각하는 지적 능력을 지닌 자, '위'로부터도, '아래'로부터도 거리를 둘 수 있는 자로 한정하는 등 규범화했다.

이렇게 지식인을 중심으로 하는 공론장이 확대되면서, 메이지 10년대(1877~1886년)에 계급적 구분을 넘어 다양한 주체에 의해 펼쳐졌던 혼종적인 정치문화가 배제, 부정되고, 정치가의 활동과 언론활동만이 정당화되었다고 아사노는 지적한다.

히라타 유미(平田由美, 2002)는 아사노와 유사한 관점에서 기존 논의의 문제점, 즉 엘리트 혹은 부르주아와 같은 '독서하는 공중'이 주된 독자인 대신문(大新聞)만을 다루면서 '국권' 대 '민권'의 대립에만 주목했다는 점을 지적하면서, 보다 '잡다하고 혼성적인' 하층민들을 독자로 하는 소신문(小新聞)을 연구대상으로 삼아 여기에서 형성된 공론장의 성격을 분석한다.[4] 이를 통해 그는 공론장을 통한 국민의 형성과정에서 계급이라는 요소가 작동해 각기 다른 개인과 집단 간의 배제와 포섭이 이뤄졌음을 제시한다. 하층민은 집단, 즉 국가가 강조되는 대외적 이슈의 경우에는 국민으로 소환되었으나, 국내의 이슈와 관련해서는 상층 및 중층과 다른 집단으로 차별화되었다. 또한, 하층민으로만 이뤄진 공론장에서도 투고할 수 있는, 즉 읽고 쓰는 능력에 따른 참여와 배제가 있었다.

3) 일본에서 공과 사의 개념

근대 서구와 일본의 차이

앞서 살펴본 대로, 일본의 근대화 과정에서 공론장이 형성되었는가에 대해 시각의 대립은 존재하지만, 서구와의 차이가 나타난 이유로서 국가와 시민사회가 분리되지 않았기 때문이라는 데에는 어느 쪽이든 동의한다. 일본에서 왜 현재와 같은 형태와 성격을 가진 공론장이 형성되었는가를 파악하기 위해서는 일본의 근대화 이전과 이후에 국가, 정부,

4) 소신문(小新聞)은 식자능력이 떨어지는 독자를 대상으로 하며 잡보와 가벼운 읽을거리를 중심으로 구성되었다. 이에 반해, 대신문(大新聞)은 지식인층을 대상으로 하며 정치적 논설을 주로 실었다. 메이지 20년대(1887~1896)에는 소신문과 대신문의 중간의 형태를 취하면서, 정치적으로도 중립적인 입장을 취하는 중신문(中新聞)이 발간되기 시작해 널리 읽혔다.

사회, 개인의 관계가 어떠했는가를 살펴볼 필요가 있다. 이에 대해 중요한 단서가 되는 것이 일본의 공과 사 개념이다.

일본의 공과 사 개념이 서구의 것과 다르다는 데에는 이견이 없다. 아베 긴야(阿部謹也, 2000)의 설명에 따르면, 일본에서 사는 서구와는 다른 형태이지만 강고하며 명확한 의미를 가진 데 반해, 공은 앞서 언급한 대로 관과 밀착된 상태이다. 또한 근대 천황제가 확립되면서 공의 정점에 천황이 위치하게 되었다(安永壽延, 1976; 東島誠, 2000). 하나다 다쓰로(花田達朗, 1996)가 정리한 바에 따르면 일본에서는 '공 = 국가 = 관' 대 '사 = 개인 = 민'으로 개념들이 이원화된 상태이다. 각각의 내부에서는 세 개념이 유착되어 있으며, 공과 사, 관과 민, 국가와 개인의 관계 때문에 세 개념의 분리가 억제되고 있다.

이렇게 개념이 형성된 배경으로, 야스나가(安永壽延, 1976)는 서구와는 달리 일본에서는 "자기와 타자의 명확한 구별과 분리를 통해 주체 개념이 확립"(31쪽)되지 않았다는 점을 든다. 즉, 근대화 과정에서 개인을 바탕으로 한 공과 사의 분리가 충분히 이뤄지지 않은 것이다. 이로 인해, 전통적인 공과 사 개념의 영향 속에서 다수가 함께하는 장이라는 의미에서의 공이 국가 혹은 관과 동일시되었다. 또한 개인 및 민간, 즉 사는 공에 수렴되어야 할 것으로 생각되었다. 이렇게 해서 개인이 하나의 주체로 성장하지 못하고 국가에 의존하면서 국가가 비대해졌고, 국가를 대신해 사를 제어할 수 있는 공적 원리가 발달하지 못했다고 야스나가는 지적한다.

그렇다면 왜 사가 공으로부터 분리되거나 독립적 지위를 확보하지 못했는가? 이를 이해하기 위해서는 일본의 공 개념을 자세히 살펴볼 필

요가 있다. 공 개념은 3가지 흐름이 중첩되는 과정에서 형성, 변용되었다. 한편에는 일본의 전통적 오야케(公, おおやけ) 개념, 다른 한편에는 중국에서 유학 등의 사상을 통해 유입된 공(公, こう) 개념이 있으며, 근대화 과정에서 서구 문화와 사상을 수용하면서 번역어로 채용된 공(公) 개념이 있다(安永壽延, 1976; 田原嗣郎, 1995; 溝口雄三, 1996; 東島誠, 2000). 이 중에서 현재 일본에서의 공과 사의 개념, 국가와 사회의 미분리를 이해하기 위한 핵심적 단서로 생각되는 것은 전통적 공 개념인 오야케이다. 이 개념은 다른 두 개념보다 일본인의 의식을 가장 잘 반영하는 동시에, 일본인의 생각에도 가장 많은 영향을 미쳤다. 오야케 개념은 근대화를 통해 의미가 다소 변형되기는 했으나 오늘날에도 일본인들의 의식 속에 자리하고 있다. 앞서 말한 공이 가지는 의미의 모호성은 오야케의 영향 때문이라고 할 수 있다.

또한, 일본에서 개인이 확립되지 않은 배경을 이해하기 위해서 하나 더 검토해야 하는 것은 '세켄'(世間)이라는 전통적 사회 개념이다. 아베 긴야(阿部謹也, 2000)는 일본에서 공공에 해당하는 개념, 즉 사람들 사이의 관계, 그 관계들의 집합을 가리키는 개념은 세켄이라고 주장한다. 일본에서 한 사람이 다른 이들로부터 독립되지 않은 것은 세켄에 속해 있기 때문이다. 아베는 세켄이 지금도 여전히 사람들의 사적 생활의 토대를 이루고 있다고 보는데, 다만 표면상으로 혹은 공적으로 세켄이 드러나지 않는 이유는 메이지시대에 서구의 '소사이어티'(*society*) 라는 개념이 '사회'라는 말로 번역돼 보급되었기 때문이라고 말한다.[5]

---

5) 따라서 아베 긴야(阿部謹也, 2000)는 일본의 근대화가 제도와 인프라 수준에 그쳐

다음에서는 일본의 공과 오야케, 사와 세켄의 개념을 보다 상세하게 살펴보고자 한다.

오호야케와 공: 공 개념의 의미와 변천

일본에서 공(公)에 해당하는 말에는 '코'(公, こう)와 '오야케'(公, おおやけ)가 있다. '코'와 '오야케'는 모두 한자로는 '公'이 되는데, 같은 한자에 대해 두 가지 발음이 있다. 일본의 한자 읽는 방법은 크게 음독(音讀)과 훈독(訓讀)이 있는데, '코'가 음독이고 '오야케'가 훈독이다. 그런데 이 둘 사이에는 단순히 발음의 차이만 있는 것이 아니다. '코'는 한자를 중국으로부터 받아들이면서 중국어 발음에 가깝게 읽으면서 생긴 말이고, 오야케는 일본에 본래 있던 말로, 고대에는 '오호야케'(オホヤケ)였다. '공' 자가 유입되고 난 뒤 오호야케가 이에 가까운 뜻을 가진 것으로 여겨지면서 '공' 자를 '코'뿐만 아니라 '오호야케'로도 읽기 시작한 것이다(溝口雄三, 1996).

미조구치 유조(溝口雄三, 1996)와 다하라 쓰쿠오(田原嗣郎, 1995)의 분석에 따르면, 오호야케의 뜻에는 수장성(首長性)과 공동성(共同性)이라는 두 가지 요소가 동시에 포함돼 있다. '야케'(ヤケ)는 고대 일본의 공동체를 가리키는 말인데, "토지와 건물로 구성된 한 구역의 시설"로, "공동체적 농업경영의 거점"이었다. 여기에서 농경의례도 행해졌기 때문에 야케는 "공동체의 수장(首長)에 속하는 것"이기도 했다. 요컨대 야케는 "일본 고대의 공동체를 대표하는 것이며, 따라서 그것은

으며, 정신적인 측면에서는 근대화 이전과 연속되어 있다고 주장한다.

수장에 속하는 동시에 공동체의 공동성을 가진 것”(田原嗣郎, 1995, 94쪽) 이기도 했다.

‘오호야케’는 한자로는 ‘大家’ 혹은 ‘大宅’, 즉 큰 야케를 말하며, 이에 대비되는 말로는 작은 야케, 즉 ‘오야케’(小宅, ヲヤケ) 가 있다(田原嗣郎, 1995). 복수의 공동체로 구성된 더 큰 공동체가 있을 경우, 앞의 작은 공동체들은 작은 야케, 이들로 구성된 공동체는 큰 야케가 된다. 또한 이 큰 야케라 불리는 공동체들로 구성된 보다 큰 공동체가 있을 경우, 이번에는 앞의 공동체들이 작은 야케가 되며 이들을 포괄하는 공동체가 큰 야케가 된다. 즉, 오호야케는 상대적 개념이다. 오호야케는 가장 ‘천황’(天皇), 즉 가장 큰 공동체의 수장을 가리키는 말, ‘조정’(朝廷) 이라는 그 공동체의 중핵을 구성하는 기관을 가리키는 말로도 사용되어 왔다. 또한, 일본 역사에서 공동체를 대표하는 것은 민(民)의 모임이 아니라 수장이었기에, “공 개념이 가지는 공공성은 수장성의 그늘에 숨어 있었”(田原嗣郎, 1995, 101쪽) 다고 지적된다.

이렇게 공동체들이 수직적 계층성을 이루고 있다는 점을 들어, 다하라 쓰쿠오(田原嗣郎, 1995) 는 절대적이며 보편적인 공공이 성립하기 어려웠다고 주장한다. 한 공동체 내에서는 공에 해당하는 것이 그 바깥에서는 공에 해당하지 않는 것, 즉 사가 된다. 작은 공동체에서의 공은 그것이 속한 보다 큰 공동체의 공을 기준으로 할 때, 사로 간주된다. 이러한 사고방식이 습관화되어 에도시대뿐만 아니라 그 이전에도 공과 사가 단순히 상하관계를 의미하는 경우도 있었다. 요컨대 일본에서 ‘공’은 “어떤 일정한 범위 내에서의 ‘공’ = ‘정’(正)”인데, “‘공’에 해당하는 범위가 커지면 그 ‘공’의 지위는 상승하며, 그것이 무한대가 되면 ‘공’은 보편

타당성을 지니게 되지만, 그렇게 되더라도 '공'이 가지는 상대성이 변하는 것은 아니다"(田原嗣郎, 1995, 120쪽).

따라서 전통적으로 공과 사는 분리되지 않았으며, 사는 그 자체로 절대적 의미를 갖는다기보다는 비공(非公), 즉 공이 아닌 것을 가리켰다. '사'라는 말은 자기 부정 혹은 겸손의 의미를 가지며, 무언가를 공이 아닌 사로 표현할 때는 비난이 담겨 있는 경우도 있었다(田原嗣郎, 1995). 즉, 사 개념은 그 자체로서 존재하지 않았으며, 늘 공과의 관계 속에 있었다. 스스로를 '사'로 지칭하는 경우에도 사실은 자신이 속한 공동체에서는 스스로가 '공'이기 때문에, 상위의 공 앞에서 사로 인정받을 수 있었다.

요컨대, 일본에서 공과 사는 이질적인 것으로 서로 공존한 것이 아니라, 동질적인 것으로 서로 대립했다. 다하라 쓰쿠오(田原嗣郎, 1995)의 지적에 따르면 이와 같은 공과 사의 관계에 관련되는 현상이 오늘날에도 관찰된다. 일본이라는 국가가 '공'이지만 그 아래에도 수많은 '공'이 있으며, 국가의 공과 하위의 공, 즉 국가 입장에서는 사가 충돌하는 경우가 발생한다. 예를 들어 한 회사원에게 회사는 공이기 때문에 국가의 법률에 위반하는 행위여도 회사의 입장에서는 의로운 행위가 될 수 있다. 국가의 공이 하위의 공들과 대립할 때, 혹은 최상위의 공인 국가와 다른 국가가 대립할 때, 대립을 해소할 수 있는 원리적 토대를 갖지 못하는 것이다(溝口雄三, 1996).

일본의 근대화는 전통적 공사 개념을 바탕으로 진행되었다. 야스나가 도시노부(安永壽延, 1976)의 분석에 따르면, 근대 천황제 성립 이후 최상위의 공을 천황이 차지하면서 천황은 "전면적으로 공적 존재"로 "무사(無私)의 상징"이 되었고, "가장 저변에 있는 민중은 전면적으로 사적 존재"로 "무공(無公)의 상징"(40~41쪽)이 되었다. 이에 대해 야스나가 도시노부(安永壽延, 1976)는 근대의 '공 = 천황 = 국가, 관'은 개인 혹은 민의 "'공'성(性)을 빼앗아" "'사'성(性)의 낙인"(67~68쪽)을 찍었다고 표현한다. 도쿠가와 막부 말기 및 메이지시대의 지식인인 후쿠자와 유키치(福澤諭吉), 오노 아즈사(小野梓), 야노 류케(矢野龍溪), 나카에 조민(中江兆民)의 공사에 관한 주장을 검토한 뒤, 야스나가 도시노부(安永壽延, 1976)는 "타자의식, 시민과 시민의 수평적 관계를 바탕으로 한 시민(사회적) 의식에 매개되지 않는"(66쪽) 개인이 국가로 일체화되어야 한다는, 즉 사가 결국 공으로 수렴되어 가는 흐름을 읽어 낸다.

'천황 = 공'이 되면서, 공은 인격적, 실체적인 성격도 갖게 되었으며, 미적, 윤리적, 정치적 가치에서 공과 사 사이에 우열관계, 상하 및 선악의 관계가 강화되었다. "공은 보편성과 공정함, 사는 사욕과 자의성으로 간주되"(安永壽延, 1976, 67~68쪽)었다. 사는 공의 우수리에 불과한 것으로, 국가가 설정한 공적 규칙, 즉 법률에 따라야 한다고 생각됐다. 이에 따라 공공적 문제는 오로지 국가가 관여해야 하는 문제이며, 공공성이란 사를 죽이고 공을 위해 힘쓰는 것으로 여겨지게 되었다(桂木隆夫, 2005).

제 2차 세계대전 이전의 일본과 그 후의 일본에서는 마찬가지로 공과 사가 대립하기만 할 뿐, 그 대립을 해소할 공공이 성립되지는 못했다. 야스나가 도시노부(安永壽延, 1976)는 공과 사 사이에 "국가와 개인, 관과 민의 이원적 관계를 바탕으로 긴장을 품은 채 서로 상대를 굴복시키려 하는 대항 관계" (69~70쪽)가 지속되었다고 지적한다. 앞서 말한

대로, 국가의 공에 대립되는, 아래에서 분출되는 욕구와 이에 따른 혼란에 대해 제 2차 세계대전까지의 국가는 '멸사봉공'(滅私奉公)을 요구해 해결하고자 했다. 반대로 전후에는 국가보다 '사'적인 것이 널리 인정되면서 사가 강고해졌고, 이로 인해 무분별한 사의 추구가 나타났다.

중국의 경우와 비교하면 일본의 공 개념의 특성이 더욱 명확해진다. 미조구치 유조(溝口雄三, 1996)의 분석에 따르면 중국의 공은 국가권력의 정당성도 비판의 대상이 되는 원리를 내포하고 있다. 그러나 일본의 공은 원리가 아니라 영역으로서의 공이며 보다 상위의 공 앞에서는 사가 되는 상대성을 갖고 있기 때문에, 최상위의 공을 비판할 수 있는 토대가 없다. 또한 중국에서는 '사를 포함하여 사를 공동의 틀로 묶은 공'이라는 개념이 성립하는 데 반해, 일본에는 공에 그러한 수평적 연결의 의미는 없다. 미조구치 유조(溝口雄三, 1996, 44~45쪽)는 일본의 공 개념, 오야케의 특성과 '사', 즉 와타쿠시와의 관계에 대해 다음의 5가지 특징을 지적한다.

① 오야케의 장이란 여러 와타쿠시가 주장되어 이해의 충돌이 조정되는 장이 아니다.
② 오야케의 장이란 여러 와타쿠시 상호 간의 자유로운 교제의 장이 아니다.
③ 오야케의 장에서 공적인 일에 관련해서는 와타쿠시의 일, 즉 사적인 일은 거론하지 않으며, 오야케의 장의 형태에 변경을 가하거나 이를 어지럽히는 일은 허용되지 않는다.
④ 천황의 행위나 조정의 행사, 관의 여러 일은 모두 오야케의 공적

인 일로서 참가해 봉사할 것이 요청된다.

⑤ 오야케 영역은 천황을 최상위로 하는 국가를 최대의 영역으로 하며, 그 위나 바깥으로 나오는 경우는 없다.

와타쿠시와 세켄: 사 개념의 의미와 변천

일본에서 사(私)는 사적 영역을 가리킬 뿐만 아니라 일인칭(一人称)이기도 하다(安永壽延, 1976; 溝口雄三, 1996). 사가 일인칭으로 사용될 때에는 '와타쿠시'(わたくし)라 발음하며, 사적 영역의 의미로 사용될 때는 '시'(し)라 발음한다. 앞서 공 개념에서 살펴본 바와 마찬가지로, '와타쿠시'는 일본의 고유어이며, '시'는 중국어에 가까운 말이다. 이렇게 다른 의미가 하나의 말로 표현된다는 것은 이 의미들을 동일시하는 일본인들의 의식이 반영된 것이라 볼 수 있다.

야스나가 도시노부(安永壽延, 1976)는 일본에서는 "사회적 행위의 주체인 '와타쿠시'와 집단 내지 조직의 단위인 개인, 그리고 공적 영역에 대치되는 '사'는 등치되거나 완전히 유착돼 있"으며, " '개인적'이라는 말과 '사적'이라는 말이 거의 동의어"(20~30쪽)라고 지적한다.

미조구치 유조(溝口雄三, 1996)의 분석에 따르면, '와타쿠시 = 사'가 일인칭으로 사용된다는 것은 '와타쿠시'가 독립된 자기의 세계를 갖추고 있기 때문이 아니다. 오히려 일인칭 와타쿠시에는 공 개념과의 관계가 반영되어 공으로부터 분리되지 못하고 오히려 공을 우선시하며 이에 종속된다는 의미가 내포되어 있다. 그러나 공과 독립된 사의 세계가 존재하지 않는 것은 아닌데, 사람들에게 알리고 싶지 않은 내부의 일, 표현과는 다른 본심, 공적인 일이 되면 입장이 난처해지는 일 등이 '사'로 간주된다.

미조구치는 누구나 이러한 사적 세계를 갖고 있다는 것이 "은연중에 공인(公認)"되어 있으며, "오야케의 관계에 참가, 협력하며 거기에서 부여된 역할을 수행하는 한"(43쪽) 사적 세계가 공에 의해 간섭 받지 않는다고 말한다. 사가 '은연중에 공인'되어 있다는 것은 모두가 사를 내세우는 일이 없고 늘 공만을 내세우지만, 각자에게 사가 존재한다는 것을 이미 인지하고 있다는 뜻이다.

따라서 앞서 정리한 공 개념의 의미와 연결해서 본다면, 일본에서 공과 사, 즉 오야케와 와타쿠시의 관계를 다음과 같이 정리할 수 있다(溝口雄三, 1996).

① 오야케를 공개적으로 인정되는 영역, 와타쿠시를 은연중에 인정되는 영역으로 하는 이중의 영역성으로 나뉘어 있다.
② 오야케 영역은 와타쿠시 영역보다 늘 우월하다.
③ 와타쿠시 영역에 비해 오야케 영역은 이미 주어진 선험적인 것이며, 와타쿠시 영역이 오야케 영역에 종속되어야 한다고 생각된다.
④ 오야케의 장에서의 질서에 따르는 한, 와타쿠시 영역은 간섭받지 않고 유지된다.

요컨대 일본에서 사가 공에 대해 종속적 위치를 갖고 있었던 것은 분명하나, 공과는 독립된 지위를 인정받지 못한 것은 아니다. 따라서 미조구치 유조(溝口雄三, 1996)는 제 2차 세계대전기에 '멸사봉공'이 강조된 것이 국민들에게는 하나의 비극이었다고 말한다. 일본에서 사, 즉 공이 침해할 수 없는 자기의 생명, 재산, 가족이 인정되었기 때문에 그것을 모두 공을 위해 '멸한다'는 것은 비극에 다름없었다는 것이다.

제 2차 세계대전 이후에는, 앞서 밝힌 대로, 국가의 힘이 약해지고 '사'가 다시 인정되었다. 그러나 야스나가 도시노부(安永壽延, 1976)는 이 시기에 사가 무분별하게 추구된 것은, 사를 억제할 공적 원리가 부재한 상태였기 때문이라고 분석한다. 또한 여전히 자기와 타인의 분리가 명확하지 못한 상태여서 공공성이나 인권, 프라이버시 등에 대한 의식도 낮은데, 이 모든 것이 "시민 스스로의 손으로 공공성의 영역을 확립하지 못"(79~80쪽) 했기 때문이라고 야스나가는 본다.

미조구치 유조(溝口雄三, 1996)는 야스나가와 비슷한 시각에서 전후 와타쿠시의 강화를 보다 자세하게 분석하는데, 여기에서 강해진 와타쿠시는 정치나 사회적 공동성의 주체가 아니라 사생활의 주체라고 지적한다. 사생활에서의 자유자재만을 추구하는 경향이 강해져, 즉 비사회적 혹은 반사회적 와타쿠시가 강해져 법률적으로 위반되지 않는다면 뭐든 괜찮다고 보는 풍조를 비판한다.

한편, 일본에서 사람들 사이의 공동성(共同性)에 해당하는 '세켄'(世間)이 있다(溝口雄三, 1996; 阿部謹也, 2000). 아베 긴야(阿部謹也, 2000)의 설명에 따르면, 세켄은 사람들이 가족을 벗어나 속하는 인간관계로, 증여와 호혜를 바탕으로 하는 배타적이며 차별적인 관계이다. "사람에 따라서 약간씩 다르지만, 많은 경우 그것은 연하장을 교환하거나, 연말 선물을 교환하거나 하는 관계"로, "'세켄'을 구성하는 사람들 사이에는 어떠한 정관도 없지만, 서로 하나의 '세켄'에 속해 있는 것을 잘 알고" 있으며, 이들 사이에는 "연하장이나 연말 선물의 교환이라는 의무가 있지만, 이 의무의 배후에서는 서로 어떠한 형태로 돌봐 준다"(197쪽). 세켄의 전형적 예로 아베는 동창회를 드는데, 한국의 경우도 일본과 마찬가지일 것이다.

일본 사람들은 자신을 타인으로부터 독립된 개인이라기보다는 세켄의 일원으로 의식했으며, 지금도 그렇다고 아베 긴야(阿部謹也, 2000)는 주장한다. 일본 사람들은 세켄으로부터 분리된 자기를 형성하지 못한 것이다. 따라서 이것은 공론장의 성립을 어렵게 하는 요인으로도 작용한다. 사람들이 한 개인으로서의 의견 개진을 거의 하지 않기 때문이다. 아베는 예를 들어, "어떤 모임에서 발언할 때는 개인으로서 자신의 의견을 말하기 전에 먼저 자신이 속한 '세켄'의 이해에 반하지 않음을 확인해야"(195~196쪽) 한다고 말한다. 자신의 진정한 생각인 '혼네'(本音)는 감춰 두고 세켄에 반하지 않는 생각, 즉 '다테마에'(建前)를 내세우게 되는 것이다. 요컨대 아베는 세켄과 개인의 관계로 인해 다테마에와 혼네의 구별이 생겼다고 보며, 이 구별이 메이지 이후 근대화를 통해 더욱 명확해졌다고 주장한다.

이상에서 일본사회와 근대 형성과정에서 공(公)의 개념이 어떻게 천황을 정점으로 하는 국가기관과 동일시되었는가, 사(私)는 어떻게 공뿐만 아니라 개인이 아닌 세켄의 일부로서 받아들여졌는가를 살펴보았다. 일본의 연구자들은 일본사회에 공론, 공론장이 있는가에 대해 어떤 입장에 서 있든지, 그것이 국가의 우산 아래 작동한다는 점에는 동의하고 있음을 알 수 있었다. 일본 근대에 공론장이 없었다는 주장 역시 국가, 관의 강력한 힘의 작동이 있었다는 점에서 중국, 한국과 그다지 차이가 있었던 것은 아니라 할 것이다.

2. 중국 근대 시기 계몽운동과 공론장의 형성

1) 중국에서 국가와 사회에 관한 논의

중국 근대사회사 연구에 하버마스의 시민사회와 공공영역 개념을 접목하기 시작한 시점은 1980년대로, 주로 미국의 중국역사학자들을 중심으로 이루어졌다. 그들이 중국근대사 연구에서 시민사회와 공공영역 개념을 활용한 이유는 중국이 서방에 의해 근대화의 길을 걸었다는 외재적 시각에서 벗어나 중국사회 내에서 자체적으로 개혁의 힘을 갖고 있었다는 내재적 시각으로 중국사회의 발전논리를 찾아내려는 데에 있었다.

1990년대에 접어들어 미국의 중국사학계뿐만 아니라 중국의 사학계에서도 중국 근대 시기 시민사회와 공공영역[6]에 대해 많은 관심을 갖기 시작하였고, 하나의 중요한 논쟁이 부각되었다. 논쟁의 핵심은 하버마스의 공공영역 개념이 과연 중국사회 연구에 적용될 수 있는지 여부에 있었다. 실제 논쟁은 하버마스의 공공영역 개념을 다루기보다는 그 전제가 되었던 시민사회가 중국사회에 존재하였는지 여부를 중심으로 다루었다. 근대 시기 중국에 시민사회가 존재했는지 여부에 대한 논쟁은 시민사회 부재론과 존재론으로 크게 구분할 수 있다.

---

6) 'public sphere'를 중국에서는 '공공영역'으로 번역하는 게 일반적이라 중국문헌 검토에서는 이 용어를 그대로 쓴다.

시민사회 부재론은 동서문화 비교의 관점에서 사변적 연구를 했던 문화파 연구자들의 주장이다. 대표적 학자로 샤웨이중(夏維中), 샤오궁친(蕭功秦)이 있다.

샤웨이중(夏維中, 1993)은 중국 역사에서 시민사회가 존재했던 적이 없다고 주장하였다. 그 원인은 중국 역사에서 엄격한 의미에서의 시민계급이 존재한 적이 없고, 중국은 고도로 집권화된 통일국가를 형성하였기 때문에 시민사회가 형성될 수 있는 가능성이 닫혀 있었으며, 마지막으로 중국은 농업국가였기 때문에 시민사회가 형성될 수 있는 기본조건을 갖추지 못했다는 것이다.

샤오궁친(蕭功秦, 1995)에 따르면 중국에는 근대 이전에 오직 민간사회가 있었을 뿐 엄격한 의미에서의 시민사회는 존재하지 않았다. 근대 중국의 시민사회 원형은 19세기 후반에 공·상업과 조계지 문화의 발전과 더불어 근대사회의 변혁 속에서 전통사회 구조로부터 진화하면서 나타났지만 그 존재는 매우 미약했고 탄압을 받아 맹아 상태에서 벗어나지 못했다. 따라서 시민사회 부재론은 근대 중국에는 국가와 상호작용 가능한 시민사회가 존재하지 않았기 때문에 중국사회 연구에 하버마스의 공공영역 개념을 적용할 필요가 없다는 주장인 셈이다.

시민사회 존재론은 실증주의 관점에서 상회(商會)의 역사를 연구한 실증주의적 연구자들에 의해 지지되었다. 대표적인 학자로 마민(馬敏)과 주잉(朱英)을 들 수 있다.

마민(馬敏, 1995)은 근대 중국의 시민사회는 20세기 초에 발달한 상업도시를 중심으로 출현하였다고 보았다. 그 시기에 많은 민간단체와 자생적 기관들이 출현하면서 중국 도시의 전통적 공론장이 근대적 공론장으로 변화하는 양상을 띠게 되는데, 이때의 공론장이야말로 하버마스가 논의한 근대 유럽의 부르주아 공론장과 유사한 측면이 있다는 것이다. 하지만 근대 중국의 시민사회는 유럽의 시민사회와 달리 국가와 대립관계보다는 협력하고 의존하는 관계를 많이 취하였다는 점도 지적한다.

주잉(朱英, 1996)은 20세기 초 상회를 중심으로 하는 민간사회의 역할에 대해 연구하면서, 19세기 말 이전까지 중국에서는 국가의 통제에서 벗어난 독립적 사회가 존재하지 않았지만 20세기 초 민간사회의 자발적 발전과 국가의 지지를 받으면서 청말민초(清末民初) 시기에 중국 시민사회가 탄생했다고 주장하였다. 그러나 이는 후에 국민당 정권의 독재통치와 시민사회의 자체 한계에 의해 사라지게 되었다.

그는 국가에 대한 견제에 있어서 중국 시민사회의 한계를 분석하는데, 객관적 차원에서는 근대 중국에는 서양처럼 국가를 제약하는 국회제도가 없었기 때문에 시민사회가 국가의 독단적 행위를 견제할 수 없었고, 주관적 차원에서는 청말민초 시기 시민사회가 집회와 언론만으로 효과적으로 국가를 제약할 수 없었다고 분석하였다. 따라서 시민사회는 독립성이 약하고 국가에 대한 의존성이 높아 국가의 영향력이 하락하고 집권통치가 어려운 경우에만 발전할 수 있을 뿐, 국가권력이 강화되고 통치가 안정을 찾게 되면 약화되고 독립성마저 유지하기 어려웠다. 따라서 시민사회는 국가에 대립하기보다는 반대로 국가와 협력하는 방법을 통해 근대화 진척을 도모하였다.

서양과 달리 근대 중국에서 국가와 시민사회 간에 서로에 대한 견제보다는 서로 협력하는 관계가 가능했던 원인은, 예로부터 중앙집권제

통치가 강한 국가의 특성, 내외우환 속에서 힘겹게 근대화로 이행하는 청말민초라는 특수한 시대적 상황과 연계되어 있을 뿐만 아니라 국가에 대한 문화론자들이 주장하는 서양과 중국의 문화적 차이와도 연계되어 있다.

그 문화적 차이를 진관타오와 류칭펑(金觀濤 & 劉青峰, 2001)은 다음과 같이 설명한다. '사회'란 개념은 근대화와 더불어 서양에서 사익의 보장을 전제로 하는 개인들의 집합체이다. 근대 이전까지 중국 전통사회에서는 '사회'라는 개념 대신에 '국가'와 '천하'라는 개념을 활용하였다. 중국 전통사회는 상·중·하의 3층 구조로, 상층에는 왕권을 핵심으로 하는 대일통정부(大一統政府)가 있고, 중층은 사신(士紳)들을 중심으로 하는 지역자치로서 정부의 지방에 대한 관리를 강화하는 역할을 하며, 하층은 종법가족(宗法家族)들에 의해 구성되어 있다.

중국에서 '국가'(國家) 개념은 '국'(國)과 '가'(家)를 모두 포함하고, 실제로 중국 전통사회의 상·중·하 3층 구조를 모두 포함한다. 사신사회(士紳社會)는 외관상 국가와 가(家)의 밖에 있는 민간사회로 보이지만, 실제로는 왕권통치와 가정을 이어 주는 매개로서 모두 국가 내에 포함된다. 따라서 공론장을 상기시키는 사신사회에서 형성된 공적 여론은 왕권통치의 보조적 역할에 그친다. 또한 중국 전통사회에서 사적 영역에는 개인과 가정이 포함되고 국가는 오히려 공공영역으로 인식되었다.

전통적으로 유가사상은 국가를 '가'의 확대로 해석하기 때문에, '가'가 공공영역인 국가로부터 보호받아야 한다는 사익에 대한 인식이 존재하지 않았다. 따라서 중국 전통사회에서 사신들을 중심으로 하는 지역자치는 민간사회라고 할 수는 있어도 시민사회로 볼 수는 없다. 1900년 이후 근대 중국에서 사신을 주체로 하는 공론장이 출현했지만 이들은 여전히 유가사상을 가정과 개인 도덕을 포함한 사적 영역의 합법적 근간으로 간주하였고, '헌정', '민권' 등의 서양사상은 정치경제 개혁을 포함하여 공적 영역을 변혁시킬 지도사상으로 활용하였다.

그 당시 사익 보호에 대한 이해가 서로 다른 유가사상과 서양 가치관을 모두 공유할 수 있었던 이유는 청나라와 사신들이 서양 제도를 수입함에 있어서 자신의 이익이 침해받지 않도록 하려던 과정에서 의도치 않게 나타난 결과라는 주장이다.

2) 근대 중국에서 공론장 형성에 관한 논의

근대 중국에서의 공론장 유형과 그 특성 및 원인

중국에서 공론장에 대한 연구는 크게 두 가지 접근방법으로 이루어졌다. 하나는 청말민초 시기 중국의 특정 지역을 주요 대상으로 한 연구들이고, 다른 하나는 특정 연구대상으로서 언론, 민간단체, 공공장소 등에 초점을 맞춘 연구들이다.

저우린(周琳, 2009)은 특정 지역에 대한 연구결과를 종합하여 근대 중국의 공론장을 '장난(江南)형', '창장상류(長江上流)형', '한커우(漢口)형', '상하이(上海)형' 4가지 유형으로 구분한다.

'장난형'은 저장성(浙江省) 일대를 중심으로 출현한 공론장을 말한다. 이 지역은 경제가 발달하고 문화가 발전했으며 국내외 시장과 밀접한 관계를 맺고 있었다. 이 지역의 공론장 형성에서 무역과 근대공업에 종사했던 신상(紳商)이 주도적 역할을 했다. 이들은 정치자문, 교육, 방역, 자선사업 등 공공사안에 관여하여 서서히 지역사회에 대한 관리 권한을 가지게 되면서 공론장을 형성하였고, 점차 국가권력에 저항하기 시작했다(Rankin, 1986).

'창장상류형'은 충칭(重慶)과 청두(成都)를 중심으로 출현한 공론장을 말한다. 이 지역은 상대적으로 내륙에 위치하면서 사회문화 환경이 상대적으로 폐쇄적이고 국내외 시장과의 관계가 제한적이다. 이 지역 시민사회의 주도자들은 사신(士紳)들인데, 그들은 경제력과 정치적 영향력에 많은 한계를 지니고 있었다. 따라서 지역 사신들이 국가권력과 협력함으로써 국가와 시민사회가 공동으로 발전하는 형태를 띠고 있었다(王笛, 1996; 陳鋒, 2006).

'한커우(漢口)형'은 상업무역이 고도로 발달한 한커우 시에서 출현한 공론장을 말한다. 이 도시는 비교적 늦게 출현하였고 이주민들이 많아 도시 관리에 국가의 영향력이 크지 않았다. 따라서 이 지역의 행회연맹(行會聯盟, 동업조합)이 공공사무를 관리하고 조직하는 역할을 담당하였다. 이 조직은 도시의 정치, 경제, 사회, 문화 등 구체적인 공공사무에 개입하면서 국가의 역할을 제한하였다(Rowe, 1989).

'상하이형'은 상하이(上海)를 중심으로 출현한 공론장이다. 이 지역의 공론장 형성에는 신상 외에도 민간단체들과 사대부 그리고 지식인들이 주요한 역할을 했다. 특히 사대부와 지식인들은 민족국가 건설과 사회 변화에 대한 의지를 갖고 신문, 학회, 학교를 대표로 하는 공론장을 형성하였고, 근대화와 민족국가 건설을 위해 청 정부와 대립각을 세웠다(許紀霖, 2003). 이상의 논의는 중국 근대 형성과정에서 지역별로 나타난 특성에 근거해서 공론장의 형성을 분류한 것이라 할 수 있다.

두 번째 접근방법으로서 언론, 민간단체, 공공장소 등 특정 연구대상에 초점을 맞추는 연구들이 있다. 류쩡허(劉增合, 2000)는 청말 시기 출현한 언론에 대해 연구하면서 이 시기 언론들은 신상단체들보다는 독립성을 갖고 있었고, 냉철한 시각으로 정치적 현실을 조망했으며, 사회의 공적 사안에 접근함으로써 시민사회 확장에 중요한 역할을 했다고 말한다.

허웨부(賀躍夫, 1998)는 청말 시기 광저우(广州)의 사회단체들의 변화에 대해 연구하였는데, 이 시기 광저우에 골목조직, 행회(行會), 사신결사조직, 자선공익단체 등이 있었고 이들은 지역사회 관리에 중요한 역할은 했지만, 사익을 공익으로 승화시키지는 못한 채 국가와 협력적 차원에서 사회를 관리하였기 때문에 민주정치 건설에는 역할을 하지 못했다고 밝힌다.

왕디(王笛, 2001)는 20세기 초 중국 청두(成都)에 있는 찻집에 주목하였다. 그 당시 찻집은 저녁 시간대에 음란공연을 하고 불량배들이 출입하는 공간으로, 국가가 사회치안 유지 일환으로 규제하던 대상이었지만, 낮 시간대에는 상인들이 미팅하는 중요한 공간이고 비밀결사가 가능한 공간이면서 지식인들이 토론하는 공간이기도 하였다. 따라서 찻집은 여가공간임과 더불어 정치, 경제, 사회, 문화 등 활동이 이루어지는 중요한 공간이고 사회생활과 지방정치의 핵심부로서의 역할도 가능하였다.

한편 근대 중국의 공론장을 문화체계, 경제체계, 사법체계에 따라 3가지 유형으로 분류할 수 있다. 첫 번째 유형은 신흥 사대부와 지식인들이 나라를 구하는 것을 주요 목적으로 했던 학교, 신문과 학회 형식의 문화체계 공론장이다. 두 번째 유형은 지역의 사신과 엘리트들이 주축이 되어 공공사무에 관여하고 공공권력의 내부충돌을 조정했던 공간으로서 공관, 공소, 자선기구와 상회 형식의 경제체계 공론장이다. 마지막으로 청조 사법제도 내에 잠재된 고유의 영역으로 존재하는 제 3의 영역으로서 사법체계 공론장이 있다. 각 유형들의 구체적인 특징들을 살펴보면 다음과 같다.

첫 번째로, 문화체계 공론장은 학교, 신문과 학회를 중심으로 구성되었고 지식인들이 청 정부와 충돌하는 공간으로서 근대 중국사회의 근대화 변혁을 이끌었다(陳梅龍 & 蘇冲, 2005).

《중국근대사 자료집》의 불완전한 통계에 따르면 1895~1898년 동안 전국에 모두 103개의 학회가 설립되었다. 이 학회들은 전국 10개 성과 31개 도시에 분포되었는데, 회원 수가 1만 명에 달했다. 학회는 크게 정치성향을 띤 학회와 학술성향을 띤 학회, 그리고 사회풍속 개량 학회 3가지로 분류할 수 있다. 정치성향을 띤 학회는 실학을 추구하는 학회들로서 명확한 정치적 목적을 띠고 있었다. 양무운동 시기의 강학회와 보국회, 신해혁명 시기의 격려회와 보인문사, 5·4운동 시기의 신민학회와 러시아연구학회, 마르크스주의연구회 등이 정치성향을 띤 대표적 학회들이다. 학술성향을 띤 학회들은 주로 사회과학과 자연과학을 연구했지만 정치현실에서 벗어난 순수학술단체로 볼 수는 없다. 이 당시 어떤 학회는 전족(纏足)을 반대하거나 아편을 금지하는 등 풍속개량 활동을 위해 조직되기도 했다.

신문은 제 2차 아편전쟁 이후 중국에서 대규모로 늘어나기 시작했다.

1865년부터 1895년 사이 전국에 새로 창간한 중국어 신문이 86종, 외국어 신문이 91종 있었다. 하지만 대부분 상업적 · 종교적 성격이 강한 신문들로서 공적 사안에 별로 관심을 보이지 않았다. 그러나 1986년부터 1898년 사이, 상하이에서 수십 종에 달하는 신문이 창간되었다. 많은 신문들은 학회에서 창간했는데, 양무운동 시기 강학회는 〈중와이지원〉(中外紀聞)을 창간했고, 상하이 강학회 지부는 〈챵쉐바오〉(强學報)와 〈스우바오〉(時務報)를 창간했다. 이 신문들은 정론지들로서 사회변혁과 공공사안에 대한 견해를 제시하였고, 자산계급 민주사상을 선전하는 데 주력하였다.

학교는 중국의 공공영역에서 중요한 공간이다. 현대 교육이념에 따르면 학교는 지식만 전달하는 기능적 장소이지만, 과거 중국의 교육사상에서는 학교가 사람들을 교화시켜서 사회풍속과 기풍을 바꾸는 데 중요한 역할을 하였다. 청말민초 시기 학교는 근대식 교육공간으로 변화했지만 교육에서는 전통적 가치를 버리지 않았다. 거쯔수웬(格致書院)이 가장 대표적으로, 근대식 지식 전수와 전통사상 교육을 모두 강조하는 학교였다. 시험문제마저도 개혁성향이 강한 양무파 관료들과 유명한 사대부가 공동으로 출제하였다고 한다.

19세기 말, 20세기 초, 중국의 대표적 공론장은 신문, 학회, 학교였다. 신흥사대부와 지식인이 주로 활동하는 신문, 학회, 학교는 서로 연계되어 하나의 통합된 시스템으로서 공론장의 역할을 하였다. 쉬지린(許紀霖, 2003)은 신문, 학회, 학교 등을 대표로 하는 중국의 비판적 공론장을 하버마스 공론장 이론에 비교하면서, 서양의 공론장이 시민사회를 기초로 하고 부르주아 계층에 소속된 개인을 기본 구성원으로 한다면, 중국의 공론장은 발생에 있어서 시민사회와 무관하며 주요한 의제는 민족국가 건설과 사회변혁 등과 같은 정치적 주제들과 연관되어 있다고 주장한다.

따라서 과거 유럽의 공론장 형성은 부르주아 계층의 문예 공론장에서 정치적 공론장으로 과도하는 단계를 겪었지만, 중국 근대 시기의 공론장 형성은 민족의 생사존망 앞에서 사대부와 지식인들의 주도하에 정치적 내용을 중심으로 이루어졌다. 그리고 공론장의 공간 형식으로서 유럽은 카페, 술집, 싸롱이었지만, 중국은 신문, 학회, 학교였다. 문학적 우아함은 생략되고 정론적인 긴박함이 강하게 나타났다고 할 수 있다.

둘째는 공관, 자선기구와 상회를 중심으로 하는, 신상들이 공공영역에 개입하는 매개로서의 경제체계 공론장이다. 이 공론장은 신상계급이 국가를 대신하여 공공사무에서 중요한 역할을 발휘하던 공간으로, 국가와 어느 정도 협력적 관계를 취했으며, 도시경제와 사회생활에 중요한 역할을 행사하였다(陳梅龍 & 蘇冲, 2005).

근대 시기에 접어들어 중국사회에서는 이주가 보편적 현상이 되어 많은 지역들이 이주민으로 구성된 사회가 되었다. 사람들은 주로 경제가 발달한 연해 지역과 정치·경제의 중심지역으로 이주하였다. 이주민들은 보편적으로 자체의 사회조직으로서 공관을 갖고 있었다. 이러한 공관에서는 같은 고향 출신 사람들이 모여서 제사를 지내고 정보를 공유했다. 이렇게 출신지역을 중심으로 형성되었던 공관이 점차적으로 업종 중심의 공관으로 바뀌어 갔다. 상하이에 선박공관, 의약공관, 금융공관 등이 있었다. 이런 공관들은 건립과 활동에서 모두 독립적이고 국가와 분리되었으며, 이 공관의 주요한 행위자는 신상들이었다.

근대 중국에서는 자선기관이 보편화되었으며 지방 사신들이 자선기관에서 적극적으로 활동했다. 발기인에 따라 지원하는 대상이 다른데, 퉁런푸웬탕(同仁輔元堂) 같은 경우는 구체적인 제약 없이 사회에 필요한 일들을 지원하였다. 일부 자선기구는 지역이나 업종을 한정하는 경우도 있었다. 이 시대 자선기관들은 이미 국가 밖에서 사회복지와 관련된 일을 하면서 공공영역의 중요한 부분을 차지하였다.

상회는 전통적 요소와 현대적 요소 모두를 공유한 조직으로서 행회, 공관과 공소 모두가 상회의 전신이라고 볼 수 있다. 각 상회들은 모두 명확한 목표와 임무를 갖고 상업정보를 공유하고 상업을 촉진하며 이익을 보호하였다. 1902년부터 1912년까지 전국의 상회는 수천 개로 집계된다. 그중 상하이 상회는 1901년 상무대신이 상업정보를 효과적으로 획득하기 위한 목적으로 국가에 의해 설립되었다.

왕디(王笛, 1996)는 일반적 상황에서 국가는 사회에 대한 통제와 사회문제 해결을 위해 공론장의 확장을 지지한다고 보았다. 현실적으로 국가는 공론장을 사회안정의 기초로 인식하고 지역사회의 공공영역에 대한 관리 측면에서 의지했다는 것이다. 동시에 지역의 사신들은 공론장을 자신들의 사회적 지위와 사회적 영향력을 제고하는 가장 적합한 공간으로 인식했다. 따라서 그들은 국가의 지지를 받으면서 공론장을 발전시켰다. 근대 중국에서 상회는 청나라와 협력관계를 유지하면서 자신들의 이익을 확대했고, 청나라는 상회를 사회안정의 관리수단으로 활용하였다.

문화체계 공론장에서는 지식인들이 청나라와 협력하기보다는 대립각을 세운 반면에 경제체계 공론장에서는 신상들이 청나라와 협력하는 관계를 취했다. 그 이유에 대해 쌍빙(桑兵, 1995)은 다음과 같이 해석하였다.

첫째로, 개명사신과 학생들로 구성된 사회단체들은 자유, 평등 등의 사상을 추구하였고 문명한 국민으로의 국민교육을 주요한 목적으로 선전활동을 하였을 뿐, 권력쟁탈에는 관심이 없었다. 하지만 신상을 주체로 하는 상인단체들은 경제이익과 사회권력 쟁탈을 주요한 목적으로 하여 지속적으로 기층사회에서의 권력통제를 추구하였다. 그들은 민권을 빌미로 지역과 중앙정권에 자신의 영향력을 키우려 한다는 점에서 청나라와 협력했다.

둘째로, 지식인들은 전국 국민들의 민의를 대표하면서 황권을 반대하고 민권을 쟁취하기 위해 노력하였고 청나라에 대해 민주를 요구하였다. 그러나 신상들은 위로는 분권을 요구했고 아래를 향해서는 집권을 요구했다. 신상들에게 민권의 실현은 반대로 자신들의 이익을 해치기 때문이다. 그들은 보다 많은 권력을 장악해야만 사회적 지위와 명성을 얻고 경제적 부와 사회적 자본에서 유리할 수 있었다.

셋째는 미국에서 활동하는 황중즈(黃宗智, 2003)가 주장하는 사법체계 공론장으로서의 제3영역설이다. 그는 서방의 전형적 시민사회와 공론장은 서방의 근대 역사경험에 근거하여 도출한 국가와 사회의 이원대립 관계를 전제하기 때문에 중국사회에 그대로 적용하기에 무리가 있다고 말하며, '국가/사회'의 2원 모형에서 벗어나 '국가/제3영역/사회'로 구성된 3영역 모형을 주장했다. 여기서 제3영역은 정부와 사회구성원이 상호작용하는 공간이다.

황중즈는 민사판결을 예로 들어 제3영역을 설명한다. 그에 따르면 청조 시기, 국가에 기소한 많은 사건들이 판결 전에 미리 종결되었다. 우선 소송하는 과정에서 마을공동체나 씨족공동체가 적극적으로 법정 밖에서 해결할 것을 권고했기 때문이고, 또한 판결 전 법관의 초보적인 의견이 직접적으로 민간에 영향을 줘 합의가 이루어졌기 때문이다. 이처럼 공식적 판결도 아니고 비공식적 합의도 아닌, 공식과 비공식의 이중 '사법제도'의 상호작용이 곧 청나라 사법제도의 '제3영역'이다. 이는 기존에 논의한 공론장과 같은 범주에 속하면서도 중국 명청(明淸) 시기 '공'적 영역의 특성을 잘 보여 준다.

근대 중국에서 논의되는 3가지 유형의 공론장을 살펴보면 그 차이는 서방의 역사적 경험에 근거하여 도출한 개념을 중국사회에 어떻게 적용시키는가에 있다. 하버마스의 공론장 개념을 비판과 수정 없이 그대로 가져올 것인가, 아니면 이념형으로서 중국의 상황에 맞게 활용할 것인가? 3가지 논의가 모두 전제하는 점은 중국은 서양과 다르고, 그렇기 때문에 중국 자체의 역사적 전통에서 출발하여 살펴볼 필요가 있다는 점이다.

근대 중국 문화체계 공론장의 형성과정과 국가, 지식인의 역할

청나라 말기에 접어들자 대내적으로는 황제 권위의 추락과 더불어 국가 통제가 약화되었고, 대외적으로는 아편전쟁 이후 서방으로부터 오는 정치, 경제, 문화적 충격을 받기 시작하였다. 급기야 1895년 청일전쟁에서 일본에게 패배를 당하는 수모를 겪으면서 캉유웨이(康有爲), 량치차오(梁啓超), 탄스퉁(譚嗣同) 등 사대부 출신 지식인들은 변법(變

法) 운동을 전개하기 시작하였다. 이는 중국 계몽운동의 시작으로 볼 수 있다. 변법의 핵심 내용은 전통적 정치체제·교육제도를 개혁함으로써 부국강병을 실현하는 것이었다. 구체적으로는 주요 도시에 학교를 설립하고, 신문을 발행하며, 관료나 독서 가능한 계층을 대상으로 계몽·선전활동을 펼치는 것이었다. 이 과정에서 중국 근대 공론장이 점차 형성되기 시작하였다.

1895년 무술변법 이전까지 청나라는 민간의 신문 발행을 엄격히 단속함으로써 국가가 여론을 장악하였다. 후에 무술변법으로 민간 신문 발행의 가능성이 열리는 듯했지만, 1898년 자희태후의 무술정변에 의해 변법운동의 수단으로서 창간했던 신문, 잡지들이 폐간되고 말았다. 그 후 자희태후는 내외우환 속에서 1901년 낡은 제도에 대한 개혁과 근대화를 위한 신정(新政) 정책을 선포하였고, 이후 민간 신문과 잡지들이 되살아났다.

1895년 이전 민간에서 발행한 신문들은 대부분 상업적·종교적 성격이 짙은 신문들로서 공적 사안에 대해 별로 관심을 보이지 않았다. 그러나 1895년부터 캉유웨이, 량치차오 등 변법운동가들을 주축으로 결성한 강학회가 발행한 〈중와이지원〉, 〈창쉐바오〉, 〈스우바오〉 등 신문들은 사회변혁과 공공사안에 많은 관심을 보였고, 국가에 대해서는 비판의 목소리, 백성들에 대해서는 계몽의 역할을 수행하기 시작했다.

구체적으로 살펴보면, 〈중와이지원〉은 1895년 8월 강학회가 변법사상을 고취하기 위해 베이징에서 발행하기 시작했다. 신문 발행경비는 강학회 회원들의 출연금으로 충당했고, 편집과 발행은 량치차오가 맡았다. 내용은 변법에 관한 논설과 중국과 세계 각국에 관한 뉴스들이었다. 변법에 관한 논설은 주로 량치차오가 집필했다. 이는 1895년 11월, 청나라가 베이징 강학회를 강제 해산시키면서 폐간되었다.

1896년 1월 강학회 상하이 지부는 당시 난징 총독 장즈둥(張之洞)으로부터 1,500냥의 후원금을 받아서 〈챵쉐바오〉를 창간했다. 이 신문은 국력의 신장에 필요한 지식을 전파하기 위해 국내외 뉴스를 다루면서 변법사상을 선전했다. 1896년 3월, 청나라가 변법운동을 금지하는 일환으로 상하이 강학회를 해산시키면서 〈챵쉐바오〉도 폐간되었다.

강학회는 상하이에서 해산되었지만 인쇄매체 발행을 후원하는 강학회의 부설기관이었던 서국(書局)은 상하이의 외국 공공조계지에 위치했던 관계로 사옥과 시설을 보존할 수 있었다. 서국은 남아 있던 1,200냥의 운영비와 회원들의 보조금을 모아서 〈스우바오〉를 창간했다. 사장은 왕캉녠(汪康年), 주필은 량치차오로 하였다. 량치차오는 신문에 변법을 주장하는 논설들을 발표하였고 황제의 상유(上諭), 대신들이 황제에게 올리는 각종 주접들, 그리고 베이징을 포함한 여러 지역의 뉴스들, 서양의 뉴스들을 실었다. 〈스우바오〉의 발행 대상은 변법에 동정심을 가진 관리나 지식인들이었다. 따라서 신문은 백성을 직접 계몽시키는 것이 아니라, 먼저 신사들을 계몽시키고 그들을 통해 백성의 계몽을 도모하였다. 량치차오는 유교 경전을 재해석하여 번법의 근거를 찾는 캉유웨이의 '금문학운동'(今文學運動)을 지지하였는데, 이에 불만을 느낀 장즈둥은 신문의 논조에 간섭하기 시작했다. 1897년 말 량치차오는 이에 불만을 품고 주필을 사임하고 베이징으로 돌아갔다.

〈스우바오〉는 변법운동가들과 개명한 관료들의 지지를 받으면서 계속 발행되었고, 유신파 관리들을 포함한 독자들로부터 큰 호응을 받아

1898년 4월에는 전국에 1만 2천 부가 발행되었다. 변법 주장이 급속하게 퍼져 가는 상황 속에서 조정 수구파들은 주요 변법주의 정론지를 없애려는 목적으로 〈스우바오〉 관보화 계획을 추진하였다. 그러나 1898년 9월 자희태후가 무술정변을 일으킴으로써 〈스우관바오〉(時務官報) 발행 계획은 백지화되었다.

쉬지린(2003)은 〈스우바오〉를 상하이 공론장의 시발점이라고 평가하면서, 그 근거로 다음과 같은 3가지 핵심적인 주장을 제시하였다. 첫째는 〈스우바오〉가 고립된 신문이 아니라 강학회가 배후에 있었다는 것이고, 둘째는 〈스우바오〉의 중요한 창간자 가운데 캉유웨이, 량치차오, 왕캉녠은 비록 조정과 밀접한 관련을 맺고 있었지만 기본 활동 방식은 체제 내부에서 민간으로 이전되어 아래로는 여론의 교화에 호소하고 위로는 조정에 변법의 압박을 가하면서 현실적인 비판성을 지녔다는 것이다. 마지막으로, 〈스우바오〉는 비록 상하이에서 발행된 신문이었지만, 그 영향력은 전국적이어서 막강한 파급력을 지니고 당시의 공중여론을 주도했기 때문이다.

이들 신문 외에 1897년 톈진에서는 옌푸(嚴復)가 서양을 소개하여 국민들을 개화시키고 서양의 자유주의적 계몽사상을 전파하기 위해 〈궈원보〉(國聞報)를 창간하였고, 후난(湖南), 창사(長沙)에서는 변법운동가들의 모임이었던 창사샤오징수웬(長沙校經書院)이 탕차이창(唐才常)을 주필로 하여 낡은 제도를 개혁하고 변법사상을 고취하기 위해 〈샹보〉(湘報)를 창간했다.

쉬지린(2003)은 19세기 말, 20세기 초 중국 공론장의 형성에 대해 다음과 같이 평가했다. 이 시기 중국 공론장의 기본요소는 신문, 학회, 학교인데, 이들은 늘 어떤 '삼위일체'의 긴밀한 구조를 이루었다는 것이다. 즉 신문의 배후에는 학회가 있고, 학회의 배후에는 학교가 있었다. 〈스우바오〉의 배후에는 강학회가 있었고, 강학회는 "학교와 정당을 겸하여 하나로 한다"는 캉유웨이와 량치차오의 구상을 따랐다. 같은 맥락에서 장하오(張灝, 2004)는 미디어, 단체, 학교를 사회기반시설, 즉 '지식인 사회'가 기반으로 삼는 3대 기반 공적 연결망이라고 부른 바 있다.

신문, 학회, 학교가 중국 근대 공론장의 중요한 요소로서 역할 할 수 있었던 것은 모두 그 뒤에 지식인들이 있었기 때문이다. 1870~1890년대 언론에 종사한 기자들은 사회적 지위가 비교적 낮은 편이었다. 당시 언론 종사자들은 모두 어쩔 수 없이 기자생활을 함으로써 생계를 유지하는 문인들이었다. 사람들은 기자를 글을 팔아서 생계를 유지하는 매우 가난한 사람으로 취급했다. 그러나 무술변법 이후 언론인을 바라보는 시선이 바뀌었다. 왜냐하면 거인(擧人), 진사(進士) 등 전통 지식인들이 언론인으로 활동하는 것을 쉽게 찾아볼 수 있었기 때문이다. 가장 대표적으로 량치차오, 옌푸 등 개혁파 지식인들이 적극적으로 언론활동에 참여하기 시작한 것을 들 수 있다.

지식인들이 언론활동을 시작하게 된 계기는 청나라 말기 외국 열강들의 침입과 지방 신사들의 권력 확장에 따라 사대부 중심의 전통적 '신사사회'가 해체되는 시대적 상황과 관련 있다고 할 수 있다.

중국은 전통적으로 사대부 중심의 '사민사회'였다. 사민은 사농공상을 의미하는데, 그 가운데 사대부가 조정에서는 제국의 관료로서 군주의 천하통치를 보필했고, 재야에서는 지방의 지도자로서 지방 백성을 이끌어 민간 질서를 수립했다. 사대부는 천명과 천도를 받아서 사회에도를 널리 알리는 사명을 지녔다. 공자 때부터 사대부는 '도통'을 자신의 사명으로 삼아 왕권과 평행되는 정신질서와 도덕적 특권이 있었다. 따라서 사대부는 중국에서 사민의 가장 위에 자리하고, 의로운 일에 적극적으로 나서서 중심 역할을 해야 했다.

그러나 청나라 말기 외국 열강들의 침입에 맞서 근대화를 꾀하는 과정에서 과거제도가 폐지되고 국민국가 건설을 위해 평등한 국민이라는 개념과 서양의 과학사상이 유입되면서, 사대부의 전통적 천리관은 점차 과학적 공리관으로 변했고 도덕 중심의 규범적 지식은 점차 과학 중심의 자연지식에 자리를 내주게 되었다. 이러한 상황에 직면한 중국의 지식인은 자신의 지식권력과 여론 영향력을 활용하여 사회 중심의 재건을 위해 학교, 단체, 미디어를 중심으로 하는 지식인 사회를 구축한 것이다(許紀霖, 2006, 2008b).

중국 근대 지식인들은 학교, 단체, 미디어에서 활동하면서 중국 근대화를 향한 계몽운동을 벌였는데, 이것은 서구식 이성을 위한 계몽이 아니라 국가를 위한 계몽이었다고 평가된다.

계몽에서 자유의 개념에 대해서, 쉬쨔(徐嘉, 2008)는 서방의 계몽은 '이성'과 '자유'를 중심으로 자연과학 탐구에 집중했던 이성이 철학, 정치 영역으로 확장되면서 신학 신앙체계와 지식·정치·종교 합일의 사회구조를 전복했다면, 중국 근대 계몽의 기본 이념은 '자유'와 '도덕적 이성'으로 강상예교(綱常禮敎)의 신성성과 권위성을 와해하여 국가를 멸망 위기로부터 구하여 생존을 도모하는 데 있었다고 말한다.

쉬지린(2008a)은 중국의 계몽에서 개인의 개념을 두 가지로 분류하였다. 하나는 캉유웨이와 탄스퉁을 대표로 하는 인학(仁學) 세계관에 기초한 개인이고, 다른 하나는 량치차오와 옌푸를 대표로 하는 민족국가에 기초한 개인이다. 전자는 '인'을 대표로 하는 개인으로서 천(天)과 소통할 수 있는 도덕적 자주성을 가진 개인이고, 후자는 공덕(功德)을 핵심으로 독립적 인격과 개인권리를 가진 신국민을 뜻한다. 쉬지린은 인학(仁學) 세계관에 기초한 개인은 5·4운동 이후 자유주의사상 전통으로 발전했고, 민족국가에 기초한 개인은 국가와 복잡한 관계를 가지면서 한편으로는 량치차오를 대표로 하는 국가주의로, 다른 한편으로는 쑨원과 마오쩌둥을 대표로 하는 포퓰리즘 특성의 민주주의로 발전했다고 주장하였다.

뤄댜오(呂約, 2008)는 계몽문학 사조와 중국 현대 지식인을 분석하면서, 중국 근대 지식인들은 민족 위기에 맞서 스스로 진화론을 수용하고 급진적 입장을 선택했다고 말한다. 하지만 자유주의(개인주의)는 시작부터 설 자리가 없었고, 급진주의는 여러 가지 유형의 개인주의를 모두 생략하고 집단주의(민족주의)로 발전하였다. 정체성의 개념(단체, 민족) 속에서, 독립적 지식인들은 가치가 없었다. 지식인은 본질적으로 개인주의(자유주의)의 기본 신념(개인존중, 독립판단, 사적공간, 자아발전)과 밀접하게 연관되었다. 자유주의 가치관에 따르면, 개인과 국가 사이에 공공영역이 있어야 하고 공공영역은 개인과 국가 사이의 완충지대로서 역할 해야 하지만, 중국 근대계몽운동은 이러한 공공영역이 결핍한 조건에서 전개되었다.

3) 소결

이상에서 살펴보았듯이, 근대 중국에서 국가와 시민사회와의 관계는 서로에 대한 견제보다는 서로 협력하는 관계로 구성되었다. 그 원인은 전통적으로 중국에서 '국가'라는 개념에는 공적 영역부터 사적 영역에 이르는 정부, 민간사회와 가족이 모두 포함되었고, 국가로부터 보호받아야 하는 사익은 존재하지 않았기 때문이다. 또한 청말민초 시기 중국은 내외우환 속에서 힘겹게 근대화로 이행하는 과정에서 이상의 전통사상을 기본적인 도덕적 가치로 삼았고 서양의 근대 개념들은 정치경제체제 개혁을 위한 수단으로 활용하였기 때문에, 사회가 국가와 협력하거나 국가를 위하는 관계는 문화체계 공론장에서나 경제체계 공론장에서나 고스란히 드러났다. 사회나 개인이 국가에 귀속되거나 국가를 위한다는 관계는 개인 심성이나 심리적 귀속감으로서의 애국심과도 구별되는 것이라 할 수 있다. 지식인을 중심으로 하는 문화체계 공론장에서 청나라를 비판하는 모습이 나타나기도 했지만, 그 전제는 민족의 부강과 민족국가 건설 및 근대 국민 교양에 있었기 때문에, 엄격히 말하면 정부와의 대립각일 뿐 근본적으로는 사익보다 국익을 위한 것이었다. 이러한 시야에서 볼 때 중국의 공론장 활동과 실천은 국가의 이해에 귀속되는 영역이라 할 수 있을 것이다.

제3장

조선조 왕도정치와 훈민공론장의 형성

이번 장에서는 일본, 중국의 공론장 논의에 이어 한국의 훈민공론장의 역사적 연원을 탐구한다. 이 책의 목적은 현대 한국사회 공론장은 하버마스의 공론장과는 달리 훈민성을 강하게 띠고 있기 때문에 별도의 개념화가 필요함을 주장하는 데 있다. 특히 그 역사적 맥락으로서, 국가의 우산 아래 성장한 국민사회가 근대화 과정을 거치면서 민족주의, 반공주의, 자유주의를 훈민적 형태로 결합하는 과정을 분석하는 데 집중하고자 한다.

이번 장은 공론장의 훈민적 특성이 조선조 왕도정치체제에 기반한 공론의 성격에서 비롯되었으며, 공론을 주도한 유교 지식인과 관료 집단을 통해 형성되었음을 보고자 한다. 이를 위해 첫째 절에서는 유교철학에서의 공론의 의미를 살피고, 둘째 절에서는 기존 문헌들의 검토를 통해 조선조 왕도정치 아래에서 여러 종류의 공론장이 어떤 형태로 존재했는가를 밝힘으로써, 이들 다양한 형태의 공론장이 왕도정치의 지지 장치로서 훈민성을 강하게 가지고 있었음을 주장할 것이다.

1. 한국 유교철학에서 '공론'에 대한 논의

먼저, 한국 및 동양의 전통에서 '공'의 개념에 대해 살펴보자. 이승환(2001)에 따르면, 한국 및 동양의 전통에서 '공'(公)의 개념은 크게 3가지 의미를 내포하는 것으로 파악된다.

첫째, 정치권력자 및 지배기구로서의 '공'이다. 《주역》, 《시경》 등과 같은 중국의 고대 문헌에서 '공'은 거의 정치권력을 장악한 존귀한 인물을 지칭하거나, 정치권력자가 수행하는 직무나 그와 관련된 장소, 사람 등과 관련하여 사용되는 것으로 나타난다.

둘째, 공평성 혹은 공정성으로서의 '공'의 의미가 있다. 이는 특히 정치권력자 및 정치적 지배기구가 갖추어야 할 덕목으로서, 사사롭거나 치우침 없는 '공평한 분배'와 같은 윤리적 차원의 의미를 띠게 된다. 이 측면은 특히 유교적 덕치의 이념 전개와 더불어 '공' 개념의 주요한 축을 담당하게 되면서, '공정한 군주', '공평한 다스림' 등의 덕목을 강조하는 경향으로 나타났다.

셋째, 여러 사람, 그리고 '함께' 혹은 '더불어'라는 뜻을 지닌 '공'(共)의 의미를 띠는 '공'(公)의 차원이 있다. 이는 이를테면 요 임금이 순 임금에게 천자의 자리를 세습하지 않고 '선양'함으로써 정치권력을 능력 있고 어진 사람에게 양도한 예처럼, 사회정의의 실현과 균등한 기회를 보장하는 것과 같은, 윤리적으로 한 단계 더 나아간 '공'의 차원으로 해석된다.

이러한 '공'의 관념은 특히 '사'(私)와 이원론적으로 대비되어 그 의미가 강조되었다. 그래서 공/사의 대비는 공정함과 치우침, 옳고 그름 등의 대비와 동일시되면서 점차 강화된 윤리적 원칙으로 정립되기에 이른다. 특히 중국 송대에 들어서는 성리학의 전개와 더불어 "천리 = 본래적으로 올바른 상태 = 공 = 윤리적 올바름", "인욕 = 자의적 욕망에 의해 일그러진 상태 = 사 = 윤리적 그름"(이승환, 2001, 28쪽)을 의미한다. 그리고 조선시대에도 이러한 '공'의 관념은 거의 유사한 성격을 띠고, 그 용례도 중국과 비슷하게 나타났다. 이를테면 '공'은 조정, 국가, 타자들과 함께한다는 의미를 띠는 반면, '사'는 일신, 일가의 차원, 그리고 (가족관계를 빼고) 사회적 관계에서 제외된 성격을 띤다(이희주, 2010).

요컨대, '공'은 여러 사람이 더불어 추구하는 공통의 이익을 의미하는 것으로서, 윤리적으로 공정하고 정당한 행위를 지칭한 데 반해, '사'는 개인들이 자신의 목적을 추구하기 위해 사사로이 하는 행위로서, 윤리적으로 불공정하거나 정의롭지 못한 성격을 띠는 것으로 인식된 것이다.

이승환(2001)은 20세기 후반 한국사회에서 전통적 의미의 '공' 관념들이 제대로 발현되지 못했다고 주장한다. '밖으로부터' 그리고 '위로부터' 추진된 근대화 과정에서, 한국사회는 '공'의 관념이 가진 3가지 차원 중 첫 번째 차원만이 강조됨으로써 '국가주의'의 길을 걷게 되었고, 공정하고 정의로운 사회 이상으로서의 '공'과 민중들의 이익을 대변할 수 있는 '공'의 개념은 탈각되고 말았다는 것이다. 그에 따르면, 전통적 '공'의 관념은 국가권력의 차원만이 아니라 공정성과 다수의 이익을 강조하는 차원으로 '대동사회'와 같은 모습으로 새롭게 중건되어야 한다.

일각에서는 이러한 공/사 관념의 구별이 서구적인 것과 유사한 성격을 띤다고 분석하기도 한다. 이를테면 고대 아테네에서 정치는 공동선을 달성하는 공적 영역으로, 경제는 사적 영역으로 규정되었고, '아고라'와 같은 공공장소에서는 공동체의 선을 도출하는 정치적 행위가 경제적 이익에 얽매이지 않는 교양 있는 시민에 의해 이루어졌다는 것이다. 이후 시민사회의 발전과 더불어 공공영역이 확대되면서 개인의 이해를 기초로 한 사적 영역을 포괄하는 차원으로 전개되었는데, 이것이 오늘날 한국사회와 유사한 측면이 있다고 설명되기도 한다(이희주, 2010). 공의 철학적 지향성은 공공의 이해에 기여한다는 도덕적 지향성을 강하게 지녔기 때문에 다음 절에서 살펴볼 공론(公論)의 철학적 기반과 연관된다.

조선사회에서 공공성의 문제는 특히 정치영역에서 '공론'으로 나타났다. 당시 사용된 '공론' 혹은 '공의'(公議)라는 용어는 오늘날 다수의 의지, 혹은 국민들의 정치적 합의와 같은 의미를 띠는 것으로 사용되었다. 율곡 이이와 같은 조선조의 유학자들은 공론을 "나라 사람으로부터 발현되어 나오며, 사람들의 마음이 함께 그렇다고 하는 것"(《광해군 일기》, 광해군 9년 12월 정유조: 김영주, 2010, 47쪽 재인용)으로 규정하고, 인심이 결집된 것으로서 '국가의 원기'이며 국체(國體)를 유지하기 위한 것으로 여겼다. 따라서 공론이 없거나 그것을 따르지 않으면 나라가 잘 다스려질 수 없다고 생각하였다(이현출, 2002). 말하자면 공론 유무에 따라 나라의 흥망이 좌우될 수 있다는 것이다.

그런 점에서 조선의 유학자들은 공론에는 '천의'(天意), 즉 하늘의 뜻이 담겨져 있고, 국가공동체를 유지하기 위해서는 무엇보다 공론을 수용할 수 있는 '군주의 덕성'이 중요하며, 신하들도 공론을 통하여 군주의 자의성을 견제하는 정치적 역량을 펼쳐야 한다고 믿었다. 그것이 유교적 통치체제를 기반으로 '민본의 실현'과 '국가공동체의 유지'를 목표로 했던 조선의 공론이 갖는 특징이다. 이러한 공론정치의 사상은 국사에 관련된 조그만 일이라도 공론에 부쳐 결정해야지 몇 사람의 사적 의견을 통해 결정되어서는 안 된다는 여론정치 원리로 파악되기도 한다(김영주, 2010).

이희주(2010)는 조선시대 공론에는 두 가지 양상이 존재했다고 파악한다. 첫 번째는 '성덕의 보필' 차원이다. '군주를 군주답게 보필'한다는 것인데, 여기에는 '아버지를 불의에 빠뜨리지 않게 하는 것이 자식의 도리'라고 하는 '효'의 관념과 군주의 자의성을 견제한다는 통치론적 차원이 결합되어 있다(이현출, 2002). 여기서 핵심은 군주의 덕성이 하늘의 뜻과 도리에 조응하도록 신하 입장에서 잘 보필해야 한다는 것이다.

두 번째 차원은 신하들의 감시, 비판의 차원이다. 이는 여러 사람들의 의견 속에서 검증된 '공론'을 따르도록 함으로써 통치계층 내부에서 군주의 권력과 자의성을 제한하고 감시하는 양상으로 나타났다. 이현출(2002)은 특히 사림 세력들이 붕당정치를 하던 시기에 공론정치가 정치참여의 수직적·수평적 확대를 가져오는 계기를 마련했다고 파악하면서, 점차 많은 유생들이 국가 대사에 관하여 논의할 수 있는 기반이 만들어졌고, 향약(鄕約) 등을 통해서 사림들이 일반 백성의 의견을 반영할 수 있는 계기도 생겨났다고 설명한다. 언관(言官)의 비판과 사관(史官)의 감시, 서연(書筵)과 경연(經筵)을 통한 정치교육, 관학과 향촌의 재야 사림 등의 상소(上疏)나 상언(上言) 등이 이러한 것을 가능케 한 제도적 장치였다.

중요한 것은 이러한 공론이 '언로'(言路)를 통해 반영될 수 있었다는 점이다. 공론이 막힌다는 것은 곧 언로가 막힌다는 것을 의미할 만큼, 공론의 형성과 작용은 곧 언론의 존재 양상과 유사한 성격을 띠었다. 논쟁과 권력 감시, 지배계층 간의 상호비판 등이 '언로'를 통해서 일어났고, 그것이 공론을 가능케 했기 때문이다.

그 하나의 사례로, 김영주(2009)는 조선시대 구언(求言) 제도에 주목했다. 구언제도는 괴이한 자연이변 등 '재이'(災異)의 발생을 해석하고 그것을 공론사상 혹은 민본사상과 연계시키는 하나의 방식이었다. 이를테면 재이가 발생하면 그것을 군주의 허물이나 잘못된 정책 탓에 하늘이 벌을 내린 것이라고 파악하고, 시정의 폐단을 감지하여 그것을 고치도록 진언하는 방식으로 이루어졌다. 이에 따라 군주의 마음을 바르게 하고 덕을 갖추도록 하기 위해 신하들이 군주의 잘잘못과 정책과 관련된 여러 방안들을 제시하는 '상소'를 올렸다. 이 과정에서 위민(爲民), 민본의 차원이 강조되고 언로가 확장되는 양상을 보이기도 했다.

그러나 이는 기본적으로 위아래 관계를 전제하며, 하향식 여론 수렴의 성격을 띤다. 또한 상황에 따라서 군주가 받아들이지 않을 경우, 혹은 당쟁이 격화되어 사실 왜곡과 비방이 많아지는 경우 바른말을 꺼리게 되는 문제가 발생하기도 했고, 유교적 덕목이나 명분에 관한 추상적이고 원론적인 차원만 문제해결책으로 제시함으로써 형식적으로 전락하는 폐단을 낳기도 했다(김영주, 2009).

그렇다면 조선시대에도 서구적 의미의 공론장이 존재했다고 볼 수 있는가? 하버마스가 설명하는 서구의 공론장은 보통 합리성, 평등, 열린 소통의 장으로서의 공론장을 의미한다. 또한 교육을 받아서 읽고 쓸 수 있는 시민계급의 등장, 경제적 부를 축적하면서 권력을 획득한 부르주아 집단의 등장이라는 역사적 맥락에서 비롯되며, 평등성, 공개성, 합리성을 핵심 이념으로 한다고 볼 수 있다.

그런 점에서 조선시대의 공론도 권력감시(폭군정치 방지), 정치참여 확대, 정치적 심의기능 강화, 의견 수렴, 토론 등의 과정을 거쳐서 형성된다는 점에서 서구의 합리적 공론장과 유사한 성격을 띠기도 했다. 또, 민주주의의 준비단계로서 가능성을 보인다고 평가되기도 하는데, 이를테면 사림정치 형성기의 이념논쟁, 보수와 진보적 입장의 대립 등 붕당정치를 통한 공론의 모색은 민주주의로 나아갈 수 있는 전 단계로서 우리 전통사회에 존재했던 내재적 계기 및 가능성을 보여 준다는 긍정적 평가도 있다(이현출, 2002).

그러나 조선조 공론은 합리적 토론과정에서 다양한 입장을 존중하고 다원성을 실현하기보다는, '천리'(天理)를 담지한 것으로서 지당한 것, 또는 절대 옳음을 내포하는 성격을 띰으로써 서구에서 말하는 민주주의의 토대로서의 공론과는 다른 성격을 보이기도 했다(이현출, 2002). 또한 그 성격이 결과적으로 도덕주의적, 규범주의적, 내면주의적인 관념적 형태(이희주, 2010)를 띤다는 한계가 지적되기도 한다. 무엇보다 공론 형성의 주체가 지배집단, 유학자 집단에 한정되어 있다는 점도 조선조 공론장의 한계라 하겠다.

한편, 구한말 한국사회에서 공론장의 존재를 찾으려는 시도도 있었다(이동수, 2006). 이동수는 〈독립신문〉에 주목하여, 이것이 조선시대의 전통적 공론장을 뛰어넘어 근대화 기획의 일환으로 진행되었다고 평가한다. 국민국가를 형성하려는 거대한 움직임 속에서 이 신문이 역할을 했다는 점이나 소통정치의 가능성을 내포했다는 점에서 긍정적으로 평가된다. 또 과거의 제한적 공론장이 아닌 근대적 매체인 신문을 통해서 공론장을 형성하려 했다는 점도 중요하게 언급된다. 그러나 이 역시 여전히 전통적 '백성관'에 입각한 수동적 국민의 형성에만 주력했다는 점에서 한계를 드러냈다. 그리고 시민들 사이에서 형성된 공론장이 아니라 '정부와 백성 간의 공론장'이라는 성격이 강했다.

전체적으로 보아 조선조 공론은 결국 성리학적 통치이념과 체제를 성공적으로 유지하는 것을 목적으로, 폭군정치 방지, 정치참여 확대, 심의기능 강화, 소수의 독단 방지를 위해 추구되었다. 그리고 바람직한 군주의 덕성을 함양하고, '민본'의 정치를 실현함으로써 궁극적으로 '리'(理)를 구현하려는 유교적 정치철학의 명분에 따라서 존재하는 양상을 보였다. 그런 점에서 공론은 국왕이나 신료들의 정치적 행위에 대한 정당성의 근거로서 기능했다고 평가되기도 한다(이현출, 2002). 무엇보다 그 주체가 군주와 신하(사림들, 삼사의 대신들 등) 등의 통치계급이었다. 따라서 서구의 공론장과는 달리 군주의 통치이념을 실현하기 위한 공론의 공간으로서, 위로부터 아래로 여론을 수렴하는 구도로 이루어졌다고 할 수 있다.

2. 조선조 공론장의 구조와 유형

조선시대 공론장은 어떤 형태로 존재했을까? 이에 대해 자세히 알아보기 위해서는 구체적으로 어떤 유형의 공론장이 존재했는지를 분류해 가며 살펴볼 필요가 있다. 이러한 검토를 통해 조선시대 공론장의 구조적 특성을 추론해 볼 수 있을 것이다.

1) 제도적 차원의 공론장

제도적 차원의 공론장은 말하자면 중앙정부의 원활한 통치를 위해 왕과 신하 사이, 또는 왕과 백성들 사이의 보다 바람직한 커뮤니케이션을 목적으로 형성된 공론장이라 할 수 있다. 이러한 유형에는 상소제도, 대간제도, 구언제도, 경연제도, 신문고제도 등이 있었다.

조선시대만 하더라도 오늘날의 '언론'이라는 용어 대신 '간'(諫) 혹은 '간쟁'(諫諍)이라는 용어를 많이 사용하였다. 여기선 '간'이라는 단어는 '웃어른이나 임금께 옳지 못하거나 잘못한 일을 고치도록 말한다'라는 사전적 의미를 갖고 있으며, 중국에서 이 단어가 풀이되는 양상을 보면 정직한 말로 사람을 깨닫게 하는 것, 조정에서 임금의 허물을 멈추게 하는 것, 군주의 뜻을 거스르며 아뢰는 것, 옳고 그름이 섞여 있을 때 그 행실을 바르게 하는 것, 곧은 말로써 힘써 바르게 하는 것 등으로 해석된다(김영주, 2002).

조선왕조는 그들 나름의 독특한 정치문화인 공론정치문화의 효율성을 극대화하기 위해 고대로부터 내려오던 다양한 공론 수렴제도를 현실 정치에 다양하게 적용하려고 시도한 것으로 평가되는데, '간쟁'의 정신을 구현하기 위해 그러한 노력의 결실로 나타난 것이 바로 상소제도, 대간제도, 경연제도, 구언제도, 신문고제도 등이었다(김영주, 2002).

이러한 제도들은 임금과 신하 간에 대등한 입장에서 토의 형식으로 진행되는 수평적 언론제도와, 군주나 신민 가운데 어느 일방이 상의하달 또는 하의상달하는 방식으로 진행된 수직적 언론제도로 나눌 수 있다(이상희, 1993; 김영주, 2007).

그에 따르면 지배관계의 안정과 균형을 위해 언관(言官)들이 행하는 대정부 감시 및 비판제도에 해당하는 대간제도, 홍문관의 관리나 명망 있는 유학자들이 군주에 대하여 유교 이데올로기를 강화하기 위해 행한 경연제도 등은 수평적 언론제도에 포함되는 것으로 볼 수 있다.

한편, 수직적 언론제도 중에서 하향식 언론제도로는 국가의 중대사를 해결하기 위한 시책을 백관, 재야유림, 상민들에게 두루 물어 그 대책을 올리도록 하는 여론청취 및 조사제도인 구언제도, 그리고 승정원에서 조정이나 사회에서 발생한 소식들을 취합하여 여러 관청에 알려주는 조보제도(朝報制度) 등이 있었고, 상향식 언론제도로는 신분에 관계없이 모든 자들이 이용할 수 있었던 상소제도를 비롯하여 일반 상민과 중인 또는 사대부들이 그들의 억울함을 해소하기 위해 청원하거나 상소, 고발하도록 했던 신문고제도 등이 있었다(김영주, 2007).

먼저 수평적 성격을 띠었던 공론장의 형식들, 그중에서도 대표적으로 대간제도와 경연제도에 대해 알아보고, 이어서 수직적 언론제도로 분류할 수 있는 구언제도, 상소제도, 신문고제도를 차례로 살펴보자.

우선 대간제도(臺諫制度)에 대해 살펴보자. 조선시대의 언론기관은 사헌부, 사간원, 홍문관의 이른바 3사로, 이 기관의 관원들은 왕이 하루에 3번씩 하는 경연(經筵), 조계(朝啓), 조강(朝講), 주강(晝講), 석강(夕講) 등의 공론장에 참여했다. 그중 사헌부와 사간원의 관리들을 '대간'(臺諫)이라고 하였다. 대간이란 사헌부에 소속되어 관리들에 대한 감찰 임무를 맡은 대관(臺官)과, 사간원에 소속되어 왕에 대한 간쟁의 임무를 맡은 간관(諫官)을 합친 말이다. 그들의 지위는 높지 않았지만 제도 언론인으로서 공론의 장에서 중요한 위치를 차지했다(조맹기, 2011). 그들의 역할은 당시 정치적 상황의 득실을 논하고, 백관의 과실을 간쟁하거나 탄핵하며, 관리 인사에 대한 서경권(署經權)을 행사하는 것 등이었다(박홍갑, 2008).

조선시대에 이상적 유교정치를 구현하기 위해 정도전이 지은 《경국대전》에 따르면, 사간원의 주요 업무는 국왕에 대한 견제로서의 간쟁, 그리고 일반정치에 관한 언론활동으로서의 논박 등이다. 또한 사헌부의 직무는 정치의 시비에 관한 언론활동, 백관에 대한 규찰, 풍속을 바로잡는 일, 원통하고 억울한 일을 들어주는 일 등으로 규정되었다. 그러나 실질적으로 간쟁과 탄핵은 사헌부와 사간원의 경계를 넘어 수행되었다. 특히 조선시대 대간제도는 대간과 정부의 상호견제와 균형을 통해 정치안정을 도모했다는 점에서 의미가 있다고 평가된다(박홍갑, 2008).

제도적 간언뿐만 아니라 군주에 대한 교육의 형식을 취했던 경연제도(經筵制度) 또한 신하들의 임금에 대한 직접적 간쟁, 간언의 커뮤니케이션 방식으로 이용되었다(박성준, 2011). 경연은 조선시대 왕과 사대부들이 함께 경사(經史, 경서와 사기)를 강론하고 국정을 논의한 제도로서, 고려시대 예종 때 경서를 강론한 것이 효시가 되었다. 조선조에서는 태조 원년(1392)에 설치되었다. 왕들이 개인적으로 신하를 불러 책을 읽는 것 정도로 이해되었던 경연은 조선시대를 거치면서 지식인 관료 집단과 군주가 정기적으로 경서를 강론하고 시무를 논의하는 제도로서 정착되어 갔다(신동은, 2009). 《태조실록》에는 경연의 필요성에 대하여 간관이 다음과 같이 말하는 대목이 나온다.

> 군주의 학문은 한갓 외우고 설명하는 것만이 아니라, 그날마다 경연에 나가서 선비를 맞이하여 강론을 듣는 것은, 첫째는 어진 사대부를 접견할 때가 많음으로써 그 덕성을 훈도하기 때문이요, 둘째는 환관과 궁첩을 가까이할 때가 적음으로써 그 태타함을 진작시키기 때문이다(《태조실록》 1년 11월 14일 신묘: 박성준, 2011, 36쪽 재인용).

신동은(2009)에 따르면, 조선시대 경연에는 대략 두 가지 특징이 있었다. 첫째, 경연의 학문은 왕의 수신을 목적으로 했다. 이는 진정한 왕으로서의 통치의 정당성은 왕의 수신으로부터 나온다는 관점에 따른 것이라 할 수 있다. 강독 내용도 경서 강독을 비롯하여 역사서 학습도 결국은 수신을 위한 공부로 수렴되어야 한다는 점이 강조되었다. 둘째, 경연에서 유교 지식인 관료와 왕의 관계가 학문의 논리 속에서 설정됨으로써 이는 정치적 논리를 상대화할 수 있는 수단이 되었다. 말하자면 사대부와 왕이 각각 자신들이 지향해야 할 학문의 논리에 대한 여지를 허용하는 것을 비판과 토론의 기반으로 기능할 수 있게 했다. 이처럼 경연을 통해 사대부들과 왕은 수신의 원리와 유가 정치철학을 공유하고, 그것을 통해 당대의 정치적 문제들을 논의하고 그 해결을 모색하는 파트너로 그들의 관계를 구축해 갔다.

한편, 조선시대의 또 다른 여론·공론 수렴의 제도적 장치로 구언제도(求言制度)가 있었다. 중국에서는 고대로부터 재이(災異)가 발생하는 것을 군주의 정치에 문제가 있기에 하늘로부터 견책당한 것으로 인식했다. 따라서 군주는 통치행위의 문제가 무엇인지 찾아내기 위해 다양한 방법들을 취했는데, 구언을 통한 여론수렴도 그중 하나였다.

이처럼 재이를 여론을 수렴하는 방법의 하나로서 고안한 구언제도는 중국 춘추시대에 시작하여 한반도에서는 고려시대에 제도적으로 정착되었고, 민본정치를 기반으로 하는 유교국가였던 조선시대에 이르러서도 하향식 여론수렴제도의 하나로 받아들여졌다(김영주, 2009).

구언제도는 재이가 발생했을 때 군주가 국정 전반에 대해 살펴본다는 의미에서 백관을 비롯하여 지방의 유림들, 더 나아가 일반 백성들까지 누구나 거리낌 없이 하고 싶은 말을 하도록 허용한, 일종의 '의견청취제도'의 성격을 갖는다. 구언의 대상에 따라서 관리들이 올리는 '백관진언', 재야 유림들이 올리는 '유현수의'(儒賢收議), 왕이 궐문에서 일반 상민들에게 직접 물어보는 '궐문전 순문'(闕門前 詢問) 등으로 구분되는데, 사실상 백관진언을 중심으로 이루어졌다(김영주, 2009).

구언제도를 통한 군신 상호 간의 의사소통은 군주의 성향이나 정치상황에 따라 순조롭게 이루어지기도 했지만, 제대로 작동하지 못하기도 했다. 따라서 중종조 후반기 이후에는 재이가 발생할 때마다 구언제도를 가동하는 것보다는 어사제대를 비롯한 대간·경연제도 등을 통해 수시로 의견을 개진하는 것이 더 효과적이라는 견해가 영정조대까지 이어져, 결실이 없는 구언은 하지 않는 편이 낫다는 '무용론'까지 나오기도 했다. 이처럼 구언제도는 조선 후기로 갈수록 형식화되거나 의례화되었고, 그에 대한 군신 상호 간의 불만들이 쌓이면서 사실상 제 역할을 못했다. 게다가 조선조에는 구언제도를 통해 들어온 대책들에 대한 종합적인 검토가 없었고, 적극적으로 시행하지도 않았으며, 본질과 핵심을 놓친 채 유교적 덕목이나 명분에 대한 추상적 논의에 빠지는 경우가 많아, 구언제도는 조선조 초반기까지 작동했던 순기능을 잃고 후반기로 접어들면서 유명무실한 제도로 변모해 갔다(김영주, 2009).

이어서 상소제도에 대해 살펴보자. 왕조시대에 왕에게 의견을 내거나 왕을 설득하는 방법은 다양했다. 특히 조선왕조에서는 왕에게 의견을 올리는 방법을 언로(言路)라 하고, 커뮤니케이션 방법에 따라 구별하자면 문서에 의한 것은 상소(上訴), 차자(箚子), 봉사(封事), 장계(狀啓), 계문(啓聞), 주본(奏本) 등이 있었고, 구두로 이루어지는, 다시 말해 왕과 면 대 면 상황에서 이루어지는 방법으로는 계언(啓言), 주언(奏言)이 있었다. 백성이 직접 왕에게 호소하는 방식으로는 신문고가 있었고, 시위를 하는 양식으로는 복합, 규혼, 권당 등이 있었다(최창규, 1973: 오인환·이규완, 2003 재인용).

이 중에서도 상소는 신하들이 자신의 의견을 군주에게 올리는 것인데, 여타의 글과는 달리 군주 개인이나 정치적 이해관계에 대하여 백성들의 사정을 살펴 군주에게 비평하는 글이라 할 수 있다. 상소를 한국 언론사상의 핵심으로 보면서 중요한 커뮤니케이션 현상으로 파악한 초기 연구들은 조선왕조 정치사상의 특징을 사림(士林)의 공론정치에서 찾으면서 그 근본정신으로 상소와 민본주의, 위민정신 등을 꼽았다(최창규, 1973; 오진환, 1976; 이상희, 1993: 오인환·이규완, 2003 재인용). 상소는 조선조 공론의 근간을 이루던 것이고, 공론정치가 가능하도록 만든 것이 바로 이 상소정신이었다.

오인환·이규완(2003)은 고려시대부터 조선시대까지 왕조시대의 상소문들을 분석하여 설득 커뮤니케이션 관점에서 논의했다. 그들의 논의에 따르면, 신하들은 상소를 포함하여 언로를 확대하는 것이 왕이나 나라를 위해 필요한 것임을 반복적으로 강조했고, 군주가 상소에 대해 상을 주되 벌을 주지는 않겠다는 말을 의례적으로 하는 과정에서 상소의 정당성이 확보되었다. 이러한 말들의 의례적이고 반복적인 언급은 상소의 정당성을 그 제도화를 통해 확보하려는 노력이었다.

상소문은 두 가지 설득 전략을 취한다. 첫째는 상소문의 형식을 도입부, 전개부, 종결부로 정형화하는 것이다. 대개 도입부와 종결부는 왕의 덕을 칭송하고 상소하는 신하의 부족함을 강조하는 내용으로 이루어졌다. 그리고 전개부에서는 상소를 올리는 배경과 문제의 원인 및 해결방안이 제시되고, 그 해결방안의 정당성이 서술되었다. 둘째로, 전개부에서 본격적인 주장을 펼 때는 천재지변을 언급한다든지, 고사를 인용하고, 후세의 평가를 들어 자신의 주장을 제 3자의 말처럼 바꾸는 방식으로 주장의 객관성을 확보하여 설득력을 높였다고 한다.

한편, 신문고제도(申聞鼓制度)는 원통하고 억울한 일을 해결하지 못한 자에게 소원(訴冤, 원통함을 소송하는 것)의 길을 열어 주기 위해 궐 밖 문루 위에 북을 설치하여 그것을 치도록 함으로써 최후의 청원 및 상소, 고발을 하도록 마련한 제도다. 그러나 김영주(2007)에 따르면, 신문고 제도는 태종 때까지 개인적 상소나 청원, 고발 등을 다양하게 위로 전달하는 언론제도로서의 역할을 했지만, 세종 대에 이르러서는 개인적 상소사건들을 주로 해결하는 '사법제도'로 전락하여, 주로 노비나 형옥, 재산 등에 대한 쟁송문제를 다루었다. 또한 조선 초기의 무질서한 가전상언(駕前上言)이나 월소직정의 폐단을 방지하기 위한 제도적 장치로 마련된 성격이 강했다. 신문고제도는 일부 양반계층의 사적 이익을 챙기는 도구로 악용된 측면이 있었음에도 불구하고, 관찰사나 수령들의 권력남용을 견제하는 역할을 함으로써 결과적으로는 왕권을 강화하고 신권을 견제하는 효과를 거두기도 하였다. 신문고 제도가 폐지된 이후, 세조 때에는 신문고제도의 대안적 장치 혹은 대체제로 격쟁제도가 마련되어 그 역할을 대체했다.

조선시대 초기인 1401년(태종 1년)부터 1883년(고종 20년)까지 480여 년 동안 부침을 거듭했던 신문고제도 및 격쟁제도는 왕의 성향과 시대적 상황에 따라 그 효용도와 활용방식이 다르게 나타났다. 백성들의 최후의 상소·청원·고발 수단으로 고안된 신문고제도는, 조선조 특유의 엄격한 신분사회와 격고(擊鼓)의 까다로운 운영규정 및 기준으로 인해 일반 백성들이나 천민들은 상대적으로 소외되고, 양반 사대부나 중인들의 개인적 쟁송을 주로 해결하는 제도적 장치로 활용되었다는 한계가 있었다. 그렇지만 신문고제도는 조선시대에 발달한 합법적 언론제도뿐만 아니라 비합법적 혹은 반(半) 합법적 언론의 양상을 띠었던 통문(通文), 격문(檄文), 등장(等狀), 격쟁(擊錚), 가전상언, 규혼(叫閽), 익명서(匿名書) 등과 함께 적절하게 연동함으로써 중요한 공론의 장으로 기능할 수 있었다(김영주, 2007).

2) 유교 지식인들을 중심으로 자발적으로 형성된 공론장

앞서 살펴본 제도적 공론장이 중앙정치와 관련된 것으로서 조정공론이라고 한다면, 유교 지식인들을 중심으로 자발적으로 형성된 공론의 차원은 (선조 이후의) 사림공론이라고도 부를 수 있을 것이다. 이 차원의 공론장은 중앙권력의 정치 제도적 장을 중심으로 형성되고 실행되었다기보다는, 사림세력이나 향촌의 유림들이 주도하여 그들이 자발적으로 주체가 된 공론의 장 속에서 형성되었다는 공통점이 있다. 여기서는 대표적으로 당쟁 및 당의를 비롯하여 권당과 공관, 그리고 향약·향안의 사례들을 중심으로 살펴보고자 한다.

먼저 당쟁(黨爭)과 당의(黨議)의 차원을 생각해 볼 수 있다. 이는 오늘날과 같은 의회제도가 없었던 조선시대에, 비록 유교 지식인이자 관리들 내부에서만 가능했지만, 상호비판과 견제를 원리로 했다는 점에서 현대의 정당정치와 유사한 성격도 가지고 있었다. 이는 조선 중기 이후 특정한 학문적·정치적 입장을 공유하는 유교 지식인들이 모여 구성한 정치적 집단인 붕당(朋黨)과도 밀접한 관련이 있다. 동인과 서인, 남인과 북인, 노론과 소론의 구분 등이 그러한 양상으로 나타났다. 가장 대표적인 것은 이른바 '예송(禮訟) 논쟁'이라고 하는 것이었는데, 이는 단순히 복식을 둘러싼 의미 없는 싸움이었다기보다는 시대적 가치에 대한 서로 다른 입장의 표명에 가까웠다. 정치에서 임금과 신하라는 인륜의 가치가 먼저인지 혹은 부모 자식 간의 천륜이 중요한지의 문제를 둘러싼 갈등이 예송의 중심에 있었다(신복룡, 2010).

역사적으로 이러한 붕당정치 혹은 당쟁에 대해서는 부정적 인식도 많았던 것이 사실이다. 그러나 신복룡(2010)에 따르면 당쟁을 비합리적이고 소모적인 싸움으로 격하하고 역사적으로 발생한 수많은 사건들의 원인으로 보는 시각은 일제 식민사관에서 비롯된 것으로서, 식민사학에서 본 당쟁은 '싸우기를 좋아하는 조선인의 나쁜 민족성의 증거', 혹은 '무의미한 당쟁을 500년이나 지속하였으며, 그에 따른 수많은 인명 피해가 발생했다'는 식의 과장과 왜곡을 거쳐 이해된 것이었다. 그리고 이러한 영향에서 자유롭지 못한 한국 학계에서조차 당쟁을 "시기·중상·대립·충돌·아첨·질투·사리·사감·암투·살벌"(25쪽) 등의 용어로 표현하는 데에 익숙해졌다는 것이다.

신복룡(2010)은 이러한 왜곡과 편견에서 벗어나 조선시대 당쟁을 바라보면 다음과 같은 정치적 함의를 논의할 수 있다고 말한다. 우선, 당쟁은 의회가 없던 조선조 사회가 취할 수 있었던 최선의 언로였다. 특히 삼사(三司)에서 오고간 정론을 당의(黨議)라고 본다면 당쟁은 토론정치의 조선적 양상이었다고 볼 수 있으며, 이러한 의미에서 언로와 공론장으로서의 당쟁이 '탕평'이라는 이름으로 사라졌을 때, 조정에서는 언로가 막혀 버리게 되었다는 평가도 가능해진다.

두 번째로, 당쟁은 그 자체로 조선조 당시 정치발전의 한 메커니즘이었다. 당쟁이 활발했던 시기일수록 태평성대에 가까웠으며, 조정은 덜 부패했다는 것이 그 근거로 제시될 수 있다. 이를테면 당쟁이 가장 활발했던 숙종 시기에 비해서 순종·헌종·철종 시대에는 정론이 사라지고 몰락의 시대가 왔으며 '무정치 현상'이 일어났다. 요컨대 당쟁이 심해서 나라가 망한 것이 아니라 당쟁이 없어지면서 나라의 기세가 기울었다는 것이다.

한편, 조선왕조에서는 공식적이고 제도적인 공론의 장 이외에도 합법적·비합법적·반(半)합법적인 다양한 언로양식이 존재했는데, 이를테면 시위 형식으로서 고위 관리가 주로 행할 수 있었던 복합(伏閤), 다양한 신분의 사람들이 할 수 있었던 복궐(伏闕)이나 가전상언, 격쟁을 비롯하여 성균관 유생들이 주체가 된 집단적 시위의 형식인 권당(捲堂, 단식투쟁, 또는 원점거부투쟁)과 공재(恭齋, 기숙사 입실을 거부하는 것), 공관(空館, 성균관을 비우며 휴교투쟁, 수업을 거부하는 것)을 비롯하여 유림들의 통문(通文) 등이 있었다(김영주, 2007, 2008). 그 외에도 성균관 유생들만이 취할 수 있었던 언로양식으로는 그들의 자치기구인 재회(齋會)의 장의(掌議) 및 유생의 발의로 행하는 집단상소인 유소(儒疏) 또는 관학소(館學疏)를 비롯하여 전체 유생들의 중의(衆議)에 의해 행해지는 인재추천 양식으로서의 유생공천(儒生公薦) 등이 있었다(김영주, 2008). 여기서는 그중에서도 권당과 공관에 대해 살펴보려 한다.

권당은 기존 연구들에서 '단식투쟁'으로 파악되기도 하지만 그보다는 '원점'(圓點)을 거부하는 행위로 이해하는 것이 중론이다. 원점이란 조선시대 성균관이나 사학(四學) 등에서 유생들의 출결사항을 파악하기 위해 그들이 식당에 들어올 때 입구에 놓인 도기(到記, 출석부)에 찍도록 한 점이다. 유생들이 과거응시 자격을 얻기 위해서는 일정량 이상의 원점을 넘겨야 했기 때문에, 권당을 한다는 것은 결국 유생들이 집단적으로 국가의 과거시험에 응하지 않겠다는 항의의 표시가 될 수 있다. 또한 공관은 문묘에 배사(拜辭)하고 성균관을 떠나 버리는 시위 행위로서, 유생들이 문묘 수호의 역할을 거부함으로써 결과적으로 유교적 책무를 방기하는 양상을 띠게 된다(김영주, 2008).

피정란(1996)에 따르면, 권당 및 공관은 성균관 유생들이 공론을 관철시키기 위한 수단으로 실행한 것으로, 유소를 여러 차례 올렸는데 의사가 관철되지 않거나, 유소 관계자가 처벌된 경우에 그것에 항의하는 의미로 행해진 경우가 많았다.

조선 전기까지 권당과 공관은 정부시책의 개혁을 요구하는 대정부 투쟁이라기보다는, 통치질서에 역행하는 왕실과 군주의 호불적 성향을 견제하기 위한 온건한 시위였다고 파악하는 시각도 있다. 그렇지만 유생들의 의견이 공론으로 존중됨으로써 그들의 집단시위인 권당·공관이 당대의 정치와 사회에 많은 영향을 미친 것 또한 분명해 보인다(김영주, 2008). 조선 후기에 이르러서는 시대적 상황의 변화에 따라 권당·공관의 전개양식이 달라지는데, 붕당정치기에는 자신의 당색에 따라 학문적 이념이나 정통성과 관련된 논의에 참여하는 방식의 언론활동 성격을 띠었다면, 환국정치기에는 집권세력의 급격한 교체 속에서 정치적 부침을 거듭했고, 탕평기에는 언론 삼사 등의 사회적 자치활동만을 허용하고 성균관 유생들의 사회적 자치활동으로서의 권당·공관은 제한되었던 것으로 보인다(피정란, 1996).

그러나 신동준(2001)에 따르면, 권당과 공관은 소극적이고 제한적인 시위에 불과하다는 부정적인 평가에도 불구하고, 왕권 중심의 봉건국가인 조선시대에 성균관 유생들이 군주에 대한 견제 및 압력을 마지막으로 행사할 수 있었던 중요한 수단으로, 왕권에 대한 적극적 견제 수단이자 그들이 저항할 수 있는 가장 강력한 시위 수단이기도 했다.

향약(鄕約)과 향안(鄕案) 조직은 지방 백성들에 대한 교화를 목적으로 만들어진 것으로서, 넓게 봤을 때 향리들을 규찰하고 향풍을 바로잡기 위해 지방의 품관들이 조직했던 자치기구인 유향소(留鄕所) 등과 함께 유교적인 수직적 통치 메커니즘에 포함된다. 그러나 향촌사회의 향촌민 혹은 사림 세력들이 공론 형성의 주체로서 지방의 통치와 관련된 공론들, 이른바 향론(鄕論)을 조성하고 관철시켰다는 점에서 또 다른 자치적 의사소통체계의 하나로 볼 수 있다. 여기에는 향촌사회의 여러 구성원이었던 재지사족, 수령, 향리, 향촌민 그리고 때로는 향촌 내의 다른 조직인 교원(校院)들이 관련되어 결성, 운영되었다(김무진, 2005).

사전적 의미에서 향약은 향촌규약(鄕村規約)의 준말로, "지방자치단체의 향인들이 서로 도우며 살아가자는 약속"을 의미한다(《한국민족문화대백과사전》). 이는 원칙적으로 조선시대 양반들의 향촌자치와 이를 통한 하층민 통제를 위한 것이었지만, 다른 한편으로는 유교적 예절과 풍속을 향촌사회에 보급하여 도덕적 질서를 확립하고, 미풍양속을 진작시키며, 각종 재난을 당했을 때 상부상조하기 위한 규약이다.

향안이란 유향소를 운영하던 향중사류(鄕中士類)들, 즉 세족(世族)·현족(顯族)·우족(右族) 등으로 불리는 재지사족(在地士族)들의 이름이 올라간 명부였다. 말하자면 이 향안에 입록되어야 비로소 양반으로서의 대우는 물론, 지방에서 좌수(座首)나 별감(別監) 등의 향임에도 선출되고, 지배신분으로 행세할 수 있었다. 16세기 이래 재지사족은 관권과의 유착·대립관계 속에서도 향안과 그것을 토대로 하는 향회를 통해 향촌사회의 권력을 장악하고 향리와 백성들을 지배했다. 그러한 과정에서 각자의 지역기반을 토대로 강력한 경제적·문벌적 세력을 형성하면서 중앙권력과 긴장을 이루었다. 그 핵심적인 내용은 부세운영과 인사권의 장악이었다. 그들은 향회에서 향임을 선출하고 '향규'(鄕規)를 마련하여 지방민들을 통제하였으며, 그러한 방식을 통해 향촌사회의 공동체적 질서를 만들어 갔다(한국사특강편찬위원회, 1990).

김무진(2005)은 이러한 향약·향안 조직이 유교사회였던 조선조 공론의 공간 속에서 비록 일방적 의사전달의 양상을 띠거나 동의과정이 때로는 생략되는 등 '교화'의 성격을 갖는 한계가 있었다고 지적하면서도, 각기 다른 나름의 의사소통구조와 의사결정방식을 갖고 있었으며 그들만의 의사결정체계와 경험을 축적했다는 점을 긍정적으로 평가한다. 말하자면 향촌자치의 의사소통양식이라는 점에서 또 다른 공론의 장으로 볼 수 있다는 것이다.

3) 양반 이외의 다양한 계층이 참여한 제도적·비제도적 공론장

큰 틀에서 조선시대 공론의 구조를 보자면, 그 속에는 앞서 살펴본 언론제도적 차원에서의 공론장과 유학자들이 주체적으로 형성한 공론장 이외에도 다양한 계층의 사람들이 참여할 수 있었던 제도적·비제도적 공론장의 양상들이 포함될 수 있다. 여기에서는 대표적으로 제도적 차원에서 연명정소(聯名呈訴)에 대해 살펴보고, 그 밖에 비제도적 차원에서 존재했던 조선 후기의 다양한 공론장 형태들을 정리한다.

김경숙(2010)은 규장각 한국학연구원에서 간행한 《고문서》 16~26에 수록된 문헌들 중 등장(等狀) 1천여 건에 대한 분석을 통해 조선 후기 연명정소의 실태와 공론 형성의 특징을 논의했다. 여기서 등장이란 조선시대 정소(呈訴)[1] 문서의 하나로, 2인 이상이 함께 연명정소 할 때 작성한 문서를 말한다. 김경숙에 따르면, 등장은 1인 정소와 달리 관계자들의 의견을 결집하고 결의한 내용을 문서화하고 그 과정에 참여한 사람들이 문서에 자신의 이름을 기록하는 등의 여러 과정이 요구됨으로써 공론 형성의 각 단계들이 총체적으로 반영되어 나타나는 것이었다. 이러한 연명정소는 조선 후기 정소 전체의 20~30% 정도의 비중을 차지할 정도로 활성화되었다.

김경숙(2010)이 분석한 내용을 살펴보면, 연명정소는 조선 후기의 대표적 사회문제였던 산송이나 토지, 부세 문제를 중심으로 하였는데, 산송은 소규모 정소에서 대규모 정소에 이르기까지 고르게 분포되었던 반면, 부세, 토지 및 환곡·진휼 문제는 중소 규모를 중심으로 전개되었다. 이는 조선 후기에 그 문제와 관련된 이해당사자들을 중심으로 사적 차원의 집단활동이 전개되었다는 것을 보여 준다.

연명정소 활동은 크게 3가지 차원으로 나눠 볼 수 있다. 첫째는 친족

1) 소장(訴狀)·고장(告狀)·소지(所志) 따위를 관청에 제출하는 행위를 말한다(《한국고전용어사전》, 2001).

공동체인 문중 및 족인들이 주도한 문중공론(門中公論)의 차원으로서, 족인들은 토지나 부세, 환곡 등 개인 간의 분쟁과 같은 민원은 이해당사자들의 사적 차원에서 연합했지만 산송이나 족보와 같은 문제들은 문중 차원에서 결집하여 대규모 정소활동을 전개했다. 두 번째는 서원 및 향교 등을 중심으로 한 유생들이 이끌었던 유생공론(儒生公論)의 차원이다. 유생들은 정려나 증직 및 사원, 향교 등 향촌사회의 성리학적 질서 유지와 관련된 문제를 중심으로 군현 단위에서 대규모 공론을 형성하기도 하였다. 세 번째는 향촌 공동체의 민인들이 형성했던 향촌공론(鄕村公論)의 차원이다. 주로 부세 문제에 집중했던 민인들의 연명정소는 촌락 단위에서 중·소규모로 형성되어, 민의를 표출하고 민원을 해결하기 위한 향촌공동체의 역할을 적극적으로 활성화하는 역할을 하였다. 이처럼 연명정소는 왕과 관료들을 중심으로 한 중앙정치의 틀을 넘어 소규모 지방 공동체의 차원에서 다양한 계층의 사람들이 공동의 이해관계를 중심으로 그들의 입장을 형성하고 그것을 관철시키도록 함으로써 또 다른 형태의 공론 영역으로 기능할 수 있었던 것이다.

한편, 손석춘(2004)은 조선 후기에 오늘날 말하는 근대적 공론장의 '맹아'가 여러 가지 형태로 존재했다고 보았다. 그의 분석에 따르면, 18세기 무렵이 되면 이전까지 유학자들이 중심이 되었던 시 모임이나 강학 모임이 서리나 중인, 평민들을 포함하는 위항인(委巷人)들에게까지 일반화되기 시작했다. 이를테면 유학자들이 사랑방 같은 곳에서 조그만 학회 같은 것을 꾸려 몇 차례씩 모여서 고전을 함께 읽고 토론하거나 시를 짓는 등의 실천을 했다는 기록이라든지, 평민들이 거리나 주막에 모여서 시국에 대해 이야기했다는 등의 기록을 예로 들 수 있다.

또한 기존의 사대부 유학자 중심의 문학이 위항문학, 평민문학, 여류문학 등의 형식으로 확대되는 과정에서 양반이 독점했던 지식이나 교양이 퍼져나간 양상도 주목할 만하다. 예컨대 실학자들의 북학(北學) 사상이 청나라 대중문화의 유행과 맞물리면서 19세기 무렵에 중인과 서얼을 비롯한 향촌사회로 전파된 것도 대중적 차원에서 문화역량 및 지적활동이 활성화된 양상으로 볼 수 있다는 것이다.

이러한 양상은 19세기 이후에 소설뿐 아니라 잡기, 만설, 가사문학, 시조, 판소리 등 다양한 문학 장르들이 조선사회에서 활발하게 출판되었던 것과 맞물리는데, 이는 영조 초기부터 민간인들이 판매 목적으로 간행한 방각본(坊刻本) 출판이 활성화되면서 유학자들뿐만 아니라 규수, 중인, 서출, 서리 등이 새로운 독자층으로 형성된 맥락과도 관계된다(손석춘, 2004). 허균의 《홍길동전》을 비롯하여 판소리 등 당시 유행했던 문예 형식들은 풍자와 해학을 통해 당대 사회현실을 비판하고 양반의 무능함과 지도체제의 경직성, 고루함 등을 비판하는 내용을 담고 있었다는 점에서 특징적이다.

손석춘(2004)은 여기서 더 나아가 조선 후기의 향촌사회에서 공론, 혹은 여론을 수렴하는 장치로 기능했던 향회(鄕會)의 정치적 역할에 주목한다. 그에 따르면, 향회는 본래 향촌의 교화나 수령의 보조 또는 수령이나 이서(吏胥)들의 횡포 견제를 위해 설치된 지배기구였지만, 18세기 이후 민중에 대한 불공정한 수탈을 비롯한 각종 사회문제를 해결하기 위해 향촌 백성들의 여론을 조사하고 공론을 모아 대안을 마련하는 등 자치기구로 점차 변모한다. 말하자면 중앙정부 일변도의 행정이 안고 있던 많은 문제들을 민의 자치로 해결하기 위한 방향을 모색하는 과정에서 향회의 정치적 기능이 형성된 것이다.

민회(民會)라고 불리기도 했던 향회 조직이 이후 조선 후기에 터져 나온 각종 민란에서 중심적인 역할을 했다는 점도 주목할 만하다. 무엇보다 향회는 비록 일정 정도 한계를 안고 있었으나, 양반과 평민이 함께 자치에 참여하는 형식을 취하고 있었다. 그리고 그 속에서 '요호'(饒戶)라고 불리었던 부농, 상인, 향리 등의 하급관리들을 비롯하여 기타 특수한 직역(職役)들로 이루어진 세력이 주체적 역할을 하게 되면서, 그들의 사회적 지위를 높이고 그들 상호 간에 집약된 여론을 바탕으로 연대를 가능케 하는 새로운 활동의 장으로 향회가 기능했다는 점을 주목할 수 있다. 말하자면 조선 후기에 기층 사회와 지배층 사이에 언로가 막혔을 때, 민중들의 요구를 수렴하고 그들의 힘을 결집하는 장으로 기능한 것이 향회였다는 것이다.

지금까지 살펴보았듯이 조선시대에는 제도적인 차원 이외에도 다양한 비합법적·반(半)합법적·비제도적 차원에서 공론의 양상들이 존재했다. 이를테면 앞서 살펴본 성균관 유생들의 각종 시위방식이라든지, 일반 상민들이 극한의 상황에서 행한 규혼이나 민란 등이 있었다. 또한, 보다 넓은 의미로 보자면 정보원을 노출하지 않은 채 어떤 사건에 대해 선전·선동하거나 비판 혹은 예언하는 기능을 수행한 익명서·익명부방(匿名付榜)을 비롯하여 구두언론 양식인 가요(歌謠)나 유언(流言) 등을 통한 의견 개진도 있었다(김영주, 2007).

3. 조선조 공론장의 주체

조선시대 공론장의 주체는 누구였는가? 김영주(2002, 2010)는 조선왕조 초기 공론 형성과정을 살피면서, 공론의 유사개념들을 정리하고 조선조에서 공론을 수렴하기 위해 어떤 제도적 장치를 정착시켰는지에 대해 논의한다. 그의 논의에 따르면 '공론'은 오늘날의 여론, 즉 'public opinion'과 유사한 개념으로 볼 수 있으며, 합리적이고 이성적인 집단으로 여겨진 조정 관리나 유학자들에 의해 토론과 비판 등의 합리적 의사결정과정을 거쳐 수렴된 의견을 의미하는 것이었다. 반면, 당시 쓰인 여론(여의)이나 물론(물의), 중론(중의) 등의 개념은 일반 백성들의 공통된 의향, 일종의 감성적 차원으로서의 민심에 해당하는 것으로, 합리적 의사결정과정을 거치지 않은 채 많은 사람들이 정서적으로 공감하는 의견이라는 의미를 갖는 것으로 해석된다. 여기서 공론이라는 것은 일국의 사람들이 당연하다고 생각하는 것이자 인심의 결집체로서, 유교적 정치체제를 유지하기 위해 왕도 반드시 따라야만 하는 이상정치, 즉 공론정치의 핵심이다(이현출, 2002).

여기서 중요한 것은 공론이 비롯되는 곳은 왕에서부터 백성들에 이르기까지 폭넓게 제시되면서도, 정작 중요한 공론의 주체는 지배계층으로 제한되었다는 점이다. 앞서 살펴본 용어상의 구별 외에도, 조선시대에는 어떤 사람들이 형성하는 공론이냐에 따라 조정공론, 사림공론, 여항공론(중서공론) 등이 있었는데,[2] 조선시대 사대부들은 '공론이 조정에 있으면 나라는 흥하고 여항에 있으면 혼란하고 위아래 어디에도 없으면 망한다'고 인식했다고 한다(김영주, 2010). 말하자면 이념적으로는 모든 민은 공론의 형성층이었고 민심이 곧 공론이라고 할 수 있지만, 이들의 의사가 표출되고 그것이 정치로 수렴되는 과정에는 제약이 있을 수밖에 없었다(이현출, 2002).

따라서 조선 초기 공론 형성의 주체는 대개 왕이나, 대신과 언론 기능을 담당했던 삼사를 비롯한 유학자 층일 수밖에 없었다. 다만 이러한 현실적 한계에도 불구하고, 앞에서 살펴보았듯이, 공론정치의 현실적 실현을 위해 다양한 공론수렴제도들을 실시했는데, 대표적인 것이 상소제도, 대간제도, 구언제도, 경연제도, 신문고제도 등이다. 이러한 제도들은 부분적으로 민의를 널리 반영하기 위한 방책이었음에도, 결과적으로는 공론의 주체를 일부 지배계층에 한정짓는 지배구조를 공고하게 만든 것으로 볼 수 있다. 이러한 경향은 성종 시기(성종 23년, 1492년) 상소(上訴)와 상서(上書), 상언(上言)을 엄밀히 구별하면서, 조관과 유생이 행할 수 있는 상소만이 공론의 성격을 지닌 것으로 규정하고, 소원(訴冤)을 위한 장치로는 지배층은 상서를, 피지배층은 상언을 이용하도록 한 것에서도 확인할 수 있다. 말하자면 피지배층은 법제적으로 정치적 의사소통에 참여할 수 있는 범주에서 제외된 것이다(오종록, 2009).

김경숙(2010)의 경우 기존의 조선조 공론에 대한 연구가 주로 국가적

---

2) 조정공론은 중앙정치무대에 참여한 조정대신들의 공론이며, 사림공론(유생공론)은 벼슬을 하지 않고 산중에 은거하는 지방 유림들의 공론, 즉 선비의 공론이다. 반면 여항공론은 조선 신분사회에서 사회 최하층인 상민들의 공론으로서 중인이나 서리들이 중심이 된 공론으로 볼 수 있다(김영주, 2010).

차원, 정치사적 관점에 초점이 맞추어졌다는 점을 비판하며 사회 집단 내 다양한 구성원들의 논의와 합의 과정에 의해 형성되는 다양한 층위의 공론들을 탐색하였다. 특히 조선 후기의 연명정소를 중심으로 공론 형성의 특성을 분석한 결과 크게 3가지 공론의 유형이 발견되었다는 것을 앞서 살펴보았다. 친족집단인 족인 및 문중이 주체가 된 문중공론, 서원과 향교를 중심으로 유생이 주축이 된 유생공론, 그리고 향촌공동체의 민인 등이 주축이 된 향촌공론 등이 그것이다. 흥미롭게도 그 밖에 일반 향리, 관속, 농민 등 다양한 사회집단들이 부분적으로 등장하여 이해당사자를 중심으로 한 연명정소가 폭넓게 행해졌다는 것을 확인할 수 있었다. 그러나 결과적으로는 위의 상위 세 그룹이 91%를 점유할 정도로 이들에게 집중되는 현상이 강했는데, 이는 결국 그나마 사회적 차원에서 이루어졌던 공론도 '양반' 계급이라고 통칭할 수 있는 주체들에 한정되었다는 점을 보여 주는 결과라 하겠다.

기존 문헌들을 토대로 조선조 공론정치의 주체를 보자면 임금과 관료 및 유학자들이 중심이 되어, 왕도정치를 실현해야 할 왕이 정점에 있고, 그 아래로 중앙관료, 유학자들, 백성 등이 신분제의 피라미드 위에서 각각의 자리에 위치한 상태로 공론이 형성되었음을 알 수 있다. 이러한 과정에서 백성은 추상적인 민의수렴의 대상으로만 파악되고 제도적으로는 공론의 주체로서 인정되지 못했다.

요컨대, 조선조 공론의 주체는 무엇보다 유학자들이었다. 따라서 그 성격도 유교적 정치 교의와 밀접한 관련을 갖게 되었다. 주자학의 '공사관념'을 따르자면 '공'은 군주와 제후를, 그리고 공적인 일은 국가의 일을 의미하는데, 이러한 이념이 지배했던 조선시대에는 이러한 공적인 국가의 일, 즉 공공의 영역을 치자들이 독점했다. 그런데 여기서 공공의 영역들이 특히 예(禮)나 오륜(五倫)과 같은 법적, 도덕적 규범의 세계 위에서 구축되었다는 점에서 결국 치자(유학자)들이 도덕과 법 위에 구축된 공공영역의 중층적 구조를 독점하는 형태로 군림했다고 설명되기도 한다(박충석, 1999; 이희주, 2010).

이들은 조선왕조의 관료집단이면서 문인, 지식인, 선비의 정체성을 동시에 갖고 있었으며, 앞서 살펴보았듯이 공론의 영역에서 그들 상호간에, 그리고 임금을 향하여 발언하고 유교적 명분을 바탕으로 논쟁을 벌임으로써 성리학적 질서를 구현하려 했다. 결국은 그것을 바탕으로 세워진 왕조를 유지하려 했다는 점에서 이들은 국가로부터 자율적이고 독자적인 세력이 아니라 오히려 통치체제 자체가 작동되도록 하는, 통치이념의 중심에 자리 잡은 존재들이었다고 할 수 있겠다. 이들은 무엇보다 '지식'(문자해독능력)을 독점하고, 제도적으로 왕과도 논쟁을 벌일 수 있는 권력을 가진 집단으로서, 공론을 독점했다고 볼 수 있다.

김경숙(2010)의 연구와 유사한 관점에서 홍정애(2007)는 조선조 공론장의 대안적 공간과 평민의 참여에 주목했다. 그에 따르면, 근대 계몽기의 조선에서 이루어진 각종 '연설회'들은 민중을 공론영역에서 능동적 주체로 거듭나게 했다. 정보와 지식을 전달하는 것을 비롯해, 사람들이 자신과 유사한 처지의 사람들과 유대감, 공동체의식을 형성할 수 있는 계기를 만들어 주기도 했다. '만민공동회'에서 행해진 한 백정의 유명한 연설에서도 볼 수 있듯이, 계층에 관계없이 의사소통을 하고 균질화된 언어의 체계를 성립했다고 평가되기도 한다. 그리고 연설의 주체로 평범한 사람들이 참여했다는 점에서 근대적 공론장의 가능성을 보여 주기도 했다. 또 〈독립신문〉에서 이것을 광고하거나 언급함으로써 신문과 더불어 매체로서의 속성도 드러낸 것으로 설명된다. 정치적 공론의 장으로 기능한 측면도 있으며, 새로운 정치적 담론과 주체를 생산하여 연대감을 형성했다는 것이다.

이 연구의 발견 가운데 흥미로운 점은 전근대사회에서 근대사회로 이행하는 시점에서 이들 정치적 담론의 성격은 봉건사회의 여러 사회적 관계를 넘어서려는 시도였지만, 국가의 틀을 벗어나지는 않았다는 점이다. 김경숙, 홍정애의 연구가 보여 주듯, 당시 정치적 공론장에서의 연설 내용은 임금에게 충성하고, 부모에게 효도하고, 형제를 우애 있게 대접하고, 일가 간에 화목하며, 친구 간에 신의 있게 지내야 한다는 것과 같은 유교적 덕목의 강조나 조국의 독립, 자주자강, 미신타파, 위생문제 등에 대한 논의가 주를 이뤘다. 또한 학생들, 청년회 회원들(지식인층)을 대상으로 한 연설과 여성이나 못 배운 일반 청중들을 대상으로 한 연설의 내용이 달랐다. 이러한 한계는 조선조 평민이 참여하는 공론장의 한계일 수도 있지만, 동시에 훈민적 특성을 보여 주는 사례이기도 한 것이다.

또 한 가지, 훈민공론장의 이론 구성에서 조선조 공론장의 주체가 누구였냐는 질문에 있어 상인계급과의 연관에 대한 논의가 거의 없었다는 점을 짚어 볼 필요가 있다. 앞에서 살펴보았듯 중국 근대 공론장의 형성에 대한 논의를 보면, 청말 각 지역에서 일정한 조직을 갖춘 상인조직이 정치권력으로부터 얼마만큼의 자율성을 확보했는가 여부를 둘러싸고 논쟁이 지속되고 있다. 또한 일본 근대 공론장의 경우도 정치적 주체에 대한 논의는 상당히 이뤄졌지만, 상인계급과의 연관은 그다지 찾아볼 수 없었다. 메이지유신 이후 국민의 형성과정에 대한 여러 논의, 일본 공론권의 논의들이 보여 주듯, 공론의 장으로서 공론권은 국가의 행위를 논의하는 공간이라는 데 초점이 맞춰졌다고 할 수 있다.

4. 소결: 조선조 훈민적 언론질서의 형성

조선시대 '공론'은 '천리'를 내포하는 것이었으며, 성리학적 통치이념과 체제를 성공적으로 유지하는 것을 목적으로, 폭군정치 방지, 정치참여 확대, 심의기능 강화, 소수의 독단 방지를 위해 추구되었다. 이에 따라서 자연스럽게 도덕적, 규범적, 관념적 성격을 띠기도 했으며, 군주와 신하 등 통치계급이 그 주체가 될 수밖에 없었다.

조선조 공론장은 크게 제도적 공론장과 유교 지식인들을 중심으로 자발적으로 형성된 공론장, 그리고 양반 이외의 각계각층의 사람들이 참여할 수 있었던 그 밖의 다양한 형태의 공론장으로 나누어 볼 수 있다. 이 중에서는 무엇보다도 왕과 신하 사이, 또는 왕과 백성들 사이의 보다 바람직한 커뮤니케이션을 목적으로 형성된 상소, 대간, 구언, 경연제도를 비롯하여, 양반 사림들에 의해 주도되었던 당쟁, 당의, 권당, 공관, 향약 등의 형태가 주류였다고 할 수 있을 것이다.

이는 서구 근대의 역사 속에서 탄생한 것으로 설명되는 하버마스식의 공론장과는 여러 가지 의미에서 다를 수밖에 없다. 하버마스의 논의가 한국에서 주목받게 된 이후 국내의 여러 연구자들은 "한국에도 역사적으로 공론장이 존재했는가?"라는 물음을 가지고, 그 존재를 증명할 만한 것으로 보이는 여러 가지 역사적 근거를 찾거나 '맹아'들을 발견하여 한반도에도 공론장이 존재했다는 사실을 입증하기 위해 노력했다. 그러나 그중 상당수는 엄밀한 이론적 논증이나 사례들에 대한 정확한 분석 없이 하버마스가 서유럽에 대해 분석했던 도식을 그대로 가져오거나, 몇 가지 공통점에만 의존하여 공론장의 존재 여부나 그 성격을 주장했다는 점에서 한계를 드러냈다. 그런 점에서 조선시대 공론장의 특수성을 세밀하게 검토하지 않은 채 단순히 공론장 존재 여부를 비교하는 식의 논의는 공허할 수밖에 없다.

이 장에서 확인할 수 있었던 것은 조선조 공론장의 특성은 무엇보다 유교 통치이념과 그 지배계급이 중심이었다는 점이다. 앞서 언급했듯이 왕도정치를 실현하는 주체로서 정점에 왕이 있고, 그 아래로 중앙관료와 유학자들, 그리고 백성이 수직적 신분제의 틀 속에서 각자의 자리에 위치한 상태로 공론이 형성되었고, 그 각자의 권한에 해당되는 만큼만 공론의 주체로 참여할 여지가 있었다. 공론의 목적은 자유롭고 합리적인 시민적 주체가 스스로의 역량을 강화하고 정치적 담론을 형성하는 데 있는 것이 아니라, 어디까지나 통치계급이 유교적 이상을 잘 실현하도록 하는 데 있었다. 그런 점에서 조선조는 그 시대를 통틀어 훈민적 언론질서와 공론장이 형성, 전개, 유지되었던 시기라고 볼 수 있을 것이다.

물론 향회를 비롯한 향촌공동체와 그 속에 참여할 수 있었던 부농, 상인, 향리 등의 주체들도 존재했으며, 조선 후기에는 특히 중인, 서리, 평민 등이 참여하여 형성한 일종의 '문예공론장'의 성격을 가진 여러 가지 크고 작은 공동체가 존재했다는 점도 특기할 만하다.[3] 그렇지만 중요한 것은 오늘날의 시민사회에 해당할 만한 국가 이외의 독자적 영역이 조선사회에서는 거의 없었거나, 설령 존재했다 하더라도 왕권

3) 이 점은 송호근(2013)의 연구가 시민의 탄생이라는 틀에서 잘 밝힌 바 있다.

의 우산에서 벗어나 독자적으로 혹은 그와 대립적으로 존재하지는 못했다는 점이다. 앞 장에서 살펴본 중국의 역사적 상황 속에서도 볼 수 있듯이, 중국에서 시민사회는 근대 유럽의 부르주아 공론장과 유사한 측면을 가지고 있었지만 어디까지나 국가를 견제하거나 그로부터 자율적이라기보다는 그 통제에 따르거나 협력하는 관계였다. 조선의 상황 또한 이와 유사하거나, 혹은 왕권의 지배력과 성리학 통치이념의 경직성이 더욱 강했다고 보는 것이 타당할 것이다.

제 4 장

애국계몽운동과
식민 시기 · 독립운동 시기 훈민공론장의 전개

1. 근대 언론 초기의 훈민공론장과 지사로서의 기자

앞 장에서 살펴보았듯이 강력한 중앙집권국가 아래 왕도정치체제에서 조선의 공론장은 관료, 유학자 중심으로 성립되었고, 평민의 자리는 지극히 제한적이었다. 개화기에 이르러 이러한 훈민공론의 성격은 사회구조 변동에 따라 상당히 변화하기는 하지만, 국가의 우산 아래 국가를 중심으로 운영되는 성격은 유지된다고 할 수 있다. 근대사회로 이행하는 과정에서 훈민공론장의 성격 형성을 애국계몽주의와 연관하여 검토해 보고자 한다.

19세기 민란과 동학혁명을 전환점으로 이루어진 공론장의 확대는 이윽고 개화기 이후 시기까지 이어졌다. 새로운 활자술과 언론제도의 도입에 따른 신문과 잡지의 창간, 근대적 교육제도와 학교의 설립, 국한문 혼용체와 국문체의 개발 등은 일반 국민들이 정보지식을 받아들이고 공론장에 참여할 수 있는 기반이 되었다. 또한 독립협회에서 1890년대 후반 토론회와 만민공동회를 개최함으로써 일반인들이 직접 정치적 견해를 표명할 수 있는 공론장이 열리기도 했다. 이후 일제강점기에 들어서는 〈조선일보〉, 〈동아일보〉, 〈조선중앙일보〉, 〈시대일보〉 등의 민족지와 잡지가 발행되었고, 해방 직후에도 좌·우파를 대변하는 언론활동이 활발하게 펼쳐졌다. 이러한 언론활동은 당대 사람들이 보다 많이 공론장에 참여할 수 있는 계기가 되었다(김영희·박용규, 2011).

그러나 조선 후기를 거쳐 개화기 이후 해방 직후에 이르기까지, 공론장의 본질적 성격은 변하지 않은 것으로 보인다. 개화기부터 해방 직후에 이르는 시기의 공론장은, 일반 시민의 자발적 토론보다는 언론인 역할을 겸하는 관료와 애국계몽지사들의 구국적 신념에 따른 '가르침'이 주축을 이루었다. 언론인과 독립운동가, 개혁가와 문인 등 당대의 지식인들은 나라의 독립과 국민의 지식 배양을 위해 이끌어 나갔고, 일제강점기의 언론인, 지식인, 독립운동가들은 해방 이후 정치활동에 뛰어들거나 언론활동을 지속하는 등의 방법으로 공론장을 주도하였다. 조선조에서부터 해방 직후에 이르기까지, 공론장에서는 일정 수준 이상의 지식을 갖춘 사람들이 언론활동 등을 통해 수직적으로 다른 사람의 정신을 일깨우려는 성격을 계속 유지했다.

조선조에 유학 지식을 갖춘 지식인들이 정치에 직접 참여하면서 동시에 공론을 형성했듯, 개화기 이후 역시 일정 수준 이상의 지식인들이 기자와 관료, 정치, 문예 등의 다양한 범위를 넘나들며 국가를 위해 활동했다. 개화기 이후의 지식인들은 구국운동(구국, 실력배양과 민족자강운동, 독립운동)의 목적으로 언론활동을 벌였다. 이 당시 지식인들은 국민의 실력 양성에도 심혈을 기울였지만, 이것은 대부분 국민을 깨우쳐 나라를 보전하려는 애국주의를 기반으로 한 것이었다.

개화기 이후 언론인은 세계의 소식을 독자에게 전달하는 역할(*informer*)만을 한 것이 아니다. 오히려 당대 지식인은 언론의 역할을 매우 특수한 것으로 보았다. 가령 서재필이 창간한 〈독립신문〉 창간호(1896년 4월 7일)의 논설은 언론의 목적이 "정보전달일 뿐 아니라 정부와 국민의 소통을 원활히 만드는 것이요 국민의 실력을 양성하는 것"임을 명백히 밝혔다.[1] 즉, 당대 지식인들은 언론활동을 민족운동과 계몽운동의 방편으로 이해했다. 때문에 당대의 유명 지식인들의 경우, 당시 신문 창간 및 발행, 논설 기고, 주필활동 등을 통해 단지 정보를 전달할 뿐만 아니라 정치적 상황을 비판하고 새로운 제도의 설립을 건의하기까지 한다. 따라서 이 당시 지식인들의 언론을 통한 공론장 형성은 단지 정보를 국민들에게 전달해 국민을 깨우치는 것이 아니라, 스스로 국민과 정부가 나아가야 할 방향을 지도함으로써 나라를 구하려는 생각의 발로라 할 수 있을 것이다. 이것은 왕을 왕답게 만들고 정책을 세우는 데에 도움을 주는 존재로서 사대부들이 자리매김했던 조선조의 유학사상과 일맥상통하는 면이 있다(김영희, 1999).

---

1) "백셩이 정부 일을 자세이 알고 졍부에셔 백셩에 일을 자세이 아시면 피ᄎᆞ에 유익ᄒᆞᆫ 일만히 잇슬 터이요 불평ᄒᆞᆫ ᄆᆞᄋᆞᆷ과 의심ᄒᆞᄂᆞᆫ 생각이 업서질 터이옴 … 남녀 노소 상하 귀쳔 간에 우리 시눔ㄴ을 ᄒᆞ로 걸너 몃돌간 보면 새 지각과 새 학문이 생길 걸 미리 아노라"(1896년 4월 7일자 논설, 〈독립신문〉, 제 1호, 1~2쪽).

당대 언론인들은 단지 전문적 기자활동에만 머무르지 않고 관료나 정치 일에 참가하거나 각종 단체를 창설하고, 문예활동을 벌이거나 스스로 교편을 잡아 교육활동을 펼쳤다. 즉, 언론인은 곧 사회에 참여하는 적극적 지식인이었다. 〈표 4-1〉은 이러한 지식인의 언론활동 겸임의 성격을 분류한 것이다.[2] 이에 따르면 당대 지식인들은 공직을 갖춘 관료정치인, 공직이 없으나 사회를 개혁하려는 개혁가, 소설과 시 등 문예활동을 한 문인, 그리고 사회개혁 등의 활동보다 정보 전달에 치중한 일반적 저널리스트로서의 언론인으로 그 성격을 나눌 수 있다.

〈표 4-1〉에서도 알 수 있듯이, 개화기 이후 한국사회에는 정보를 전달하는 저널리스트로서의 언론인보다는 사회와 정치에 적극적으로 참여하는 언론인이 더 많았음을 알 수 있다. 이들은 관료 정치인이나 비관료 개혁가, 문인 등의 다양한 활동을 동시에 펼쳤다. 즉, 조선조에 언론(공론)이 정치세력과 미분리되었듯이, 이 시기 언론인은 공직에 실제로 종사하거나 단체를 창설하여 적극적으로 사회개혁에 참여하는 지식인 계층이었다. 이 지식인들은 관료와 개혁가, 문인과 일반 저널리스트의 역할을 넘나들며 다방면으로 활동했다.

가령, 양기탁은 1904년 궁내부의 영어 통역관으로서 신문사 시설을 설치했지만, 같은 해 언론구국운동의 일환으로 민족지인 〈대한매일신보〉를 창간하며 관료로서, 비관료 개혁가로서 언론활동을 펼쳤다. 박은식은 개화기 때 애국심, 애국주의 등에 기본 바탕을 둔 대한정신을

2) 〈표 4-1〉은 정진석(1995)의 《인물한국언론사》에 나온 언론인들을 성격에 따라 재분류한 것임을 밝힌다. 본 표의 굵은 글씨는 표에 한 번 이상 중복되어 나오는 인물들을 가리킨다.

〈표 4-1〉 개화기부터 해방 전후까지 관료정치인/비관료 개혁가의 성격

	개화기		일제강점기		해방 전후
언론인	운영진	기자진	운영진	기자진	운영 · 기자진
관료정치인	김윤식(《한성순보》) 유길준, **양기탁** (《대한매일신보》에 관여) 서재필 (《독립신문》, 중추원) 이종일, 김익승, 심상익, 염중모(《뎨국신문》) 송병준(《국민신보》) **이인직** (《만세보》, 〈대한신문〉) 백시용, 박용규, 심우택 (《대한매일신보》)	장박, 오용묵, 김기준, 김인식, 여규형, 고영철 (《한성순보》) 허곤, 최창식(《황성신문》) 손승용(《독립신문》)	**이승만**(한국태평양, 임시정부 대통령) 홍증식(《조선인민보》) 유근, 이상협(《동아일보》) **박은식**(《독립신문》, 임시정부 관료) 이종일, 윤익선 (《조선독립신문》) **선우일**(《간도일보》, 〈만주일보〉, 친일) **양기탁**(《동아일보》, 〈대동민보〉, 임시정부 관료) **신채호**		김광섭(《세계일보》) 권오직(《해방일보》) **안재홍**, **여운형**, 김동성, **김성수**, **송진우** (언론계에서 정계) 윤보선, 신익회, 김성곤, 박찬현, 김진만 (정치인의 언론 경영) 장준하(《사상》, 〈사상계〉) **이상호**(《노력인민》, 북한 최고인민회 대의원) 권오직(《해방일보》, 이후 중공대사) **홍남표**(《노력인민》, 북한 최고인민회 대의원)

〈표 4-1〉 계속

	개화기		일제강점기		해방 전후
언론인	운영진	기자진	운영진	기자진	운영 · 기자진
비관료 개혁가 (reformer)	유근, 남궁억, 장지연, **박은식**(〈황성신문〉) 아펜젤러, 윤치호, **주시경** (〈독립신문〉) 양홍묵, 유영석, **이승만** (〈매일신문〉, 〈뎨국신문〉) 아펜젤러 (〈죠션크리스도인회보〉) 언더우드(〈그리스도신문〉) 오세창(〈만세보〉) **박은식**, **양기탁** (〈대한매일신보〉)	**주시경**(〈제국신문〉) **신채호**(〈대한매일신보〉) 변하진(〈한성신보〉) 최영식(〈데국신문〉)	최강, 송병준, 이상재, **안재홍**(〈조선일보〉) **김성수**, **송진우** (〈동아일보〉) **여운형**(〈조선중앙일보〉) 아펜젤러 (〈코리안 리포지토리〉) 박희도, 신일용(〈신생활〉) 백대진(〈신천지〉) 이돈화(〈개벽〉) 방정환(〈신청년〉) **이상호**(〈중외일보〉, 〈중앙일보〉, 〈조선일보〉) **홍남표**(〈혁신 조선일보〉, 〈시대일보〉)	윤해(〈독립신문〉) 박제호(잡지 〈신천지〉) 박헌영 (〈동아일보〉, 〈조선일보〉)	

〈표 4-2〉 개화기부터 해방 전후까지 문인/저널리스트의 성격

	개화기		일제강점기		해방 전후
언론인	운영진	기자진	운영진	기자진	운영 · 기자진
문인	**이인직** (《대한신문》, 〈만세보〉) 조중환(《매일신보》)	박정동, **이인직**, **이해조** (《뎨국신문》) 최찬식(《국민신보》)	**이광수**, **주요한**, **박은식** (상하이판 〈독립신문〉) **최남선**(《시대일보》, 잡지 〈소년〉, 〈붉은 져고리〉, 〈새별〉, 〈아이들보이〉, 〈청춘〉) 최상덕(《조선일보》, 〈중외일보〉, 〈매일신보〉) 조풍연(《매일신보》) 김광섭(《민중일보》, 〈세계일보〉) **변영로**(《코리안 리퍼블릭》)	**이인직**, **이해조**, 윤백남, 유지영, 이익상, 백철, 이광수(《매일신보》) 채만식, 현진건, 주요섭, 심훈, 변영로, 민태원, 김기림, 계용묵 (《동아일보》, 〈조선일보〉) **이광수**, 염상섭, 나도향 (《시대일보》) 이상협, 윤백남, 심우섭 (《매일신보》)	최상덕 (《평화신문》, 〈서울신문〉) 이은상, **홍효민**, **홍사중**, 김동리, 오상원, 박종화, 조풍연(《한국일보》) 김기림(《문화일보》) 김광섭(《민중일보》) 주요한(《대한일보》, 〈경향신문〉) 박종화(《서울신문》) 피천득, **변영로** (《코리아타임스》)
저널리스트 (운영 · 기자)			**선우일**(《대한매일신보》, 〈매일신보〉) 이장훈, 방태영, 김환, 김동진(《매일신보》) 이상협 (《매일신보》, 〈동아일보〉, 〈조선일보〉, 〈중외일보〉)	**선우일**, 박순병, **최영해**, 방응모(《조선일보》) 변일, 정우택 (《대한매일신보》)	**최영해** (정음사, 〈경향신문〉)

함양해 나라의 힘을 회복하기 위해 〈대한매일신보〉와 〈황성신문〉의 주필을 맡는 등 비관료 개혁가로서 언론활동을 벌였다(김채환, 2000). 그는 일제강점기에는 독립운동을 벌이며 각종 역사서를 발간하고 잡지(〈향강〉 등)의 주간을 맡기도 했으며, 나아가 대한민국임시정부 관료를 지냈다. 또한 1905년 이후부터 〈대한매일신보〉와 〈황성신문〉의 주필로 활동한 신채호는 일제강점기에 들어서면서부터는 블라디보스토크에서 〈권업(勸業)신문〉 창간에 참여, 역시 주필을 지냈다. 이렇듯 언론인으로서 활동하면서 정치활동을 꾸준히 이어나갔다.

이밖에도 당대 언론인들은 대부분 개화기에는 애국계몽과 구국운동, 일제강점기에는 독립운동과 실력양성운동 등을 병행하여 정치관료직과 언론직의 미분리 상태를 드러냈다. 관료이면서 동시에 언론인을 겸직한 것은 관료와 언론이라는 근대적 제도의 입장에서 보면 미분리라 볼 수 있지만, 훈민공론장이라는 조선사회로부터 근대사회로의 이행이라는 점에서 보면 자연스러운 현상일 수도 있다.

이러한 관료/기자의 중복은 특히 〈독립신문〉 기자들이 모두 관료로 임명되었다는 데에서 잘 드러난다. 〈독립신문〉을 창간한 서재필은 그 자신이 중추원 고문의 자격으로 신문사를 창간했다. 갑신정변 실패 원인을 인민의 무지에서 찾은[3] 그는 신문사업을 통해 국민이 모두 "의리 있고 학문 있게" 하도록 만듦[4]으로써 국민을 계몽하고 나라를 개혁하

3) "무엇보다 제일 큰(갑신정변) 실패의 원인은 그 계획에 까닭도 모르고 반대하는 일반 민중의 무지몰각이었다. … 동서양을 막론하고 민중의 조직과 훈련이 있는 후원 없이 다만 몇 개인의 선구자만으로 소원 성취된 혁명은 없는 것이다"(〈동아일보〉 1935년 1월 2일자 논설: 홍선표, 1997 47쪽 재인용).

려 했다.

물론 서구의 경우에도 정치신문은 정당의 기관지적 성격이 강했고, 좌우로 대립하는 정당정치의 노선을 따라 신문의 정파성도 갈라진 역사가 있었다. 그러나 20세기를 거치면서 미국은 물론 유럽 대부분의 나라에서도 정파적 지향성은 있지만, 사실과 객관보도에 충실하려는 보도강령과 특정 정파의 이해보다는 보편적 이해에 충실해야 한다는 세계시민사회적 지향성은 언론을 지탱하는 정신적 · 철학적 기반이었다. 기자 스스로 애국계몽을 실천하는 당사자라는 생각은 일반적으로 찾아보기 어려웠다고 할 수 있다.

한국의 경우는 이와 달랐다. 서재필, 장지연 등은 개화기 관료 겸 기자로서 나라를 위해 헌신해야 한다는 애국계몽적 지식인의 태도를 견지하였으며, 국민을 계몽하려는 지향성이 분명히 있었다. 이러한 개혁가이자 독립운동가, 언론인으로서의 모습은 민족신문의 기치를 건 〈동아일보〉, 〈조선일보〉, 〈조선중앙일보〉 등의 기자들과 운영진에서도 나타나며, 문인 겸 언론인들 역시 마찬가지였다. 최남선, 이광수, 주요한 등 유명한 문인들은 각종 작품을 신문에 연재하는 한편 〈소년〉지나 상하이판 〈독립신문〉 등의 운영을 맡으며 언론활동을 펼쳤다. 문인의 작품활동은 당대 현실을 돌아보고 고민하려는 지식인의 역할과 결합되었다. 때문에 당대 문인활동을 했던 언론인들은 독자들에게 정보를 제

4) “신문의 목적은 제일 인민의 의복과 음식과 재산과 목숨과 권리와 지위와 행실과 처지를 보호하여 줄 뿐 아니라, … 아무쪼록 약하고 가난하고 궁하고 세 없는 사람을 보호하며 역성하여, 인민들이 모두 의리 있고, 충심 있고, 학문 있게 하도록 …”(〈독립신문〉 1898년 4월 12일자 논설: 홍선표, 1997, 66쪽 재인용).

공하는 직업인으로서의 기자의 역할뿐 아니라 현실에 대한 고민과 성찰, 고발을 요구한다는 점에서 엘리트, 지사(志士)적 언론인의 정체성을 가졌다고 할 수 있다. 그래서 지사는 한국 언론인들에게 추구해야 할 이상적 모습이었다고 할 수 있다.

해방 이후 해방공간의 언론상황은 '정치신문의 융성기'라기보다는 언론이 정치투쟁의 도구로 활용되는 시기였다. 일제강점기에 언론활동과 정치활동을 한 인물들은 해방 이후 정치계에 진출하거나, 언론계에 남거나, 혹은 언론활동과 정치활동을 겸하면서 치열한 경쟁을 벌였다. 가령, 장준하는 해방 이전까지 광복군에서 독립운동을 벌였으며, 해방 이후에는 1953년 언론자유, 민주화투쟁 등의 정치적 비판을 과제로 〈사상계〉를 창간해 이승만 정권에 대항하는 비판적 언론활동을 했고, 이후 1967년 국회의원에 출마하여 본격적인 정치활동에 뛰어들었다. 여운형은 1930년대 〈조선중앙일보〉사 사장으로 취임했으며, 해방 이후에는 조선건국준비위원회 위원장, 조선인민당 당수 등을 맡으며 정치계에 진출했다. 박헌영은 일제강점기에 잡지 〈여자시론〉(女子時論) 편집인, 〈동아일보〉 기자직 등을 수행했고, 해방 직후에는 조선공산당을 선포하고 반탁활동 등을 벌이며 정치적 리더로 활약했다. 그리고 이승만의 경우, 한국 최초의 일간신문인 〈매일신문〉 저술인과 〈제국신문〉 주필로서 활동하다가 임시정부 대통령 등의 정치활동을 거쳐 한국의 초대 대통령이 되었다.

일제강점기의 언론인 겸 정치인(독립운동가)은 해방 이후 정치계로 진출하거나 언론인으로 남아 정치적 견해를 피력하며 사회지도층으로서의 역할을 수행하려 했다. 이것은, 한국이 과대성장국가이자 강성국가였기 때문에, 시민사회뿐만 아니라 지식생산과 사회적 공론을 담당하는 지식인사회 역시 국가권력에 포섭되었기 때문이다. 이 때문에 남북한 할 것 없이 언론이 선전홍보기구로 자리 잡게 되었다. 해방 직후 경성방송을 이어받은 중앙방송국(KBS의 전신)은 국영이었기 때문에, 자연스럽게 기자와 프로듀서 모두 관료 신분이었다. 1973년 KBS가 국영에서 공영방송으로 독립하자 이들 중 일부는 관료로 돌아갔고 일부는 그대로 언론인으로 남았다.

이상에서 조선시대 공론장과 식민 시기와 해방 이후 애국계몽주의적 사고에 기초한 지식인/관료이면서 기자들이 이끌어 온 공론장의 모습을 살펴보았다. 이것은 유럽 공론장을 이끌어 온 시민적 계몽주의와는 사실상 전혀 다른 세계관에 기초한 것이었고, 그 거리만큼이 시민공론장과 훈민공론장의 차이라 할 수 있을 것이다. 서구 언론 역시 당파적이었고, 유럽의 경우 우파 정당부터 좌파 정당까지 정당기관지적 성격을 유지하는 경우도 있으며, 정당과 관련 없이 이념적 지향성에서 당파성을 분명히 하는 경우도 많이 있다. 예를 들어 프랑스의 〈르몽드〉는 중도좌파, 영국의 〈더 타임스〉는 중도보수로서 편집정책의 지향성이 분명하다. 그러나 이들 신문은 그 정파성에도 불구하고 유럽의 자유주의적 전통 안에서 시민적 합리성, 세계시민사회에 대한 윤리적 책무 등은 분명하게 견지한다고 할 수 있다. 그리고 세계시민사회적 지향성이란 국가에 기여하기보다 인류 보편의 이해(때로는 국민국가적 이해에 반해서)를 지향하는 것이라 할 수 있다.

2. 지사적 지식인/기자의 사례

1) 박은식(1859~1925)

박은식은 1859년 황해도 남면 출생으로, 전통적인 유학자 가문 출신이다. 그는 17세까지 아버지의 서당에서 사서삼경 등 한학을 배움으로써 정통 주자학의 기풍을 물려받았다. 이후 박은식은 고향을 떠나 전국을 다니면서 공부하게 되고, 22세 때 경기도 광주에서 다산 정약용의 제자였던 신기영과 정관섭에게 학문을 배움으로써 실사구시(實事求是)의 학풍을 익히게 된다. 이후 이항로의 제자 박문일과 박문오 형제에게도 많은 영향을 받은 것으로 알려졌으며, 고향으로 돌아와 후학에 힘쓰던 중, 27세(1885년)에 향시에 임하고, 30세에 숭인전 참봉에 제수되었으며, 34세에 동명왕릉으로 옮겨 6년여간 관직생활을 하였다. 그러던 중 1894년 동학농민운동과 갑오개혁이 일어나고, 이는 전통적인 유학자 출신의 하급관리 박은식에게도 큰 충격으로 다가오게 된다. 그러나 전체 생애를 볼 때, 이 무렵까지 박은식은 정통 주자학 중심의 배타적인 학문적 관행에 갇혀 보수적 성향의 위정척사파 유학자였던 것으로 알려져 있다(신용하, 1991; 김채환, 2000; 김삼웅, 2004).

박은식의 삶은 중년에 이르러서야 전환기를 맞이한다. 40세(1898년)에 서울에 온 그는 주자학과 위정척사에서 벗어나 이른바 사상의 '코페르니쿠스적 전환'을 맞이한다(김삼웅, 2004). 이 과정에서 그는 종래 선비들이 금기시하던 노자, 장자, 묵자, 신불해, 한비자의 학설을 비롯하여 불교, 기독교 등을 접하게 되었고, 기존에 배척하였던 양명학에 주목하기 시작했다. 이어 사회진화론을 비롯하여 서구 근대의 과학적 방법론들을 접하게 되었다. 1898년 독립협회에 가입하고, 만민공동회의 간부로 활동하면서 언론을 통한 애국계몽운동의 가능성을 발견하게 되고, 〈독립신문〉 등의 영향을 받으면서 근대 민족주의사상, 자유민권사상 및 언론 자유의 문제에 관심을 갖게 되었다. 1905년 이후 자강론과 애국심 함양의 중요성을 역설하면서 그는 한때 자신의 사상적 바탕이 되었던 기존 유학을 중화주의적인 노예학문이라고 비판한다(신용하, 1991; 김채환, 2000).

이후 박은식의 삶은 애국계몽운동가로서의 궤적을 그린다. 구체적으로는 언론인이자 교육자, 독립운동가이면서 동시에 역사가의 삶을 살게 된 것이다. 우선 그는 〈황성신문〉을 비롯하여 상하이 〈독립신문〉의 주필로 활동하는 등 오랜 세월 동안 언론인으로 활동했다. 그래서 40세에 언론에 투신하여 순국할 때까지 27년 동안 민족정신을 계몽하고 자주독립정신을 고취하기 위한 항일 논설을 쓰면서 민중 계몽과 구국의 수단으로 언론을 통한 독립운동을 벌였다.

또한 그는 민족운동의 가장 효과적인 방법으로 교육운동의 중요성에 주목하였다. 말하자면 애국계몽운동을 위한 교육사상이다. 박은식은 국권을 수호하는 것은 새로운 학문과 기술을 적극적으로 받아들여 변법자강(變法自疆)을 도모함으로써 가능하다고 보았다. 이를 위해서는 새로운 학문과 교육방식이 필요하다고 보았고, 1901년에 쓴 〈흥학설〉(興學說)이나 〈학규신론〉(學規新論)과 같은 글에서 이러한 자신의 입장을 피력하였다. 그는 백성에게 지혜를 깨우쳐서 우매한 상태를 벗어나게 하는 것이 교육정책의 목표라고 했고, 한 나라가 문명국으로 발전하느냐 여부는 학교에 달려 있다고 역설했다. 그러면서 백성이 교육을 통해 학문을 갖추면 선진국들을 대적하지 못할 이유가 없다고 자신했다. 이러한 그의 입장은 그의 나이 50세가 넘어서 교육사업에 투신하여 오성학교, 서북협성학교 설립에 참여하고 최남선과 함께 조선광문회를 조직하여 고전의 출판과 보급에도 힘썼던 것에서 잘 나타난다.

애국계몽사상가로서의 박은식의 면모가 잘 드러나는 교육론에 대해서 좀더 살펴보자. 그의 교육사상은 우선 전통적 교육방식에 대한 반성과 비판에서 시작되었다. 그는 조선의 사대부들이 문무 교육의 균형을 잃어 무(武)를 천시하고 문(文)만을 지나치게 숭상한 것이 문제였다고 지적하고, 자주자강을 위해서는 문약(文弱)에서 벗어나 상무(尙武)를 강화해야 한다고 주장했다. 그는 또한 농학을 비롯하여 상학, 의학, 자기학, 철학, 화학, 법률, 공예, 측량, 회화, 천문, 지리, 전기, 기계 등 실업기술교육을 강조했고, 교사 양성을 위한 사범교육을 강화해야 한다고 보았다(이만열, 2002). 뿐만 아니라 가정교육과 학교교육, 사회교육을 분리하여 가르쳐야 한다고 주장하기도 했고, 부인교육을 특별히 강조하였으며, 국민 모두에게 종신교육을 받게 해야 한다고 주장하기도 했는데, 이는 '의무교육론'의 성격을 띠는 것이었다. 구체적으로 그는 〈흥학설〉에서 "무릇 인민 중에서 자제를 가르치지 아니하거나 혹 연소한데도 그냥 놀리는 자는 벌을 주어서 기어코 인민이 배우도록 하고 범법을 면하도록 해야 한다"(이만열, 2002, 234쪽 재인용)라고 말하기도 했다.

박은식은 또한 자강교육을 위해 국혼(國魂) 배양을 위한 정신교육을 강조했는데, 그 핵심은 개혁된 유교 교육과 국사 교육이었다. 우선 개신유학사상의 측면에서 보면, 그는 기존 주자학 일변도의 전통에서 벗어나 학문적 실천성에 주목하고, 그것이 공동체에 대한 봉사, 즉 나라를 위한 애국계몽의 형태로 이어져야 한다고 생각했다. 따라서 '지행합일'(知行合一)을 강조한 양명학의 실천적 학풍을 적극적으로 받아들인다. 그리고 민족의식을 고취하기 위한 방편으로 자신이 한학자이면서도 민중들에 대한 국문교육을 강조했다. 교육을 통한 적극적 교화를 위해서였다. 이처럼 교육사상가로서 그의 입장은 실업교육과 고등교육, 가정 및 사회교육과 학교교육, 사범교육, 의무교육 등을 강조한, 당시로서는 매우 선구적 교육관으로 평가된다. 이는 곧 내적으로 근대화를 달성하고 외적으로는 제국주의의 침략을 막아 자주독립국가를 건설·유지하려는 애국계몽사상의 발로이기도 했다.

한편 그의 역사학 또한 민족주의 고취와 국권회복을 목표로 하였다. 박은식은 《천개소문전》(泉蓋蘇文傳), 《단조사고》, 《동명성왕 실기》, 《명임답부전》, 《발해사》, 《발해태조건국지》, 《이순신전》, 《안중근전》, 《대동고대사론》 등 고대사나 과거 민족 '영웅'들을 재조명하는 문헌들을 저술하였고, 《한국통사》, 《한국독립운동지혈사》를 비롯하여 근대사 및 독립운동사를 썼다(이만열, 2002; 김삼웅, 2004). 그는 조선조 말에는 영웅대망론을 주장하여 영웅 중심의 역사관을 가졌으나, 일제강점기가 시작된 이후에는 국혼을 유지하여 국권을 회복해야 한다는 민족주의 사학자로서의 면모를 더 강하게 나타내기 시작했다.

언론인이자 교육자, 역사가, 그리고 독립운동가로서 박은식의 이러한 사상은 지금까지 살펴봤듯이 '자강'(自强)과 '독립'(獨立)을 핵심으로 하는 것이었는데, 우남숙(1997)에 따르면 박은식의 이러한 사상은 서구 근대의 사회진화론적 역사인식에 기초한다. 이는 역사란 생존경쟁의 과정을 통해 진보하며 그를 통해 문명이 발전한다고 보고, 생존경쟁의 원칙하에 문명한 민족은 번영하고 야매한 민족은 쇠퇴하며, 역사는 문명한 민족에 의해 주도된다는 것이다. 박은식은 이러한 사회진화론적 역사관과 공리주의적 인간관을 이론적 기반으로 하여 국력 강화를 위한 자강책으로 학문연구와 교육, 산업발전을 주장했다. 이러한 박은식의 자강·독립 사상은 당시 국제사회에 대한 정치권력적 인식을 바탕으로 물리적 힘의 세계 속에서 힘의 양성을 통해 살아남고 대항해야 한다는 상황주의적이고 현실주의적인 경향을 띤 것으로 평가되기도 한다. 그러나 앞서 살펴본 것처럼 자강·독립 이후의 세계에 대해서는 유교적인 윤리 도덕을 기반으로 하는 보편주의적이고 규범주의적인 문명사회론을 제시한 것으로 볼 수 있다.

말년의 박은식은 중국에서 망명생활을 하면서 독립을 위한 언론활동 및 역사책 저술에 힘썼고, 1925년 이승만에 이어 상하이 대한민국임시정부 제2대 대통령에 선임되기도 했다. 정치적 야망이나 감투에 욕심이 없었던 그는 상하이 임정으로부터 독자노선을 펴던 이승만 중심의 구미위원부를 폐지하고, 임정을 중심으로 독립운동가들을 결속시키기 위해 헌법을 개정하여 1925년 대통령책임제를 국무위원제(내각책임제)로 바꾸었다. 그리고 개정 헌법에 따라 국무위원을 선출하고 국정의 일선에서 스스로 물러났고, 그 후 병세 악화로 눈을 감는다.

애국계몽사상가이자 기자, 역사가, 그리고 임시정부 대통령 등 실제 활동하는 직업의 영역은 바뀌었지만, 박은식의 생애를 관통하는 한 가지는 나라의 독립과 자강을 위해 헌신하는 지식인의 자세이다. 조선 말기 애국계몽운동가들에게 이러한 생애의 궤적은 상당 부분 공통적이었다고 할 수 있고, 나라의 위기, 식민지 통치로부터의 독립을 위해 당연하다고 간주되었다.

이 지점에서 이 연구는 박은식의 생애가 관료/기자/지식인의 중첩으로서 조선조 공론을 이끌던 사림의 전통에 맥이 닿아 있는 것으로 보고자 한다. 이러한 관료/지식인 중첩의 전통을 지식인의 훈민성이라고 보면 왜 조선 말기 계몽은 언제나 애국계몽이었는가, 서구의 계몽사상은 왜 조선반도에 와서는 애국계몽으로 수용되었는가를 해명할 수 있게 된다. 박은식은 유학자에서 출발하여 서구 근대 학문의 세례를 받는 과정에서 사상적 변화를 경험하게 되고, 정부 관리, 언론인을 거쳐 민족주의 역사가, 교육사상가 및 교육사업가, 애국계몽운동에 힘쓴 독립운동가의 삶을 두루 거쳤다. 이러한 애국계몽 실천가의 삶이 지식인의 훈민적 전통에 맥이 닿아 있다.

2) 신채호(1880~1936)

신채호는 1880년 대전에서 몰락한 양반의 자손으로 태어났다. 어릴 때부터 조부에게 한문 수업을 받았으며, 갑오농민전쟁 때 봉건적 폭압에 맞서 싸우는 농민들을 보며 사상적 기반을 형성했고, 18살 때부터는 실학과 근대적인 신학문들을 두루 접하게 되었다. 이후 성균관에 입학하여 변영만, 김연성, 류인식, 조용은 등과 교류하며 근대 학문을 공부하는 등 다양한 방법으로 서구 근대지식을 섭렵하였다. 그런 과정을 통해 마침내는 정통 주자학의 틀을 깨고 사회진화론을 수용하게 되었다(이호룡, 2004). 신채호가 상경하여 성균관에 입학한 1898년은 독립협회의 자주민권자강운동이 본격적으로 전개된 해였다. 이 무렵 독립협회와 서울 시민들은 1898년 3월 종로에서 만민공동회를 개최하여 열강의 간섭과 침략을 규탄하고 자주독립 수호를 결의했으며, 이후 의회 설립을 주장하고 입헌군주제 개혁을 요구하는 등 자유민권운동을 전개하기 시작했다. 또한 〈독립신문〉, 〈황성신문〉, 〈제국신문〉, 〈매일신문〉 등 근대적 신문들이 발행되어 독립협회의 자주민권자강운동을 지원하면서, 변화하는 세계정세 속에서 개혁의 필요성에 대한 계몽이 진행되고 있었다. 신채호는 바로 이러한 거대한 변화의 물결 속에서 개화자강운동의 분위기에 휩싸였고, 그 자신 또한 개화자강사상을 구축하게 되었다(신용하, 1991).[5]

1901년 고향으로 돌아간 그는 실력양성운동에 투신하여 문동학원, 산동학당을 설립, 학생들에게 세계정세를 소개하고 신학문을 가르쳤다. 그리고 1905년 을사조약 체결 이후에는 본격적으로 언론활동을 전개하기 시작한다. 언론인으로서 신채호의 삶은 크게 두 시기로 나누어 볼 수 있다. 전반기는 주로 국내에서 활동하던 시기로, 1905년 장지연의 제의로 〈황성신문〉 논설위원으로 입사하였으며, 이후 〈대한매일신보〉에서 항일언론의 최선봉에 섰던 시기이다. 이 시기 신채호는 또

5) 여기에서 이들 신문기자들은 서구적인 의미의 기자라기보다는 기자이면서 동시에 관료였음을 상기할 필요가 있다. 고종이 제공한 왕실 자금으로 설립된 〈독립신문〉 기자들은 자주 관료로 자리를 이동했고, 관료에서 기자로 이동하기도 했다. 기자는 당시 부패한 과거제도를 우회해서 관료가 될 수 있는 수단이기도 했다.

한 〈가정잡지〉, 〈대한협회월보〉 등에서 국혼을 불러일으키는 애국논설을 발표하며 구국을 위한 언론활동을 전개한다. 후반기는 1910년 국권을 상실한 이후 해외로 망명하여 노령에서 〈권업신문〉 활동을 하고, 중국 상하이에서 〈신대한〉의 주필로서 민족 단결을 강조하였으며, 순한문지 〈천고(天鼓)〉를 발행하는 등 언론활동을 전개한 시기이다(이인욱, 2012).

1905년 을사조약 강제체결 이후 일제의 국권침탈이 본격화되자 전국적으로 국권회복운동이 일어난다. 이러한 움직임은 한편으로는 의병전쟁으로, 그리고 다른 한편으로는 애국계몽운동으로 나타나게 된다. 여기서 애국계몽운동은 '구국계몽운동' 또는 '애국문화운동', '자강운동', '실력양성운동' 등으로 불리는데, 국권회복을 위해 전개된 교육·언론·문화 부문의 실력양성운동의 큰 흐름으로 볼 수 있다.

신채호의 언론인으로서의 활약은 이 무렵부터 본격적으로 시작되는데, 〈황성신문〉에서의 짧은 활동에 이어 〈대한매일신보〉 주필이 되면서 1910년 망명 전까지 일제의 침략과 친일파에 대해 비판하고 국권회복운동을 지지하는 기사들을 통해 애국사상을 고취하는 글을 썼다. 대표적 시국논설로는 "일본의 3대 충노(忠奴)"(1908), "금일 대한민국의 목적지"(1908), "한국 자치제의 역사", "한일 합병론자에게 고함"(1910) 등이 있다(이인욱, 2012, 148쪽). 또한 애국계몽적 역사론을 펼치는 과정에서 연재한 저작들로는 양계초의 《이태리 건국 삼걸전》(1907)의 번역을 비롯하여 《을지문덕》(1908), 《이순신전》(1908) 등이 있는데, 이는 국난을 극복한 민족적 영웅들의 전기를 통해 당시 현실을 극복하기 위한 민족적 자긍심을 고취하려는 목적에서 집필된 것들이었다(이인욱,

2012).

신채호는 1907년 4월 양기탁, 안창호 등과 함께 국권회복운동의 비밀결사로서 창립된 신민회에 가입하여 활동한다. 그 후 〈대한매일신보〉는 신민회의 기관지로 전환되었으며, 신민회 당수 양기탁이 총무로 있던 〈대한매일신보〉사는 신민회 본부 역할을 하게 되었다. 신채호는 바로 이러한 신민회의 이념을 논설에 반영하며 국민을 계몽했으며, 신민회의 비공식적 이론가 및 대변인 역할을 하게 된다(신용하, 1991).

이 시기 신채호의 애국계몽사상은 무엇보다도 '민족주의'가 핵심이었다. 그리고 그 민족주의 개념은 민족자주독립사상(타 민족의 간섭을 받지 않는다는 주의)과 민족국가의 자결주의(우리 민족의 국가는 우리 민족이 결정한다는 주의)라고 할 수 있다. 또한 그 민족주의는 민족보전, 국가보전, 민족국가 발전, 국권회복, 제국주의 침략 격퇴의 역할을 해야 하는 것이었다. 신채호는 일제를 격퇴하고 국권을 회복하는 최선의 방법은 바로 모든 국민이 민족주의로 정신무장하는 것이라고 믿었다. 그가 국권회복을 통해 건설하려고 한 정치체제는 입헌공화국이었다(신용하, 1991).

신채호는 국권회복의 원동력으로 애국심을 매우 중시했다. 그리고 애국심을 배양하는 데 가장 중요한 것이 역사라고 생각했다. 따라서 그는 국민들에 대한 역사교육이 중요하다고 보고, 스스로 역사연구가로서 민족적 차원의 애국계몽을 실천한다. 그는 당시의 국사책들에 존화(尊華)사관, 소중화(小中華)사상, 사대주의 등에 빠져서 중국을 주인으로, 자기 민족을 객(客)으로 보는 사관이 팽배해 있다고 보았으며, 일본의 역사책들 또한 '임나(任那) 일본부설' 등을 통해서 역사를 날조하고 있다고 통렬히 비판했다. 따라서 이러한 문제들을 극복하고 새로운 한국역사를 쓰는 것이 시급하고 중요한 과제라고 보았으며, 그 과제를 수행하는 것이 스스로의 사명이라고 생각했다. 《독사신론》(1908)은 바로 이러한 목적으로 집필되었다. 《독사신론》은 당시 신채호의 새로운 민족주의 사관에 입각하여 쓰인 것으로서, 고대로부터 발해시대까지의 역사를 재해석하고 새롭게 체계화했다. 예컨대 부여·고구려 주족설(主族設), 단군-추장시대론, 기자조선설 부정, 만주영토설, 임나일본부설 부정, 삼국문화 일본 유입설, 삼국통일 및 김춘추 비판론, 발해·신라 양국시대론, 김부식 비판론 등이 새로운 해석이었다. 신채호는 이러한 작업들을 통해 중세 왕조사 및 존화사관 중심의 옛 역사관을 철저히 비판하고 근대 민족주의 사학을 확립했다(신용하, 1991).

이후 신채호는 신민회 및 대한협회에서 자주독립을 위해 계속 노력하던 중, 1910년 합방 직전 신민회원들과 해외로 망명한다. 칭다오를 거쳐 연해주로 옮겨 간 그는 독립군 양성에 실패했고, 그곳에 머무는 동안 〈해조신문〉, 〈청구신문〉 등을 통해 독립의식을 고취하는 언론활동을 이어가는 한편, 윤세복, 이동휘, 이갑 등과 함께 광복회를 결성하여 활동한다. 이후 신채호는 계속해서 망명생활을 하면서 교육자이자 역사가로서 독립운동에 힘썼다. 1913년 상하이에서 동제사에 가입하여 활동하는 한편, 박달학원을 세워서 박은식, 홍명희, 신규식 등과 함께 재중동포 자녀들의 독립의식 고취를 위해 노력했다. 1914년에는 대종교 교주 윤세복의 초청으로 서간도 동창학교에서 국사 교사로 재직하며 교과서로 《조선사》를 집필하였고, 남만주 일대와 백두산 답사를 통해 《조선사통론》, 《문화론》, 《사상변천론》, 《강역고》, 《인물고》 등을 집필하기도 했다.

이후 신채호의 사상적 궤적은 사회진화론을 거쳐 그것을 극복하는 과정에서 아나키즘으로 귀결된다. 제1차 세계대전과 1917년 러시아 혁명을 접하면서 강자에 의한 약자의 지배를 부정하고 모든 민족과 사람들이 평등하게 공존하는 대동사회를 주장했고, 이는 적자생존과 약육강식을 주장하는 힘의 논리에 대한 부정 및 민족독립의 당위성으로 이어졌다. 고토쿠 슈스이의 《장광설》을 비롯한 아나키즘, 사회주의사상을 접하면서 그는 무장투쟁 혹은 직접행동론을 적극 수용하고, 1919년 3·1운동 이후에는 본격적인 급진적 아나키즘 사상가로 변모한다. 계속해서 그는 대한독립청년단(학생단)과 신대한동맹단을 결성, 군사행동을 도모했으며, 김두봉, 한위건 등과 함께 〈신대한〉을 발행하여 온건한 독립운동 경향들을 비판하였다. 이 과정에서 신채호는 〈조선혁명선언〉 등을 발표하면서 아나키즘을 민족해방운동의 수단으로 채택했으며, 외교적 노력으로 독립을 추구하던 임시정부의 노선을 비판하고 민중에 의한 직접혁명, 그리고 폭력적 직접투쟁을 강조하였다. 그러면서도 신채호는 이후에도 계속 역사연구에 매진하여 《조선상고문화사》와 《조선사》, 《전후삼한고》 등의 저서를 남겼다(이호룡, 2004).

이처럼 신채호의 삶은 유학자에서 출발하였으나, 서구 근대 사회정치사상을 수용하는 과정에서 사회진화론을 기반으로 한 민족주의자로, 그리고 더 나아가 사회개조론과 아나키즘을 수용하는 급진적인 혁명적 사상가로서의 삶으로 변모한다. 이념적 입장은 달랐으나, 민족의 역사를 교육하고 언론매체를 통해 민중들을 계몽함으로써 일제 식민지배로부터 나라를 독립시킬 수 있는 역량을 도모하려 한 애국지사로서의 정체성은 당대의 다른 독립운동 지식인들과 공통적 성격을 띤다고 볼 수 있다. 국가 자체를 부정하는 아나키즘을 수용하는 면모를 강하게 보였음에도 불구하고, 탈국가 사상 역시 식민지배에서 벗어나 민족의 독립을 사고하는 애국계몽의 틀을 벗어 버린 것은 아니었다고 할 수 있다. 이렇듯 식민지 지식인 신채호는 국가에 대해 회의하면서도, 민족은 그에게 자신의 생을 헌신할 범주였다. 그리고 지식과 정치의 중첩, 저널리즘과 지식의 중첩은 모순이 아니라 민족을 위해 그렇게 해야 할 활동이었다고 할 수 있다.

3) 이상재(1850~1927)

이상재의 삶은 일제의 침략에 맞서 순결하거나 의병전쟁에 참여한 투쟁가의 삶은 아니었다. 해외로 망명하여 독립군이 되거나 임정활동에 참여하지도 않았다. 그는 오로지 식민지 한국사회를 무대로 하여 정치적·사회적 격동 속에서도 '민족의 양심'을 지켜 내는 데 일생을 바쳤다고 평가된다(유준기, 2006). 그는 1850년 충청도 한산군에서 고려 말 충신인 목은 이색의 16대손으로 태어났다. 한산 이씨는 대대로 가난한 선비 집안이었으나, 부친의 교육열이 대단하여 이상재는 7세 때부터 글방에서 《천자문》, 《동몽선습》 등 한학을 배웠다. 이후 1867년 18세의 나이로 과거에 응시하여 낙방하지만, 집안 어른인 이장식의 소개로 당시 승정원 승지였던 박정양을 만나 그의 개인비서 격으로 13년간 일한다. 박정양은 실학자 박지원의 손자 박규수와 친척으로, 당시 이미 문과에 급제하여 출세가도를 달리면서 고종의 신임을 받던 개명관료였다. 그

집의 문객이었던 이상재는 서울에서 개혁 성향의 인사들과 교류하면서 세상물정을 익힌다(유영익, 2002).

1881년 박정양은 유길준, 윤치호 같은 인물들과 함께 신사유람단을 이끌고 일본에 방문하여 일본의 개화와 근대화의 모습을 시찰하는데, 이때 이상재도 수행원으로 동행하면서 일본의 실상을 파악함과 동시에 조국의 개화·자강이 시급하다는 결의를 굳힌다(유영익, 2002). 이후 이상재는 1884년 우정총국의 사사(司事)로 임명되어 우정국에서 근무하지만 그해 갑신정변이 터지면서 관직을 잃고 낙향한다. 그러나 1887년 고종이 청나라 등의 간섭에서 벗어나 대외적으로 조선의 독립을 선양하고 대내적으로 개화·자강을 촉진할 목적으로 미국 수도에 공사관을 설치하기로 결정, 초대 특명전권공사로 박정양을 임명하면서, 그가 인솔한 외교관 팀에 포함되어 미국을 방문한다.

1년여의 체류기간 동안 이상재는 미국에 대해 많은 것을 배우고 경험했으며, 박정양이 미국 근무 및 시찰을 통해 얻은 정보를 바탕으로 집필한 《미속습유》(美俗拾遺)라는 견문기의 작업을 돕는다. 이는 미국의 지리, 역사, 정치, 경제, 사회, 교육, 종교 등을 소개한 책으로, 당시로서는 상당히 정밀한 문헌으로 평가된다. 이러한 경험들을 통해 이상재는 국내에서 손꼽히는 미국통 내지는 친미개화파 인사로 부상했다(유영익, 2002).

귀국 이후 1894년 갑오개혁이 단행되고, 1895년 박정양이 총리대신이 되자, 그는 학부아문 참의 겸 학무국장과 법무참서관을 맡는다. 또 외국어학교 교장으로도 취임하면서 교육정책의 책임자로서 사범학교, 중학교, 소학교 등을 창설하고 개화기 외국 문물을 받아들이는 등 교육

개혁과 인재양성에서 많은 공적을 남겼다. 뿐만 아니라, 1896년부터 1898년까지 의정부 총무국장이라는 이른바 당상관(堂上官)의 요직을 맡아 대한제국 선포 및 고종의 황제 즉위(1897. 10. 12) 등 이른바 광무개혁과 독립협회를 중심으로 전개된 개혁운동에 박차를 가하게 된다. 이처럼 고종의 절대적 신임하에서 개화정책을 수행한 박정양의 문하생으로서, 이상재는 그로부터 사상적 영향을 많이 받았고, 그와 함께 외국 문물에 대해 경험하였으며, 근대적 교육제도 개혁을 주도하였다. 그 내용은 실업(實業)의 학문적 위치로의 부각과 신분철폐와 기회균등이라는 민권의식의 고취를 핵심으로 하는데, 이러한 생각은 북학(北學)사상의 영향에서 비롯된 것이다(유준기, 2006).

이후 이상재의 삶은 독립협회를 중심으로 전개된다. 1895년 미국에서 귀국한 서재필이 이듬해 7월 독립협회를 창설하자, 이상재는 그 창립 멤버로 가입하였고, 1898년 서재필이 미국으로 돌아가고 윤치호를 중심으로 독립협회가 개편된 이후에는 회계직을 비롯하여 부회장직을 맡으면서 독립협회의 주요 인물로 부상하였다. 그리고 이 과정에서 독립협회를 기존의 사교단체[6]에서 정치개혁단체로 탈바꿈시킨다(유영익, 2002). 여기서 이상재는 1898년 2월부터 11월까지 만민공동회가 개최되는 데 큰 역할을 하면서 민중에게 개혁의 방향을 제시하고, 토론

6) 독립협회를 창립한 구성원들은 정동에 거주하는 미국, 영국, 프랑스, 러시아 등 외국 공사들의 친목 모임에 정치적 성격이 더해지면서 한국인 친미파·친러파 인사들이 대거 가담한 '정동구락부'를 그 모태로 한다. 정동구락부의 주요 구성원들로는 미국공사 씰(John M. Sill)과 프랑스 영사 플란시(C. D. Plancy) 등을 비롯하여 박정양, 이상재, 이완용, 이하영, 이채연 등 초대 주미 외교관들과 민영환, 민상호, 서재필, 윤치호 등이 있었다(유준기, 2006).

을 거쳐 채택된 개혁안을 정부에 전달하는 데 크게 공헌한다.

이 무렵 그가 추진한 정치개혁의 내용은 〈헌의6조〉(獻議六條), 〈상정부서〉(上政府書) 등으로 나타났다. 그 내용은 조선왕조의 절대군주제를 영국이나 일본과 같은 방식의 입헌군주제로 개혁하여 군주의 전횡을 막고 민중의 참정권을 확대함으로써 국력증진을 표방한 것이었다(유영익, 2002). 그 구체적 내용으로는 중추원을 개편하여 대의민주주의적 기구인 의회로 만드는 안이 포함되었다. 이는 역사상 최초로 대의민주주의 제도를 도입하고자 한 개혁운동으로서, 거의 실현단계까지 갔으나 보수파 관료들의 반발과 모함, 그리고 고종이 군대를 동원하여 독립협회를 혁파하고 중추원 제도를 원상복귀시키는 과정을 통해 무산된다.

독립협회 시기 이상재의 사상은 크게 3가지로 정리할 수 있다. 자주독립론, 자강론, 그리고 앞서 언급한 입헌군주국가 건설을 위한 사상이 그것이다. 먼저, 이상재는 당시 조선의 대외적 자주성 부족을 극복하기 위해 자주독립론을 내세워, 일본, 청, 러시아, 미국 등 외세에 의존하지 말고 내정간섭을 받지 않아야 한다고 주장했다. 이러한 자주의식은 만민공동회 활동을 비롯하여 해외 열강들의 이권 침탈에 대한 반대운동을 하고, 정부에 서세동점(西勢東漸)을 경고하며 이에 단호히 대처할 것을 요청하는 상소문을 올리는 등의 실천으로 나타났다. 한편 자강론은 대내적으로 자주독립을 실현하기 위한 방법론적 차원이었다. 이는 사회진화론의 영향을 받은 것으로서, 경제적 개발이익(광산, 철도, 석탄, 삼림 등)을 외국에 넘기는 것에 대한 강력한 반대를 비롯하여, 황무지 개간, 산업개발론을 통한 자주독립의 경제적 기초 형성, 군사력의 강화 등 국민국가 구성에 필요한 국력증진 방안들을 담고 있었다. 끝으로 입헌군주국가를 이상으로 하는 국가건설사상이 있는데, 그 속에는 앞에서 살펴본 민권과 군권의 균형론을 비롯하여 실천적 운동으로서의 의회설립운동이 포함되었다(이승현, 2004).

1898년 옥고를 치른 후, 이상재는 기독교인으로서의 삶을 살아간다. 그는 감옥에서 이승만을 만났고, 외국 선교사들이 넣어 준 여러 국내외 서적들을 탐독했으며, 기독교 신자 청년들과 가깝게 지내기 시작하면서 성경을 비롯한 많은 종교서적들을 읽었다. 1904년 석방 후에는 선교사 게일(J. S. Gale)이 활동하던 연동교회에서 세례를 받고 윤치호, 신승우와 함께 YMCA에서 활동을 시작한다. 이상재는 환갑이 머지않은 56세에 YMCA 교육부 위원장을 맡았고, 그해 12월에 교육부장을 겸임했다. 이후 이상재는 의정부 참찬 자리에 이상설의 후임으로 나가게 되었으나 을사조약이 체결되고 박정양이 죽자 사임한다. 이 무렵 이상재는 충신의 모습에서 순교자의 모습으로, 독립협회 시기의 혁명가의 모습에서 예언자의 모습으로 변했다고 평가된다(유준기, 2006).

이상재는 YMCA에서 청년회 학관을 세우고 성경반을 창설하는 등의 노력을 쏟아 많은 신자들을 모집할 수 있었고, YMCA 발전에 크게 기여했다. 여기서 그는 YMCA의 정신이라 할 수 있는 영(*spirit*), 지(*mind*), 그리고 체(*body*)의 원리를 터득하고 그것을 구현하려 하였다. 그 과정에서 그는 민족의 기개를 높이는 데 신체 단련이 중요하다고 생각해서 현대적 스포츠의 도입을 추진하였고, 사농공상의 사회적 부당성을 비판하면서 YMCA를 직업교육과 실업교육의 중심지로 삼았다. 이후 일제와 조선총독부가 YMCA를 해체시키려고 갖은 시도를 하지만 그것을 막아 내고 존속시키는 과정에서도 큰 역할을 하였다. 1916년 5월, 그는 '105인 사건'으로 옥고를 치르고 나온 윤치호에게 총무 자리를 물려준다.

이상재는 이후 기독교 사상과 밀접하게 연관된 무저항·비폭력 방법을 제안하면서 3·1운동에 개입하여 활동했고, 민립대학 설립운동·흥업구락부 활동 등 여러 방면에서 기독교 사회운동에 힘썼다. 또한 〈조선일보〉 사장을 역임하면서 언론인으로서의 활동도 이어 갔고, 말년에는 노환으로 고생하는 와중에도 신간회 회장에 추대되었다. 그러던 중 1927년 3월 78세의 나이에 별세하였다.

이처럼 그의 삶은 독립운동가이자 사상가, 언론인, 교육자, 종교인으로서 민족의 독립과 자주·자강정신, 그리고 근대적 시민의 성장을 위한 애국계몽사상 전달을 위해 바쳐졌다. 이상재의 삶에서 특징적인 것이라면, 당시로서는 서구의 근대적 발전상을 가장 잘 보여 주었던 일본과 미국을 방문하여 짧지 않은 시간 동안 체류하면서 실제로 그 사회에서 많은 경험을 쌓았다는 점, 정부와 민간단체를 비롯한 중요한 기관들에서 요직을 두루 거쳤다는 점, 그리고 기독교 사상의 세례를 받고 YMCA에서 시민을 대상으로 하는 새로운 종교운동의 방식으로 독립운동을 펼치며 자주·자강사상을 전파했다는 점이다.

이상재 역시 조선조 말 전문성을 갖춘 관료로 출발하여 식민지 독립자강운동에 헌신하고자 했고, 그에게 있어 신문 발행, 기자의 직업은 서로 다른 별도의 영역이 아니라 나라와 민족의 독립이라는 목적에 비추어 전혀 이상하지 않은 중첩이었다. 박은식, 신채호가 강한 유교 지식의 자장에서 출발하였다면, 이상재의 경우 서구 근대지식의 세례로부터 출발하였음에도 지식인의 역할, 기자의 역할이 모두 국가와 민족에의 헌신에 바쳐지는 것을 당연하게 받아들인 훈민적 지식인이었다고 할 수 있다.

4) 이광수(1892~1950)

이광수의 생애는 어떠했는가?[7] 춘원 이광수는 1892년 평안북도 정주군 길산면에서 태어났다. 그는 어린 시절부터 한학과 사서삼경을 비롯한 고전들을 배웠으며, 백일장에서 장원을 하는 등 신동으로 불렸다. 어릴 때 가세가 기울어서 자주 이사하는 등 생활고를 겪은 그는 12세 때 동학에 입도하여 박찬명 대령(大領) 집에 기숙하면서 서기 일을 맡아, 도쿄와 서울로부터 오는 문서를 베껴 배포하는 일을 하였다. 이후 천도교 계열의 일진회(一進會)와 접촉하는 한편 개화사상에 눈을 뜨기 시작하고, 1905년에 일진회 유학생으로 선발되어 도일, 대성중학(大城中學)에 입학하였으나 학비 곤란으로 이 해 11월에 귀국하였다. 이때 그는 일본에서 손병희와 홍명희를 만나게 된다.

그는 이듬해인 1906년 다시 도일하여 메이지학원(明治學院) 중학부 3학년에 편입하여 학업을 계속하였다. 이 무렵 안창호가 미국에서 귀국하는 도중 도쿄에 들러 행한 애국연설을 듣고 크게 감명 받았으며, 기독교 성경을 처음 접하게 된다. 메이지학원의 분위기에 따라 청교도적 생

7) 이광수의 생애에 대해서는 문예운동 편집부에서 발행한 《이광수의 문학과 생애》(2012)를 참조하여 재구성했다.

활을 흠모한 이광수는 서양 선교사들의 성경 수업에서 익힌 기독교 정신과 기독교적 생활에 심취한다. 또한 홍명희, 문일평 등과 교류하면서 소년회(少年會)를 조직하고 회람지 〈소년〉을 발행하면서 시와 소설 및 논설 등을 쓰기 시작한다. 또한 홍명희의 소개로 육당 최남선, 정인보 등과 알게 되고, 홍명희의 영향으로 바이런의 《카인》, 《해적》 등을 읽음으로써 당시를 풍미한 자연주의 문예사조에 휩쓸린다.

1910년 메이지학원 보통부 중학 5학년을 졸업하고 귀국한 이광수는 남강 이승훈의 권유로 정주 오산학교에서 교사로 일하게 된다. 1911년(당시 20세) '105인 사건'으로 이승훈이 구속되자 학감으로 취임하여 오산학교의 실질적인 책임을 진다. 이후 그는 해외문학에 심취하여 톨스토이를 비롯하여 베르그송, 괴테 등의 작품을 두루 탐독하였다. 1913년 스토의 《검둥이의 설움》을 번역하였고, 〈말 듣거라〉라는 시를 〈새별〉에 발표하였다. 그해 11월 세계여행을 목적으로 중국 상하이에 들렀다가, 1914년 미국 샌프란시스코에서 발간되던 〈신한민보〉(新韓民報)의 주필로 내정되어 도미하려고 하였으나 제1차 세계대전 발발로 귀국했다. 이후 오산학교에서 잠시 다시 교편을 잡고 김병로, 전영택, 신석우 등과 교류하며 사상가이자 교육자가 되기를 꿈꾸었다.

1915년 인촌 김성수의 후원으로 재차 도일하여 와세다대학(早稻田大學) 고등예과에 편입한 뒤 이듬해인 1916년 9월 와세다대학 문학부 철학과에 입학한다. 이후 이광수는 계몽적 논설을 〈매일신보〉에 연재하여 이름을 알렸고, 이듬해인 1917년 1월부터 유명한 장편 《무정》을 연재하기 시작했다. 이어서 〈소년의 비애〉, 〈방황〉 등을 탈고하고 〈청춘〉에 발표하였다. 그러나 격심한 과로 끝에 폐질환에 걸려 결국 1917

년 귀국, 〈매일신보〉 특파원으로 충남, 전북, 전남, 경남, 경북의 5도 답파여행(踏破旅行)을 떠난다. 이후 두 번째 장편《개척자》를 〈매일신보〉에 연재하며 청년 독자층의 호평을 받는다. 이 무렵 그는 전통적 가족제도와 봉건적 사회제도를 비판한 〈신생활론〉, 〈자녀중심론〉 등의 글을 발표하여 많은 물의를 일으키기도 하였다. 1918년(27세)에는 첫 부인인 백혜순과 이혼, 일본에서 만난 여성 의사 허영숙과 장래를 약속하고 베이징으로 애정도피를 떠난다. 그러나 11월 중순 미국 윌슨 대통령의 14원칙에 의거한 파리평화회의가 열리게 된다는 소식에 급히 귀국하였다가, 재차 도일하여 '조선청년독립단'에 가담하고 〈2·8 독립선언서〉(청년독립단선언서)를 기초한 뒤 상하이로 탈출하였다.

상하이에서 안창호를 만난 이광수는 그의 민족운동에 크게 감화되어 그를 보좌하면서 〈독립신문〉의 사장 겸 편집국장에 취임하고, 애국계몽주의 논설을 쓰게 된다. 1921년 4월 상하이를 떠나 귀국한 그는 일본 경찰에 체포되었으나 곧 불기소 처분되고, 이때부터 변절자라는 비난을 받기 시작한다. 〈개벽〉에 〈소년에게〉를 게재한 것이 출판법 위반 혐의를 받아 종로서에 연행되었고, 이어서 〈개벽〉에《민족개조론》을 발표하였으나, 민족주의 진영에서 물의를 일으켜 문필권에서 소외당하기도 하였다. 이 무렵 동성학교 등에 영어강사로 출강하고, 단편 〈할멈〉, 〈가실〉(嘉實) 등을 집필하였다. 또한 김성수와 송진우의 권고로 〈동아일보〉사 객원이 되어 논설과 소설을 발표하기 시작하였다. 1923년에는 안창호를 모델로 한 장편《선도자》(先導者)를 〈동아일보〉에 연재하다가 총독부의 간섭으로 중단하기도 했다. 이후 그는 〈동아일보〉 사설 "민족적 경륜"(1924)이 물의를 일으켜 일시적으로 퇴사하지만, 이어서 《허생전》, 《재생》, 《마의태자》, 《단종애사》, 《혁명가의 아내》, 《이순신》, 《흙》 등을 계속해서 연재했다. 또한 〈동광〉지에 우국지사의 인물론을 발표하여 민족의식을 고취하였다.

1930년대에 접어들면서 이광수는 위에서 언급한 소설과 각종 논설을 통해서 애국계몽사상을 전파하였으며, 문맹퇴치운동과 농촌계몽운동인 '브나로드운동'에 많은 노력을 기울였다. 1933년(42세)에는 〈동아일보〉사를 사임하고, 〈조선일보〉 부사장에 취임한다. 여기서 그는 장편 《유정》을 연재한다. 이후 일시적으로 언론계를 떠난 그는 불서를 비롯한 종교서적들을 열심히 읽으며 법화경의 한글풀이에 착수하는 한편, 독서와 명상으로 소일하기도 한다. 그러나 곧 〈조선일보〉의 편집고문으로 다시 입사하여 《그 여자의 일생》을 비롯하여 여러 작품과 평론들을 연재 혹은 게재하게 된다. 1936년에는 조선총독부의 신사참배 협조를 부탁받았으나 거절하였고, 1937년에는 수양동우회 사건(흥사단 사건)으로 안창호와 함께 투옥되기도 했다. 이후 이광수의 사상은 초창기의 기독교적 시민윤리와 사회계몽을 강조하던 것에서 점차 현실주의적인 경향으로 바뀌어 가게 된다.

1938년 이후 이광수는 조선총독부 정책에 협력하고 창씨개명을 지지하는 등 친일 행적을 보였고, 기존의 많은 독립운동가와 문인들로부터 비판 받았다. 그러나 그는 일본제국에 협력하고 호의를 얻어 낸 다음 참정권과 자치권을 획득하고, 그것을 바탕으로 독립을 달성하자는 방식이었다고 주장했다. 1945년 해방 이후에도 그는 소설들을 계속 출간하였고, 광동중학교 교사를 맡았으며, 도산 안창호의 평전을 쓰기도 했다. 그러나 대한민국 정부 수립 이후 1949년 친일 혐의로 반민특위 조사를 받았고, 서대문형무소에 수감되었다가 병보석으로 출감한다. 그 직후 1950년 한국전쟁이 터지고, 이 시기에 고혈압과 폐렴으로 고생하던 그는 효자동 자택에 머물다 당시 서울을 점령한 인민군에 의해 납북되어 이송되던 중 지병 악화로 사망한다.

이광수는 다른 많은 독립운동가 지식인들이 그러했듯이 문인이자 기자, 교육자이며 애국계몽운동의 큰 흐름 속에서 중요한 역할을 한 인물이다. 그의 사상은 여러 차원에서 논할 수 있지만 민족주의와 식민지 문명화론을 대표적으로 살펴볼 수 있다. 곽준혁(2005)에 따르면 춘원 이광수의 민족주의는 '문명을 통한 지배'라는 원칙에 따르는 문화적 민족주의의 성격이었다. 보다 구체적으로 보면 이는 니체 철학의 영향을 받은 것으로, 주권을 포기한 비정치적 민족개조운동으로 귀결되는 정치적 니힐리즘의 성격을 띠는 것이었다. 또한, 자발적 예속화에 도덕적 정당성을 부여한 근거로는 당시의 파시즘뿐만 아니라 로마제국으로 표현된 이광수의 제국에 대한 열망도 자리 잡고 있었다는 것이다. 그리고 이러한 논리에 따라 이광수는 중일전쟁 이후 대동아공영권을 앞세운 일본제국을 새로운 문명의 주체이자 문명을 선도하는 현재화된 로마제국으로 판단했으며, 그 결과 적극적인 신민화로 문명의 주체이자 선도집단으로 여겨지는 일제에 적극 귀속되기를 희망했다는 것이다. 이는 생물적 진화론에 바탕을 둔 문명론으로, 사회진화론의 성격을 띠기도 했다.

이광수는 진화론의 명제를 인류사회에 적용하여 당시 서구사회가 이룩한 '찬란한 문화(문명)'의 기원을 '희랍, 로마를 긍정하고 과학과 예술이라는 진주를 숭배'한 르네상스 정신에서 찾기도 했다. 또한 일본이 메이지유신 이후 많은 진보를 이룩하여 당대의 세계문명 강국이 된 것도 개체 및 종족의 보존 및 발전을 우선시하는 실생활 정신에 기반한 서구의 신교육을 채용했기 때문이라고 파악했다(최주한, 2010). 당시 독립의 전망이 불투명한 것으로 파악한 이광수는 식민지 조선에서 문명화론의 과제가 우선 개체와 종족의 보존 및 발전이라는 생존권의 차원에서 이루어져야 한다고 본 것이다. 그리고 이는 식민지로 전락한 조선의 민족적 생존을 도모할 수 있는 수단으로 '문명'이 사유될 수밖에 없었던 한계와 절박함을 나타내는 것으로 해석된다(최주한, 2010).

비록 그의 행적이 친일로 기울었고 말년에 비극적 삶을 살았지만, 민족주의를 바탕으로 서구 근대의 성과들을 적극적으로 도입하고 독립운동 및 계몽에 힘쓴 언론인이자 교육자로서의 면모는 20세기 초반 한국에서 애국계몽운동을 펼친 지식인의 한 전형을 보여 주는 것으로 이해할 수 있다.

앞서 살펴본 박은식, 이상재, 신채호와 달리 이광수의 경우 문학으로 출발해서 저널리즘, 교육 영역에서 활동했고, 친일 행적으로 오랫동안 논란의 중심에 섰다. 그러나 훈민적 지식인의 역할과 위상에서만 보면, 민족개조론, 문학을 통한 계몽, 후기에 현실주의적 문명론에 기반한 (독립이 아니라) 민족자치 등 민족의 이해에 복무해야 한다고 여겼다는 점에서는 다른 애국계몽 지식인들과 궤를 같이했다고 볼 수 있다.

3. 지식인/기자들이 꿈꿨던 이상적 국가와 정치체제의 모습

이 절에서는 애국계몽을 주장하며 독립운동도 하고, 훈민적 공론장에서 활약했던 식민시대 지사적 지식인이자 기자였던 이들의 사상 속에서 바람직한 국가와 민족의 모습이 어떻게 그려졌는가를 살펴보려 한다. 이 과정에서 필자는 그들이 어떤 정치사상을 받아들였고, 그것이 그들의 국가관에 어떠한 영향을 주었는지 짚어 볼 것이다. 또한 이러한 상황 속에서 그들이 훈민적 공론장을 통해 지식인들 스스로에게 혹은 대중들에게 어떠한 민족 혹은 국민의 정체성을 요구했는가를 함께 논의할 것이다.

서구적 국가 개념이 소개되기 이전의 동아시아, 특히 조선사회에서 전통적 국가 개념은 상당한 안정성을 누리고 있었다. 그것은 기존 질서가 거의 아무런 도전을 받지 않은 채 모든 것이 타당하게 받아들여졌기 때문이고, 이에 따라 경험적으로나 이론적으로 기존 체제에 대한 어떠한 대안도 영향력 있게 제시되지 못했기 때문이다. 따라서 국가와 민족, 정치체제에 대한 성찰적 논의들은 1876년 강화도 조약이 체결되던 무렵, 이른바 개화기에 이르러서야 등장하기 시작한다(박상섭, 2008).

1) 개화기 서구 근대 국가관의 도입과 그 한계

19세기 후반 개화기에 접어들면서 국가의 정체성과 그 정치체제의 성격에 대한 반성적 재검토가 조금씩 이루어지기 시작한다. 이는 개화기 이후부터 중국과의 전통적 관계를 다시 검토하는 동시에, 이미 문호를 개방했던 일본을 비롯하여 외국, 특히 서양의 정치체제와 정치사상에 대한 관심을 기울이기 시작하던 것과 맥락을 같이한다. 국민을 근대적 의식과 애국심, 국권·민권사상으로 계몽하여 근대적 국민국가로서의 자주독립국가를 만들려 했던 나름의 민주주의적 정치운동은 1898년 독립협회와 만민공동회 등을 중심으로 시작되었다고 볼 수 있다. 이들은 민주적 투쟁을 통해 언론자유 쟁취와 개혁내각 수립을 시도했고, 민선과 관선을 혼합한 의회식 중추원 관제를 법제화하여 의회설립 단계까지 이르렀지만, 끝내 보수세력의 반동으로 거의 모두 해체되고, 1899년 대한제국 국제가 반포되면서 절대적 황제권을 강조한 보수반동체제로 회귀하게 되었다(유영렬, 2007).

이 시기에 개화의 물결 속에서 외국 문물을 직접 접할 수 있었던 지식인들 가운데 국가의 문제를 정치적 담론의 영역에서 거의 최초로 제기한 인물로는 유길준(1852~1914)을 꼽을 수 있다. 그는 일본과 미국에서 유학한 경험과 유럽 국가를 여행한 경험 등을 바탕으로 서구 국가들의 사정을 소개했는데, 그 대표적 저술이 바로 1895년 발간된 《서유견문》이다(박상섭, 2008). 우리는 대표적으로 유길준의 논의를 통해서 개화기에 서구의 신문물을 접한 당시 지식인이 가졌던 국가관의 특징과 그 한계를 엿볼 수 있다.

우선 국제질서에 관한 시각에서, 유길준은 주권평등의 원칙에 입각한 서양식 근대 국제질서에 관한 문제의식을 가졌다. 그는 조선과 청나라의 관계를 새롭게 보려는 시도에서, 전통적 대중국 관계를 청산하고, 속국 개념이 아니라 '증공국-수공국'이라는 새로운 개념을 제시했다. 그리고 조선과 청의 관계를 조공 관계와 더불어 근대적 국제법 관계를 공유하는 특수한 관계로 설명하려 했다. 기본적으로 독립국 간의 관계라는 것인데, 이는 이른바 '양절체제론'으로 불린다(박상섭, 2008). 주권평등을 원리로 국가관계를 설정하지만, 국력의 실질적 불평등에 대해서는 인정하는 방식이라고 할 수 있다.

또한 《서유견문》에서 유길준은 외국의 다양한 정치체제와 정치제도에 대해서 분류하고 소개하는데, 조선은 러시아, 중국, 일본과 더불어 "주군이 명령하는 정체, 또는 압제 정체"로 분류되었다. 그가 가장 바람직하다고 본 "군민의 공치하는 정체 또는 입헌정체"는 당시 영국, 독일, 네덜란드 등에 해당되고, 그중에서도 유길준 자신은 영국의 입헌군주제가 제일 훌륭하다고 평가하였다. 말하자면 한편으로 전제정치에 대한 비판적 시각을 견지하면서도, 다른 한편으로는 현실적으로 조선에 도입 가능한 정치체제로서 입헌군주제를 주장했다. 여기서 입헌군주제는 "진취성과 애국심, 민족주의를 기르고 이로써 근대국가와 부국강병을 달성할 수 있는 정치제도"(김봉진, 2011, 228쪽)로 설정되었다.

그러나 그가 보기에, 이러한 제도의 도입은 점진적으로 이루어져야 했다. "나라의 정체는 긴 세월을 거쳐 인민의 습관을 이룬 것"으로 급히 변경될 수 없기 때문이었다. 그는 "인민에게 지식이 부족한 나라는 서둘러 인민에게 국정에 참섭하는 권리를 허용할 수 없다. … 인민을 교육하여 국정에 참여하는 지식을 갖게 한 후에야 비로소 이 정체(입헌군주제)를 논의할 수 있다"(유길준전서 편찬위원회, 1971: 김봉진, 2011, 228쪽 재인용)고 주장하면서 급격한 개혁보다는 점진적 변화를 강조했다. 그는 기본적으로 세습군주제를 철저히 옹호했다. 그에 따르면, 세습군주제는 '정부의 시초'와 맥락을 같이하기 때문에 역사적 정통성과 정당성을 지닌다. 유길준은 이런 점에서 "천만 년이 지나도 바뀌지 않을 규범으로, 장구하게 유지될 것"이라고 조선왕조의 군주제를 예찬한다. 다만 여기에 서구의 공화제를 소개하면서 그 장점을 접목할 것을 주장한 것으로 평가된다(조홍찬, 2004). 따라서 그에게는 결국 입헌군주제야말로 "보국하는 대도이자 애군하는 정성"(김봉진, 2011, 229쪽)으로 설명되기에 이른다. 그런데 사실 당시의 영국은 실질적으로 공화제의 요소를 함께 갖춘 정체였는데, 유길준은 나라마다 상황이 다르기 때문에 조선에 공화제를 받아들일 수는 없다고 주장하며 이를 배격했다. 결과적으로 입헌군주제를 이상적 모델로 하면서도 의회개설 등 그 실질적 실현과정에서는 지극히 보수적 입장을 견지했다.

김봉진(2011)에 따르면, 이러한 유길준의 근대국가관은 전통과 근대의 이종(異種) 교배의 산물이며, 그 배경에는 상호주의, 상대주의, 도덕주의에 바탕을 둔 사고양식이 깔려 있다고 평가되기도 한다. 사실 그의 사상은 유교, 주자학의 전통에 기초한 성격이 너무 강했기 때문에 그의 근대국가관은 '미완의 계기'가 되고 말았다. 김봉진은 그럼에도 불구하고 유길준의 근대 국가관 속에는 자국중심주의나 서양중심주의, 현실추종주의에 대한 비판과 더불어 권력정치와 제국주의에 대한 비판의식도 담겨 있었다고 긍정적으로 평가한다. 조홍찬(2004) 또한 유길준이 군주제와 공화제를 혼합하여 '군민공치'라는 입헌군주제적 정치체제론을 제시한 것이 일견 모순적으로 보이기도 하지만, 당시의 여러 상황을 고려했을 때 실용적인 것이었다고 주장한다.

국가정치체제 자체를 논의의 대상으로 상정하고 서구의 여러 정치제도와 국제관계 속에서 상대적으로 평가하려 시도했다는 점 등에서 유길준의 논의는 긍정적 가치가 있지만, 결국 주자학 패러다임과 세습군주의 옹호라는 봉건적 사고를 벗어나지 못했다는 점에서, 그리고 인민들을 가르치고 교화하고 계몽시켜야 할 대상으로 여겼을 뿐 공동체의 동등한 구성원으로 여기지 않았다는 점 등에서 한계가 있었다. 말하자면 주군의 존재를 반드시 전제로 한다는 점에서 그의 국가 관념은 여전히 전통적 관념에 갇혀 있었고, 실질적인 서양의 근대적 의미의 국가와는 거리가 있었다. 유길준의 국가는 주군을 중심으로 하는 인격적 존재로서의 국가였고, 개화와 부강이라는 일종의 도구적 목적에서만 사유되는 것이었다.

이처럼 개화기 조선에서는, 그동안 중국으로부터의 영향 외에는 일체의 외래 사조나 이론 유입이 없었기 때문에, 새로운 대안적 정치체제 구상을 위한 자유로운 사유와 실험의 장이 마련되지 못했다. 특히 정치체제와 관련해서는 기존의 체제 자체를 뒤집는 비판적 사고를 하기 어려웠고, 따라서 독자적 해결책도 찾기 어려웠다.

박상섭(2008)은 이런 상황에서 외래 사조가 유입되었을 때 그것을 독자적으로 소화해서 자신에 맞게 재단하기 어려웠고, 그 한계를 보충하기 위해 그 후로도 지속적으로 외래 기성이론의 수입이 필요했다고 진단한다. 그 결과 자신의 문제를 스스로 개념화하는 능력을 잘 기르지 못하게 되었으며, 수입된 사조나 이론들은 원래의 그것들이 가진 현실적 의의와 폭과 깊이가 사상된 채 적용됨으로써 유연성을 결여한 협소하고 원리주의적인 사고가 더 지배적이 되었다는 것이다.

2) 애국계몽 시기 지식인/기자들의 정치적 이상과 논리

사회진화론과 국가유기체론의 영향

1905년 을사조약이 이루어지기 이전까지, 앞서 살펴본 대로 당대의 지식인/기자들의 정치담론에서는 군주의 절대권 인정이 당연시되었고, 설령 그에 비판적이더라도 직접적 언급은 피했던 것으로 보인다. 〈황성신문〉 주필 장지연이나 박은식 같은 지식인/기자들도 기본적으로 이런 입장이었다. 이를테면 '구본신참', '동도서기' 등, 유교를 근본으로 삼고 신학(서양문명)을 참작하여 절충하거나 병행하자는 논리가 대세였다(박상섭, 2008).

그러던 중 국권침탈의 위기가 닥쳐오자 그에 어떻게 대응할 것인지 지식인들은 새롭게 고민하기 시작했고, 여러 기관지나 잡지 등 당시의 훈민적 공론장 속에서 어떻게 나라를 부강하게 만들어 국권을 회복하고 독립할 것인가를 중심으로 국가와 관련된 담론들을 생산하기 시작했다. 그것은 주로 국민의 국가의식과 민족정신에 대한 절실한 호소로 나타났다. 다시 말해서 국민들의 부족한 국가의식, 민족정신, 민족사상을 고취시켜서 부국강병의 방식으로 국권상실을 극복해야 한다는 지식인/기자들의 인식이 만연했던 셈이다.

그들이 품었던 정치적 이상과 논리에는 크게 두 가지 학설이 지대한 영향을 끼쳤다. 그 첫 번째는 사회진화론이다. 사회진화론은 그 논리적 귀결이 어떤 방향이었든 간에 애국계몽운동 시기와 식민 시기 내내 한반도의 거의 모든 지식인들에게 직·간접적 영향을 준 것으로 보인다. 사회진화론의 영향은 많은 지식인들에게 공통적으로 나타난다. 이를테면 장지연이나 박은식, 신채호, 이광수 등에게 사회진화론의 영향은 매우 강력하게 나타났다. 이들은 서구에서 비롯된 사회진화론을 주로 중국 사상가 량치차오로부터 받아들였다.

장지연이 보기에 국권상실의 가장 큰 원인은 조선인들의 단결력 부족이었다. 장지연에게 국가는 '민족이라는 단체의 집합'으로 규정되었으며, 사람들은 자연상태에서 너무나 약하기 때문에 무리를 지어 살게 되고, 그러한 무리들의 연합 중에서 큰 것이 국가가 되었다고 이해되었다. 그리고 량치차오에 의해 전달된 사회진화론에 따르자면, 국가 사이에서는 끊임없는 생존경쟁이 벌어지고, 우승열패, 진화, 도태 등의 과정을 거치게 된다. 국권이 상실된 현실 속에서 장지연에게 국가는 이론적 논의의 대상이 아니라 무엇보다도 회복해야 할 실천적 문제였다. 국권회복을 위해 조선인들은 단합해야 했고, 사회결합운동이 절실하다고 판단했다. 이러한 장지연의 생각은 1905년 이후 보다 본격적인 자강운동의 흐름과도 관련이 있으며, 그 내용은 주로 교육과 식산(殖産)이었다(우남숙, 2000; 박찬승, 2002).

박은식 또한 사회진화론을 기반으로 한 민족주의자였다. 우남숙(2008)에 따르면, 한국에 토착화된 사회진화론은 한국 근대 민족주의 형성에 사상사적으로 순기능을 한 것으로 평가된다. 박은식이 이해한 사회진화론은 우승열패적 세계관, 문명경쟁론, 단합론에 기초한 것으로서, 말하자면 '오늘의 약자도 내일의 강자가 될 수 있다'는 약소국 민족주의와 밀접하게 연관될 수 있는 것이었다. 따라서 박은식에게 사회진화론은 대외적으로는 자주 · 독립을 유지하고, 대내적으로는 민족통합과 국민국가 형성을 뒷받침하는 이론이 될 수 있었고, 한일합방 이후에도 반식민 독립운동의 사상적 기초가 되었으며, 조선의 저항적 엘리트들에게 반제국주의 투쟁의 동력이 될 수 있었다는 것이다.

애국계몽 시기 지사적 지식인/기자들의 정치적 이상과 논리에 영향을 준 두 번째 학설은 블룬칠리(Johann Kaspar Bluntschli) 등이 중심이 되어 독일어권 정치 · 법학 분야에서 당시에 큰 영향력을 행사하던 국가유기체설이었다. 블룬칠리의 이론은 후쿠자와 유키치, 가토 히로유키 등에 의해 일본사회에도 널리 소개되었고, 국내에는 특히 량치차오에 의해서 전달된 경우가 많았다. 이는 영미 계열의 자연법 이론이나 프랑스의 '계약설'이 개인의 이익을 바탕으로 한 국가조직의 결합이라는 성격을 띠었던 것과는 반대로, 국가의 결합은 단순한 물질적 이해관계를 초월한 윤리적 실체로 인식해야 한다는 논리였다(박상섭, 2008). 이것이 일본에 큰 영향을 미친 까닭은 국가를 형이상학적 · 윤리적 실체로 고양시킨 점이 권위주의적 군주제와 쉽게 접합할 수 있었기 때문이었다. 또한 애국심과 같은 정서적 측면을 강조했기 때문에, 서양을 극복하고 변법자강운동을 시도하던 량치차오와 같은 중국 지식인들에게도 영향을 미친 것이다(우남숙, 2000).

량치차오의 국가유기체설에 기반한 국가론은 다시금 조선의 지식인들에게 절대적 영향을 주었다. 그는 중국의 유기적 통일과 강력한 질서 구축이 절실히 필요하다는 맥락 속에서 블룬칠리의 학설을 받아들였다. 량치차오가 보기에 중국인들은 '국민'으로서의 일체의식을 결여하고 있었고, 따라서 유기적 통일체로서의 '국가사상'을 갖는 것이 필요하였다. 그 국가사상의 내용은 개인보다 국가를 앞세우고 세계에 대하여 국가를 내세우는 것이었다.

이러한 논의가 을사조약이 체결되어 국권 상실의 위기에 처하고 결국에는 국권을 상실한 조선의 지식인들에게 큰 영향을 준 것은 어찌 보면 자연스럽고 당연한 일이었다. 당시 조선의 지식인들에게는 자연법적 국가이론이나 민권에 대한 강조보다는, '단합'을 도모할 수 있는 국권에 대한 강조와 국가유기체설이 선호되었다. 중추원 의관을 역임했고 대한자강회와 대한협회 회원이었던 김성희가 그 대표적 논객 중 한 사람으로, 그는 〈독립설〉, 〈국민적 내치 국민적 외교〉 등의 글을 통해 량치차오의 영향을 받은 것으로 보이는 국가유기체설을 지지했다. 이 논리는 개인보다 전체의 우위성을 강조했을 뿐만 아니라, 가부장제적 성격이 매우 강했다. 또한 개인을 원자적 개인으로서가 아니라 가족의 부분으로 파악했고, 국가를 가족의 확대판으로 본 전통적 유교사상과도 친화력을 보였다. 충·효의 관념 등 동아시아 전통 국가관과도 잘 통했음은 말할 것도 없다. 결국 국가유기체설은 동아시아 국가의 당대 지식인들에게 각기 다른 맥락에서 단합된 국민의식의 고양을 위한 일종의 이데올로기로서 효용성을 지녔던 셈이다(박상섭, 2008).

이처럼 사회진화론과 국가유기체론은 많은 조선의 지식인/기자들에게 현실 국제정치의 '우승열패' 상황을 이해하고 개화와 자강의 방안을 모색하는 데 많은 영향을 주었고, 서구 제국들의 성공 요인과 동아시아의 실패요인을 되짚어 보게 만드는 방식으로 작용했다. 그리고 이는 민족정신과 국가 관념에 대한 자연스러운 강조로 나타났다. 예컨대 신채호가 가졌던 국가 관념의 핵심은 '민족'이었다. 장지연과 마찬가지로, 국권회복의 절박성 속에서 당대 지식인들이 공감한 가장 큰 문제는 백성들이 강력한 국가 관념을 갖지 못했다는 것이었다. 신채호는 〈대한매일신보〉 등에서 발표된 여러 논설을 통해, 국권회복을 위해서는 우선 국가 관념의 고취가 필요하다는 주장을 여러 차례 피력했다. 그에 따르면 국가는 하나의 민족이 소유하는 조직이며, 유기체로서의 국가였다. 영토, 주권, 군주, 의회, 관리, 군대 등 가시적 제도나 군사 자원 이외에도 국가를 이루는 또 다른 차원은 '정신'으로서, 이 두 가지 결합이 강력한 국가를 만든다고 본 것이다. 여기서 국가의 정신을 이루는 주체가 바로 민족이었다. 따라서 신채호가 보기에 민족 없는 국가는 있을 수 없었다(박상섭, 2008). 이와 같은 애국계몽기 지식인들의 국가관이 민족주의·국가주의적 성격을 어떻게 강화했는가는 뒤에서 다시 논의하기로 하자.

애국계몽세력의 민족운동 논리: 국권회복과 국민국가 건설

그렇다면 구체적으로 애국계몽기 지식인들의 민족운동 논리는 어떤 방향으로 전개되었는가? 이는 크게 외세의 침략에 대응하는 국권회복과, 봉건적 압제에 대응하고 그것을 극복하기 위한 국민국가 건설이라는 두 차원으로 나누어 볼 수 있다(유영렬, 2007). 우선 국권회복의 논리 차원에서는 자강독립론, 실력양성론, 독립전쟁론 등이 주된 흐름이었다. 자강독립론은 사회진화론에 기초한 것으로서 장지연, 여병현, 윤치호, 박은식 등 지식인들과 대한자강회가 주도하였다. 이들은 약육강식, 침략경쟁이 만연한 국제사회에서 외세에 의존하는 외교독립론을 배제하고, 자력에 의한 자주적 자강독립의 논리를 폈다.

실력양성론의 흐름에서는, 한말 애국계몽단체들은 전제정치를 극복하고 입헌대의제 또는 공화제를 채용하여 "근대 국민국가를 건설함으로써 민권보장과 산업발전, 국민의 참정과 애국심 앙양을 이루어 국민의 힘에 기초한 국권회복이 가능하다는 논리"(유영렬, 2007)를 전개했다. 이에 따라 그들은 교육진흥, 식산흥업, 정치개혁과 더불어 대한정신, 조국정신, 독립정신, 애국정신, 국가정신 등 민족의 정신적 측면을 각별히 중요시했다. 또한 그들은 조국정신을 교육과 식산을 통한 자강실현(실력양성)의 원동력으로, 실현된 자강을 독립회복(국권회복)으로 이어 주는 연결고리로 간주했다.

그런가 하면 독립전쟁을 통한 국권의 회복을 추구한 독립전쟁론의 흐름도 있었다. 이는 신민회 등에서 주도한 실력양성론에서 비롯된 것인데, 여기서 실력양성의 방법들이란 ① 국민계몽(신문, 잡지, 서적 간행을 통한 인민의 지식 개발), ② 학교설립 등 교육진흥, ③ 식산흥업, ④ 무관학교 설립 등의 독립군 양성으로 나타났다.

한편, 국민국가 건설이라는 차원에서 애국계몽운동의 논리는 크게 국민국가론과 입헌대의제론, 민주공화제론으로 나누어 살펴볼 수 있다(유영렬, 2007). 첫째, 국민국가론자들은 자연법적 천부인권에 기초한 국민의 자유권, 평등권, 생존권을 주장하면서 국민의 정치참여와 국정감독의 필요성을 강조했다. 특히 대한자강회 지식인들은 전통적 군주가 곧 국가라고 하는 세계관을 부정하고, 의회 개설에 의한 국민참정권과 국민주권 실현을 주장함으로써 근대적 국민국가에 대한 인식을 드러내기도 했다. 이와 관련하여 대한협회의 안국선은 선량한 정부란 곧 국민 다수의 의사에 근거한 헌법과 법률에 기초를 둔 강력한 정부라고 밝히고, 국민의 권력과 여론에 바탕을 둔 다수자가 지배하는 정치가 중요하다고 주장했다. 또한 대한협회의 회보 편찬원이었던 김성희는 몽테스키외 삼권분립을 언급하면서 문명국의 '책임내각'이야말로 국민 공동의 사상으로 만든 '국민적 정부'라고 주장하면서, 근대적 정당과 의회에 대해서 소개하기도 했다.

둘째, 입헌대의제론은 대한자강회와 대한협회 등의 애국계몽가들이 가장 현실적으로 제안한 주장이다. 그들의 논리에 따르자면 국민(주권)국가 건설과 관련하여 가장 실현가능한 정치체제는 민선의회와 지방자치에 기반을 둔 입헌대의제였다. 이를테면 대한자강회 부회장 윤효정은 "전제국민은 무애국사상론"이라는 논설에서 전제정치를 비판하고 입헌정치를 옹호하면서 그 근원이 자치정신에 있음을 강조했다. 따라서 '지방자치제'가 국민으로 하여금 지방과 국가에 일체감을 갖게 하여 독립국가를 형성하며, 국권의 확장과 국력의 부강을 가능케 한다고 보았다. 이에 따라 윤효정은 먼저 지방자치제를 실시하여 인민의 참정능력을 기르고, 이를 바탕으로 입헌대의제를 실시하여 국가의 기초를 세워야 한다고 주장했다(유영렬, 2007). 이는 앞서 살펴본 유길준의 논의보다는 훨씬 후대에 나온 것인 만큼 좀더 진전된 구체적 대안을 제시한 것으로 보인다. 그러나 이를 위해 헌법 제정과 국회 설립을 추구한 움직임은 결국 성공하지 못했다.

끝으로, 민주공화제론에 대해 살펴보자. 애국계몽기 지식인들은 이미 서구의 여러 정치사조와 다양한 정치체제에 관한 지식이 있었다. 민주공화제론은 공화, 입헌, 전제의 정체가 법률상 존재하는데, 이 중 공화제가 가장 진보했다고 보는 견해였다. 그러나 이것은 현실적으로 가능하다기보다는 이상으로서 여겨진 경향이 강했다. 대한자강회 소속 설태희 등의 지식인들은 전제군주정, 입헌정, 공화정, 민주정 등을 개념적으로 구분하고 바람직한 정치체제로서 공화정을 언급했는데, 이러한 사례들이 그 밖에도 많았던 것으로 보인다. 사실상 민주공화제를 보다 적극적으로 주장한 것은 당시 비밀결사였던 신민회였다. 신민회는 새로운 자유문명국을 건설한다는 '신민신국론'을 제시하면서 그 바람직한 정치체제로 공화정체를 구상하였다.

유영렬(2007)에 따르면, 합법적 애국계몽단체였던 대한자강회와 대한협회 회원들이 공화제를 가장 진보적 정치체제라고 생각하면서도 현실적으로는 입헌대의군주제를 목표로 삼았던 것에 반해서, 신민회가 근대적 국민국가에 한 발 더 가까운 공화제 정치체제를 공식적 목표로 설정할 수 있었던 것은 신민회가 비밀결사였기 때문이다. 말하자면, 합법적 애국단체들은 당시 전제군주하에서 혁명적 방법이 아니고서는 공화제 추구가 불가능하다고 보았고, 따라서 혁명보다는 점진적 방법을 선호했다. 또한 입헌제도상 군주제와 민주제는 정치적 효과가 사실상 동일하다고 판단하기도 했다.

요컨대 애국계몽운동을 주도한 지식인/기자들의 새로운 정치체제 구축의 논리에는 당대의 다양한 정치제도에 대한 많은 지식과 이해가 전제되었던 것으로 보인다. 이를 긍정적으로 볼 경우 "조선 말 지식인들의 사상 속에는 이미 근대적 민주주의가 배태되어 있었다"는 주장이 가능할지도 모르겠으나, 이는 무리한 해석일 수밖에 없다. 그들의 정치적 이상이라는 것도 대부분 점진적 개혁과 현실론을 바탕으로 한 것이었다는 점이 특징이고, 유길준의 논의에서와 마찬가지로 그러한 현실주의는 구체적인 변화로 이어지지 못했다. 따라서 혁명적 변화는 일어나지 않았고, 민주주의, 공화제에 대한 논의도 추상적·이론적 수준에서 논의되었을 뿐 현실에서 실험하거나 시도되지 못했다는 것이 그 한계라 하겠다.

3) 식민 시기 지식인/기자들의 국가관: 민족주의와 국가주의의 강화

한일합방 이후 식민지 현실 속에서 지사적 지식인/기자들의 국가와 정치체제에 대한 사유는 어디까지나 반제국주의 움직임 속에서 국권회복과 자강, 독립에 초점을 맞출 수밖에 없었다. 그리고 그 주체는 때로는 '국민'이라는 이름으로, 때로는 '민족'이라는 이름으로 호명되었다. 중요한 것은 그들의 국가론이 민족주의와 결합하여, 때에 따라 미묘하게 그 뉘앙스는 달라지지만 대체적으로 '국가 = 국민국가 = 민족국가'를 등치시키는 경향이 강했다는 것이다.

'민족'이라는 개념을 역사적으로 살펴보면, 20세기 초에 조선에서 민족은 단순한 인종 개념을 넘어서 한반도에서 살아가는 사람들을 집단적으로 지칭하는 용어로 사용되었다. 1904년 〈황성신문〉에는 "4천여 년 전해져 내려온 민족", "4천 년 단군 기자의 옛 영토", "2천만 동포 민족" 등의 표현이 등장했고, 1907년 〈황성신문〉에는 "우리 동포들아 2천만 민족의 정신으로 우리나라를 상공업의 나라, 무비를 갖춘 나라, 문명한 나라, 부강한 나라로 만들려 한다면 지켜야 할 것은 다름 아니라 우리 강토이며, 우리 가국(家國)이며, 아국의 정신, 즉 국수(國粹)이다. 그리고 고쳐야 할 것은 다름 아니라 우리의 사회이며, 우리의 정치이며, 우리의 교육, 학술이다"(박찬승, 2010, 70쪽 재인용)라는 내용의 논설이 실렸다.

이처럼 '민족'은 국권회복과 새로운 건설을 위한 주체로 설정되었다. 신채호의 것으로 추정되는 〈20세기 신국민〉이라는 글은 '동포 = 국민 = 민족'의 개념을 제시하면서, 새로운 국민을 만들어 내 근대국가를 세울 것을 주장하기도 했다(박찬승, 2010). 1910년대에 주종건, 이광수, 현상윤, 안확 등 일본 유학생들이 〈학지광〉(學之光) 등의 잡지를 펴내면서 자주적 민족의식과 민족적 이상, 독자적인 민족문화를 강조한 것 또한 이러한 흐름에서 비롯되었다. 3·1운동이 일어난 1919년 무렵에는 '민족' 개념이 지식인만이 아니라 대중 차원으로까지 확산되기 시작했다. 최남선이 〈독립선언문〉에 쓴 "민족의 항구여일한 자유 발전을 위하야"라는 문구를 비롯하여, 한용운이 〈공약 3장〉에서 기술한 "금일 오인의 차거는 정의, 인도, 생존, 존영을 위하는 민족적 요구"라는 문구, 그리고 천도교에서 발행한 〈조선독립신문〉 제1호에 나타난 "조선민족대표", "아 2천만 민족" 등의 표현, 〈국민회보〉에 등장한 "우리 민족", "민족자결" 등의 표현에서도 알 수 있듯이(박찬승, 2010, 91쪽), 새로운 공동체적 결속을 도모한 당시 지식인들은 '민족 = 국민 = 국가'라는 등식을 통해 국가 정체성을 새롭게 정의하고자 했다.

앞서 살펴본 바와 같이 당대의 여러 지식인들이 망국의 원인을 조선민족 및 국가 관념의 약화, 그리고 역사의식의 부족 등에서 찾았다는 점도 이런 맥락에서 이해할 수 있다. 이렇게 해서 근대사회로의 이행과정에서 사회적 주체로서 합리적 개인, 사회공동체의 주체로서 시민의 관념보다는 국가의 구성원으로서 국민의 관념이 우선시되는 훈민공론장이 자연스럽게 받아들여졌다고 할 수 있다.

식민 시기의 민족주의는 제국주의에 저항하기 위한 방편이기도 했다. 앞서 살펴본 것처럼 이는 우승열패, 생존경쟁의 원리를 내세운 사회진화론과 결합되었으며, 지사적 지식인들은 국가를 보존하고 국권을 회복하기 위해 민족주의가 필요하다고 봤다. 따라서 이는 자연스럽게 자강운동론과 결합될 수밖에 없었다. 이는 일종의 '문화적 민족주의'를 표방하면서 '국혼론', '국수론' 등의 형태로 전개되었는데, 조선 민족을 반만 년의 역사를 가진 단군의 후예라고 보는 시각이 여기서 더 강화되기 시작했다. 말하자면 특정한 나라에 역사적으로 전래하는 풍속, 습관, 법류, 제도 등의 정신을 강조하는 국수론의 시각은 국민정신의 유지, 애국심의 환기 등의 근거가 되었으며, 이는 민족주의계 인사들의 광범위한 대종교(大倧教) 입교와 신채호, 박은식, 이상룡 등의 민족주의 역사학과도 밀접히 관련되었다(박찬승, 2010).

당시의 민족주의자들은 이러한 방식으로 민족의식, 민족정신의 함양과 고취를 강조했으며, 이는 국조(단군)에 대한 신앙, 국사 교육 강조, 국문 사용 강조 등을 통해 더욱 강화되어 나타났다. 단군에 대한 인식과 역사교육의 중요성은 앞서 살펴본 것처럼 신채호의 《독사신론》 등에서 잘 나타나고, 한글 사용의 강조는 《서유견문》에서 국한문 혼용체를 사용한 유길준에게서 찾아볼 수 있으며, 이러한 어문민족주의(언문일치와 국문 사용 강조)는 주시경에게까지 계승되었다(박찬승, 2010).[8]

전체적으로 민족은 자결의 주체, 독립의지의 주체, 독립운동의 주체로서 설정되었다. 그러나 1920~1930년대 이광수, 안재홍과 같은 민족주의자들은 민족을 영속적 문화공동체로 파악하고 절대적 의미를 부여한 반면, 박덕창, 정절성, 황영과 같은 식민 시기 한국의 사회주의자들은 민족주의란 자본주의 시대에 나타난 한시적 현상이며 '부르주아 민족주의'와 같은 개념으로서 자본주의가 끝나면 함께 종언을 고할 것이라고 파악하기도 했다. 이렇듯 당시는 민족과 민족주의에 대한 서로 다른 이해가 공존한 시기이기도 했다. 그렇지만 대체적으로 민족은 앞서 언급했듯이 크게는 '민족주의 국가론'이라는 틀 속에서 주로 논의되었던 것으로 볼 수 있겠다.

한편, 극단적으로는 민족주의가 파시즘과 결합되는 방식으로 전개되기도 했다. 1930년대 중반 이후 총독부는 황민화 정책을 본격적으로 시행하면서 사상통제, 일본어 상용, 조선어 교육 폐지, 창씨개명, 〈매일신보〉를 제외한 모든 조선어 신문 폐간, 신사참배 강요 등의 정책을 실시했다. 이런 상황에서 조선 지식인들 중 일부는 '조선 민족의 유지'를 전제로 한 '민족 파시즘'에서 '일본 민족으로의 동화'를 전제로 한 '일본

---

8) 이와 관련해서 〈동아일보〉를 중심으로 한 민족주의 우파의 '문화적 민족주의론'을 참고할 수 있다. 박찬승(2010)의 논의를 따르자면, 민족주의 우파는 민족의식의 고취를 전제로 4가지 민족운동의 방향을 제시했다. ① 정치적으로 민족적 핵심단체 조직, ② 물산장려운동과 같은 경제적 산업운동, ③ 민립대학 기성회 운동, 고보설립운동과 같은 민족교육운동, ④ 청년의 도덕적 타락을 막고 신사회의 일원으로 훈련시킬 수 있는 수양운동 등이 그것이다. 그밖에도 〈동아일보〉는 여러 논설을 통해 가족의식의 탈피를 비롯하여, 조선인의 생활 전반에 걸친 구관누습을 개혁해야 하며, 그것을 민족의식의 무장으로 탈바꿈할 것을 주장했다. 그리고 '과학적'인 신문화를 받아들여야 하는데, 조선 민중들은 대다수가 그 교육을 받지 못해 미궁에서 벗어나지 못한다고 보았으며, 민족문화 진흥 등이 필요하다고 주장했다.

파시즘'으로 전환하는 움직임을 보였는데, 그 대표적 인물이 이광수였다(박찬승, 2010). 여기서 '조선민족'은 '일본국가=천황' 또는 '대일본제국의 신민'으로 대체되었고, 이광수는 내선일체(內鮮一體) 정책에 의해 조선인들이 식민지 백성에서 벗어나 일본제국의 신민, 즉 제국주의 국가의 국민이 될 수 있다고 생각했다. 그러니까 고생스럽게 일본으로부터 분리되기보다는 힘을 가진 일본제국의 신민이 되어, 일본국민으로서의 영광을 누리자는 입장이었다. 이는 국가에 대한 충성과 전체를 위한 개인의 희생을 강조하고, 상대적으로 개인주의나 세계주의에 대한 배제를 의미하는 것이었다. 언제나 개인보다는 민족과 국민으로서의 정체성이 강조되었다. 개인으로서의 주체가 중요한 것이 아니라 국가의 구성원인 국민으로서의 의미와 가치를 부여받아야만 '국민의식'을 가질 수 있고, 그래야만 존재 의미가 획득되는, 말하자면 전체주의적 관점이었다.

지금까지 살펴본 바와 같이, 사회진화론 및 자강운동론과 결합된 민족주의는 제국주의를 비판하면서도 동시에 그것을 선망할 수밖에 없는 역설적 상황에 놓여 있었다. 애국계몽운동의 상황 속에서, 그리고 일제 식민지 지배하에서 만들어진 민족주의적 국가론은 식민통치 이후 한국의 역사 속에서 국가지상주의가 성장하게 만들었고, 이것은 다시 권위주의 정치를 옹호하는 이론으로 활용되기도 하였다.

4. 해방 이후 훈민공론장에서 기자의 위치: 지사와 전문직 기자

훈민공론장에서 발언하는 주체가 주로 지식 엘리트에 집중되는 것은 근대 언론에서 일반적 현상일 수 있다. 훈민공론장에서 이들 기자들은 어떻게 자신의 사회적 역할과 정체성을 규정하는가? 훈민공론장의 특성을 분석하는 이 책의 목적과 관련해서 훈민공론장의 주체라고 할 수 있는 기자와 지식인, 그리고 전문직 기자의 관계를 지사와 전문직 기자라는 문제틀에서 검토하고자 한다.

참으로 역사란 그 시대를 사는 사람들에게 많은 역설(逆說)을 드러내곤 한다. 시대가 어렵고 한 지식인이 생활하기가 어려우면 지사들이 많이 배출되고, 좀 살기가 나아지면 정부나 기업이 요구하는 기능적 지식을 제공하는 적응적 지식인들이 많이 나오곤 한다. 앞에서 살펴보았듯이 애국계몽운동의 주역으로서의 계몽적 지식인들에게 언론활동은 위기에 처한 나라를 구하기 위한 방편이었다. 이들은 흔히 지사(志士)로 거명되었고, 지사라는 말에는 나라를 위해 헌신한다는 내포가 담기게 되었다. 현실참여적 기자라는 개념만으로 설명되지 않고, 나라의 발전에 헌신하는 기자라는 의미가 아래에 깔려 있다고 볼 수 있다.

한말 이후 우리의 지성사는 이러한 지사형 지식인과 적응형 지식인이 언제나 순환적으로 나타났음을 보여 준다. 1920년대 우리 언론계에는 지사형 기자들이 많이 나타나, 개인적 삶의 안락을 희생하면서 민족독립을 위해 지식인으로서 몫을 하고자 했다. 그러나 1930년대 중반 이후 일제의 탄압이 극심해지는 한편 신문사들이 기업으로 정착되면서 직업인으로서 직업에 충실한 기자들이 많이 나타났다. 이와 같이 지사형 기자와 직업형 기자가 대립하고 어느 하나가 우위를 점하는 전통은 해방 이후 오늘날까지도 계속되고 있다.

지사란 기자에게만 한정적으로 사용되는 개념은 아니고, 근대 이후 지식인 전반에 적용된 개념이었다. 대체로 지사로서의 기자라 할 때 그 성격은 몇 가지로 정리될 수 있다. 우선, 글 쓰는 자로서 곡학아세(曲學阿世)하지 않고 정론(正論)을 쓰는 사람을 가리킨다. 곡필이 대개 중립적이고 긍정적이며 건설적인 대안과 비판, 기능적 참여 등을 내세우는 반면, 정론은 사회와 역사적, 현실적 흐름에 대한 근본적인 부정과 비판과 실천을 내용으로 한다.

둘째, 지사는 자신이 쓴 글에 대해 끝까지 책임을 지며 글의 일관성을 유지하는 사람이다. 자신이 쓴 글을 책임진다는 것은 자신의 이해관계에 의해 좌우되지 않고, 어떠한 외부의 압력과 간섭에 대해서도 주장을 굽히지 않음을 뜻한다. 글의 일관성이란 하나의 글 안에서 말하고자 하는 바가 수미일관(首尾一貫)할 뿐만 아니라 자신이 쓰는 모든 글에서 일관된 현실인식과 세계관을 유지하는 것이다.

셋째, 기자가 지사이기 위해서는 삶과 글의 내용에 모순이 없어야 한다. 스스로 윤리적으로 정당하지 못한 취재활동을 하면서 사회의 부패에 대해 고발하는 일은 정당화되기 어렵다.

이러한 지사적 기자들은 지난 30여 년 동안 언론자유 투쟁의 빛나는 전통을 세웠음에도 불구하고 독재권력에 의해 수난을 받으면서 언론사에서 쫓겨났고, 혹은 좌절하거나 권력에 적극적으로 참여하는 모습을 보였다. 이제 지사적 기자의 모습은 우리 언론의 편집국 안에서 찾아보기 어려워졌다. 사회적으로나 언론사들 간에 경쟁력이 강조되는 상황에서 지사적 기자는 능력이 떨어지거나 시대의 흐름에 뒤처진 사람으로 여겨지게 되었다. 이러한 분위기는 비단 언론계에만 한정되는 것이 아니고 대학과 예술계 등 지식을 생산하는 영역 전반에 걸친 경향이라고 할 수 있다.

지사로서의 기자가 권력과 타협하지 않고 자신의 행동에 대해 윤리적, 도덕적 엄격성을 유지하고 역사 앞에 책임지려는 지식인이라면, 모든 기자가 그렇게 되길 바라는 것은 가능하지도, 현실적이지도 않다. 다만 우리 언론 역사에서 지사가 기자 직업문화의 한 전통이었다면, 이는 합리화되고 경쟁력이 중시되는 오늘날의 언론조직 안에서도 기자전문화의 정신적 기반으로 자리 잡을 필요가 있을 것이다. 한말 이후 그리고 해방 이후 많은 지사적 기자가 배출된 전통을 가지고 있음에도 불구하고 우리 기자들 사이에 '신화처럼 모셔지는' 기자가 없는 것은 기자 풍토의 한 단면을 보여 준다.

이러한 지사적 전통만으로 현대사회가 요구하는 언론의 역할을 제대로 수행하기란 어렵다. 거대한 조직구조로 운영되는 신문과 방송체제에서 조직이 요구하는 기능적 능력에 수동적으로 적응하는 것이 아니라, 전문적 지식인으로서 사회적 요구에 부응하는 기자의 역할도 필요한 것이다. 이 점은 바로 우리 언론의 기자 직업문화가 얼마만큼 창의성을 발휘할 수 있는 풍토를 가지고 있느냐의 문제가 된다. 그리고 창의성은 기자전문화에 쉽게 간과되는 중요한 측면이기도 하다.

기자는 기본적으로 글을 쓰는 직업이다. 글쓰기는 창의성을 요구하지만, 언론기업이란 조직은 예술가와 같은 창의성을 기자에게 요구하지는 않는다. 기자들의 창의성이란 조직의 규범과 필요에 맞춘다는 한계 안에서 허용될 뿐이다. 특히 근대언론의 경제적 기반으로서 언론기업, 언론산업은 사회적 공기(公器)인 동시에 기업적 성격을 지닐 수밖에 없다. 기업조직으로서 언론사는 최소한의 이윤을 내야 생존이 가능하다. 따라서 기업으로서 언론사의 취재조직은 기사 가치가 있는 사건을 선택하고 편집하는 데에 마감시간, 구독률과 시청률, 광고주의 요구 등을 만족시키기 위해 효율성을 강조할 수밖에 없다. 이 때문에 기자들은 작업과정 안에서 자신들이 추구하고자 하는 전문직으로서의 창의성이 조직의 요구와 끊임없이 충돌하는 경험을 하게 된다.

언론조직의 요구는 개개 기자의 작업과 그들의 창의력을 특정한 방향으로 구조화한다. 기사 마감시간, 특종, 쉽고 간략하고 눈에 띄는 표현과 문장 구성, 시각적 편집 등 유능한 기자는 이유를 불문하고 기사화할 수 있는 기사를 써야 한다. 이렇게 보면 글 쓰는 사람들로서 기자는 장인(匠人)이 되기 어렵다. 기자들에게 예술가나 장인의 혼과 열정 같은 것이 있느냐고 묻는다면 아마 대다수가 그렇지 않다고 대답할 것이다. 전문직에 관한 연구들은 이를 관료화된 조직에 고용된 전문직업인들이 겪는 노동의 소외라고 한다. 글 쓰는 사람으로서 기자가 예술가와 같이 자신의 일에 대해 혼과 열정을 가질 수 없는 까닭은 조직의 업무량과 속도 그리고 '독자와 시청자들에게 팔려야 한다'는 요구에 맞춰야 하기 때문이다.

그러나 한편으로 언론사 조직의 관료화는 기자에게 전문인으로서의 장인적 풍토를 억압하는 기제로만 제도화된 것이 아니라, 부분적으로는 글 쓰는 사람으로서 장인정신과 창의성을 발휘할 수 있는 기회로도 작용하는 측면이 있다. 커다란 테두리에서 상업적으로 경쟁하는 언론의 관료화된 조직은 개인의 창의성을 억압하는 게 사실이지만, 또 한편으로 집단적인 협동적 작업과정을 요구한다. 텔레비전 프로그램은 한 사람의 작품이 아니라 집단적 공동작업의 결과이고, 많은 기획기사들 역시 여러 사람이 토론을 통해 아이디어를 발전시킨 결과들이다. 이러한 소집단의 공동작업은 실제로 보도의 형식과 내용에 다양한 혁신을 낳고 있다. 텔레비전 뉴스가 뉴스블리틴, 기획보도, 다큐멘터리, 탐사보도 등 다양한 포맷과 내용을 개발하는 것이 좋은 예이다. 이 점은 바로 관료화된 취재조직 안에서 어떠한 형태로 소집단의 협동적 작업과정을 제도화하는가 하는 문제가 되고, 기자전문화는 이러한 제도화 과정을 필수적으로 요구한다. 우리 언론사의 많은 기자들이 기자전문화에 기대를 거는 까닭 역시 마감시간에 쫓기면서 주어진 틀 안에서 관행화된 작업을 충실히 하는 기능중심적 전문화가 아니라, 이와 같은 협동적 과정을 통해 창의력을 발휘할 수 있는 기회를 바라기 때문일 것이다.

민주화 이후 한국 언론의 문제를 이야기할 때 언론의 자유에 대한 논의를 찾아보기 어려워졌다. 반면 우리 언론이 무책임하고 윤리적으로 타락했으며, 정치권력에 자발적으로 협력하고, 무소불위의 권력기구로 성장했다는 비판이 제기되고 있다. 1987년 이전까지 독자와 시청자들은 정치권력이 언론에 대해 어떠한 통제나 규제조치를 내리고자 할 때 나타난 언론자유 투쟁을 거의 무조건 지지했다. 그러나 언론에 대한 군사독재 권력의 직접적 통제가 줄어든 1987년 이후 많은 수용자들은 우리 언론도 상당한 정도의 언론자유를 향유할 수 있게 되었으며, 이제

윤리적이고 책임 있는 언론으로 거듭나야 한다는 견해를 밝히게 되었다. 언론인 자신들도 이러한 점에 대체로 수긍하는 듯하고, 언론의 책임성을 높이기 위해 기자교육과 전문화가 필요하다고 주장하기에 이르렀다.

언론의 자유와 책임을 신장시키기 위해 기자전문화가 필요하다는 데는 모두가 동의할 것이다. 그러나 자유와 책임의 내용이 무엇이고 그 주체가 누구냐에 따라 기자전문화에 대한 의미가 달라질 것이다. 흔히 언론에 대한 자유주의적 이론은 자유롭고 책임 있는 언론은 어떠한 외부적 힘으로부터 간섭을 받지 않고 언론사와 기자가 자율적으로 무엇을 발행/방송할 것인가를 판단해야 한다고 주장한다. 이 이론에 따르면 기자는 독자와 시청자들이 원하는 뉴스를 자율적으로 판단하는 소양을 갖출 것이 요구된다. "언론이 독자와 시청자들에 대해 그리고 사회에 대해 어떠한 역할을 해야 하는가?"라는 물음에 대해서는 독자와 시청자들이 원하는 것을 충실히 전달하는 것이라는 답을 가지고 있다. 곧 언론의 자유는 책임에 대해 어떤 종류의 외부 간섭도 받지 않고 자율적임을 의미하는 것이고, 외부로부터의 책임 요구는 언론에 대한 개입이나 통제를 뜻한다. 즉, 언론의 자유주의 이론은 자유와 책임을 대립적으로 파악한다.

이러한 시각은 이른바 언론의 사회적 책임이론의 기초를 놓은 것으로 알려진 미국의 〈허친스보고서〉와 영국의 〈왕립위원회보고서〉에서도 사실상 그대로 연장되어 나타난다. 1947년 13명의 덕망 있는 지식인들은 허친스위원회를 구성하고 당시 미국 언론이 정부와 기업으로부터 독립성을 확보해야 한다는 '언론의 사회적 책임'이라는 커다란 방향을 제안했다. 허친스위원회는 225명을 인터뷰하고, 58명의 증언을 공개적으로 청취하고, 176개 언론의 자유와 책임에 관한 다양한 입장을 정리한 176개의 보고서를 〈자유롭고 책임 있는 언론〉이라는 하나의 보고서로 정리했다. 같은 시기에 영국의 왕립언론위원회 역시 정부, 사회단체, 대학, 언론경영진과 노동조합, 일반시민들로부터 의견을 수렴하고 다양한 관련 연구보고서들에 기초해서 언론의 책임과 자유를 신장하기 위한 보고서를 제출했다.

언론의 사회적 책임이론에 관한 대표적인 문건이라 할 수 있는 이 보고서들은 언론이 시장 안에서 이윤추구를 위한 조직으로 운영된다는 구조적 조건에 대해 인식하고 있었다. 그러나 이들 문서들은 언론자유를 어떠한 외부 간섭으로부터의 자유로 파악함으로써 사실상 언론자유가 언론기업과 기업종사자의 자유를 의미하게 되고 사회에 대한 책임의 수행(자유로운 공공영역의 확보를 위한 자유)이라는 의미는 탈각시키는 한계를 보여 주었다. 또한 언론이 시장논리에 의해 독자와 시청자들에게 필요한 것보다는 그들이 '보기 원하는 것'을(이것은 기자들에 의해 그렇게 추측되거나 가정된 것들이다) 제공함으로써 상업화되는 문제를 극복하기 위해 '책임'의 문제를 새로이 제기했지만, 책임의 주체를 다시 언론경영자와 기자들의 자율에 기대하는 순환논리의 한계를 보여 주었다.

언론이 누구에 대해 책임을 지는가(책무; *accountability*)와 사회기구로서 공공영역의 핵심적 매개체로서 어떤 사회적 책임을 지는가(책임; *responsibility*)의 문제에서 자유주의 언론 이론은 기자 개인의 자율적 판단에 맡기는 입장을 취했다. 이런 까닭에 허친스위원회와 왕립위원회가 제시한 사회적 책임이론은 사실상 자유주의 이론이었다고 할 수 있다. 이 점에서 이 글은 언론의 자유와 책임이라는 두 범주를 대립적 개념이 아니라 따로 떨어질 수 없는 상보적 '개념으로 파악하고자 하며, 이를 '새로운 사회적 책임이론'이라고 부를 수 있을 것이다(여기에서 필자는 최근 민주주의 이론에 근거해서 언론자유와 책임을 논의하는 Curran, Keane 등의 논의를 이렇게 부르고자 한다).

새로운 사회적 책임이론은 자유주의적 이론과 달리 언론의 자유는 정치권력으로부터의 자유뿐만 아니라 20세기 후반 거의 모든 사회에서 경향적으로 나타나는 언론시장으로부터의 자유를 포함함을 강조한다. 언론산업이 독점화되는 경향, 산업의 논리 안에 언론의 생산과 유통과 소비가 편입됨으로써 수용자들에게 제공되는 정보의 종류와 내용이 대단히 제한될 수밖에 없는 시장구조가 언론자유를 제약하는 중요한 요인이 되고, 이것은 곧 다양한 정보와 토론의 공간 제공이라는 언론의 책임을 어렵게 하는 조건이 되고 있다. 특히 권위주의적 국가로부터 시민사회가 자율성을 확장하는 과정에 있는 한국사회에서 시장논리에 포섭되지 않는 공공영역을 제도화하는 일은 중요한 정치사회적 의미를 지닌다. 이런 점에서 새로운 사회적 책임이론은 시장으로부터의 자유를 강조함으로써 언론의 책임을 신장시킨다는 가정에 서 있다고 할 수 있다. 여기에서 시장경쟁, 기업으로서 언론조직이 요구하는 기자전문화와 새로운 사회적 책임이론이 기대하는 기자전문화의 의미가 구별된다고 할 수 있다.

새로운 사회적 책임이론을 한국 언론의 맥락에서 따져 볼 필요가 있다. 앞서 언급했듯이 언론의 책임이란 '언론이 사회에 대해 어떠한 역할을 수행하는가'라는 책임(*responsible for*)의 의미와 '언론이 누구에 대해 책임을 지는가'(*accountable to*) 혹은 '언론의 책임 수행을 누가 강제하는가'라는 의미를 동시에 갖는다. 기자전문화라는 이 글의 주제에서 볼 때 이 두 가지 책임의 의미는 유용한 논의의 기반을 제공한다.

첫째, 언론의 사회적 역할로서의 책임은 정확한 사실과 균형 잡힌 의견의 제공이라는 데 별다른 이의가 없을 것이나, '어떤 사실들을 선택하고 어떤 대립되는 의견들을 선택하는가'라는 판단은 중립적이고 자율적으로 결정되지 않는다는 데서 문제가 생겨난다. 국가경쟁력 문제를 중시할 것인가, 재벌 중심의 경제정책 문제를 다룰 것인가, 환경 문제를 중시할 것인가, 노동 문제를 다룰 것인가, 아토피와 환경 문제를 다룰 것인가, 원자력발전소의 공해 문제를 다룰 것인가 하는 선택은 기자와 언론사의 편집정책에 따라 달라질 수밖에 없다. 기자와 편집자들은 매일 무수한 사건의 더미 속에서 끊임없는 선택을 할 수 밖에 없고, 이것은 중립적이지도 않고 불편부당할 수도 없는 선택들이다. 경제전문기자, 환경전문기자, 노동전문기자들이 아무리 해당분야에 대해 깊은 소양이 있고 취재보도 과정에서 중립성을 유지한다 하더라도 선택은 피할 수 없는 일인 것이다.

이러한 선택은 결국 언론의 편집정책, 편집철학, 경영진과 편집진의 이념적 지향성에 의해 규정될 수밖에 없다. 그리고 이것은 근대에서 후기근대로 이행하는 한국사회의 역사적 조건에서 정치·경제·사회적 당면과제에 대한 언론인들의 판단에 의존할 수밖에 없다. 이런 점에서 새로운 사회적 책임이론은 사회적 책임의 내용을 한국의 국가, 시장, 시민사회의 민주화라는 명제에 맞춘다. 이들 세 영역에 요구되는 민주화의 내용을 이 글에서 자세히 다룰 수는 없으나, 국가로부터 시장과 시민사회의 자율성의 확대는 자율성의 내용을 바라보는 이념적 차이와 관계없이 동의할 수 있는 명제라 할 수 있을 것이다.

근대화 이후 선거와 같은 절차적 민주주의로부터 국가기구의 민주적 개혁을 통한 권력분산과 생산, 소비, 유통 그리고 노동시장에서 합리적 질서의 회복, 모든 사회적 결정에 참여하고 이해를 관철시키는 데 요구되는 시민권의 확보 등 실질적 민주화는, 이들 범주의 내용들을 어떻게 규정하는가 하는 이념적 차이에 관계없이 언론의 사회적 책임을 구성하는 내용이라 할 수 있을 것이다.

그러면 이러한 선택에 대한 결정은 누가 내리는가? 이 질문은 바로 책임의 두 번째 문제, 즉 '언론이 누구에게 책임을 지는가'라는 책무(*accountability*)의 문제가 된다. 한국전쟁을 거쳐 1960~1970년대 근대화 시기에 우리 언론은 근대화 정책을 주도하는 국가에 대해 높은 책임을 보여 주었다. 1972년 유신 이후 우리 언론은 독재권력의 도구로서 충실한 책임을 수행했다고 할 수 있다. 1987년 이후 혹은 '문민정부'가 들어선 이후 우리 언론은 독자들에게 책임지는 언론, 다시 말해 독자들이 원하는 정보와 프로그램을 제공하겠다는 의지를 표명했다. 독자가 알기 원하는 정보 혹은 상품성이 높은 뉴스를 제공하고자 하는 노력은 독자에 대해, 그리고 언론기업의 이윤추구 목표에 대해 책임 있는 행위가 되는 것이다. 이때 독자들이 알기 원하는 뉴스와 독자들이 알아야 할 뉴스의 대립이라는 어려운 문제가 생겨난다.

흔히 현장의 기자와 편집자들은 독자와 시청자들이 원하는 뉴스를 제공하는 것이 자신의 책무이지 그들이 알아야 하고 알 필요가 있는 뉴스가 무엇인가를 판단하는 일은 자신의 일이 아니라고 한다. 그러나 정말 그러한가? 매일 신문과 텔레비전에서 제공하는 뉴스는 독자들이 알고 싶어 하는 정보와 의견들인가? 우리 언론들은 독자들이 무엇을 원하는가를 체계적으로 조사하는가? 독자와 시청자 조사가 없는 것은 아니다. 많은 조사결과들은 대부분의 독자와 시청자들이 언론을 통해 제공되는 뉴스에 만족하지 못하고 있음을 보여 준다.

여기에서 우리는 "언론이 누구에게 책임을 지는가"라는 질문에 대한 답으로 '자율적 책임', '협약적 책임', '규제된 책임'의 개념을 구분할 필요가 있다. 첫째, 자율적 책임이란 기자 스스로가 원칙에 근거해서 독자와 시청자들이 무엇을 원하는가, 무엇이 사회적으로 중요한 문제인가를 독립적으로 판단함을 뜻한다.

둘째, 협약적 책임은 기업조직에 대한 계약적 책임, 독자와 시청자에 대한 계약적 책임이라는 두 가지 측면으로 구분된다. 전자는 기자가 언론기업에 고용되었기 때문에 조직의 구성원으로서 일정한 계약관계를 맺음으로써 생겨나는 책임이고, 실질적으로는 경영진과 편집간부들에게 지는 책임이다. 독자와 시청자에 대한 계약적 책임이란 언론이 그들에게 정보와 해설을 충실히 제공한다는, 눈에 보이지 않는 계약을 맺고 있다는 가정 위에서 성립한다. 따라서 이것은 뉴스상품 생산자와 소비자의 관계를 넘어서는 것이고, 이러한 눈에 보이지 않는 계약관계를 전제할 때 독자와 시청자들은 기자들에게 주어지는 언론자유를 지지하게 된다.

셋째, 규제된 책임이란 상업적 언론이든 공영적 언론이든 언론규제기구가 규정하는 법률과 규칙에 대해 지는 책임을 의미한다. 규제된 책임은 개인의 명예나 사생활 권리를 침해하지 않아야 한다든가, 성도덕을 문란케 하는 지나치게 선정적인 보도를 자제해야 한다는 등의 내용을 갖게 된다. 여기까지는 언론의 자유와 책임에 대한 일반적인 논의라 할 수 있다.

이렇게 누구에게 책임지는가를 3가지 차원으로 나누어 볼 때, 우리 저널리즘은 '나라'에 대한 책임을 자율적으로 지려고 하고, 동시에 언론기업에 고용된 피고용자로서 계약에 책임지는 모습을 보이고 있다고 할 수 있다.

언론의 상업화는 1950년대부터 서서히 진행되었지만, 신문이나 방송의 상업적 경쟁은 1990년대 이후부터 나타났다고 보는 게 타당하다. 역설적이게도 민주화 이후 국가권력의 언론탄압과 제약이 약화되자, 시장적 경쟁이 격화되었다. 이러한 경쟁상황에서 기자들은 나라에 대한 책임은 유지하면서, 동시에 이른바 '장사가 되는' 뉴스와 프로그램 경쟁에 뛰어든 것이다. 언론시장의 경쟁이 격화되면서 언론기업은 기자들에게 독자와 시청자들의 흥미와 호기심에 부응하려는 노력을 경주할 것을 요구한다. 이 점에서 우리 언론은 독자와 시청자들과의 계약에 책임지려는 모습을 넘어서서, 정치적 선정주의를 통해 수용자들을 포획하려는 마케팅 전략을 생경하게 드러내게 되었다. 종합편성채널들이 모두 적은 비용으로 시청자들을 유인할 수 있는 선정적 뉴스에 집중하게 된 것도 여기에 원인이 있을 것이다. 이렇게 해서 독자와 시청자들이 필요로 하는 정확하고 편향되지 않은 정보와 해설을 제공한다는 책임 있는 언론의 역할은 공염불(空念佛)로 남고, 그것을 언급하는 것조차 이상한 소리로 들리는 상황이 되었다.

또한 우리 언론은 정치권력의 동향에 대단히 민감하고 그들이 제공하는 정보와 이슈와 관점을 충실하게 전달한다는 점에서 정부에 대해 책임 있게 행동한다고 할 수 있다. 커다란 틀에서 볼 때 핵심적인 뉴스의 편집방향은 권력의 움직임에 대한 판단과 긴밀하게 연관된다. 언론사 경영진과 편집간부들은 권력의 동향에 대해 정확한 판단을 하기 위해 정치권력 중심부와 다양한 형태로 연결망을 가지고 있고, 이 연결망이 부실할 때 감(感)이 떨어지는 언론으로 격하될 수밖에 없다.[9] 그리고 이러한 권력의 동향에 대한 감의 상실은 언론경영에도 심대한 타격을 입힐 수 있다. 이런 점에서, 우리 언론이 정치권력의 동향에 예민함을 보이는 협력관계는 이전의 독재정권하에서 정부에 책임 있는 역할을 했던 것과는 달리 언론조직의 기업논리에 충실한 것으로 보는 것이 타당할 것이다.

기자전문화라는 우리의 주제와 관련해서 예를 들면, 기업 관련 비리, 은행의 부실과 같은 사건이 터졌을 때 글로벌한 수준에서 세계 금융시장의 동향, 정부의 금융정책과 은행규제, 파이낸스 뱅킹에 대한 전문적 분석을 필요로 한다. 그러나 많은 경우 언론은 청와대, 경제부처, 한국은행이 어떻게 사건을 처리하려는 방침을 세웠는가, 규제할 정책의도가 있는가 등에 집중하고, 그런 고급정보를 빨리 취득하는 기자가 유능한 기자가 된다.

재벌의 금융산업 진출이나 독과점 규제와 같은 문제를 다룰 때 역시 한국경제의 독과점 구조와 시장규제와 경쟁력 등에 대한 전문적 식견보

---

9) 물론 이러한 주장은 실증적으로 과학적 연구를 통해 입증된 것은 아니나, 우리 언론을 조금이나마 들여다본 사람이면 대체로 동의할 수 있는 것이다. 이런 추론 역시 감(感)에 불과하다는 비난을 받을 수 있을 것이다.

다는 청와대 혹은 집권여당, 그리고 핵심 장관의 정책방향이 무엇인가에 대한 감이 중요시되는 게 현실이라는 것이다. 삼성과 같은 대재벌의 불법상속이나 비자금 문제가 터졌을 때도 보수언론이나 진보언론 모두 법률적 판단에 근거해서 사건을 분석하기보다는 청와대와 정치권의 반응, 한국경제에 줄 충격과 파장 등을 보도하는 데 집중했다.

물론 경제부처나 청와대를 비롯한 정치권 등 핵심 의사결정 집단의 방침에 대한 감을 잡는 일은 심층적 보도를 위해 그것 자체로 중요하다. 그러나 기존 법률체계, 경제운용에 요구되는 시장의 투명성, 기업의 투명성 등은 경제발전에 저해가 되지 않는 한에서만 중요한 규제의 문법으로 작용한다. 또 부패와 불법에 관대하거나 약한 처벌관행에 대해 비판하거나 항의하는 시민사회의 목소리는 경제위기, 산업위기라는 논변에 파묻혀 들리지 않게 된다. 나라의 앞날을 걱정하는 저널리즘은 이런 점에서 자연스럽게 사회의 투명성에 반하는 보도를 하게 되는 셈이다. 그리고 이런 저널리즘의 토양에 기초해서, 전문적 식견과 윤리적 원칙을 지닌 기자보다는 나라의 앞날을 걱정하는 애국적 기자들이 자라나게 된 것이다.

5. 소결

조선조 말의 지식인 관료들은 개화기의 혼란스러운 국면 속에서 어떻게 서구 열강과 일본, 청나라 등 주변국들의 간섭으로부터 조선을 지키고 더 부강한 나라로 이끌어 갈 것인가를 고민했다. 그들은 애국계몽운동에 뛰어들었고, 이후 식민 시기로 접어들어서는 항일운동, 구국운동에 투신했다. 말하자면 지식인이자 관료이자 선비였던 그들은, 조선의 백성들을 일깨우고 새로운 민족국가 건설을 향해 나아가도록 이끌어야 할 사명감을 가진 '지사'로 거듭나야 했다.

개화기 이후 이 지식인들은 서구의 여러 정치사상과 제도에 관심을 기울였고, 량치차오 등의 사상가들을 통해서 사회진화론과 국가유기체론 같은, 자강과 독립의 '무기'가 될 만한 이론적 자원들을 받아들였다. 이런 흐름 속에서 그들은 입헌군주제와 같은 대안적 정치체제를 꿈꾸기도 했으나 여러 가지 여건상 현실화하지는 못했다. 그렇지만 강력한 민족주의와 국가주의에 대한 사유는 실질적인 변화와 관계없이 당위적 수준에서 지속적으로 강조되었고, 더 심화되었다. 이들은 자신들의 이러한 생각과 고민들을 당시에 새롭게 생겨난 여러 신문과 잡지를 통해 공유했는데, 그 성격은 어디까지나 나라 걱정, 민족 걱정이라는 거시적 차원에서 당위적으로 이루어졌으며, 그들이 주도한 이러한 당시의 공론장은 말하자면 애국계몽적 특성을 강하게 띠었다고 할 수 있다.

당시는 국가의 주권을 빼앗긴 현실 속에서 절박하게 그 원인을 찾고 단결을 도모하던 상황이었다. 이는 기존의 정치체제 자체에 대한 내재적 고찰 또는 정치제도의 점진적 개혁과 발전 속에서 모색되었다기보다는 외부적 충격에 따라서 이루어진 측면이 컸다. 그러다 보니 군주제 자체에 대한 근본적 비판이나 자유와 평등 같은 근대적 천부인권 개념 등이 상대적으로 부족했고, 근대적 정치경제제도를 실제로 경험하거나 운영하지 못한 것에서 기인하는 구체적이고 현실적인 대안의 부재가 한계로 남았다. 원칙을 천명하고 당위성을 설파하는 것에 대부분의 정치 담론이 그치고 있었던 것이다.

무엇보다도 관료, 지식인이자 언론인이었던 엘리트 계층은 그들이 말하는 '국민' 또는 '민족' 구성원들을 그들과 다를 바 없는 이성적이고 지적인 존재로 여기지 않았다. '국민'으로 거듭나야 할 조선 백성들은 무지몽매하여 계몽해야 할 대상일 뿐이었다. 당시의 문맹률이 매우 높았던 것까지 감안한다면, 식민 시기 조선의 훈민공론장은 관료 지식인들이 민족과 국가를 새삼 강조하는, 다소 추상적인 이상과 당위론이 대부분을 차지하고 있었다. 국가에 대한 사유, 그리고 국가를 이끌어 갈 주체로서 민족, 혹은 국민을 설정한 배경이 이러했다고 볼 수 있다.

식민 시기 훈민공론장은 이처럼 관료이자 기자, 교육자였던 지식인 엘리트 집단에 의해 주도되었으며, 그 내용은 오로지 국권회복과 자강, 독립을 위한 민족의식, 국가의식 고취에 초점이 맞춰져 있었다. 그에 따라 평범한 민중이나 상인 등 다른 계급은 공론장의 주체로 포용되지 못하고, 계몽의 대상으로만 설정되었다.

또 한편으로는 서구 근대의 정치사상과 제도에 대한 다양한 논의들이 전개되었고, 민주주의적 공화제를 주장하는 등 다양한 가능성을 보이기도 했지만, 결국 그 모든 논의들은 민족국가, 국민국가의 차원에서 오로지 '국가'만이 중심이 된 정치담론의 지배로 귀결되었다. 이는 공동체로 상상할 수 있는 것이 오로지 국가였음을 의미한다. 국가나 민족과 분리된 시민 또는 시민사회라는 공동체의 차원에 대해서는 거의 생각해 볼 여지가 없었던 셈이다. 국권침탈과 식민지로의 편입, 서구 열강들이 위협하는 상황 속에서 애국심 고취, 민족의식 고취, 부국강병을 통해 조선이라는 나라의 정체성을 강하게 지켜 내는 것이 제일의 목표가 될 수밖에 없었기 때문이다. 결국 식민 시기의 애국계몽적 훈민공론장에서 모든 것은 국가를 중심으로 사유될 수밖에 없었다.

한편, 해방 이후 한국사회의 훈민공론장에서 활약한 기자들의 모습은 과거의 '지사적' 지식인들과는 달라질 수밖에 없었다. 물론 '권력과 타협하지 않고 윤리적 · 도덕적 엄격성을 추구하면서 나라를 걱정하는 지식인'의 이미지가 기자 직업문화의 한 전통으로 남아 있는 것은 분명했지만, 1990~2000년대를 지나면서 기업 조직으로서의 언론사가 추구해야 할 직업적 전문성, 효율성, 수익성 등으로부터 자유로울 수 없었기 때문이다. '전문가로서의 기자'에 대한 담론은 기자의 사회적 책임에 대한 새로운 성찰을 필요로 하게 되었다. 그리고 이 과정에서 독립성, 자율성, 객관성 등 기자에게 요구되는 다양한 책무들을 생각해 볼 때, 역사적으로 한국사회에서 독특한 성격을 띠고 형성된 '지사적 기자'의 덕목이 특정한 시대적 요청 속에서 일정 부분 긍정적 역할을 했다고도 볼 수 있다. 그러나 민주화 이후 '전문가'로서의 기자들의 모습에서, 우리는 여전히 저널리스트로서의 전문성보다는 청와대를 비롯한 정치권의 핵심 의사결정 집단이나 기관들에 의존하고 '국가'라는 영역 아래에만 머무는 한계를 발견하기도 한다.

제5장

근대화 시기 훈민공론장의 성격

훈민저널리즘으로서 〈사상계〉

해방과 한국전쟁을 거치면서 한국의 공론장은 사회가 성숙하기도 전에 냉전의 한가운데 서게 되었다. 자유민주주의를 어떻게 규정하든, 어떤 자유민주주의가 소개되고 제도화 과정을 거쳤든 간에 그것은 강제된 선택이었다. 식민지 해방과 한국전쟁은 한반도의 분단을 가져왔지만, 전 세계적 수준에서 일어난 냉전의 구조는 아시아를 분단했다. 소련과 중공, 북한, 그리고 미국을 축으로 미국, 남한, 대만, 오키나와를 따라 아시아 분단의 선이 그어졌다. 한반도는 이러한 냉전 아시아의 첨단에 놓여 있었다.

이러한 조건에서 국가와 시민사회를 연결하는 다리로서, 근대국가 형성과정에서 정치사회와 시민사회가 공론을 나누고 숙의를 도모하는 공론장은 냉전의 자장(磁場) 안에서 지극히 특수한 성격을 띨 수밖에 없었다. 이를 반공주의 틀로 설명할 수도 있고, 근대국가 건설과정에서 권위주의 국가에 의해 포획된 공간으로 설명할 수도 있다. 사실 그동안 한국 근대언론사는 이른바 언론탄압과 통제, 언론자유를 위한 투쟁과 저항이라는 틀에서 저널리즘을 설명하고 한국 공론장의 특성을 규명해 왔다(정진석, 1996; 박용규, 1997, 2015; 김영희, 1999; 김민환, 2001, 2008; 조항제, 2008).

이 글은 해방 이후 한국 공론장이 훈민성을 지속하고 있다는 점을 논증하고자 한다. 앞에서 논의했듯이 훈민공론장은 한국사회의 역사적 조건에서 국가-시민사회라는 축이 아니라, 국가-국민사회의 틀을 통해 제도와 실천적 규범들이 형성되었음을 밝히는 개념이라 할 수 있다. 국가의 우산 아래 사회와 공론장이 형성되고 작동했기 때문에 조선조 관료집단이 핵심 주체로 활동했음은 앞에서 보았다. 개화기와 식민 시기에도 역시 공론장은 시민들 스스로가 계몽의 주체로 거듭나는 공론 나누기의 공간이 아니었다. 애국계몽을 통해 풍전등화(風前燈火)에 빠진 나라를 구하거나, 탈 식민의 저항적 주체로서 지식인들이 대중들을 훈민하는 공간이었다고 할 수 있다.

해방과 전쟁을 거치면서, 비록 분단의 조건이었지만, 근대국가 건설은 전체 한국민족의 당면과제로 주어졌다. 사회와 생활세계 수준에서 근대적 규범과 행위, 국가와 사회 수준에서 근대적 제도와 사회적 규범의 내면화와 실천 등이 전면적인 사회 요구였다. 공론장 역시 그러한 근대로 이행하는 개인적 실천과 사회적 제도화의 요구 안에서 ① 전통적으로 내려오던 지식인과 관료들이 대중을 계몽하는 양상, ② 개인의 이해를 국가의 이해로 수렴시키는 국가주의(흔히 민족의 미래를 책임지는 책무라는 대의를 통해서), ③ 국가와 민족의 앞날에 대한 책임을 자각하고 헌신하는 참여적 지식인의 역할에 대한 자임 등의 훈민성이 지속되었음을 밝히고자 한다.

이러한 목적을 위해 이번 장에서 제 7장까지는 해방 이후부터 1987년 민주화 시기까지, 즉 근대국가 형성 초기부터 압축근대화 시기까지 한국의 공론장이 어떤 특성을 지녔는가를 크게 3가지 시기로 나누어 규명하고자 한다.

첫째로, 장준하의 〈사상계〉를 사례로 근대국가 초기에 미국 자유민주주의 자장 안에서 형성된 훈민공론장의 특성을 해명한다. 〈사상계〉의 훈민저널리즘으로서의 특성을 밝히기 위해 여기서는 국가 발전을 위해 어떻게 지식인의 역할을 자임했는가, 그리고 민족주의(*nationalism*)와 자유주의(*liberalism*)가 어떻게 자연스럽게 결합되었는가를 〈사상계〉와 장준하를 사례로 해서 분석한다.

둘째로, 1960년대 압축근대화로부터 1987년 민주화까지의 근대화 시기를 '국가주의적 동원'의 시기로 보고, 훈민공론장의 특성을 훈육적 동원과 후견적 규율이 어떻게 공존했는가를 통해 살펴본다. 범위도 넓고 시기도 길기 때문에, 공영방송을 하나의 사례로 해서 근대화 과정에서 공론장의 훈민적 특성이 어떻게 형성되었는지 살펴보고자 한다.

셋째로, 일방적이고 강제적인 동원의 다른 측면에서 국가가 어떻게 일반 국민들의 생활세계에 개입하고 규율하고자 했는가를 '후견적 규율'이라 개념화하고, 훈민공론장의 주체로서 개인이 국가의 틀 안에서 규율되는 과정과 그러한 규율을 내면화하는 과정을 살펴보고자 한다.

여기서는 1950년대의 대표적 잡지인 〈사상계〉의 사례를 바탕으로 근대국가 건설기 훈민공론장의 특성을 검토할 것이다. 해방 이후 근대

국가의 건설과정에서 미국식 자유주의의 도입은 공론장의 성격에 중요한 변화 요인이었다. 그럼에도 자유주의의 도입은 민족주의와의 긴밀한 결합이라는 특수한 형태를 띠며 이루어졌다. 어떻게 이런 일이 가능했는가? 이 질문에 답하기 위한 하나의 전략으로, 〈사상계〉의 성격과 여기에 영향을 준 발행인 장준하란 인물의 성격에 대해 검토한다.

1. 훈민저널리즘의 주체로서 장준하와 〈사상계〉

〈사상계〉를 발행한 장준하는 해방 이후 공론장을 주도한 대표적인 비판적 지식인이자 언론인이다. 광복군(光復軍) 활동으로 대표되는 항일운동에 참여했을 뿐 아니라, 〈사상계〉 발간을 통해 자유주의 사상을 모색하는 한편, 1960년대 이후로는 군부 독재에 대한 강력한 저항활동을 펼치기도 했다. 1972년 9월에는 〈씨알의 소리〉에 "민족주의자의 길"을 기고하면서 '통일'에 대한 열망을 강하게 드러낸 민족주의자이기도 하다. 특히 "민족주의자의 길"에서 '민족적 양심', '민족적 자유'란 개념을 통해 통일을 최우선 과제로 부각시킨 것은 많은 이들의 뇌리에 강하게 남아 있다.

흥미로운 점은 '자유주의'를 가장 적극적으로 모색한 〈사상계〉의 발행인이었던 장준하가 후에 개인보다 전체로서 민족을 최우선으로 두는 '민족주의자'로서의 면모를 보인다는 점이다.[1] 장준하는 〈사상계〉 활동과 관련하여 미국식 자유주의를 적극적으로 '수입'한 인물이면서도 동시에 개인보다 민족을 우위에 둔 '민족주의자'였다. 이러한 이중적 성격은 건국과 근대화 과정에서 공론장을 주도한 지식인들이 공유한 사상적 경향을 전형적으로 보여 주는 것이기도 하다. 어떻게 해방 이후 한국의 공론장에서 '자유'라는 사상은 개인의 자유, 혹은 시민의 자유가 아닌 '민족적 자유'라는 집합적 개념으로 이행한 것일까? 〈사상계〉라는 전후 공론장에서 논의된 '자유주의'는 왜 국가 바깥의 시민사회를 상상하지 못한 것일까? 이에 대한 답은 장준하란 인물의 개인적 삶의 궤적과 1950년대 〈사상계〉의 성격을 검토함으로써 찾을 수 있다.

〈사상계〉 이전 장준하의 삶에서 확인할 수 있는 것은 먼저 광복군 출신 독립운동가로서의 정체성이다. 장준하가 광복군에 참여하게 된 동기를 이해하기 위해선 그의 어린 시절의 교육 경험을 이해할 필요가 있다. 장준하는 해방 직후 남한지역에서 가장 대표적인 엘리트 그룹 중 하나였던 서북지방 개신교인으로 손꼽힌다(김상태, 1998). 이들의 가장 대표적인 특징은 강한 민족주의와 반공주의 성격을 띠었다는 점이다.

장준하는 평북 선천(宣川)에 있는 신성중학교를 다녔는데, 장준하의 아버지 장석인은 신성중학교 교사이자 교목이기도 했다(박경수, 2003). 신성중학교는 105인 사건의 진원지였던 선천에 위치한 학교로, 3·1운

1) 다음 인용문에서 개인보다 민족에게 우선권을 부여하는 장준하 사상을 잘 확인할 수 있다. "민족적인 생명과 존재와 따로 있는 자기, 민족의 생명이 끊어진 뒤에도 살아 있는 자기, 민족이 눌리고 헐벗고 있을 때 그렇지 않은 자기는 이미 자기 아닌 자기이며, 그렇기에 자기의 생명을 실현하는 인간이 아닌 것이다"("민족주의자의 길", 〈씨알의 소리〉, 1972년 9월).

동 민족대표 33인 중 한 명인 양전백이 설립하였다. 장준하의 아버지는 신사참배 거부로 교직에서 물러나기도 했다. 1938년에 신성중학교를 졸업한 장준하는 1942년 도쿄 일본신학교로 유학하는데, 이 시기 장준하는 민족정신을 고취시키는 교육을 하는 곳으로 유명했던 숭덕학사의 교회위원으로 참여하기도 했다. 성장과정에서 그가 일제에 대한 반감과 민족주의를 자연스럽게 체득했음을 알 수 있는 대목이다.

이후 장준하는 한국광복군에 입대하여 미국 CIA의 전신 OSS(Office of Strategic Service)에서 특수공작 훈련을 받았다. 또한 임시정부와 관계를 맺으며 해방 이후 김구 주석의 비서로 경교장에서 김구의 성명서와 기자회견문을 작성하는 일을 맡기도 했다(박경수, 2003). 1947년 이후 정치에 참여하지 않았던 장준하는 1952년 피란 수도 부산에서 월간지 〈사상〉을 간행하며 본격적으로 언론인으로 활동하게 된다. 이러한 경험은 장준하가 반일, 반공, 반 이승만, 친미적 성격을 갖게 되는 중요한 과정이기도 했다.

〈사상계〉의 전신인 〈사상〉은 부산 피란시절 문교부 산하의 국민사상연구원 기관지로 발간된 것이다. 이는 당시 문교부장관이었던 백낙준과의 인연으로 시작된 일이다. 흥미로운 것은 〈사상〉이 제 2호부터 USIS(주한미공보원)과 교섭하여 〈사상〉 발행부수 절반을 구입해 주는 형식으로 용지 지원을 받았다는 점이다(박경수, 2003). 이승만 세력의 반대로 제 4호를 끝으로 발간이 중단되었지만, 당시 주한미공보원이 미국식 자유주의를 적극적으로 담아낸 잡지 〈사상〉을 한국전쟁 직후의 맥락에서 유용한 공보수단으로 간주했다는 점은 확인할 수 있다.

2. 〈사상계〉에서 훈민적 지식인의 역할인식

〈사상계〉는 기관지에서 벗어나 독립된 잡지로서 1953년 4월에 창간되었다. 〈사상계〉를 창간한 직후 장준하 자신이 사상가로서 두각을 드러낸 것은 아니었다. 오히려 〈사상계〉를 중심으로 새로운 지식을 적극적으로 수용, 발간하는 매개로서의 역할에 충실했다. 유경환(1983)의 회고에 따르면, 장준하는 1~3차에 걸친 편집회의를 통해서 편집안을 짰는데, 여기에는 당대의 교수, 언론인 등 다양한 편집위원이 참여했으며, 장준하는 주로 듣는 입장을 취했다. 장준하는 새로운 지식을 받아들이는 데 빨랐으며, 학계의 지식층으로부터 도움을 많이 받았다. 당대 외국에서 갓 귀국한 학자들이 거의 〈사상계〉의 성장과 발전을 함께 했다는 평을 받기도 했다. 즉, 〈사상계〉는 당시 유학을 다녀온 신진 학자를 비롯한 다양한 지식인들의 논의를 담아내면서, 사실상 당대 지식인사회의 구심점 역할을 한 셈이다. 〈사상계〉는 전후 한국사회에서 일종의 지식인 공동체로서의 역할을 했고, 한국전쟁 이후 좌파 지식인이 거세된 시대적 맥락 안에서 새로운 지식의 방향을 모색하는 일종의 전초기지였다(김영희, 2012).

우선 〈사상계〉를 중심으로 모여든 지식인들이 어떻게 지식인의 사명을 자임하고, 어떻게 국가와 국민, 국가와 사회를 인식했는가를 살펴보자. 장준하가 쓴 1954년 8월호 권두언에서 한글 간소화 저지를 위한 투쟁을 촉구하는 대목을 보자. 이승만 정부가 주도하려던 한글 간소화 정책을 반대하기 위한 투쟁에서 장준하는 애국적 태도를 견지해야 함을

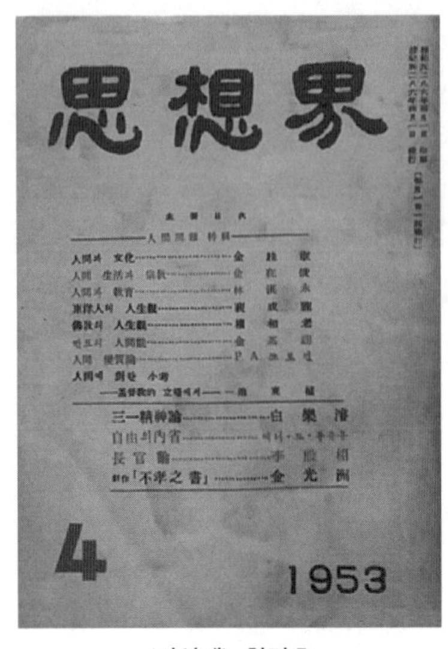

〈사상계〉 창간호

분명히 한다. 애국적 국민들은 정부의 위신이 너무 떨어지는 것도 원치 않고, 정부 위신의 추락은 곧 일반 국민의 애국심 상실이 되며, 반공정신을 약화시킬 것이라고 전제하였다. 한글 간소화 정책이 주제이기는 했지만, 장준하는 "지식인의 역할이 국민과 정부가 나아가야 할 길을 제시하는 선각자, 계몽자"라고 보고 있었음을 분명하게 보여 주었다.

1957년 2월호 권두언에서도 그는 지식인들은 판단의 능(能)과 명(明)을 지니고 비판정신을 견지함으로써 집권층의 시비(是非) 정사(正邪)를 가려내야 함을 주장했다. 지식인은 자신을 바로잡고 이웃을 깨우쳐 이 나라를 정화하는 사도로서의 역할을 충실히 이행해야 한다는 메시지였다. 집권층과 국민을 올바른 길로 인도하고 우리의 민족적 과제를 앞장서서 해결하는 계몽적, 선구적 지식인의 임무를 강조한 것을 다시 확인할 수 있다.

〈사상계〉 1959년 5월호에 실린 특집기사 "인텔리겐챠"는 근대국가 건설기의 지식인이 어떠해야 하는지를 다룬 주요한 담론으로서 주목할 만하다. 당시 참여한 집필자는 김팔봉, 신상초, 한태연, 김하태, 여석기, 김성식 등 〈사상계〉의 주요 필자들이었다. 흥미로운 것은, 여기에 참여한 지식인들은 정치참여로부터 자신들이 소외되어 있다는 사실에 대해 문제의식과 위기의식을 가졌다는 점이다.

한태연의 다음 글은 이러한 의식을 잘 보여 준다. "6·25 이후 우리 사회의 지식계급은 그들의 사상의 선택이 자유민주주의로 결단된 다음에는 역사의 창조와 사회활동에서의 주도권을 일부의 정치가에게 빼앗긴 채로 다만 소극적인 현실도피에만 급급하고 있다"(한태연, "한국의 지식계급"). 이는 김성식이 후진국 지식인들의 임무를 지적 공헌에 따른 사회변혁이라고 지적한 점에서도 드러난다.

한편 신상초는 〈사상계〉에서 미국식 자유민주주의 이념을 정치제도적 측면에서 모색함으로써 잡지가 지향하는 이념에 구체성을 제시한 대표적 필자였다. 저널리즘이 '볼셰비즘과 파시즘의 잠재적 대두를 물리치면서 민주정의 확립에 솔선협력'하기 위해 부패를 폭로하고 민주정치에 대한 강한 신념을 배양해야 할 책임이 있음을 강조하면서도 여전히 국가 지도층의 역할을 강조했다는 점에서 '국민 주권'이 '시기상조'라는 인식을 드러내기도 했다. 이는 다음 발언에 잘 드러난다. "여론은 존중하고 추종할 만한 가치를 가지고 있지만, 조직 이전의 대중에게 여론의 건전한 생산자적 역할을 크게 기대해서는 안 된다. 지도층에 의한 부단한 계몽, 선전, 조작, 선도가 있어야 하니, 그런 것이 없거나 모자라면 여론정치는 우민정치로 타락할 가망도 없지 않다"("여론과 정치", 《사상과 여론의 정치》, 1983, 35쪽). 자유민주주의의 실현 주체인 국민에 대한 회의적인 시선이 강하게 나타난 것이다. 이러한 인식은 '국민계몽'이 민주주의의 전제가 되어야 하며, 지식인은 이를 위한 적극적 역할을 해야 한다는 내용으로 요약될 수 있다.

이러한 〈사상계〉 참여 지식인들의 인식은 1964년 6·3사건을 분수령으로 〈사상계〉가 박정희 정권과 첨예한 대치 전선을 형성하게 되는 상황에서도 어느 정도 유지되었다고 볼 수 있다.

한태연 역시 1959년 5월호 "한국의 지식계급"이란 글에서 지식계급의 부족함을 지적한다. 광복 이후 사상적으로 방랑하던 한국의 지식계급이 한국전쟁이라는 현실적 체험을 통하여 그 회의와 방랑을 마치고 자유민주주의를 선택하게 됐지만, 정작 지식인들이 현실참여에 소극적이어서 후진국 지식인으로서의 역사적 사명을 다하고 있지 못하다는 논지를 폈다.

김성식은 후진국 지식인들의 임무를 지적 공헌에 따른 사회변혁에서 찾고자 했다. 러시아 혁명을 주도한 인텔리겐차들이 혁명 직전에 염세주의와 허무주의에 빠졌던 예를 들면서, 격동기의 지식인은 그러한 정신분리증을 고치고 안으로는 사회정의를 수립하고 밖으로는 국제사회를 건설해야 함을 강조했다. 이들은 근대 국민국가 형성과정에서 지식인을 사회개혁을 주도할 주체로 설정한 것이고, 국민은 여전히 계몽의 대상이었다.

한국전쟁 이후 냉전이 전면화한 사회적 조건에서 한국의 공론장은 이데올로기적 스펙트럼에서 절름발이일 수밖에 없었다. 해방 직후 좌우대립, 한국전쟁으로 인한 분단의 조건에서 지식인들은 사상적 다양성에 있어 스스로 한계를 자각했기도 했고, 자유주의는 논의의 대상이 아니라, 어쩔 수 없는 선택으로 받아들여졌다.

3. 자유주의와 민족주의의 결합으로서 훈민저널리즘

이번 절에서는 〈사상계〉의 훈민저널리즘으로서의 역할에 주목한다. 특히 지식인 주도의 훈민저널리즘이 지닌 애국적 특성을 밝히기 위해 자유민주주의와 국가주의가 어떻게 자연스럽게 수용되고 실천되었는가 하는 질문을 제기하고자 한다. 앞에서 보았듯, 이 책에서 국가주의는 시민사회와 시장이 국가의 우산 아래 포획된 구조와 그러한 국가 중심 구조가 오랜 역사적 형성의 과정을 거쳤고, 사회의 구성원들이 그것을 내면화한 상황을 가리킨다. 그리고 자유민주주의는 그 해석의 다양성을 고려한다 하더라도 개인의 자유와 개인의 주체, 한 단계 더 나아가 인민주권을 전제로 한다. 이렇게 서로 충돌하고 대립하는 두 가지의 사회적 가치체계, 혹은 사회적 이념이 어떻게 별다른 이념적 충돌 없이 받아들여지고, 주장되고, 실천되었는가 하는 질문이 나오게 된다. 이 질문에 대해 이 글은 지식인들의 훈민성(바로 위에서 살펴본)과 훈민저널리즘이 지니고 있던 국가주의(애국주의를 경유해서)를 하나의 대답으로 제시하고자 한다. 이를 위해 〈사상계〉가 지니고 있던 자유주의에 대한 인식, 반공주의에 대한 인식을 살펴보고, 자유주의가 반공주의를 경유해서 민족주의와 결합하는 양상을 살펴본다.

〈사상계〉가 처음부터 '민족주의'를 전면에 내세운 것은 아니다. 장준하 개인으로 볼 때도 그가 체득한 반일-민족주의적 경험들은 1950년대까지는 잠복해 있었다고 봐도 무방할 것이다. 〈사상계〉가, 혹은 장준하가 민족주의적 색체를 강하게 드러내기 시작한 것은 1963년 한·일

협정 이후의 일이다. 따라서 후대의 '민족적 저항잡지'라는 수식은 함석헌의 활약에 힘입은 바 크며, 정치사회적인 면에서 〈사상계〉는 반공주의의 틀 안에서 당시의 정치풍토를 '자유민주주의 체제'란 이상(*ideal*)을 바탕으로 비판하는 내용이 주를 이루었다(박지영, 2012; 이용성, 2012).

따라서 1950년대 〈사상계〉의 특징은 '미국식 자유주의' 이념의 적극적 수용을 통한 새로운 '사상'의 모색이라 할 수 있을 것이다. 특히 창간 직후인 1953년과 1954년에는 장준하가 〈사상계〉를 통해 자유민주주의 구상의 토대를 다지려 했다는 점을 권두언에서 확인할 수 있다(이철호, 2013). 실제로 '자유주의'에 대한 글들은 주로 1954, 1955년에 집중적으로 게재되다가 1958, 1959년에 다시 많아지는 양상을 보임을 알 수 있다.

'자유민주주의' 사상 논의에서 중요한 부분은 바로 외국 텍스트의 번역이었다. 특히 〈사상계〉에 실린 반공주의 번역 텍스트들은 대개 미국 매체에서 나온 것이었다(박지영, 2011). 이에 대해 권보드래(2011)는 〈사상계〉 기사분석에서, 많은 기사들이 외국 글들을 번역해서 미국의 사상적 논리를 수용했다는 점에서 〈사상계〉를 세계문화자유회의와의 관계 속에 위치시킨 바 있다. 창간 직후 〈사상계〉가 사실상 세계문화자유회의에 참여한 지식인들의 발신(發信)을 번역하는 데 주력했다는 것이다. 이는 장준하와 함께 살았던 미국인 마셜 피일이 〈사상계〉 편집국 조사부서에서 근무하면서 세계문화자유회의에서 보내오는 최신 해외 간행물을 입수 정리했다는 유경환의 회고에서도 확인할 수 있다(유경환, 1983).

세계문화자유회의는 창립 초기부터 미국의 CIA가 자금을 지원한 것

〈표 5-1〉 1950년대 〈사상계〉 '자유'(주의) 관련 글 목록

호	연월	제목	필자	역자
1	1953년 4월	자유의 내성	드니 드 루쥬몽	양호민
4	1953년 7월	자유를 위한 교육	로버트 M. 허친스	강봉식
		학구와 자유	미국38대학총장회의	민석홍
6	1953년 9월	자유세계정부론 - 세계평화의 도정	안영태	
		자유론	알렉산더 마이클존	
10	1954년 2월	[권두언] '자유' 수호를 위한 일언		
16	1954년 11월	자유인의 변 - 엠마뉴엘 다스티에 씨에게 보내는 답서 2편	알베르 카뮈	이진구
19	1955년 2월	자유주의의 종언	신상초	
23	1955년 6월	학원 · 학문의 자유	한교석	
25	1955년 8월	자유의 윤리	안병욱	
		사상의 자유	제카리아 쇄페	박경화
		자유와 권위 - 그리스도와 쏘크라테스	라인홀드 니버	
		고뇌하는 자유와 그 방향	버틀랜드 러셀	이용남
		자유주의의 현대적 고찰	신상초	
		한국 자유민주주의의 과제	진도성	
		[부] '자유'에 관한 문헌 소개	편집부	
		[해외문화 - 단평, 서평] 미국 자유주의의 전통 外		
26	1955년 9월	이른바 중공의 지적 자유	Chang Kuo-sin	
		전통과 자유 - 기독교를 중심으로	홍현설	
27	1955년 10월	권력과 자유	엄상섭	
		불란서 혁명의 이념 - 자유 · 평등 · 박애	민석홍	
28	1955년 11월	자유세계를 좀먹는 소련 스파이망 ① 소련은 왜 스파이가 필요한가? ② 스파이 활동의 이모저모 ③ 스파이단을 움직이는 군상 ④ 방대한 개인조서 ⑤ 모스크바는 제 2의 지령을 내렸다		
		나의 주장 - 민주주의와 자유경제와 자립경제의 기반을 조성하라	주석균	
31	1956년 2월	자유당	이종극	
32	1956년 3월	독일과 구라파의 자유를 위하여	콘라드 아데나워	김천남
		의사표시의 자유와 책임내각제도의 확립	이종극	

〈표 5-1〉 계속

호	연월	제목	필자	역자
35	1956년 6월	형법에 있어서의 자유 - 특히 인간의 윤리적 주체에 대하여	남흥우	
		자유의 운명	시드니 후크	이상혁
36	1956년 7월	전쟁과 인간의 자유	이건호	
		자유의 도정	덜레스	석향옥
37	1956년 8월	자유세계의 승리를 위하여 - 1957년도 대통령 예산교서	아이젠하워	박순철
40	1956년 1월	자유세계의 활로	로버어트 머어피	석향
42	1957년 1월	자유의 장래		
		자유의 본질과 방향	최재희	
		민주주의와 자유	김기석	
		전체주의에 대한 도전 - 정치적 신학의 종언을 위하여	한태연	
		자유경제의 전망	고승제	
		자유와 식민주의의 몰락	서석순	
43	1957년 2월	자유와 종교 - 내적인 면에서	김재준	
48	1957년 7월	독재자 피닐라의 미로 - 자유에 이긴 코롬비아 국민들		
50	1957년 9월	강제와 자유(상) - 경제발전의 최상책은 무엇인가?	K. 슈바이니쯔	이삼봉
		오키나와의 고뇌 - 자유 방위에는 이런 난관도 있다		
52	1957년 11월	자유를 찾은 마레이 - 막을 내리는 또 하나 식민통치		
54	1958년 1월	인간의 자유	A. H. 콤프튼	이시호
56	1958년 3월	'국민의 자유'의 헌법적 의미	윤세창	
57	1958년 4월	양심의 자유	박일경	
60	1958년 7월	북아프리카와 자유진영 - 서방외교의 암으로서의 북아의 역사와 장래	로나 한	편집부
		자유당의 자위적인 '정치백서'		
61	1958년 8월	영일 을구의 선거무효 판결과 자유당의 충격		
		자유사회	류기천	
65	1958년 2월	자유와 질서		
		한국에 있어서의 자유	한태연	

〈표 5-1〉 계속

호	연월	제목	필자	역자
65	1958년 2월	정치적 자유	민병태	
		종교의 자유	김하태	
		사상의 자유	신상초	
		경제적 자유	이정환	
		자유의 아포리아 - 자유개념의 사적전개를 중심으로	안병욱	
		자유당의 '활로'와 고뇌		
		자유냐 평화냐 - 미국은 오명을 씻고 발분할 때다	시드니 후크	
		우리가 걸어온 30년(5) - 자유에의 모색	김팔봉	
66	1959년 1월	자유당		
67	1959년 2월	난항을 거듭하는 유럽 자유무역지역		
		지난달의 발자취 - 자유당의 동태		
		자유와 이웃	장대욱	
68	1959년 3월	[특집] 자유를 위한 투쟁		
		한국민족의 자유투쟁사	조좌호	
		미국혁명과 자유주의	오병헌	
		유럽의 자유를 위한 혁명	민석홍	
		인도의 자유투쟁	고병익	
		한국과 한국인 - 한국인은 북어처럼 때릴수록 좋아지는가	신상초	
		한국에 있어서의 자유	와싱톤포스트	
69	1959년 4월	자유인간과 그의 역량	장이욱	
		자유사회에서의 법의 지배 - 국제법률가대회에 다녀와서	엄민영	
70	1959년 5월	새 '자유'의 모색	김은우	
71	1959년 6월	군정법령 제88호의 유령 - 자유언론은 죽지 않는다	신상초	
75	1959년 0월	역사의 알파와 오메가 - 자유사관의 구조	안병욱	
		에리히 프롬 저 《자유로부터의 도피》	우병규	
76	1959년 1월	폭력으로부터의 자유 - 강력범의 원인과 그 대책	김기두	

으로 알려졌으며, '전체주의에 맞서' 미국과 유럽 등 '자유세계'의 지식인들이 연대할 것을 주장한 대표적 단체다(권보드래, 2011). 물론 〈사상계〉가 이들과 직접적으로 연대했다는 증거를 찾긴 어렵다. 또 이상록(2010)의 지적처럼, 이러한 미국식 민주주의의 번역과 소개도 결국 번역자가 자기 방식대로 재해석한 것일 수 있다. 그럼에도 이들의 지적 생산물이 〈사상계〉에 집중적으로 번역되는 방식으로 중요한 자원이 되었다는 점은 분명하다. 세계문화자유회의의 활동은 미국 대 소련이란 구도가 '전체주의에 맞서'란 구호 아래 '자유세계' 지식인의 연대 형태로 바뀌는 냉전 사상전의 과정이었다. 결국 〈사상계〉가 내세운 '자유'란 단순히 새로운 정치체제의 모색을 넘어서서 '반공주의'를 경유하여 '자유'를 냉전적으로 재구성하는 과정이었다고 볼 수 있다.

이러한 특징은 〈사상계〉에 참여한 필진들의 면모에서도 다시 확인할 수 있다. 〈사상계〉에 참여한 이들은 일본식 학풍의 영향과 강력한 반공 이데올로기의 흐름을 배경으로 미국식 자유민주주의를 받아들였는데, 이는 '선별적'이고 '조건적'인 자유와 민주주의 개념을 강조하고 '제도적'이고 '기능적'(김아름, 2011, 139쪽) 수준의 논의가 진행되었다는 특징이 있었다. 특히 1950년대 학계를 주도한 지식인들은 주로 일제의 식민지 교육을 경험한 뒤 미국의 학풍을 받아들였기 때문에, 국가의 주권이 군주나 관료에게 주어지는 것을 인정하는 독일의 학풍에서 영향받은 일본의 국가학과 혼재된 양상이 나타난 것으로 보인다.

따라서 1950년대까지의 〈사상계〉에서는 강력한 반공주의와 결합한 개념으로서 자유의 논의가 개진되었을 뿐, 개인의 자유나 시민사회의 역할에 대한 논의는 본격화되지 않았다. 자유는 반공의 매개로 작동되는 논리일 따름이었다. 시민의 자율성과 자유에 대한 논의보다 '자유국가'의 구성에 대한 논의에 집중한 〈사상계〉의 사상적 모색은 오히려 국가주의나 민족주의와 더 친화력이 높은 성격의 것이었다.

〈사상계〉가 민족주의적 성향을 강하게 드러낸 것은 1963년 한·일회담 반대투쟁을 기점으로 민족적 저항담론이 표면화하면서부터이다(박지영, 2012; 이용성, 2012; 김영희, 2012). 1963년 이후 장준하는 군사정부에 적극적으로 대항하는 과정에서 민족주의자로서의 면모를 강하게 드러내기 시작한다. 초기 5·16군사정변에 대해 다소 호의적이기도 했던 〈사상계〉의 면모를 고려할 때 이러한 변화는 일본이란 대상에 대한 장준하 개인의 입장이 반영된 것으로도 볼 수 있다. 장준하가 광복군 활동을 하며 가졌던 태도와 '외세에 의한 해방'으로 인한 좌절의 경험이 반영되었다는 것이다(유경환, 1983).

중요한 것은 1960년대에 들어오면서 애초에 반공주의를 경유하며 '국가의 자유' 혹은 '자유를 위한 국민적 단결'이란 명제로 축소된 자유민주주의의 이념이 '민족주의'와 적극적으로 결합했다는 점이다. 장세진(2013)은 기존에 4·19를 추동한 핵심담론이 자유주의나 민주주의였음에도 1960년대 중반에는 '통일'과 '민족' 같은 개념들을 접속시키고 전유하며 담론을 둘러싼 경쟁을 적극적으로 수행했다고 지적한다. 또한 군사정부에 대항하기 위해 동원된 '민족'의 가치란 애초에 반공 이데올로기를 내면화, 정당화하는 형태였다는 점에서, 이는 국가가 이미 규정하고 제도적으로 확정해 놓은 '국민(됨)'을 자발적으로 과잉 강조하는 형태였다는 한계를 지적한다. 1972년에 장준하가 '통일'정책이란 이유로 7·4 남북공동성명에 호응하며 "민족주의자의 길"을 발표한 것은 이러한 담론 지형의 변화와 무관하지 않은 것이다.

오늘날 민족주의(*nationalism*)와 자유주의(*liberalism*)는 대립적 범주로 이해되지만, 적어도 해방 이후 근대국가 건설기의 공론장에서 논의된 자유주의는 민족주의와 멀리 떨어진 개념이 아니었다. 〈사상계〉 등을 통해 받아들여진 '미국식 자유민주주의'란 애초에 '전체주의'로서의 공산주의에 대한 반대 성격으로 구성된 이념의 형태였다는 점에서, '개인의 자유' 혹은 '시민사회의 구성'이란 새로운 상상으로 이어지기엔 한계가 명확한 것이었다. 또한 1950년대의 짧은 모색의 기간을 지나자마자 나타난 군사정부와 저항세력 간의 '민족'을 둘러싼 전유는 역설적으로 '민족'의 이름으로 사람들을 국가 내부로 호명하는 결과를 낳았다. 자유주의는 반공주의와 결합된 형태로 제한적으로 수용되었고, 국가라는 우산 바깥으로 나가는 시민사회의 가능성은 애초에 상상 밖의 일이었던 것이다.

4. 소결

이번 장에서는 해방 이후 한국의 훈민공론장, 훈민저널리즘의 성격을 살펴보기 위해 1950년대를 통틀어 한국의 공론장을 주도했던 장준하와 〈사상계〉에 대해 논의해 보았다. 장준하는 항일운동, 군부독재에 대한 저항을 비롯해서 한국 현대사의 주요 현장에서 목소리를 높였던 대표적인 비판적 지식인이자 언론인이다. 그리고 〈사상계〉는 전후 한국사회에서 일종의 지식인 공동체로서의 역할을 했고, 한국전쟁 이후 좌파 지식인이 거세된 시대적 맥락에서 새로운 지식의 방향을 모색하는 일종의 전초기지였다.

〈사상계〉에 나타난 필자들의 국가와 사회에 대한 인식을 보면, 한결같이 애국적 태도를 강조하며, 집권층과 국민을 올바른 길로 인도하고 민족적 과제를 앞장서서 해결해야 할 '선각자', '계몽자'로서 국민과 나라가 나아가야 할 길을 제시하는 것이 곧 자신들과 같은 지식인의 역할이라고 생각하였음을 발견할 수 있다.

특징적인 것은 장준하와 〈사상계〉는 미국식 자유주의를 가장 적극적으로 모색했으면서도, 개인보다 민족을 최우선으로 두는 민족주의적 가치지향을 보여 주었다는 점이다. 서로 충돌하고 대립될 수 있는 두 가지 가치체계 혹은 이념이 뒤섞인 이러한 이중적 성격은 건국과 근대화 과정에서 공론장을 주도했던 지식인들의 공통적인 사상적 경향을 전형적으로 보여 주는 것이기도 했다. 〈사상계〉에서 논의된 자유는 주로 반공의 매개로 작동되는 논리였고, 개인의 자유나 시민사회의 역할에 대한 본격적인 논의와 연결되지 못했다. 따라서 시민의 자율성과 자유에 대한 논의보다 '자유국가'의 구성에 대한 논의에 집중한 〈사상계〉의 모색은 결국 국가주의나 민족주의와 더 친화력이 높은 특징을 띨 수밖에 없었다.

요컨대 해방 이후 한국의 공론장에서 '자유'는 개인이나 시민의 자유가 아니라 '민족적 · 국가적 자유'를 의미하는 것이 되었다. 전후 공론장에서 논의된 자유주의는 국가 외부의 시민사회를 상상하지 못했던 것이다. 그 배경에는 일제 식민 시기 이후 미군정기를 거치면서 냉전의 소용돌이에 휘말려 든 한반도 남쪽의 역사적 맥락에서 비롯된 강한 민족주의와 반공주의의 결합, 미국의 강력한 영향력 등이 있었다. 그 과정에서 미국식 자유민주주의는 반공주의를 경유해서 결과적으로 국가주의와 결합되는 양상을 띠었다. 지식인들의 훈민성과 훈민저널리즘이 내포하고 있던 애국주의는 그러한 궤적과 밀접하게 얽힌 채, 자유주의와 민족주의, 그리고 국가주의의 결합 양상을 가능케 하는 중요한 요인으로 작용했다고 볼 수 있다.

제 6 장

경제근대화 과정에서의 훈육적 동원

도구화된 방송

서두에서 훈민공론장을 국가-시민사회의 대립쌍에서 출현한 공론장과 달리 국가-국민사회의 틀에서 국가주의적 특성을 강하게 내포한 공적 영역으로 정의했다. 훈민공론장이 조선조 이래 왕권 아래 선비/관료 중심의 토론과 숙의, 비판적 담론교환의 장(場)이라는 특성을 이어받았지만, 장기적 시간 축에서 볼 때 단일하게 고착된 것은 아니다. 국가, 시민사회, 시장의 구조가 변동함에 따라 훈민공론장의 특성, 형태, 제도 역시 변화하게 된다.

해방 이후 근대국가 형성 초기에 한국에서 미국의 자유민주주의가 자연스럽게 민족주의적 애국주의와 결합할 수 있었듯이, 경제근대화 과정에서는 또 다른 변모를 겪게 된다. 1960~1970년대 권위주의적 국가와 경제근대화 시기에 훈민공론장은 어떠한 양상으로 변모되고 특정한 특성을 가지게 되었는가가 이번 장의 주요 질문이다. 1960~1970년대 경제근대화 시기는 정치적으로 군사정변을 통해 집권한 권위주의 정치권력이 시장뿐만 아니라 사회·문화, 생활세계 영역까지 강력한 통제와 규율의 힘을 행사한 시기였다. 그렇지 않아도 국가주의적 특성을 강하게 내포한 훈민공론장은 정치권력의 국가주의적 동원을 통해 훈육적 공론장(*disciplinary public sphere*)으로 변형되었다는 것이 핵심이다.

공적 영역에서 사회를 유지하기 위한 공공의 이익으로서 공익(*public interests*)이라는 개념은 이 시기 국가를 장악한 정권에 의해 동원됨으로써 '국가=공익'이라는 등식을 자연화했고, 사회 전 영역에 걸쳐 국가의 행위는 자연스럽게 공적 이해에 복무하고 봉사하는 것으로 정당화되는 사회적 실천이 일반화됐다. 국가 주도의 경제근대화 과정은 국가주의적 동원을 통해 시장과 국민사회를 통제하고 규율했다. 필자는 위로부터의 '국가=공익'을 정당화하는 과정을 '동원형 국가주의'로 개념화하여 설명하고자 한다. 구체적으로 박정희 정권부터 전두환 정권 시기까지 한국 방송의 이념으로서 공익성의 구조와 성격이 형성된 과정을 역사적으로 살펴보면서 국가가 어떻게 방송을 훈육적 선전도구로 동원하였는가를 살펴본다.

경제근대화 기간에 일어난 정치권력에 의한 '동원형 국가주의'의 핵심적 사례로서 공영방송의 하나로 제도화된 MBC에 주목해 보고자 한다. MBC를 중심으로 텔레비전 방송이라는 공적 서비스의 제도화 과정과 그 역할에 대한 정권의 이념적 규정, 그리고 텔레비전 방송을 군사정권이 어떻게 동원하였는가를 살펴볼 것이다. 구체적으로는 1961~1971년 초기 방송구조의 형성기, 1971~1979년 동원형 국가주의의 전개와 확장 시기, 그리고 1980~1987년 민주화 이전 시기까지의 동원형 국가주의의 지속과 재편 시기, 이렇게 세 시기로 나누어 검토할 것이다. 군사정권 시기 방송의 공익성은 독재정권의 통치와 자본주의적 발전을 위한 국가주의적 국민 동원의 측면이 가장 강조되었다. 인쇄매체인 신문과 잡지들이 '언론'으로서 항상 정치적 문제와 갈등의 중심으로 부각된 것과 비교할 때, 특히 방송매체는 '국가화'된 특성이 두드러진다.

1. 박정희 정권 시기 방송구조의 형성과 국가 (1961~1971) : 발전주의 미디어의 형성

방송에 대한 박정희 정권의 초기 대책들은 주로 단순한 쿠데타 정당화 작업이었다. 그러나 점차 다양한 맥락 속에서 일관되게 추진된 '조국근대화' 프로젝트의 하위작업이 되었다. 국가재건최고회의는 쿠데타 정당화를 위한 '정화작업'의 연장선상에서 '재건국민운동에 관한 법률'을 공포하였다. '국민들의 정신적 재무장'을 명분으로 내건 사업 추진을 위해 설립된 재건국민운동본부에서는 '반공과 내핍, 근면 정신의 고취, 생산 및 건설 의식 증진, 도덕적 앙양, 정서 순화, 국민 체위 향상' 등을 과제로 내걸었다. 뿐만 아니라 교원들은 '신생활 재건운동'이라는 이름으로 '국민복'을 입었고, 여성들은 '신생활복'을 입어 양장이 일상복이 되었으며, 학생들은 교복을 입고 삭발을 해야 했다. 이는 박정희가 추진한 '인간개조운동'이 지향하는 대표적 과제들이었다.[1)]

경제개발계획, 재벌기업인 장악, 부정축재자 처리 등을 비롯한 일련의 '조국근대화' 사업은 군사정권의 정당성 확보를 위한 단기적 대책에서 시작되었으나, 점차 경제적 성장과 정치적 '국민통합'을 위한 동원체제 구축으로 전환되었다. 정권의 장기적 정당성 확보를 위해 '발전'이라는 길을 선택한 것이다. 그러나 1963년 말까지도 군사정권은 경제성장의 성과를 보여 주지 못하는 상황이었고, 1960년대 중반 즈음에는 6·3 시위로 대표되는 한·일 협정 조인을 둘러싼 국내의 민족주의적 저항과 월남 파병을 둘러싼 야당과의 논쟁, 그리고 언론윤리위원회 파동 같은 대내외적 정치적 위기를 겪었다.

박정희는 1969년 3선개헌 반대시위 등의 정치적 저항에 직면했음에도, '국민투표 독재'를 통해, 즉 10월 17일 대통령 3선개헌안 국민투표를 통해 이를 무마할 수 있었다. 중요한 것은 박정희의 '국민투표 독재'가 가능한 기반이 무엇이었나 하는 질문이고, 이 과정에서 방송은 정치를 추동하는 힘과 경제를 추동하는 힘에 큰 영향을 받을 수밖에 없었다. 방송은 쿠데타의 성공과 정당화를 위한 '사회정화' 사업, 부정축재자 처리나 3선개헌을 위한 국민투표 홍보, 조작사건 발표를 통한 반공주의 강화에 기여한 측면이 있다. 동시에 방송산업은 전자산업 성장이나 선전체계 구축이라는 정권의 목표가 민영방송의 육성과 일치되었기 때문

1) '사회정화'라는 명분으로 진행된 사업이 초기의 정권정당화 작업에 해당된다면, 이후 '재건국민운동'의 이름으로 추진된 국가사업들은 일제 말기의 '식민지 규율권력'(김진균·정근식, 1997)과 유사한 근대적 지배권력이 국가 수준에서뿐 아니라 전 사회, 일상생활까지 자리 잡는 것에 해당된다. 이러한 권력이 전면화됨에 따라 한국사회에서는 '국민'이라는 이름으로 여러 '근대적 주체'들이 탄생하였다. 이러한 관점은 박정희 시기의 '근대화'의 성격과 내용을 살펴보는 데 중요한 준거가 된다.

에 차관도입 등의 특혜를 통해 급속히 성장하였다.

1) 1960년대의 동원형 국가주의의 형성: 공보 · 선전체계 구축

1960년대의 방송정책은 TV수상기와 관련된 전자산업의 육성이라는 측면과 국가의 공보 · 선전체계 구축이라는 두 가지 측면에서 의미를 갖고 있었다. 그중에서도 후자는 동원형 국가주의를 위한 공보 · 선전체계의 제도화라는 측면에서 매우 중요하다. 전자산업의 육성과 TV의 보급은 체계적인 공보 · 선전정책과 동시에 추진되었다. 박정희 정권은 수립 직후부터 본격적으로 국가선전기관인 공보기구의 조직과 예산, 인원을 확장하고 그 업무를 체계화하기 시작했다.

당시 공보부는 '융합과 총화'라는 명분을 내걸었지만, 권력의 분립이나 대의민주주의 체계의 권력 대리와 다양한 정치권력 매개조직들의 역할을 중시하기보다, 정권과 국민, 나아가 '최고 통치자와 국민 대중'이 직접 연결되는 것을 선호했다. 결국 공보정책을 통해 모두가 단일한 인식과 의식을 갖출 것을 강요받는 국가주의적 국민동원을 위한 선전체계의 구축이 본격화된 것이다.

공보부의 설립과 확장과정은 이러한 선전체계의 구축과정을 잘 드러내 준다. 1961년 6월 21일 발족한 공보부의 업무는 '법령의 공포, 보도, 정보, 대내외 선전, 심리전, 정기간행물, 영화, 예술과 방송에 관한 사무'를 관장하는 것으로 규정되었다. 공보부의 업무는 각종 조사업무[2]에서부터 시작하여 그에 기반한 선전정책의 수립과 실행으로 이어졌다. 공보부에서는 국가의 대내외적 선전을 기획하고 실행했으며, 이러한 선전정책의 하위범주로서 언론과 방송에 관한 정책을 수립했다. 1960년대 초기 홍보매체에 대한 국가의 정책은 '정부 홍보매체로서의 간행물, 영화, 방송의 양적 확장'에 중점을 두었다. 특히 새롭고 강력한 영향력을 지닌 방송의 전국적 보급망을 형성하는 데에 많은 관심과 노력이 집중되었다. 방송망의 확장은 무엇보다도 국가의 공보·선전정책의 일환으로서 추진된 것이다.

이를 위해 정부는 '방송 난시청지역을 단계적으로 해소한다'는 명분을 내걸었다. 더 많은 사람들이 박정희 정권의 의도와 관점을 접촉할 수 있도록 기존 방송국에 대한 출력을 늘리고 남양, 소래 등에 대출력 송신소나 중계소를 크게 늘려 나갔다. 동시에 산간벽지 주민들을 대상으로 국지(局地) 이동방송을 실시하여 '제 1차 경제개발 5개년계획'의 내용 등을 알려 주는 방법도 활용하였다. 가능한 모든 매체운용 수단을 동원하여 군사정권의 업적을 홍보하려 한 것이다.

이처럼 공보기구 확대와 정책적으로 추진된 홍보매체 확충을 통해 박정희 정권은 선전과 계몽을 수행했다. 공보정책은 매년 초 국민에게 제시되는 정권의 시정목표와 조응하는 방향으로 형성되었으며, 1960년대에는 무엇보다도 '조국'으로 압축되는 국가의 목표에 부합하는 선전활동을 펴나갔다. 특히 박정희 정권은 '반공을 국시의 제 1의'로 삼고 있었기에 공보부 설치와 내부 조직개편을 마친 직후부터 특수선전위원회의 활동을 중심으로 '반공홍보' 계획을 마련했다(문화공보부, 1979).

---

2) 공보부에서 실시한 여론조사 업무는 대체로 ① 국민여론 및 의식조사, ② 홍보매개체 실태조사, ③ 홍보효과측정조사의 3가지로 구분할 수 있었다(문화공보부, 1979).

공보정책은 냉전적 선전을 위한 ‘반공체제의 입체적 기능’ 중 하나가 되었으며, 이와 더불어 문맹 해소와 계몽 등의 훈민적 계도사업을 수행하려 했다. 초기의 공보정책은 쿠데타와 집권의 정당화 작업과 다를 바 없었고, 집권 이후부터는 본격적인 경제개발을 위해 한편에서는 수출과 건설과 노동을, 다른 한편에서는 근면과 검소와 저축을 요구했다. 1968년의 대내외적 위기 이후로는 점차 국가안보와 치안을 강조하다가 1971년의 국가비상사태 선언과 1972년의 10월 유신으로 ‘유신과 총력안보’를 강조하는 파시즘 체제를 구축하려 했다. 공보정책은 이러한 각 국면의 요청에 따라 처음에는 ‘국민과 정부가 일체’가 되게 하기 위한 ‘홍보수단’을 마련하기 위해 방송망을 확충하려 했고, 그러한 방향에서 민간방송기관을 육성하려 했다.

이후 경제개발계획이 본격화되고 ‘수출’을 발전 모델로 선택한 박정희 정권은 그러한 조국근대화에 적합한 국민들의 태도를 요구했다. ‘증산과 수출과 건설’을 위해 국민들은 ‘근면하고 저축하고 검소’한 생활을 해야 했다. 마찬가지로 1960년대 중반 이후 ‘전진’과 ‘건설’이 강조되다가, 1968년의 간첩침투사건이나 푸에블로호 납치사건 등을 겪으면서 1969년은 ‘싸우면서 건설하는 해’로 지정되었고, 이 해에는 국방과 건설을 동시에 강조함으로써 ‘반공’과 ‘생산’이 ‘국민의 의무’로 부과되었다. 동시에 ‘민족문화 중흥’의 기치를 내걸고 민족주의적 전통 창조에 열을 올리기도 했다. 이러한 정책목표와 공보목표들은 방송목표에도 영향을 미쳤고, 다음 장에서 자세하게 살펴볼 방송 편성의 측면, 무엇보다도 심의를 통한 방송내용 통제와 방송공익성 규정의 세부적 내용들로 반영되었다. 1960년대의 주요 시정목표와 공보정책을 살펴보면

〈표 6-1〉 1960년대 연도별 시정목표와 공보정책

연도	정부 시정목표	연두교서, 예산교서에 나타난 공보정책의 방향
1962	1. 경제 재건을 위한 산업개발 2. 국방력 강화 3. 자조, 자립정신 확립 (1962. 1. 1 신년사)	- 진정한 자유민주주의 체제를 확립하기 위하여 반공이념을 수호. 일절의 용공세력을 분쇄하고 **반공체제의 입체적인 기능을 발휘**하기 위한 범국민운동을 전개 - 혁명과업 수행대열에 민족의 총역량을 집중시키기 위해 **국민조직과 국민훈련을 강화하여 승공민주이념을 확립**. **국민도의와 민족정기**를 앙양하여 국민정신을 진작하기 위한 범국민운동 전개. - 국민의 지식수준 향상과 민주사상의 고취를 위해 **전국적인 문맹해소와 계몽운동**을 추진할 것. 이에 따라 **근로정신을 위시한 도의진작**에 치중.
1964	대혁신운동 전개 1. 정치적 자주 1. 경제적 자립 1. 사회적 융화안정 (1963. 12. 17 대통령 취임사)	- 공보행정은 범국민적 혁신운동의 촉진을 위한 **홍보활동에 주력하여 국민과 정부가 일체가 될 수 있도록** 여론을 수집·분석·평가하여 민의를 국정에 반영. - 대외적으로는 민주 보루의 최전선에 임한 대한민국의 국제적 위치를 올바르게 인식시킴은 물론 특히 금년에는 교포에 대한 선전 강화에 중점. - **현대적 홍보수단인 방송망의 확충을 기하기 위하여 농어촌의 앰프 증설하고 방송의 공정성과 품위를 견지토록 하는 한편 운영의 합리화를 기하고 민간방송의 건전한 발전을 도모**. - 문화예술이 대도시에만 집중되는 경향에 비추어 그 균점에 주력하여 지방에서도 그 혜택을 고루 받도록 함과 아울러 지방 문화예술 활동의 적극적인 지원. - 민주주의적 국정운영의 기본요건의 하나인 자유롭고 책임 있는 언론을 창달하기 위하여 신문윤리위원회의 기능을 조장하고 언론의 자율화를 촉구.
1966	'일하는 해' 시정목표: 증산, 수출, 건설 행동강령: 근면, 저축, 검소 (1966. 1. 1 신년사)	- 공보부문에서는 **조국근대화 과업의 원동력이 되는 자주, 자립정신을 고취**하고 **생산적인 기풍을 조성**하는 동시에 민족적 긍지(矜持)와 단결을 촉구하며 … 여론조사를 강화하여 경제발전과 국민생활의 향상발전에 직결되는 실질적인 공보활동을 전개하는 한편 책임 있는 민주언론의 창달을 기하고 공산진영의 선전공세에 대처하는 반공선전활동을 강력히 전개. - **각종 홍보매개체의 전국적 확충을 강력히 추진하여 난청지구를 해소하며 특히 획기적인 지방공보활동에 주력하여 문화혜택의 지방균점을 이룩**. - 조국근대화란 거창한 과제를 앞에 놓고 무엇보다 먼저 확립해야 할 문제는 바로 우리 스스로의 자세, 분위기의 조성임. 이러한 민족주체의식의 확립과 사회 분위기 조성을 위해서는 먼저 우리가 지닌 민족 고유의 우수한 문화와 전통을 재확인하고 또 이를 바탕으로 새로운 문화의 창조를 서둘러야 하는 것.

〈표 6-1〉 계속

연도	정부 시정목표	연두교서, 예산교서에 나타난 공보정책의 방향
1969	1969년은 **싸우면서 건설하는 해** (1969. 1. 1 신년사) 2대 시정목표 1. 국방, 치안태세의 더욱 공고화 2. 경제건설에 총력 매진 (1969. 1. 10 기자회견)	- 문화공보부문에서는 문화민족으로서 전통적 예지를 가꾸어 **민족문화의 창달**을 위한 새로운 정신문화의 개발과 가치관의 정립에 주력하며 **조국근대화를 선도하는 의지적 바탕**을 확립하고 청신한 창의와 바른 양식에 의하여 창조되는 슬기로운 문화민주사회를 건설하는 데 정책적 배려. - 문화활동과 창조적 예술활동을 적극 지원하고 인쇄 및 출판문화의 향상을 도모하고 유형무형의 문화재를 체계적으로 개발 관리하고, 이로써 문화국민으로서의 긍지를 선양. 또한 **생산적이며 진취적인 새 국민상을 확립하고 생활과 밀착된 반공활동을 적극 전개**하여 우리의 통일 자세를 가다듬는 한편, 우리 문화의 발전상을 해외에 널리 홍보하여 국위를 선양하며 민주 언론의 책임 있는 창달을 지원하고, **농어촌에 대한 문화활동, 방송망을 확장하여 문화의 지방 균점**을 기할 것.

출처: 문화공보부(1979). 《문화공보 30년사》에서 재구성.

〈표 6-1〉과 같다.

이처럼 정권이 생산한 담론들은 단순히 정권이 추진하는 사업을 국내적으로 알리는 것을 넘어서, 전국적으로 확장된 선전체계와 방송망을 통해 선택의 여지 없이 국민에게 주입된 것이다. 언론과 방송에 대한 정책들은 이러한 국가의 선전정책의 하위정책으로서 수립되고 추진되었다. 국가의 시정목표에 따라 공보부의 시정목표가 정해졌고, 다시 이에 따라 구체적인 방송의 목표들도 확정되었다. 방송의 목표들은 공보부의 국내 홍보목표와 다르지 않았을 뿐만 아니라, 공보목표에서 원칙적이고 추상적으로만 제시된 것들이 보다 구체화되고 세밀해진 형태로 나타났다. MBC-TV가 개국한 1969년에 발행한 문서에 제시된 '방송정책의 중점'과 '방송의 목표'는 다음과 같다.

(가) 1969년도 정책상의 중점

방송업무의 체계화와 권리운영의 효율화를 기하고 대내외 방송내용을 쇄신 강화하여 건전하고 명랑한 국민생활을 도모하여 **싸우면서 건설하는 국민정신 자세를 확립**함으로써 조국근대화에 이바지한다.

(나) 방송 10대 목표

1. 1970년대의 한국 부각:
   ① 1970년대를 향한 조국근대화상
   ② 민족중흥을 위한 역량의 총 집결
   ③ 국시에 따른 조국통일의 기운 조성
2. 국가시책 홍보:
   ① 대통령 연두교서 주지
3. 경제개발 5개년계획 홍보
4. 제 2경제 실천
5. 민족문화예술의 창달
6. 창조적 국민정신 진작
7. 멸공태세의 확립 고취
8. 국제친선과 국위선양
9. 사회복지 증진
10. 국군 및 예비군 사기 앙양

— 문화공보부, 1969, 30~35쪽

이처럼 박정희 정권 초기의 방송은 어디까지나 '선전 도구'로서 육성되고 장려되었다. 방송의 산업적 성장은 방송 수신기의 생산 및 판매와 관련하여 전자산업 육성에 도움이 되었는데, 동시에 상업방송의 성장에 따른 방송망 확장은 정부에게 선전도구의 영향력이 전국적 규모로 구축되는 것이었기에 바람직하였다. 국가의 산업, 선전정책 수준에 반영된 방송의 '공익성'은 결국 그것의 육성과 확충에 국가가 관여한 만큼 점차 국가주의적 동원의 성격을 띠게 되었다. 박정희 정부가 제시한 '조국근대화'는 방송의 목표가 되었고, 그것이 곧 방송의 이념이자 방송공익성의 근거가 되어 갔다.

2) 박정희 정권의 TV 방송에 대한 인식

정치적 성격을 갖는 신문을 중심으로 한 언론과 달리 방송은 처음에는 새롭고 효율적인 기술로서, '선진문명'의 상징으로 받아들여졌다. 따라서 방송에 대한 정책은 '조국근대화'의 일환으로 추진되는 한편, 군사정권의 가시적 업적으로 활용되는 성격이 짙었다. 국가재건최고회의는 1961년 8월 TV 방송국 설립을 계획했고, 이승만 정권 시절 공보실장을 지낸 오재경이 다시 군사정권의 공보부장이 되어 김종필의 후원을 받으며 이를 추진했다. 한 편의 '군사작전'을 방불케 하는 짧은 기간의 준비만으로 이루어진 1961년 12월 31일의 KBS-TV 개국은 군사정권의 '근대화' 작업을 대중의 눈앞에 확연하게 보이게 하는 '스펙터클'로서 추진되었다.

KBS-TV 설립이 쿠데타의 정당화나 유화적 조치에 해당되는 성격이 있었다면, 이후의 민영방송국 설립은 방송산업 성장, 전자산업 성장, 국가의 방송망 구축 등 다각적 목표들이 부합된 배경에서 등장한 것이다. 그런데 민영방송국들이 설립되기 시작한 1960년대 중반, 박정희는 민영방송의 설립과 운영에 매우 우호적인 관심을 보였고, 방송에 '언론'과는 또 다른 역할을 부여하려고 시도했다. 1964년 '부산문화방송국 개국 제5주년 기념 치사'에서, 박정희는 부산문화방송의 운영을 두고 "민영방송의 용감한 개척정신"이라고 치켜세우면서 "우리 방송사와 더불어 길이 빛날 것"이라고 우호적 찬사를 보냈다. 특히 정권은 민간상업방송들에게 국영방송과는 구별되는 의미를 부여하려고 노력했다. 즉, '우수한 국내상품의 선전을 통하여 기업가의 생산의욕을 북돋아 주는 한편, 일반대중의 상품 선택에 친절한 길잡이 구실'을 해야 한다는 것, 그를 통해, '산업경제 발전에 크게 이바지해 줄 것'을 기대한다는 관점이었다. 민간상업방송은 박정희 정권의 경제개발계획의 하위 파트너로서, 국내소비를 활성화하고 동시에 수출공업화를 위해 전자산업을 활성화할 수 있는 역할과 의미를 부여받은 것이다.

1964년 9월 26일 또 다른 민영방송국인 대전문화방송이 개국할 즈음, 박정희의 방송에 대한 인식과 방송의 역할에 대한 규정은 조금 더 분명해졌다. 방송은 '경제발전'의 하위 파트너에 머물지 않고 '조국근대화'의 전 영역에 걸친 적극적 동반자로서 역할을 담당할 것을 요청받게 되었다. 방송의 '공익'적 특성은 보다 분명하게 강조되었고, '공익성'의 내용으로서 국가의 홍보·선전기관으로서의 역할, 정보전달기관으로서의 역할, 문화적 계몽, 사회의 계도적 역할이 강조되었다.

1965년 10월 2일 '방송의 날' 치사에서 박정희는 매스컴으로서의 '방송'에 대한 분명한 인식과 체계적 역할규정을 시도하였다. 특히 TV와 라디오는 신속성과 광범성으로 인해 "매스컴의 왕좌적 지위"를 차지한 것으로 평가했고, 방송이 "사실의 보도와 지식의 전달, 그리고 풍부한 교양과 흥미로운 오락 등 다채로운 프로를 밤낮으로 제공함으로써 우리의 일상생활과 정신생활에 유익한 영양소"가 되고 있다고 진단했다. 무엇보다도 중요한 것은 방송의 공익성을 단순히 '편파적 사익'의 반대인 공공적 성격을 가진 것으로 규정하는 것을 넘어서, 정권이 추진하는 '조국근대화' 사업에 부응하는, '국가와 민족'을 위한 것이어야 한다는 국가주의적 정의를 내렸다는 점이다(《박정희대통령 연설문집》 제1~3집 참조).

다시 말해 박정희 정권에게 방송은 비판적, 비평적, 객관적 언론이라기보다는 저개발국의 발전, '국민' 통제와 계도, 정권의 선전과 홍보를 위한 '발전주의 미디어'가 되어야 했다. 특히 TV는 '매스컴의 총아'로 각광받았는데, 무엇보다도 TV가 가장 영향력이 큰 최신, 최량, 최대의 뉴미디어이자 문명의 상징이었고, 나아가 정권에게는 대항선전을 위한 무기로 인식되었기 때문이었다.

3) 1960년대 방송제도의 형성과 '방송이념' 규정

방송에 관한 전문가로서 방송의 내용을 규제하는 집단이 본격적으로 등장한 것은 한국방송윤리위원회를 통해서였다. 공보부가 1962년 발족시킨 방송윤리위원회는 이후 1963년 마련된 '방송윤리규정' 및 방송법과 함께, 한국의 근대적 방송 역사에서 가장 체계적이고 세세하게 방송의 성격과 내용에 대해 규정한 최초의 제도였다(정순일, 1991). '방송윤리규정'은 '한국 방송이 인류평화와 이 사회의 공공복지 증진과 국민문화 및 생활향상의 사명과 책임을 자각하고 방송의 품격과 자유를 지킨다'라는 명목으로 1963년 1월 18일 제정, 시행되었다. 그런데 이 규정에서는 '민주주의'나 '복지', '차별'에 대한 규제는 거의 없는 대신 '국가와 국가기관의 권위', '명예훼손', '사회정의', '공서양속', '국제친선', '법의 권위', '국기와 국가의 존엄성' 등에 대한 규제가 집중적으로 부각되었다. '방송윤리'가 규정하는 방송의 목적과 역할, 즉 방송의 공익성의 내용에서 국가주의적 성격이 보다 분명해진 것이다. 또한 제 12조에서 상업방송이 경제발전에 이바지할 수 있도록 노력한다고 규정함으로써 정권의 전자산업 육성정책과 부합하는 임무를 부여하고 있음을 확인할 수 있다(문화방송, 1982).

방송윤리규정이 방송의 '공익적' 내용에 국가주의적 규제를 가한 것과 다르게 1963년 12월 16일 법률 제 1535호로 제정된 방송법 제 1조에는 '방송의 자유보장'이 명시되어 있었다. 즉 "건전한 방송의 자유를 보장함으로써 국민문화의 향상과 공공복지의 증진에 기여"할 것을 방송법의 목적으로 내세운 것이다. 그러나 제 3조 제목이 '방송의 자유'였는데도, 실질적으로 보장한 것은 방송의 내용이나 보도가 아닌 '방송 순서의 편성' 자유에 한정되어 있었다. 주목할 것은 방송법 제 19조와 20조에 의해 방송국은 방송일지와 방송실시 결과를 공보부장관에게 보고하고, 시행령 4조에 의해 월간방송통계 보고서 등을 매달 공보부장관에게 제출하게 되어 있었다는 것이다. 사후적 관리방식이었다고는 하나 엄연히 방송은 국가의 지속적 관리와 통제의 대상이었다. 문제는 국가에 의

한 관리 그 자체가 아니라 권력이 상호감시와 균형을 이루지 못하는 국가-사회 구조 속에서 방송은 특정 권력층의 의도와 기획에 완벽히 종속될 수 있는 상황에 처했다는 것이다. 즉, 언론에게 일반적으로 언론의 자유와 민주주의 추구, 권력 비판이 장려되었던 것에 비해 방송은 민주주의나 자유와 평등 같은 가치들은 전혀 문제 삼지 않았고, 국가가 장려하는 '민족문화의 보급'이나 '아동과 청소년 선도', '결혼과 가정의 보호', '공중도덕과 사회윤리'라는 보수주의적 통치담론을 생산하게끔 유도된 것이다.

이후 1964년 8월 5일에는 언론과 방송윤리위원회를 통합하여 모두를 관리하고 통제하려던 '언론윤리위원회법'이 정권에 의해 입법되었고, 언론계와 야당이 이에 적극적으로 반발한 이른바 '언론윤리위원회 파동'이 발생했다. 이는 같은 해 6월 4일 이른바 '앵무새 사건'으로 동아방송(DBS) 간부가 구속된 것에서 알 수 있는 언론, 방송 탄압의 연장선상이었다. 그러나 거센 사회적 반발로 9월 10일 박정희는 언론윤리위원회법의 시행 보류를 선언하게 되었고, 방송윤리위원회는 다시 법적 근거가 없는 명목상의 '자율규제기관'으로 되돌아오게 되었다.

9월 23일부터 '자율규제기관'으로 재발족한 방송윤리위원회는 이후 무섭게 방송 프로그램을 통제하려 했다. 그 대상은 코미디 프로그램이었다. 10월 29일에는 코미디언 송해와 박시명을 1개월간 출연정지시키도록 방송국에 권고했고, 1965년에는 코미디언 서영춘이 1년간, 백금녀가 2년간 출연금지라는 처분을 당했다(정순일, 1991). 또한 같은 해 11월 9일에는 자문기구인 '방송가요심의위원회'를 창설하여 정권 초기의 '사회정화'의 연장선상에 있는 사업을 추진했다. 즉, '방송가요 정화'

사업을 시작한 것이다. 이들은 심의위원회를 창설한 뒤에 이른바 '건전한 방송가요의 발전'과 '생활윤리 및 국민정서의 함양'이라는 명분을 걸고 방송가요 심의를 시작하였다(방송위원회, 2001). 이처럼 방송윤리위원회의 방송내용 규제와 그것의 실현에 있어 법적 근거의 유무는 문제가 아니었다. 지배권력층의 영향력 행사 범위 내에서는 얼마든지 실질적 영향력을 확보하고 수행할 수 있었다.

4) 문화방송 TV의 설립과 초기 방송이념의 형성

문화방송(MBC) TV의 설립은 국가와 정권에 의해 그리고 스스로 이미 방송이념을 '조국근대화와 국가 사회적 책임을 다하는 것'으로 정한 상태에서 이루어졌다. MBC는 애초 교육방송으로 허가를 얻었으나 로비를 통해 1968년 11월 10일 50%만 교육방송을 하는 '상업방송'으로 무선국 변경허가를 획득하는 데 성공하는 등, 단순한 우연이라고 보기 어려운 여러 호조건 속에서 정권의 적극적 비호 아래, 1969년 8월 TV 방송국을 개국했다.

설립 당시 MBC는 TV의 역할과 이념을 스스로 어떻게 정의했는가? MBC는 "새로운 민간 텔레비전 방송국의 주요 기능과 역할"을 다음과 같이 설정하였다. "국내외 정보를 신속, 정확히 보도, 전달, 해설, 처리하는 민중의 길잡이이며 첨병으로서의 기능과 역할"을 다하고, "국민의 재창조활동과 여가선용을 위한 건전한 웃음과 휴식 및 오락을 제공"하며, "본격적인 광고방송을 통해 기업활동을 활성화시켜 주는 산업발전의 촉진제"로 활동하겠다고 함으로써 정부의 경제성장정책에 부응했다. 또한 "바람직한 가치관을 정립하고 민족문화 창달에 기여하는 동시에 국가목표 달성에 공헌하는 사회적 합일을 위한 기관"으로, 또 "가장 설득력 있는 사회교육기관으로서의 기능과 역할"을 다할 것을 주요 설립 목표로 삼음으로써 정권의 공보, 선전과 헤게모니 정책을 그대로 구현하려 했다. 나아가 개국식 당시 사회자의 첫 멘트에서 MBC는 "조국 근대화의 환상(*fantasy*)"을 실현해 줄 매체로 규정되어 있었다(문화방송, 1982).

이처럼 MBC는 군사정권에 접수된 직후부터 특혜 속에 성장했으며 TV 3사 경쟁시대를 개막했다. MBC는 박정희 정권이 규정한 방송공익성 내용과 스스로의 위치설정이 일치하는 경우가 많았으나, 실질적 운영에서는 약간의 갈등과 차이를 보였다. 그렇지만 결국 1960년대의 동원형 국가주의 방송공익성은 방송산업의 육성이 국가의 '조국근대화' 사업의 하위사업으로 설정되어 태생부터 연관되어 있었다. 이는 방송사의 허가와 설립 과정에서의 편법적 특혜와도 밀접한 관련이 있었다. 이후 경제개발계획이나 차관도입 과정에서도 방송산업은 산업성장과 경제개발이라는 국가의 역할 규정, 방송법과 방송윤리규정에 명시된 '국시'(國是) 조항 등을 충실히 받아들였다. 나아가 방송망이 확장되고 방송산업이 성장할수록 방송은 국가의 선전매체로서 중요성을 획득하였고, 단순한 하위 파트너를 넘어서 '조국근대화'의 기수로, 중요한 동반자적 지위를 부여받게 되었다. 공익성 개념에 근거한 방송의 역할과 방송이념에 대한 논리들은 애초에 많지도 않았지만 1960년대를 거치면서 모두 사라지고 '국가화'된 형태로 자리 잡게 된 것이다.

국가의 산업, 선전정책 수준에 반영된 방송의 공익성은 그것의 육성과 확충에 국가가 관여한 만큼 국가주의적 동원의 성격을 띠게 되었다. 국가가 제시한 '조국근대화'는 대체로 방송의 목표가 되었고 방송의 이념이자, 방송공익성의 최종적 근거가 되어 갔다. 결국 방송은 언론적 성격보다는 국가이익, 정권이익을 대변해야 하는 매체로 규정되었고, 방송이 추구해야 할 목적과 이념은 크게 ① 반공, ② 조국근대화, ③ 민족문화 창달이라는 3가지로 나뉘었다.

2. 동원형 국가주의의 전개와 확장(1971~1979): 유신체제로의 전환과 방송 규율 강화

1) 유신체제의 선전 · 매체 정책

유신체제로 대표되는 1970년대의 한국사회는 보다 전면적인 총동원적 훈육체제로 전환되었다. 방송의 구조와 역할 역시 이에 따라 변화했고, 이전에는 부분적으로만 수행되던 특정한 역할이 전면적으로 확대되었다. 예컨대 방송은 냉전적인 선전의 역할을 지속적으로 수행하면서도 민족문화와 전통, 새마을운동과 같은 정권의 대내적 선전을 위한 역할을 적극적으로 수행하기도 했다. 무엇보다도 방송은 유신체제에 걸맞은 능동적이면서도 순종적인 주체들을 생산하기 위한 규율기구로서의 역할을 담당했다. 방송윤리위원회의 활동은 보다 강화되었고, 드라마와 광고와 대중문화의 세세한 내용까지 금지되고 통제되었다. 전 국민의 일상생활의 세세한 부분까지 관여하고 규율하려는 국가의 의도가 전면화된 것이다. 그러나 이러한 양상은 단순히 억압과 탄압만으로 일관한 것으로 보기보다는, 보다 강력한 '순응적 주체 생산'과 더불어 이루어진 동원체제의 구축으로 볼 수 있을 것이다. 또한 초보적이긴 하지만 오락매체를 대중의 탈정치화와 사사화를 위한 도구로 활용하는 방임적 모습을 보이기도 했다.

구체적으로 이 시기의 언론정책과 선전 · 공보정책을 살펴보자. 먼저 언론정책의 경우, 유신정부는 유신체제에 대한 비판을 봉쇄하기 위해

〈표 6-2〉 1970년대 언론에 대한 국가의 개입

국가 개입의 성격	장치 및 조치	목표
규제자	① 유신헌법, 긴급조치 9호 등의 법 제정 및 기존 법 조항의 강화 ② 프레스카드제 ③ 신문 카르텔의 조장 및 활용 (지면 수 제한 등) ④ 대변인 제도, 각종 비공식 보도협조 요청, 기관원 언론사 상주 ⑤ 각종 법외적 테러 ⑥ 언론기업의 합리화 정책 ⑦ 노동조합 설립의 억제 ⑧ 광고세 부과	① 보도 한계의 설정 ② 인적 구조의 재편, 상시 감독장치의 마련 ③ 정치 보도량 등의 제한 ④ 상시 감독장치의 마련, 정보 유통의 통제 ⑤ 육체적 · 심리적 위협 ⑥ 통제구조의 단순화 ⑦ 보도 한계의 설정, 언론자본 지원 ⑧ 세원 활용
후원자	① 언론인금고 설치, 언론단체 지원 ② 언론인의 정치인 충원 ③ 신문 카르텔의 조장 및 묵인	① 언론인에 대한 국가 위상의 강화 ② 체제에 대한 협조의식 확산 ③ 언론의 기업성 강화
미디어 운영자	친 체제 미디어의 운영 (KBS, 〈서울신문〉 등)	지배 이데올로기의 확산
구조 조정자	지방신문의 통폐합, 통신사 통폐합 기도	통제구도의 단순화

출처: 조항제(2003). 《한국 방송의 역사와 전망》.

언론을 더욱더 철저하게 통제하는 한편, 그 정당화와 홍보에 적극적으로 동원하려 했다. 이를 위해 정부는 언론구조를 단순화하고 간편하게 통제하고자 언론통폐합을 실시하였다. 문공부는 언론인을 상시 감독하기 위해 프레스카드제를 도입하여 실시하였으며, 언론인 재교육을 실시하기도 하였다. 또 정보유통을 통제하기 위해 정부 각 부처에 대변인 제도를 도입했다(김해식, 1994).

동시에 유신정권은 '정권안보와 여론관리' 차원에서 1973년부터 언론인을 정관계에 적극 진출시켰다. 〈중앙일보〉 논설위원 서기원은 기획원 대변인으로, 편집국장 대리 이광표는 상공부 대변인으로 발탁됐다.

9대 국회에서는 '유정회' 의원 8명을 포함 19명의 전직 언론인이 여당의 공천을 받아 국회의원으로 당선, 6명의 언론인이 비서실장이 되었으며, 11명의 언론인이 통일주체국민회의 대의원이 되었다(김강석, 2001).

방송정책은 사회문화적 통제정책과 언제나 함께 고려되었다. 유신체제의 억압적 체계구축은 '긴급조치' 성격을 넘어 전방위적인 군사주의적 훈육체제를 구축하는 것으로 나아갔다. 1975년에 월남이 패망하여 공산화되자 정권은 위기의식을 느끼고 '안보위기'를 역설했고, 방위세를 도입하고, 기존의 중·고·대학 학생회 조직을 학도호국단으로 개편했으며, 민방위대를 신설했다. 1976년 7월 9일에는 사회안전법안, 방위세법안, 민방위기본법안, 교육관계법안 등 4개 전시입법이 통과되어 국방비 확대, 민방위대 창설, 교수 재임용 제한을 위한 법적 근거가 마련되었고, 1976년 4월부터는 전국적으로 반상회가 실시되었다.

이처럼 박정희 정권은 국민들을 단순히 조국근대화로 동원하고 훈민적으로 계도하는 것을 넘어, 전면적인 선전과 강제적 훈육을 통해 체제를 유지하려 했다. 가장 대표적인 것은 '새마을운동'과 전통민족문화를 통한 민족주의적 동원이었다. 1972년 3월 7일 대통령령 제6104호에 의해 중앙에는 내무부장관을 위원장으로 하고 차관급으로 구성된 새마을중앙협의회가 탄생했다. 새마을운동은 농촌을 벗어나 도시새마을운동, 공장새마을운동, 학교새마을운동 등으로 확대되었고 운동영역도 단순히 마을 가꾸기를 넘어서 정치, 경제, 사회, 문화 등 전 영역에 걸친 일종의 사회개혁운동으로 확대되었다. 새마을운동은 단순한 강압이 아닌 농민으로부터의 동의와 동원을 이끌어내기 위한 대규모의 체계적이고 계획적인 국가사업이었다. 이 과정에서 지식인과 행정기관의 중간층(새마을지도자)이 유기적 통로로 활용되고, 여성의 역할이 강조되었다(김대영, 2004). 이런 상황에서 방송은 새마을운동을 위한 전위대로 이용되었다.

1972년 4월 1일 KBS가 최초로 새마을 방송 전담기구를 설치한 이래 각 방송국은 새마을정신, 새마을운동 주요시책 등을 집중적으로 홍보하는 프로그램을 제작, 편성하기 시작했다. 1973년 윤주영 장관은 유신 이념의 구현을 목표로 하는 국내 홍보사업의 일환으로 '시청각 홍보 강화'를 위해 4월 9일 방송 프로를 전면 개편하여 교양시간을 20%에서 30%로 확대하는 한편, 유신 이념 구현을 위한 대대적인 캠페인을 전개하고, 영화 제작과 함께 새마을뉴스 5집을 제작·배포하며, '새마을에 TV 보내기 운동'을 언론기관과 제휴하여 당해 1만 대 보급을 목표로 하는 구체적 추진방안을 밝혔다.

이듬해인 1974년부터 문공부는 '새마을 홍보방송 강화'를 위해 각 방송국 국장급이 월 1회 만나 방송계획을 수립하고 실적을 평가하는 '새마을방송협의회 운영', '새마을 방송프로 콘테스트 실시', 전국 방송국 제작 책임자 및 관계부처 담당관 70명이 참가하는 '새마을방송 종합평가회', 각 방송국에서 단막극, 연속극 등으로 활용할 수 있는 '새마을 방송작가 모범 새마을 답사 및 극본 창작 방송 활용', 전국 공·민영방송국 새마을 제작 책임자를 대상으로 하는 '새마을 방송요원 교육 실시' 정책 등을 시행하였다. 이후 새마을 방송은 문화공보부의 주요 사업계획으로 지속적으로 추진되었다.

당시 편성자료를 보면 MBC 역시 국가 주도의 새마을사업에 적극적으로 호응했음을 알 수 있다. 예를 들어 1972년 개편에서 새마을운동의 전개과정과 지도자의 활약상 등에 대한 좌담 프로그램인 〈새마을의 고동〉이 신설되었고, 식생활 개선, 혼분식 향토요리 등을 소개하는 일일 프로그램인 〈가정요리〉를 신설하여 일상생활 속에서 새마을운동을 실천하는 방안을 지원하였다. 1973년에는 '새마을운동 관련 교양 프로그램 확충'을 개편 목표로 선언, 〈새한국의 발견〉 등 새마을 관련 프로그램들을 이른바 가족시간대에 편성했다.

새마을 방송 프로그램 편성은 한국 텔레비전 방송편성 규제라는 보다 커다란 흐름에서 이해할 필요가 있다. 새마을 방송의 편성에도 불구하고 텔레비전 방송국들은 저속한 방송으로 맹비난을 받았다. MBC-TV 개국 이후 가열된 두 상업방송국 간의 일일연속극 경쟁은 이후 문공부가 방송 프로그램과 편성에 '지침'이라는 법외적 조치로 개입하는 명분을 제공하였다.

1971년의 국가비상사태 선언과 신문의 프레스카드제 실시 등을 배경으로 시작된 새마을 방송은 1974년 4월에 실시된 문공부의 방송편성지침을 통해 보다 체계적으로 추진될 수 있었다. 1973년 제정된 방송법은 방송의 공공성과 질서 및 품위 유지를 골자로 하여 방송윤리를 준수하는 법정자율기구로서 방송윤리위원회(이하 방윤)의 위치를 확고히 함으로써, 방송윤리규정을 위반하는 방송국들에 대한 징계와 처벌 권한을 주었고, 이는 나아가 문공부장관과 체신부장관이 방송국 허가를 유보하는 근거로 작용할 수 있었다. 방송법과 심의기구의 제도 정비를 통해 문공부는 보다 적극적으로 방송을 동원할 기제를 마련한 셈이다. 1973년 7월 16일 윤주영 장관은 공공성, 교양성, 윤리성을 제고한 방송법의 실현을 촉구하였고, 각 민방은 20분짜리 드라마 3개와 시추에이션 드라마 1개를 축소하는 것으로 답했다. 1974년 4월 문공부의 행정지침 시달은 문공부 주관하에 재경 각 방송사 편성 책임자들이 모이는 '새마을 방송협의회' 월례회의를 통해 이루어졌다(문화방송, 1982).

농어촌을 중심으로 하여 시작된 새마을 방송은 1974년부터 도시새마을운동이 추진됨에 따라 방송 지원활동도 본격화되었다. 춘·하계 개편에서는 사회교양방송에 대한 편성이 강조되며 〈경제교실〉, 〈오늘의 문제〉, 〈현장을 찾아서〉 등을 신설하여 정책전달, 사회계몽, 반공의식을 대화, 토론 형식으로 내보내거나 새마을 건설현장을 찾아 내보냈다. 방송협회가 '방송정화 실천요강'을 공표함에 따라 실시된 1975년 개편에서는 농촌, 도시 학교의 새마을운동 현장을 소개하는 〈새마을 새도시〉, 시골처녀 억순이의 보람찬 생활을 그린 드라마 〈억순이〉 등이 신설되었다.

이원경 문공부장관이 범죄, 폭력, 부도덕 행위에 대한 심의규제를 강화할 것을 강조한 이후(1975년 9월) 방송협회의 자율조치 형식으로 발표된 방송정화 실천요강은 실천사항으로 "국민 상호 간의 상부상조하는 정신 진작, 방송드라마는 가정의 순결성과 예절을 존중, 역사물은 국난극복의 애국정신을 강조"하고, 방송금지사항으로 "경제질서에 혼란을 가져오거나 노사분규를 조장하는 내용" 등을 규정하였다. 유신에 대한 일체의 반대를 금지하는 대통령 긴급조치 9호에 의한 논리 규정과 심야방송 정화지침 등이 각 방송사에 통보되어 개편의 지침이 되었다.

1970년대 전체 기간 동안 강력한 국가에 의한 텔레비전 방송 동원은 명백한 현상이었고, MBC는 새마을운동으로 상징되는 유신의 조국근대화 프로젝트에 적극적으로, 때로는 수동적으로 순응했다. 사실 새마을운동을 위한 동원형 프로그램들은 시청자들의 호응 부족으로 6개월 이상 지속되기 힘들었고, 매번 신설과 폐지를 반복했다. 또한 드라마나 연예오락 프로그램들에서 농촌의 모습이나 농촌사람들의 관심사가 나타나지 않는다는 반복적인 지적은 상업방송인 MBC가 수익성을 따라 도시 시청자 중심의 소재나 주제에 치중했음을 보여 준다. 새마을 방송 프로그램이 국가가 동원하는 공익적 방송이라는 순응의 태도와 동시에 상업적 일탈을 보였다고 할 수 있다.

주목할 것은 새마을운동의 기수로서 국민을 적극적으로 동원하고 규율하기 위해서 텔레비전 방송은 새마을운동 관련 프로그램 의무 편성 이상을 요구받았다는 점이다. 즉, 방송의 동원은 다양한 장르에서 프로그램의 주제나 방향성을 규정하는 방식으로도 이루어졌다. 또한 방송의 공익성은 문공부가 새마을 관련 프로그램의 제작과 편성을 적극적으로 독려하고 지시하는 것과 더불어 상업적 일탈을 최소화하는 심의 기제를 통해서도 동원되었다.

다른 한편으로, 박정희는 민족주의를 통해 국민을 동원하려 했다. 당시의 민족주의는 '상무(尙武) 정신과 영웅의 부활'로 표현될 수 있다. 이를테면 1960년대 말부터는 '호국유산의 복원'이라는 명분하에 군사주의적 전통을 되살려 나가면서 '영웅사관'을 복원하기 위해 이순신을 신격화했고, 세종대왕에 대한 찬양에도 큰 비중을 두었다. 1970년대 중반부터는 이른바 '충효사상의 부활'을 통해 국가주의적인 권위주의 전통을 되살리려고 노력했다(전재호, 2000). 정권은 1972년부터 이른바 '국적 있는 교육', '민족 주체성 확립을 위한 교육'을 내세워 국사교육을 강화했다. 같은 맥락에서 박정희는 1970년 한글날을 국경일로 지정했고, 1975년 건립한 민족문화의 전당을 세종문화회관으로 명명했으며, 한글전용정책을 추진했다. 그는 세종대왕 및 한글 강조를 통해 자신이 '민족 주체성'을 세운 정권임을 과시하려 했다. 이를 통해 '민족문화의 정수'인 한글의 전용화를 결정한 박정희 정권이야말로 진정한 민족문화의 계승자라는 논리를 전파하려는 의도도 있었다(전재호, 1997).

이에 발맞추어 방송사에는 방송용어정화위원회가 발족되었다. 박정희의 뜻을 재빠르게 따르는 데에는 이환의가 사장인 MBC가 KBS보다 늘 한 걸음 앞서 있었다. 1974년 2월 7일 MBC는 방송 프로그램과 연예인의 이름에서 외래어를 추방한다고 발표하고 그날부터 방송에 적용했다. 한편, 문공부는 1976년 4월 '가족시간대 프로그램 편성 제작지침'을 통해 '민족사관 정립극'을 제작하도록 지시했고, 1978년에는 '프로그램 지침'을 통해 사극 중심의 '민족사관 정립 드라마'를 새마을운동과 반공을 소재로 한 현대극으로 바꾸라고 지시했다(임영태, 1998).

그런가 하면, 유신 시기 방송정책은 1970년대 문화공보부가 주관한 국가 선전·공보정책의 영향하에 있기도 했다. '10월 유신' 이후 문화공보부는 국회 문공위 업무현황보고에서 공보정책의 목표를 다음과 같이 밝힌 바 있다. "우리나라는 국제 권력정치의 격랑 속에서 안으로는 총력안보 태세의 확립, 새마을운동의 전개, 남북대화의 개시, 그리고 10월 유신과 유신헌정의 출범 등 우리의 내부체제를 정비 강화함으로써 민족웅비의 기반을 다져 놓았습니다. 이제 10월 유신의 제 1차 연도를 맞이하여 문화공보부는 **10월 유신의 기반 위에서 조국의 번영과 유신 이념의 구현과 유신 한국의 해외홍보를 당면 시정목표로 국론 통일과 국민 총화를 형성**하는 문화공보활동을 전개하고 있습니다(윤주영, 86회 제 2차 문공위 회의, 1973년 5월 29일).

1970년대의 문공부는 홍보정책의 목표를 '국민의 자주, 자립, 자위정신을 선양'하는 것으로 잡았다. 조직상의 성격 변화를 보더라도 1968년 7월 24일 공보부가 문화공보부로 개편되면서 공보부의 업무는 공보국, 보도국, 방송관리국과 하위 소속기관으로 해외공보관, 홍보조사연구소, 국립영화제작소, 국립공보관 등의 부서에서 관장하게 되었다. 그 이후 공보국 해외과가 해외공보관으로 확장되는 등 해외홍보업무가 크게 확대 강화되었고, 보도담당관, 외보담당관, 홍보조사관, 방송심의관 등이 신설되어 공보부에 의한 방송통제와 심의가 강화되었다.

1973년, 정부는 정부와 언론 간의 유기적인 협조 아래 정부홍보활동을 수행할 수 있도록 각 부처 직제를 개정, 대변인제도를 창설, 언론인들을 부처 대변인으로 기용하였다. 또한 정부의 시책, 문화공보부의 '홍보방침과 계획'(1976년부터 월별로 작성)을 각 부처와 지방자치단체에 시달했다. 나아가 문화공보부는 홍보 유관기관과의 긴밀한 협조하에 정부홍보활동을 전개할 수 있도록 각 부처 대변인 회의, 정부투자기관 및 공공단체 공보책임자 회의, 정부간행물조사심의회의, 새마을방송협의회, 반공방송협의회 등을 매월 1회 이상 소집하고 분기별로 시·도 공보실장 회의, 상설 홍보반 대표연사 회의 등을 열어 공보지침과 계획을 협의·조정했다(문화공보부, 1979).

1970년대에도 역시 정부는 홍보매체의 확장에 적극적이었다. 라디오 및 TV 방송은 국가의 선전매체로서 자리 잡았고, 방송시설에 대한 확장에 계속 주력하여, 1975년부터 1978년까지 방송 난시청지역 해소 4개년계획을 세워 129억 3,100만 원의 예산을 투입, 기존 방송시설의 출력 증강, 새로운 송신소, 중계소 신설 등의 사업을 추진했다.

그러나 '난시청 해소정책'은 단순한 방송망 확장정책이 아니었다. 1974년 5월 북한에서 '통혁당의 소리'를 방송하고 6월에는 KBS 1방송에 대출력으로 방해전파를 발사했다. 이에 KBS는 북한의 전파방해를 저지하기 위해 대응조치를 강구하게 되었다. 이것이 이른바 난시청지역 해소계획이 된 것이다. 1974년 12월부터 1975년 8월까지 8개월간 필요한 기재들을 차관(借款)으로 도입했다. 북한이 KBS-TV에 방해전파를 발사하자 1976년 1월부터는 남산, 관악산, 인천, 강화에 중계소를 설치하였다. UHF 송신시설도 이러한 맥락에서 등장했다(한국방송공사, 1987). 방송정책은 냉전과 반공을 목적으로 하는 '전파전쟁'의 전략이었던 셈이다.

이처럼 유신체제기 국가의 정책목표와 공보정책은 긴밀하게 조응했고, 여타의 사회문화적 통제정책들과도 유기적 연관을 맺고 있었다. 국가가 국력총화, 국력배양, 국가안보, 국민생활안보를 4대 시정 기본 방향으로 내세우면 공보체계는 이를 국민들에게 주지, 이해시켜 전 국민이 대통령의 뜻을 받들어 총화전진하도록 만들려고 했다. 또한 공보정책은 방송내용과 대중문화에 대한 내용을 일방적으로 규정하려 했다. 즉, '저속하고 퇴폐적인 일부 대중예술을 정화해서 건전한 국민기풍을 진작시키고 전파매체가 국민생활에 미치는 영향을 감안'하려 한 것이다. 명분은 '신문, 방송, 영화 등 대중매체의 공공적 기능을 강화하여 그 책임성과 윤리성을 높이겠다'라는 것이었다. 또한 이 시기에는 '문예중흥 5개년계획'으로 상징되듯이 민족주의를 동원하기 위한 '전통문화'의 대대적인 부활이 기획되기도 했다.

2) 1970년대 방송정책과 통제

유신체제하의 문공부와 방송윤리위원회는 끊임없이 방송사와 방송내용에 대한 통제와 관리를 강화했다. 10월 유신 이후 방송계에 이른바 '자율규제조치'가 취해지기 시작했다. 그 내용은 "① 프로그램의 주제 설정에 국민정신이나 공서양속, 사회질서를 문란케 할 우려가 있는 것, ② 음악에 있어 광란적인 리듬이나 선율이 담긴 것, 과다한 노출을 일삼는 부분, 또는 저속한 언행과 부도덕한 내용을 담은 것, ③ 그 내용이 퇴폐적이며 비관적인 것, ④ 비능률적 요소가 담긴 것, ⑤ 기타 저질적이고 폭력, 살인 및 선정적 내용이 담겨 있어 청소년에게 악영향을 끼칠 우려가 있는 것들을 극력 피하게 한 것"(한국방송공사, 1987, 436쪽) 등이다. 이를 더 강화하기 위해 1973년 3월 21일 자율적 규제기관인 방송윤리위원회가 강화됐고, 각 방송국에는 방송심의실을 신설, 방송내용에 대한 사전심의제를 실시케 했다.

1975년 5월에는 문공부가 각 국에 구체적인 방송내용 정화방안을 제시하기에 이르렀다. 그리하여 긴급조치 9호가 선포된 이후에는 방송을 정화하고 언론부조리를 자율적으로 제거하겠다는 방송협회의 '방송정화 실천요강'을 제정하고 '방송정화 및 언론부조리의 자율 제거'를 결의했다(문화방송, 1982). 이러한 방송협회의 결의로 편성이 변화했는데, 그 실천방안의 기조는 다음의 3가지였고, 5가지 금지사항이 덧붙여졌다. ① 국가안보 위주의 방송편성 지향, ② 공공질서 유지를 위한 방송의 선도적 역할, ③ 국민 상호 간의 상부상조하는 정신을 진작시킨다는 편성방침하에 다음의 금지사항을 둠. ㉠ 국론분열, ㉡ 주체성 저해(沮

害), ㉢ 경제질서나 노사분규의 유발, ㉣ 전통적 사관의 왜곡, ㉤ 퇴폐풍조의 조장 등이 그것이다.

문공부에서는 이 같은 방송협회의 결의에 이어 방송내용의 개선을 더욱 가속화하는 조치로 1975년 6월 3일을 기해 대통령 긴급조치 9호에 의한 논리규정을 각 방송국에 통보, 방송내용을 사전에 자체적으로 심의하여 방송하고, 방송내용의 원고는 1년간, 녹음 녹화는 1개월간 보관토록 하는 강경한 조치를 취했다. 그 결과 텔레비전은 연속극이 국당 3편으로 줄고, 외화 부문은 장발 출연자를 커트하는 등 방송내용에 제한이 가해지기 시작했다(문화방송, 1982).

1976년에도 국가에 의해 방송의 편성과 내용이 크게 변화했다. 이는 시간대에 따른 성격의 고정화라든지 1국당 1일 2편으로 텔레비전 연속극 제한 및 '국민총화와 총력안보체제 강화', '서민 쇄신 추진과 사회부조리 일소 계몽', '소비절약의 생활화', '전통문화의 창조적 계발과 민족사관 정립', '새마을정신의 생활화' 등 정부 정책 프로그램을 중심으로 한 방송내용의 정화 등 문화공보부 주도로 이루어진 일련의 조치로 인한 것이었다(문화방송, 1982).

이러한 극단적 억압은 유신체제 말기로 갈수록 심해졌고, 결국 1979년 4월 3일에는 TV영화 검열 사전심의안이 마련되었다(방송위원회, 2001). 또한 같은 해 7월 31일 국무회의에서 통과한 개정 전파관리법 시행령에 따라 방송국의 허가 유효기간을 3년에서 1년으로 단축, 해마다 갱신토록 했으며, 방송목적에 "국가 이익을 저해하지 않는다"라는 조항을 신설하였고, 이를 위반할 때에는 방송국 허가를 취소할 수 있도록 함으로써 방송전파에 대한 정부의 허가권을 대폭 강화했다(문화방송

〈표 6-3〉 방송에 대한 문화공보부와 방송윤리위원회의 주요 조치(1971~1979)

구분	정부	방송윤리위원회
1971	방송사 신설 억제조치 발표	
1972	부실방송의 재허가 유보조치 발표 유신규제 발표	
1973	방송법 개정(3원 통신체제 강화) 국영방송의 공사화	방송심의기준 제정
1974	방송정화 실천요강 제정, 편성기본방향 시달 (새마을방송협의회 확장) 난시청 해소사업 실시	
1975	긴급조치 세부규정 통보, 광고세 도입 시도 MBC, KBS 각각 〈경향신문〉, 〈서울신문〉 인수 및 투자	방송윤리심의준칙 발표
1976	정책시간대 설치, 국민교육 매체화 방침 발표, 광고량 축소	광고 사전심의제 도입
1977	코미디 프로그램 제한, 자체심의 강화	방송국 정화기준 발표
1979	전파관리법 시행령 개정 (재허가 기간 축소)	건전방송강화기준, 건전생활화를 위한 광고심의기준 발표

출처: 조항제(2003). 《한국 방송의 역사와 전망》.

30년사 편찬위원회, 1991).

이처럼 유신체제하의 방송정책은 단지 방송의 소유와 운영 형태를 관리하는 수준을 넘어서 세세한 방송의 내용들을 모두 감시하고 선별하며 때론 금지하고 때론 장려하는 가공할 사상통제를 관철시켰다. 이미 지난 10여 년간의 방송통제로 정권홍보와 정치·경제 분야 선전기능을 완전히 장악한 유신체제는 사회·문화 분야에서까지도 정권이 지향하는 가부장적 가족주의의 강화와 아이의 보호, 국가안보 총화체제로의 동원, 중공업화를 위한 강도 높은 노동으로의 동원을 위한 금욕적 국가 훈육 등을 강조했다. 그리고 그것을 저해하는 표현의 자유에 대한 억압을 부과한 것이다. 결국, 이런 맥락에서 형성된 '방송의 공익성'이란 구조적 측면에서나 내용적 측면에서나 국가주의적 동원을 위한 훈육과 다를 바가 없었다.

3) 유신체제하의 방송이념과 MBC의 역할

유신체제의 정치·경제·사회적 배경하에서, 그리고 방송제도의 변화 속에서 한국의 방송은 어떤 입장을 취했고, 국가에 의한 방송역할 규정, 방송내용 통제에 어떻게 대응했는가? 유신 직전 방송인들의 선언에는 1960년대 수준의 '조국근대화' 구호가 가장 먼저 등장할 뿐, 국민을 훈육하겠다는 의도는 보이지 않았다. 적어도 '국민의 알 권리'나 '민주주의와 다원성', '방송내용의 질적 향상과 다양성 확보'라는 민영방송적 가치를 분명히 내세웠다. 그러나 결과적으로 이러한 의지는 전혀 지켜지지 못했다. 1970년대 초반 방송사들의 사명은 이른바 '유신 이념의 구현'이었다. 방송사들은 유신 직후의 방송활동을 두고 10월 17일 당일부터 "평면적 뉴스의 전달은 말할 것도 없고, 10월 유신의 의의, 10월 유신의 배경, 10월 유신의 목표와 과제, 10월 유신의 미래상 등 우리가 살아남고 잘살기 위해서는 10월 유신의 길밖에 없음을 국민에게 소상하게 알리기에 게을리하지 않았다"(한국방송공사, 1977, 353쪽) 고 회고한다.

한편, MBC는 이러한 상황에서 어떤 위치에 있었으며 어떤 역할을 했는가? 1968년부터 시작된 MBC의 방송망 대확장 사업은 1969년 서울 MBC-TV의 탄생 이후로도 지속되어 1970~1971년 동안 부산, 대구, 제주도, 광주, 울산, 전주, 대전 등으로 방송망이 확장됐다. 이처럼 대대적인 확장사업이 진행 중이던 1971년 초 MBC 사장 조증출은 당시의 상황을 "국내적으로는 민간주도형 경제운영체제를 반석 위에 확립하여 제 2차 5개년계획을 완성시켜 제 3차 5개년계획의 토대를 구축해야 하고, 전 국민의 일치단결에 의한 국가안보태세를 확립해서 북괴의 침략야욕을 뿌리 뽑아야 할 때"로 규정한 후, MBC의 1971년 목표를 '최고의 청취율, 최고의 시청률'로 내세웠다. 또 이를 달성하기 위해서는 '제 2의 약진운동'을 해야 한다고 주장했다. 조증출은 "1970년대 전반기에는 약진운동을 통해 견고한 기반을 구축하여 아시아로 뻗는 MBC를 건설하고, 1970년대 후반기에는 비약을 실현하여 세계로 뻗는 MBC로 발전"(문화방송, 1982, 653쪽) 시키겠다는 야망을 내비쳤다. MBC 방송국의 이념이 시청률과 확장 그 자체가 된 것이다.

그러나 이는 단순히 사기업으로서의 이윤추구의 의미만을 갖고 있었던 것이 아니었다. 1971년의 '대전문화텔리비전 개국축사'에서 조증출은 "특히 1970년대로 접어들면서 더욱 크게 관심을 갖게 된 국가안보와 방송과의 깊은 관계를 자각해서 1970년대 후반에 전개될 통일운동에 대비, 전 국민이 일치단결하여 국력을 배양하도록 하는 데 큰 힘이 되어"(654쪽) 야 함을 강조했다. 결국에는 '국가안보와 방송'의 관계를 강조하고 '전 국민의 일치단결'과 '국력배양'을 부르짖음으로써 정권을 상대로 인정투쟁을 벌이며, 타 방송사보다 높은 영향력을 확보하기 위해 애를 썼다.

그렇지 않아도 당시 정권은 텔레비전을 국가시책의 홍보 계몽활동 수단으로 적극적으로 활용하려 했다. 1971년 대통령의 비상사태 선언으로 총력안보체제를 구축하려는 노력의 홍보활동에 이어서 새마을운동, 7·4남북공동성명, 8·3재정긴급령 발표, 9·13남북적십자 서울 회담, 비상계엄 선포, 유신과업 수행 등 큰 사건 보도가 텔레비전을 통해 이루어졌으며, MBC는 이를 국민을 상대로 선전하는 데 앞장섰다. 정권의 역할 규정에 적극적으로 동조하며 오히려 KBS를 앞지르는 권력지향적, 친정권적 행태를 보였다.

MBC는 방송법이 개정되기 직전인 1973년 3월 1일 자체심의를 강화하라는 법의 요구에 부응하여 기구개편을 통해 기획심의실을 신설하고 기획관리부와 방송심의부를 두었다. 방송심의 업무가 법제화된 후 MBC는 1974년 2월 11일부터 자율적 조치로서 외국어 성명을 사용하는 연예인의 출연 및 음반을 금지하는 한편, 4월 1일 개편부터는 외래어 프로그램명을 우리말로 고쳐 사용했다. 일례로 〈뉴스라인〉을 〈2시의 취재현장〉, 〈해외토픽〉을 〈해외소식〉 등으로 고친 것이다. 그리고 1975년 8월 18일부터는 심야방송 개선지침에 따라 오후 11시 이후에는 공개방송, 생방송, 전화 희망곡 접수를 금지했고, 연예인 출연을 자제시켰으며, 팝송을 지양하여 한국의 가곡이나 고전음악을 권장했다(문화방송, 1982). 이처럼 MBC는 국가의 사회·문화 통제와 선전정책, 그리고 방송규제책에 조응하는 방송활동을 자처했으며, 개정된 방송법에 충실하게 따르는 모습을 보이려고 노력했을 뿐 아니라 '국가안보, 국민총화, 새마을사업' 등의 정책을 반영하는 각종 '정책 프로그램'과 '특집방송'을 편성하기도 하였다.

흔히 1970년대는 '파시즘화', 공개적 독재체제가 된 국가권력의 방송관리와 대중화에 성공한 사기업 텔레비전의 노골화된 자본 축적이 모두 나타난 시기로 규정된다. 1980년대의 전일적 '공영'시대는 주로 전자의 측면에서 국가의 의도가 방송을 지배한 시기였다면, 1970년대는 국가와 텔레비전 자본이 서로 다른 의도와 역학관계 속에서 결국 국가의 의도대로 구조개편된 시기로 설명되기도 한다(조항제, 2003).

그러나 1960~1970년대의 방송을 본질적으로 고찰할 때, 방송자본과 국가가 이항대립하는 구도로 설정되고 서로 갈등한 것으로 보기는 어려운 측면이 있다. 이미 1960년대부터 민영방송의 확장을 위한 이윤추구는 국가의 정책목표와 거의 어긋나지 않았다. 1970년대도 상황은 크게 다르지 않았다. 다만 국영방송인 KBS마저 상업화하여 시청률 경쟁에 뛰어들었을 정도로, 방송사들 간의 경쟁적 확장의지와 성장을 위한 이윤추구가 스스로의 구조적 관성을 갖고 끝없이 추구된 것이다. 생존을 위한 이윤추구가 아닌 최고의 시청률, 최대의 영향력, 최대의 권력을 차지하기 위한 이윤추구에 한해서만 민영방송은 정권의 규율을 잠시 일탈하고 부조화를 이루었다. 민영방송에 대한 정권의 후원 역시 언론사나 정치적인 특정 방송사들을 절멸시켜 버리는 탄압과 비교할 때, 또한 대사회적인 억압조치와 비교할 때, 특혜와 보조가 상대적으로 줄어든 정도에 불과한 것이다. 1960년대의 지원이 전폭적인 것이었다면, 1970년대의 그것은 MBC에 보다 집중되었다. 방송사들의 성장을 향한 질주는 이미 자본 확장과 권력 확장이라는 두 개의 바퀴로 이루어져 있었고, 시청률 경쟁은 상업적 경쟁이자 정권에 대한 충성경쟁이 되어 버린 경향이 그것을 증명하였다.

3. 동원형 국가주의의 지속과 재편(1980~1987): 복점형 방송체제 구축과 방송 권력화

1) 신군부의 집권과 방송에 대한 인식 변화

신군부가 들어선 1980년대는 이전 시기 형성된 동원형 국가주의가 여전히 지속되는 한편, 새로운 측면이 추가되면서 방송시스템이 재편된 시기다. 방송은 여전히 대외적인 냉전적 선전과 동시에 대내적 정권 정당화를 위한 선전을 수행했고, 국민에 대한 대규모 동원을 추구했다. 언론통폐합을 통해 단 두 개의 방송사만을 남겨둔 복점형 방송체제가 구축되었고 모두 직·간접적으로 정권의 관리하에 있어 방송에 의한 국가주의적 동원은 보다 효율적으로 수행되었다. 그러나 그 형태는 1970년대의 억압적 훈육의 형태보다는 유화된 훈민적 성격을 띠었다.

이 시기에 가장 핵심적 구호가 된 것은 '조국근대화'나 '국민총화'가 아닌 '선진화'였다. 신군부는 이전 시기의 정권들보다 방송을 매우 적극적인 통치도구로 활용하면서 각종 조작과 동원을 일삼았고, 모든 방송은 친정부적 선전도구가 되기도 했다. 특히 방송사들은 시청률 경쟁을 넘어서 권력지향적인 영향력 우위 경쟁을 통해 정권의 이해관계를 충실히 반영하려 했다. 그러나 한편으로는 명목적으로나마 추진된 '공영방송'이라는 제도 속에 보다 전문적인 논의들이 스며들면서 '시청자 주권'과 같은 민주적 가치들이 포함되고 1987년 이후에는 이러한 지향들이 방송민주화를 이루는 밑거름이 되기도 했다.

전두환의 신군부는 체제정비에 어느 정도 성공한 1983년부터 이른바 '유화정책'을 펴나갔다. 동시에 정권은 '선진조국의 창조'를 끊임없이 강조하며 유신체제와 구별되는 새로운 국민 동원의 이데올로기를 창출해 나갔다. 1980년대의 유화정책은 컬러텔레비전 방영, 86아시안게임과 88서울올림픽 유치, 중·고등학생의 교복과 두발 자유화, 야간통행금지 해제, 해외여행 자유화 등이었고, 정권은 이러한 '우민적 문화정책'으로 국민적 환심을 사려 했다.

가장 대표적인 것이 스포츠 정책으로, 첫 번째는 프로야구의 출범이었다. '어린이에게 꿈을, 젊은이에게 정열을, 온 국민에게는 건전한 여가선용을!'이라는 슬로건을 내세운 프로야구가 1982년 3월 23일 출범했다. 3월 20일에는 체육부가 신설되었고 노태우가 장관으로 임명되었다. 두 번째는 86아시안게임과 88서울올림픽이었다. 전두환은 이를 '하늘이 준 선물'이라고 생각했다. 동시에 이를 철저히 미디어 이벤트로 인식하면서 동시에 북한과의 체제경쟁에서 상징적 우위를 점하는 선전 대상으로 활용하려 했다.

한편, 1982~1984년에 전개된 TV 시청료 거부운동이 세를 더해 가면서 점점 민주화운동의 성격을 띠게 된 것은 정권의 유화정책이나 스포츠 프로그램처럼 TV가 대중의 마취제로 기능하는 것에 대한 저항이기도 했다. 재야 운동단체와 종교단체들이 농민들의 TV 시청료 거부운동에 호응함으로써 시청료 거부운동은 1985년 중반부터 전국적 운동으로 확산되기 시작했다. 1986년 1월 20일 KBS-TV 시청료 거부 기독교범국민운동본부가 발족하였으며, 2월 14일 운동본부는 'KBS-TV를 보지 않습니다'라는 문구가 새겨진 스티커 5만 매와 전단 1만 매를 제작,

배포하였다(강준만, 2003b). 이에 전두환 정권은 'KBS 시청료 거부는 임기 말 체제를 흔들려는 체제 도전의 저의'로 규정하고 대응했다(김성익, 1992).

이 시기 동원형 국가주의 방송의 '공익성'은 국가가 주도하여 선전과 동원을 목표로 한다는 점에서, 한편으로는 이전 세대와 유사한 방식으로 지속되었다. 그러나 그 담론과 형태에 있어서는 억압적 훈육과 선전만 사용한 것이 아니라 탈정치화하거나 자율화하는 훈민적 성격도 포함시켰다는 점에서 부분적으로 재편되었다고 볼 수 있다.

2) 1980년대의 선전 · 매체 정책

전두환은 언론에 대한 대대적 탄압인 언론통폐합을 단행한 다음 주인 1980년 11월 21일, 〈서울신문〉과의 특별회견에서 "언론의 자유는 절대로 보장되어야 하며, 그것이 나의 방침입니다. 건전한 비판과 정부에 대한 감시의 기능은 국가 전체 차원에서 확실히 보장되어야 할 것입니다"라고 말하면서도, "그러나 자유와 횡포는 엄연히 구별되어야 하겠습니다"(민정기, 1987, 513쪽)라는 말을 통해 통폐합 이전의 언론자유를 '횡포'로 몰아갔다.

'보도지침'을 통해 언론의 세부적 내용까지 관리하던 전두환 정권은 곧이어 1982년 7월 31일의 기자회견에서 "언론을 적대시하여 비판과 자유를 무조건 억압하고 언론의 기능을 위축시킨 1970년대와 달리 폭넓고 올바른 언론자유가 구현되도록 지원을 아끼지 않겠다는 것이 나의 평소의 소신입니다"라고 밝혀 다시 한 번 언론자유를 유린했다. 그러다 결국 정권 말기에 가서는 언론이 추구하는 바가 '국익'과 일치해야 한다는 것을 보다 노골적으로 요구했다. 즉, "내가 우리 언론에 바라는 것은 지금과 같이 나라의 장래를 가름하는 중대한 상황에서는 언론이 국가이익을 위한 대도가 무엇인지를 먼저 생각"해 달라는 것이었다. 언론의 정부비판 기능은 "양자(언론, 정부)가 함께 국익을 위해 일한다는 공통의 인식과 상호 이해가 확고하게 전제"되어야 하는 것이어서 국익이 항상 우선해야 함을 인지시켰다(1986. 9. 21 〈중앙일보〉 특별 기자회견: 민정기, 1987, 513쪽 재인용).

1980년대 언론통제의 가장 극단적인 형태는 '사전검열'과 '보도지침'이었다. 〈표 6-4〉와 같이 당시 신군부의 기사통제 원칙은 ① 국가안보, ② 공공질서, ③ 국익저해와 같은 3가지 분야에 대해 각각 세부검열지침을 해당 검열관에게 하달하는 것이었다.

이처럼 언론통폐합 이후 언론을 길들인 전두환 정권은 언론에게 국익이 무엇보다 우선해야 함을 강요했을 뿐 아니라, 세세한 조항을 두고 보도금지 규제를 마련했다. 언론이 이러한 상황이었으므로 방송보도는 말할 것도 없었다. 컬러수상기의 급속한 보급과 함께 방송의 영향력이 더욱 증대된 만큼 전두환 정권은 TV를 박정희 정권 시기보다 훨씬 더 적극적으로 정권홍보에 이용하였으며, 그 결과 '뚜뚜전 뉴스', '땡전뉴스'라는 말이 인구에 회자될 정도였다. 이는 앞서 언급한 바와 같이 TV 시청료 거부운동을 불러일으키기도 했다. TV 컬러화 실시로 이전에 '바보상자'라고 불리던 것 이외에 '유해색소까지 첨가된 격'이라는 말도 나왔다(강준만, 2003a). 이처럼 정권은 TV를 정치적 매체로 분명히 인식하고 그 영향력을 활용하기 위해 매우 적극적인 전략으로 대응했다.

〈표 6-4〉 1980년대 보도검열단의 세부검열 지침

제목	지침	세부지침
1. 국가안보 유관사항	가. 현행 헌법체제에 대한 부정	- 유신헌법의 전면 비방 또는 부정(악법) - 현행 통치방식의 부정 - 현 체제에 대한 악영향을 주는 요소
	나. 발표되지 않은 국가원수의 동정 및 명예훼손 (고 박 대통령 유관사항 포함)	- 외국순방계획 - 경호관계 - 내외인사 접견사항 중 안보 및 국가이익에 유해로운 사항 - 각종 공식 비공식 행사 참관 - 명예훼손에 관한 사항 - 고 박 대통령 유관사항
	다. 북괴 또는 북괴 지지 재외단체의 활동사항 및 그들의 상투용어	- 반한 단체의 주장(반국가적 선동) - 북괴 찬양 고무하는 활동 - 상투적인 용어(유신잔당, 반농 정투)
	라. 혁신노선의 고무 찬양 및 용공분자의 정치범 취급 및 비호	- 반공법 위반자의 석방 요구 및 정당성 주장 - 좌경노선에 대한 비호 및 지지사항 - 국가보위법 및 반공법 폐지 주장
	마. 국가안보상 기밀을 요하는 외교 교섭사항 및 공표하지 않은 중요 외교정책	- 발표되지 않은 해외 공관장 이동 - 수교관계(군사교류, 기타 조약 체결) - 특정 국가 주요인사 방한(대만 등)
	바. 군, 국가방위제도, 방위산업에 관한 기밀 및 시비 논란사항	- 국가보위에 관한 특별법, 향토예비군, 민방위, 군사교육 등의 폐지 주장 - 징집관계(징집연령 조정 등) - 방위산업, 건설, 생산수출 현황 - 세부적인 국방예산 내역 - 군의 정치참여 운운 관계 - 대공수사요원의 활동 및 수사에 영향을 미치는 요소
2. 공공질서 유관사항 (사회 인물 분야)	가. 계엄업무 및 군재관계 사항 중 미발표 내용	- 계엄령 해제 및 검열시비 사항 - 군사보안 관계 - 김재규, 정승화 명동사건 등 군 재판사항
	나. 시위, 난동, 농성, 불법집회 등을 선동 고무 찬양하는 내용(단, 단순한 사실보도 허용)	- 특정인 및 특정단체의 선동, 난동, 농성 및 찬양하는 내용 - 사건의 과대 및 허위보도 - 학원사찰의 세부적인 내용 - 정치적인 구호 및 기타 극렬한 구호
	다. 10・26사태 이전의 체제 및 통치방식에 대한 극단적인 비판 내용	- 유신체제의 극단적인 비방 (독재, 파시즘 등)

〈표 6-4〉 계속

제목	지침	세부지침
2. 공공질서 유관사항 (사회 인물 분야)	라. 특정 정치인의 과거행적 미화 및 영웅화 내용	- 반체제 인사의 과거 투쟁 경력
	마. 국가원수의 미발표 사생활 내용 및 직계 가족의 사생활 (고 박 대통령 유족 포함)	- 가족 및 유족의 동정
	바. 10 · 26사태 및 12 · 12사태 관련자 지지 및 정당화 내용	- 10 · 26사태의 당위성 주장 - 12 · 12사태의 왜곡
3. 국익저해 유관사항 (경제 분야)	가. 원유, 원자력 등 주요 원자재 확보를 위한 외교 교섭사항 중 발표	- 국가별 추진 현황 - 국가별 주요 원자재 수입량
	나. 공산권 국가와의 교역관계	- 무역관계 - 건설업체 진출관계
	다. 우리나라 및 우방국가에 영향을 주는 비방사항	- 특정인의 외국기자와의 인터뷰 내용 중 한국 우방국에 악영향을 주는 내용 (내정 간섭적 발언) - 외국 기술제휴 업체 부정사건(포항제철 등)

출처: 이민규(2001). “1980년대 신군부의 언론검열정책 - 경제와 대학신문 분야를 중심으로”. 〈동서언론〉, 제 5집, 135~137쪽에서 인용.

한편, 신군부의 공보정책은 각 시기의 국가정책에 조응하며 추진되었다. 예컨대, 집권 초기 국가의 목표로 내건 ‘민주복지국가’의 달성을 위해 공보부는 “국정의 지표인 문화의 창달을 구현하고 국민적인 바탕 위에서 안정과 지속적인 발전을 이룩하는 것”을 임무로 삼고 있었다(제 107회 국회 문교공보위원회회의록 제 1호, 1981년 5월 13일). ‘안정’과 ‘지속적 발전’이 강조된 것이다. 1982년의 문화공보부 업무도 역시 국정목표로 제시된 ‘민족화합 민주통일’ 정책 홍보와 경제 홍보, 그리고 ‘3대 부정심리 추방’과 ‘주인의식 함양’을 위해 ‘국민의식개혁 홍보’에 역점을 둘 것을 분명히 했다(제 110회 국회 문교공보위원회회의록 제 2호, 1982년 3월 9일). 특히 ‘주인의식 함양’은 1980년대 내내 국민이 갖추어야 할 덕목으로 강조되었는데, 이는 국가와 정권이 추진하는 사업에 동원되는 것을 당연하고도 의무감을 갖고 참여하라는 이데올로기였다. 이러한 정책목표와 공보목표는 1983년에 접어들며 '선진조국의 창조'라는 구호로 집약되었다.

1983년 문공위 회의의 문화공보부 업무보고에서 장관 이진희는 "금년은 우리 국민들이 지난해까지 이룩한 착실한 성장의 바탕 위에서 선진조국을 창조하기 위한 힘찬 전진을 해야 할 중요한 해"라고 규정하면서, 문화공보부의 역할을 다음과 같이 규정했다. "저희 문화공보부는 무엇보다도 대내적인 안정과 화합의 기반을 조성하고 **국민적 역량을 조국선진화에 응집**하도록 하는 한편 우리 국민들이 확고한 민족관과 국가관을 갖게 하고 의식의 선진화를 이룩함으로써 번창하는 **선진조국의 창조의 정신적 기반을 구축**하는 데 시책의 최우선을 두고자 합니다. 이와 함께 우리의 전통문화를 발굴 보존하고 전국적인 문화시설을 확충하며 우리 문화예술의 자율성 확립과 국제화에 주력함으로써 **86아시안게임, 88올림픽 대회에 대비**할 계획입니다"(제 116회 국회 문교공보위원회회의록 제 4호, 1983년 4월 26일).

1980년대 초반의 공보·선전정책은 '제 5공화국의 정초(定礎) 홍보'였고, '사회정화 홍보'는 '안정·질서·능률'을 강조하려 했다. 무엇보다도 공공방송체제를 발전시킨다는 명분으로 KBS를 개편하고 방송위원회, 방송심의위원회를 운영하며, 교육방송을 실시했다. 난시청 해소사업 또한 여전히 추진되었다. 흥미로운 점은 '건전한 국민의식 함양'을 위해 '방송채널별 특성화'를 유도하려 했다는 것이다. 정부 기획에 따르면 KBS-1TV는 '국민 전 계층 대상 기간방송'이었고, KBS-2TV는 '도

〈표 6-5〉 전두환 시기의 지배 담론

주제	일시	내용	비고
사회정화운동	1981. 11. 30	초기의 정화작업은 국가존립마저 위태로웠던 위기상황에서 관 주도의 개혁작업으로 출발하였습니다. 그러나 이 운동은 이제 결코 관 주도형의 운동에 머물지 않고 관・민이 혼연일체가 된 가운데 범국민적 운동으로 승화 발전되어, 사회 각계각층에 광범위하게 확산되고 있습니다(442~443쪽).	사회정화운동 전국대회 유시에서
	1985. 11. 27	사회정화운동을 보다 심도 있게 전개하자면 이 운동을 국민의 일상생활과 밀착시켜야 하며, 특히 가정과 사회생활에서 차지하는 여성의 역할과 비중이 갈수록 높아지는 사실에 비추어 사회정화 추진조직에 가정주부들의 참여를 더욱 확대하는 것이 좋을 것이라고 본인은 생각합니다(443쪽).	사회정화운동 유공자들을 위한 만찬 시 격려사
안정과 질서 안보와 총동원 체제	1981. 1. 24	안정은 모든 국가발전의 기초입니다. 기초가 튼튼하지 못한 곳에 올바른 건축물을 세울 수 없듯이 안정이 이루어지지 않은 곳에서는 민주정치의 정착도, 경제적 번영의 성취도, 튼튼한 국방력 향상도, 그리고 민족문화의 창달도 어려운 것입니다(62~63쪽).	비상계엄 해제에 즈음한 담화
	1982. 1. 1	우리가 성장과 발전을 추구하는 데 있어서 무엇보다도 중요한 것은 안정입니다.	1982년도 신년사
	1983. 8. 23	국민 모두가 투철한 안보태세를 갖추고 어떠한 도발과 책동도 격퇴할 수 있는 물샐틈없는 경계태세를 완비해야 할 것이며, 특히 유언비어와 민심교란에 대비하여 신뢰와 화합의 분위기를 공고히 하며 북한 공산집단의 책동을 알고도 속는 일이 없도록 해야 할 것임을 강조합니다(278쪽).	하계 기자회견
	1987. 1. 12	우리가 자유민주주의 체제의 수호와 발전을 위해 더욱 힘써야 할 것은 안보와 안정에 만전을 기하는 일입니다. 우리 모두가 힘을 합쳐 대비한다면 어떠한 위협과 도전도 두렵지 않습니다. 최근 '평화의 댐' 건설을 위한 모금운동에 국민 여러분께서 한마음 한뜻으로 호응하신 것은 바로 그러한 신념을 행동으로 실천한 생생한 실례라고 할 것입니다(62쪽).	1987년도 국정연설에서
제 2의 도약 국운 상승 선진조국 창조	1981. 10. 6	**제 2의 도약**이란 것은 경제성장만을 뜻하는 것은 아닙니다. 그것은 사회 각 분야에 걸쳐 균형되고 내실 있는 발전을 기하는 것을 의미하는 것입니다. 예를 들어 사회개발, 교육의 질적 개혁, 지역 간의 균형발전, 기업의 체질 개선과 국제경쟁력 강화, 물질성장 일변도가 아닌 의식구조의 근대화와 정신문화의 발전 등을 통하여 우리 생활의 양과 질을 발전시켜 나가자는 취지입니다(369쪽).	〈경향신문〉 창간 제 35주년 기념 특별회견

〈표 6-5〉 계속

주제	일시	내용	비고
제 2의 도약 국운 상승 선진조국 창조	1984. 8. 20	우리는 제 5공화국 출범 3년 반이 지난 지금 이처럼 우리 5천 년 역사상 그 어느 때보다도 **국운과 국위가 가장 힘 있게 용솟음치는 상승기**를 우리 힘으로 건설하여 바야흐로 세계의 선두를 향해 전진하고 있습니다(85쪽). 그것은 먼저 경제 면에서 오는 88년까지 **국민총생산 1천억 불을 넘어서게 됨으로써 '선진시대'**를 개막할 수 있으리라고 봅니다(368쪽).	하계 기자회견
	1986. 8. 15	대한민국은 이제 동북아의 초라한 주변국가가 아니라 올림픽이라는 인류 최대의 제전을 개최하는 **세계사의 중심국가로 부상**한 것입니다. 그리하여 우리는 이제 민족의 번영을 달성하는 주체일 뿐만 아니라 세계평화와 인류발전에 기여하는 주역임을 자부할 수 있게 되었습니다(79쪽).	제 41주년 광복절 경축사에서
	1987. 1. 12	우리는 건국 이래 처음으로 진정한 의미의 국제수지 흑자를 달성하여 드디어 온 겨레의 부담인 외채를 크게 줄여 가기 시작했습니다. 이와 함께 국민저축률이 총투자율을 능가하는 자랑스런 기록도 세움으로써 오랫동안 고대해 온 자력성장의 기반이 다져지고 있습니다. 뿐만 아니라 6년 연속 풍년 속에 물가의 지속적인 안정과 경제의 높은 성장을 동시에 이룩함으로써 우리는 선진도약의 확고한 토대를 구축할 수 있게 되었습니다(365~366쪽).	1987년도 국정연설
저축과 내핍	1983. 8. 23	이처럼 정부와 기업, 그리고 가계가 저축한 돈은 투자기금으로 공급되어 건전한 경제발전과 성장에 쓰이는 것입니다. 그래야만 일자리를 계속 만들 수 있고 우리나라가 세계 속에서 부국이 될 수 있습니다 … 물가가 거의 오르지 않는 시대에 생활수준을 높이는 가장 좋은 방법은 저축입니다. 재산을 만드는 것은 봉급인상으로 보장되는 것이 아니라 아껴 쓰고 저축함으로써 보장되는 시대가 오는 것입니다. 국민 모두가 한 푼이라도 있으면 은행에 저축하고 은행을 이용하는 습관을 키워야 하겠습니다(399쪽).	하계 기자회견
	1986. 1. 16	오늘의 어려움을 이기고 내일의 발전을 이루어 나가는 데 있어 필요한 것은 근검과 절약의 기풍입니다. 근검절약의 실천은 우리 모두에게 있어 현대사회를 살아가는 지혜가 되고 미래생활에 대한 대비가 되며, 더 나아가 나라 전체로는 외채를 줄이고 부국으로 키우는 촉진제가 된다는 점에서(400쪽).	1996년도 국정연설

출처: 민정기(1987). 《전두환 대통령 어록: 영광의 새 역사를 국민과 함께》.

시민 대상 방송'으로 다양한 정보, 교양, 성, 오락, 스포츠가 강조되었다. 이후 EBS로 재편되는 KBS-3TV는 '국민교육'을 전담하고, MBC-TV는 '국민 전 계층 대상 제 2종합방송'을 방향으로 삼았다.

1980년대 내내 공보부의 시정목표에서 '국민의식 선진화를 계도'한다는 목표는 사라지지 않았다. 방송의 사회교육 기능을 확충한다면서 '국민의식의 선진화, 문화예술의 진흥, 문화재의 민족교육 도장화, 선진조국의 해외선양'이 강조되었다. 1970년대와 조금은 내용이 다르지만, 공익방송 기능의 확충은 여전히 강조되었으며, 그 내용으로는 '교양계도 프로의 확대, 연예오락 프로의 건전화'가 여전히 반복되었고, 다만 '로칼 방송의 점진(漸進)적 강화' 같은 내용이 추가되었다. 무엇보다도 88서울올림픽에 대비한 방송시설의 현대화가 공보정책의 핵심 목표로 부각되었다. 정권은 올림픽을 '미디어 이벤트'로서, 국내외적 홍보수단으로 중요하게 준비하고 추진하면서 방송시스템을 적극적으로 활용하려 한 것이다.

4. 소결

한국의 역대 군부정권은 매스미디어의 영향력을 충분히 인식한 상태에서 '국가사업' 수준에서 매스미디어의 육성과 시스템 구축, 활용 방안을 체계적으로 만들었으며, 영향력을 확보한 미디어들을 매우 적극적으로 활용했다. 정권이 국가를 발전시킨다는 명분으로 걸고 제시한 '조국근대화'와 '선진조국 창조'에 관해서는 방송자본이나 기술관료들 사이에 어떤 심각한 이견도 없었다. 민주화되기 이전까지 한국사회의 공적 소통공간, 다시 말해 공론장은 이들에게 철저히 독점되어 있었다. 다만 각 시기별로 정권의 미디어 인식, 매체 관련정책의 방향과 성격, 매체를 통해 유포한 이데올로기와 담론이 달랐다고 할 수 있다.

먼저 박정희 정권 초기의 방송은 산업적 측면에서나 선전도구로서나 적극적으로 육성되고 장려되었다. 이 시기 방송의 산업적 성장은 방송수신기의 생산, 판매와 관련하여 전자산업 육성에 도움이 되었고, 동시에 상업방송의 성장에 따른 방송망의 확장은 정부에게 선전도구의 영향력이 전국적 규모로 구축된다는 것을 의미했다. 국가가 규정한 방송의 공익성은 그것의 육성과 확충에 국가가 직접적으로 관여한 만큼이나 국가주의적 동원의 성격을 띠게 되었다. 이는 '발전주의 미디어론'이라고 칭할 수 있는데, 국가가 제시한 '조국근대화'는 곧바로 방송의 목표가 되었고, 방송의 이념이자 방송공익성의 최종적 근거가 되었다. 당시 방송사들은 '조국근대화'라는 국가주의적 동원의 방송이념을 정권과 함께 구현하려 했다.

방송망이 확장되고 방송산업이 성장할수록 방송은 국가의 선전매체로서 중요성을 획득하게 되었고, 단순한 하위 파트너를 넘어서 '조국근대화'의 기수로, 중요한 동반자적 지위를 부여받게 되었다. 동시에 '국가'와 '자본'으로부터의 독립이라는 서구의 공익성 개념에 근거한 방송의 역할과 방송이념에 대한 논리들은 애초에 많지도 않았지만 1960년대를 거치면서 모두 사라지고 '국가화'된 형태만이 남게 되었다.

유신체제로의 전환과정에서 방송정책과 '방송공익성'의 변화는 국영방송의 공사화 과정과 방송법제의 개정 과정, 방송내용에 대한 세세한 통제에서 상징적으로 드러난다. 먼저 1972년 국영방송의 공사화는 국영방송의 국가 선전기구화에 대한 정치적 반발과 국영방송 운영의 경제적 이해관계가 맞아떨어지며 본격적으로 추진된 것이다. 정권의 입장에서 국영방송의 공영화는 효율화와 영향력(방송능력) 확대, 상업방송만큼의 자체 수익성 확보를 위한 것이었고, 야당 측에서 '방송의 중립화'를 요구하는 것이 '공사화'를 지지하는 것으로 작용했기에 공사화는 국영방송의 '상업화'를 의미했다.

요컨대 '국영방송의 공영화'는 국영방송의 공익적 성격과 상업방송의 효율적 수익구조를 발전적으로 결합한다는 명분을 내걸었지만, 실제로는 국영방송의 관변적, 관료적, 국가종속적 성격과 상업방송의 무차별적인 이윤추구가 뒤섞인 형태로 출현한 것이다.

유신체제하의 방송정책은 단지 방송의 소유와 운영 형태를 관리하는 수준을 넘어서 세세한 방송의 내용들을 모두 감시하고 선별하며 때론 금지하고 때론 장려하는 수준에 도달했다. 개정된 방송법과 강화된 문공부, 방송윤리위원회의 권한이 이를 뒷받침했다. 이미 1960년대의 방송통제로 정권홍보와 정치·경제 분야에서의 선전기능을 완전히 장악한 정권은 사회·문화 분야에서까지도 정권이 지향하는 가부장적 가족주의의 강화와 보호받아야 할 아동 관념의 구축, 반공주의와 국가안보 총화체제로의 동원, 중공업화를 위한 강도 높은 노동으로의 동원을 위한 금욕적 국가훈육, 그리고 그것을 저해하는 표현의 자유, 성적 자유에 대한 억압과 통제를 일삼았다. 방송의 공익성은 구조적 측면에서나 내용적 측면에서나 국가주의적 동원을 위한 선전과 훈육을 의미하게 되었다. 이 과정에서 방송사들의 성장을 향한 질주는 이미 '자본 확장'과 '권력 확장'이라는 두 개의 바퀴를 통해 이뤄지고 있었고, 시청률 경쟁은 단순한 상업적 경쟁이 아닌 최고의 영향력 경쟁이자 정권에 대한 충성경쟁이 되어 버렸다.

한편, 전두환 정권은 처음부터 유신체제의 지속을 의도하고 있었고, 많은 부분 박정희의 5·16쿠데타에서 집권까지의 경로와 유사한 방식으로 정권을 장악했다. 대대적인 사회정화운동이나 폭압적인 언론사 정리, 5·18로 대표되는 극도의 정치적 폭력행사가 그러했다. 그러나 전두환 정권은 '선진조국 창조'를 국가주의적 동원을 위한 새로운 담론으로 구사하기 시작했고, 동시에 매체를 적극적으로 활용하면서 이를 유화정책과 국민 대상의 훈민적 정책으로 이끌어가려 했다. 이 시기의 동원형 국가주의 방송공익성은 국가가 주도하여 선전과 동원을 목표로 한다는 점에선 한편으로는 그대로 지속되었고, 그 담론과 형태에서는 억압적 훈육과 선전만 사용한 것이 아니라 탈정치화하거나 자율화하는 성격도 포함시켰다는 점에서 부분적으로 전환되었다고 볼 수 있다.

1980년의 '공영화' 조치는 모든 민간방송을 단일화하여 정권 통제하에 둔 것으로, 상업방송의 공영화는 국가와 정권의 통제 강화를 의미하는 것이었다. '공공성', '공익성'이 소수의 권력에 의해 독점되고, 특히 정권과 국가권력에 의해 완벽하게 제어되는 상태에서 '공영방송', '방송공익성'의 명분만 내세운 방송체제 변화는 모두 국가 통제와 관리의 강화, 정권에 의해 자의적으로 보장된 확장지향적 이윤추구로 귀결될 수밖에 없었다. 명분만 앞세운 1973년의 KBS 공영화가 국영방송의 관변적, 관료적, 국가종속적 성격과 상업방송의 무차별적 이윤추구가 뒤섞인 형태로 출현한 것처럼, 명분만 앞세운 1980년 상업방송 공영화는 상업방송과 국영방송의 부정적 측면들을 섞어 놓은 결과를 낳았다.

이처럼 한국의 방송 역사에서 두 번에 걸친 커다란 체제변화(1972년, 1980년)를 통해 방송 '공익성'과 '공영방송' 자체는 신격화되었지만, 정작 중요한 것은 '공익성'과 '공공성'의 실질적 내용이 국가에 의해 독점되어 자의적으로 규정되었다는 점이다. '공공성'과 '공익성'을 저해하는 상업방송의 확장적 이윤추구와 국가에 의한 방송통제는 전혀 견제 받지 못했고, 오히려 상업방송의 폐해를 이유로 국가통제가 강화되었고, 국가통제의 비효율성을 이유로 상업방송적 이윤추구가 정당화되었다.

'조국근대화'가 '발전주의 미디어론'과 맞물리면서 방송의 역할과 방송이념에 관한 1960~1970년대의 논의는 방송 운영의 효율성과 체계화 성장의 차원에 관한 것에는 거의 이견이 없었다. 방송은 항상 강력해야 했고, 확장되어야 했으며, 최신의 기술을 갖추어야 했다. 이러한 사회적 합의 속에서 방송의 육성과 확장에 관여한 국가는 '방송공익성을 위한 규제' 논리로 방송의 내용을 통제할 수 있었다. 방송의 내용에는 정권이 좌지우지할 수 있는 국가화된 공익 개념이 적용되었고, 이는 1980

년대까지도 계속되었다. 보도의 중립성과 진실의 추구, 사회적 평등과 인권은 '국가'의 이름으로 무시되었다.

결국, 한국의 방송은 초기에 발전주의 미디어론이 제공한 인식에 근거한 방송운영 모델에 따라 적극적으로 육성되었고, 군부독재의 '발전주의 규율기구'로서 활용되었다고 볼 수 있다. 이 과정에서 '방송공익성' 논의를 통해 본 한국의 '공공성' 담론들은 정권의 국가사업 목표에 따라 일방적으로 규정되었으며, 방송은 때로는 정책의 하위 파트너로서, 때로는 동원체제의 준(準)국가기구로서 활약했다. 국가-자본-기술관료가 복합된 지배블록은 방송시스템을 구축하고 운용하는 논리를 독점하여 한국사회의 소통공간을 특정한 성격으로 주조(鑄造)해 냈고, 이 소통공간에서 균질화되고 표백된 담론들은 시기와 국면, 대상별로 국가주의적 동원에 순응적인 근대적 '국민'이라는 주체들을 생산해 내는 데 큰 역할을 수행했다.

제 7 장

후견적 규율과 순응하는 국민의 구성

생활세계 내핍, 순결한 가정

앞 장에서도 설명했듯이 근대화 시기 한국 공론장의 특성은 '훈육적 동원'(*disciplinary mobilization*)과 '후견적 규율'(*paternalistic discipline*)을 통한 '순응하는 국민'의 생산으로 정의할 수 있다. 앞 장에서 박정희, 전두환 정권기 공영방송의 역사와 더불어 살펴본 '훈육적 동원'은 국가의 번영과 융성을 위해 정부 혹은 정치권력이 국민을 대상으로 시행하고자 하는 정책, 혹은 자신들에 대한 정당화를 강제하는 장치를 말한다. 이와 달리 '후견적 규율'은 국가가 국민들의 생활세계에 법률과 정책적 행위를 통해 직접 개입(*intervention*)하는 것을 가리킨다.

1960년 이후의 압축적 근대화 시기에는 이 두 가지 메커니즘이 공론장에 동시에 작용하며 국민 주체를 만들어 냈다고 볼 수 있다. 특히 박정희 정권기에는 방송을 통한 국민의 훈육적 동원이 보다 직접적이고 강제적인 형태로 펼쳐졌다면, 1980년대에는 유화정책으로 인해, 후견적 규율이 함께 작용하면서 점차 후자 쪽으로 중심추가 기울어졌다고 볼 수 있다. 방송사 역시 1980년 이전에는 정권의 방송 동원 및 통제에 보다 순응적인 모습을 보인 반면, 상업방송의 경쟁이 치열해진 1980년 이후에는 정권과 복합적이고 협상적인 관계를 띠게 되었다.

국가는 국가의 발전을 위해 충성스러운 국민을 만들어 내고자 머리 길이부터 치마 길이까지, 근검절약에 기초한 소비생활과 '산업역군'으로서의 노동윤리까지 통제하였다. 이는 방송 영역에서 심의, 규제의 형식으로 드러나는데, 방송심의기구는 텔레비전 프로그램에 등장하는 주제, 표현, 사회적 관계, 소비윤리 등의 다양한 영역에서 어느 것이 부도덕하고 불건전한지를 끊임없이 규정하게 제재함으로써, 바람직한 행동양식을 도덕적으로 강제하고, 훈육 혹은 규율했다고 볼 수 있다. 앞 장에서 1961~1987년 시기 동안 '훈육적 동원'으로서 방송구조와 방송이념이 어떻게 형성되었는지를 살펴보았다면, 이 장에서는 그것이 구체적으로 방송의 편성과 방송내용에 대한 규제, 검열을 통해 어떻게 나타났는지를 살펴볼 것이다.

여기서는 특히, 방송이 어떻게 '후견적 규율'을 통해 시청자를 '국민'으로 호명하고 구성해 냈는지, 이로 인하여 어떻게 순응하는 국민이 만들어졌는지를 살펴본다. 이를 위해, 텔레비전 방송을 통해서 건전사회 기풍 진작을 위해 근면이라는 노동윤리와 내핍이라는 소비윤리가 훈육되고 규율되는 과정을 살펴볼 것이다. 또한 드라마의 성(性) 표현을 둘러싼 규제 과정과 담론을 검토함으로써, 당시 군사정부가 어떤 행위와 표현을 비정상으로 규정하고 무엇을 '건전'한 성도덕으로 지지했는지를 분석한다. 노동·소비윤리와 성윤리는 제 3공화국에서 제 5공화국을 관통하던 시기 한국의 국가주의가 텔레비전에 어떻게 관철되었는지를 보여 주는 대표적인 주제이다.

이 시기 '조국근대화'로부터 '선진조국'으로 이어지는 경제적 동원 담론은 노동의 근면과 내핍의 소비 가치를 강조하는 정권 차원의 훈육적 동원과 후견적 규율을 중첩적으로 작동함으로써 가능했다고 할 수 있다. 예를 들어 '문예중흥 5개년계획'으로부터 '새문화 정책'으로 이어지는 민족주의의 문화적 동원은 반공주의 이데올로기와 결합하여 특정한 정치이념을 선전, 계몽한 국가주의적 국민 훈육 프로그램이었다고 할 수 있다. 이러한 국가주의적 동원은 1980년대에 들어 국민에 대한 유화책의 일환이면서 동시에 국민의 참여를 촉진하기 위해 생활세계에 대한 새로운 개입이었다. 이것은 뒤에서 보듯 '후견적 규율'이라 부를 수 있고, 특히 이 장에서는 대중문화 영역에서 성표현과 성풍속 등 성윤리와 공서양속의 사회윤리에 대한 표현 규제를 통해 실천되는 양상에 주목할 것이다.

1. 훈육적 동원에서 후견적 규율로의 이행

근대화 과정에서 공론장의 변용에 국가는 가장 강력한 변수로 작용하였다. 폭력적 근대화 과정을 주도한 권위주의적 국가는 미디어를 국가 발전은 물론 자신들의 권력을 정당화하기 위한 수단으로 적극 활용하려 했다. 초기의 계몽적 지식인의 자발적 참여를 이끌었던 '발전 저널리즘'

이론은 이를 나름대로 정당화해 주었다. 국가 발전과 미디어의 역할이 하나로 융합된 상태에서, '유신'이란 총동원체제는 전 국민이 국가적 목표하에 모든 삶의 영역에서 하나의 방향으로 인도될 것을 요구하는 것이었다. 국가의 폭력적 억압하에 저항적 지식인들의 참여가 제한된 상황에서 공론장의 성격은 자발적 계몽이란 '훈민성'에서 벗어나 본격적인 '훈육'과 '동원'의 체제로 변화했다. 또한 공론장은 '국민'으로 호명된 개인들이 어떻게 살아야 할지, 어떤 생각을 해야 할지를 철저하게 규정하는 장(場)이었다. 이러한 상황에서 '공공성'이란 국가와 동일한 수준으로 이해되었고, 국가로부터 분리된 시민사회나 대항적 담론은 공적 공간에서 배제되고 지하화되었다. 결국 한국에서 근대화 과정은 훈민 공론장의 성격이 동원과 규율의 성격을 포함하며 변용되는 과정을 포함하는 것이었다고 설명할 수 있다.

앞의 장에서 살펴보았듯이 1960~1970년대 한국사회의 키워드는 경제적 고도성장을 토대로 하는 '조국근대화'와 이에 따른 산업화, 도시화라고 할 수 있다. 정치적으로는 군사정권의 등장 이후, 반공과 냉전 이데올로기에 토대를 둔 통제가 정점으로 향하는 시기였다. 박정희 정권 수립 직후부터 공보기구의 조직, 예산과 인원이 확장되었고 업무도 체계화되기 시작했다. 당시 공보부는 권력의 분립이나 대의민주주의 체계의 권력 대리와 다양한 정치권력 매개 조직들의 역할을 중시하기보다는 정권과 국민, 나아가 최고 통치자와 국민 대중이 직접 연결되는 것을 선호했으며, 이는 국가 심리전 업무를 공보부에서 총괄, 통제, 조정하게 되는 선전체계의 구축 과정에서도 드러난다.

이 시기 방송은 자본주의적 발전을 위한 국민 교육과 계도에 힘쓸 것을 요구받았고, '10월 유신'(1972)과 '대통령 긴급조치'(1974~1975) 등으로 상징되는 폭력적 국가는 방송의 제도와 체계에도 직접적으로 작용했다. 이러한 맥락에서 박정희 정권은 방송이 비판적, 비평적, 객관적 언론이기보다는 저개발국의 발전과 '국민' 통제와 계도, 정권의 선전과 홍보를 위한 '발전주의 미디어'가 될 것을 요구했다. 특히 텔레비전은 매스컴의 총아로서 가장 영향력이 큰 최신, 최량, 최대의 뉴미디어이자 문명의 상징이었고, 나아가 정권에게는 대항선전을 위한 무기로 인식되면서 방송의 공익성은 국가의 정의와 방송 역할 규정에 종속되었다.

이러한 동원형 국가주의는 유신체제로의 전환과 함께 더욱 확장되었다. 한국사회가 유신과 더불어 전면적인 총동원적 훈육체제로 전환되면서, 방송은 냉전적 선전의 역할과 더불어 대내적 선전을 위한 역할을 지속적으로 요구받았다. 결국 이 단계에 이르러서는 자유주의 언론에 기반하여 계몽적 지식인의 장으로 자리 잡았던 한국의 공론장에서 강압적인 '훈육적 동원' 체제가 강력히 자리 잡게 되었다.

그런데 문화를 활용하여 광범위한 대중을 동원하려 했던 박정희 정권의 노력은 문화, 예술 사업에 대한 적극적 개입으로 문화 일반과 '일상사'와 생활세계를 국가가 관리하는 시스템을 구축하려는 시도로 이어졌다(김은경, 2013). 이것이 바로 '후견적 규율'의 측면을 드러낸다. 특히 '국민총화'는 일상의 기본 단위인 '소비'에 대한 통제를 포함하는 것이었다. '소비'는 유신체제라는 억압적 사회 속에서 한편으로는 억제되고 한편으로는 조장되면서, '조국근대화'를 위한 자본주의적 주체 구성 과정에 역할을 했다. 특별히 유신체제는 수출지향적 산업화 정책을 위한 내자 도입의 과정으로서 전면적 소비 억제를 국민에게 강요했는데,

이는 '사치 · 낭비 · 퇴폐' 풍조 근절이란 주장으로 요약된다. 그럼에도 텔레비전을 비롯한 소비조장의 문화도 선택적으로 자리하면서 강렬한 소비욕망을 불러일으켰는데, 이는 유신체제의 해체에 기여하는 저항적 에너지로 집결되기보다는 적절히 체제 내에 포섭되었다(이상록, 2013). 중요한 것은 국민의 경제적 삶 역시 국가를 위해 동원되고 훈육되어야 할 대상으로서 총체적 개입이 이루어졌다는 점이다.

이처럼 유신체제의 사회통제는 일반 국민들의 일상으로 파고들었다. 장발(長髮) 단속이 가장 대표적이었다. 박정희는 1971년 1월에 '히피족을 출연금지'하라고 지시한 것에 이어 1970년대 내내 장발자의 TV 출연을 금지시키라는 친필 메모를 하달했다. 당시 장발 풍조는 일종의 저항의 상징으로 반항의 도도한 흐름을 형성, 정치적 억압에 도전하기 시작했다. 반정부 세력의 주류를 형성한 학생운동권 주체들이 대부분 장발족이었다는 사실과 정부의 단속을 무관하지 않게 보는 시각도 그 때문이었다.

가족계획 역시 국민의 일상을 폭력적으로 침범했다. 당시 인구 증가율은 연 2% 이상이어서 제 3차 경제개발계획이 끝나는 연도(1976년)의 증가율을 1.8%로 잡았더니 부총리가 1.3%로 낮추라고 호통쳤다. 인구가 줄어야 1인당 GNP를 높일 수 있다는 발상이었다. 이러한 정책하에서 당시 방영된 모든 텔레비전 드라마의 부부는 두 명 이하의 자녀를 갖게 했고, 인구폭발의 위험을 인식할 수 있게 하는 특별 프로그램을 방영하였다. 그리고 우표, 담뱃갑, 극장표, 통장, 주택복권 등과 버스, 택시, 지하철, 기차 구내 등 일상공간에 "적게 낳아 잘 키우자", "딸 아들 구별 말고 둘만 낳아 잘 기르자" 등 가족계획 표어를 부착했다(배은경, 2004).

국가가 방송을 통해서 국민들의 생활세계에 개입한다는 것은 곧 사회 전체를 국가의 우산 아래 두고 규율한다는 것을 의미한다. 이를 통해 국가는 마치 가부장이 아이를 보호하듯이 국민들을 훈육하고 규율하여 마침내는 자발적으로 따르도록 함으로써 순종적인 국민들을 길러 내는 역할을 하게 된다.

이어서 그 대표적 사례로 1970년대와 1980년대에 걸쳐 각각 방송을 통해 소비생활에 대한 규율, 그리고 가정과 성윤리에 대한 규율이 어떻게 이루어졌는가를 논의해 보자. 이 과정에서 텔레비전 방송 및 드라마에 대한 규제를 구체적으로 살펴보기 위해 각 방송국의 편성 관련 자료 및 한국방송윤리위원회가 발행한 월간 〈방송윤리〉(1969~1980)와 한국방송위원회가 발행한 월간 〈방송심의〉(1981~1987)를 사료로 하여 분석하였다.

2. 소비생활에 대한 규율

1) 근면 절약하는 삶과 건전한 소비생활의 강조(1970년대)

고도 경제성장과 경제안정을 목표로 하는 1970년대의 수출주도형 근대화 정책은 '근면한 노동자'를 필요로 했다. 근면한 노동력은 낭비를 추방하고, 자원과 소비를 절약하는 건전사회 기풍을 진작시킴으로써 만들어져야 했다. 한편, '농촌에 있는 건전한' 인구가 거부감 없이 볼 수 있는 프로그램을 늘려야 한다는 요구는 당시 급속도로 산업화되는 과정에서 한국사회가 겪던 도농(都農) 격차나 사회적 갈등이 텔레비전을 통해 재현되거나 촉발되는 것을 억제하고자 하는 흐름으로 이어졌다. 따라서 이 시기 텔레비전 방송의 공익성은 건전사회 기풍 진작, 경제・사회・문화적 위화감의 규제와 밀접하게 관련되었다.

한국방송윤리위원회(이하 방윤)는 특히 1969년 개정된 윤리규정에서 연예오락방송이 "국민의 생활윤리 및 건설적인 기풍을 진작하는 것에 유의할 것"(제 43조)을 명시하고 있어, 이에 준한 심의사례들을 통해 한국사회의 노동과 소비 윤리의 건전성이 규정되는 방식을 살펴볼 수 있다.[1] 방윤의 심의결과에 따른 제재 사례가 가장 많이 나타난 방송내용

1) 한국방송윤리위원회는 1969년 1월 4일 윤리규정을 개정하여 방송이 "사회의 공공복지 증진과 국민문화 및 생활 향상의 사명과 책임"을 다하고 "품격"을 지킬 것을 목적으로 밝혔다. 특히 제 43조의 "연예오락방송은 국민의 생활윤리 및 건설적인 기풍을 파괴하지 않도록 힘쓰며 특히 국민의 정서에 미치는 교육적 효과에 유의하여 선정적,

부문은 연예오락이었고, 주제영역으로는 성표현이나 성윤리 가치 같은 범주와 함께 '소비양식과 소비윤리'였다.

방송매체가 '사행심, 소비성향 조장 등을 포함한 퇴폐풍조를 조성'하는 것이 방송윤리규정에 저촉되어 규제했으며(〈방송윤리〉, 1970. 10), 나아가 1972년 추·동계 개편 시에는 각 방송국에 '방송심의 세부지침'을 하달하여 "현대극에서는 중류 이상의 가정을 배경 소재로 삼는 일을 피하며 지나친 지방의 방언을 남용하지 않도록 할 것" 등을 권고하였다(〈방송윤리〉, 1972). 이 같은 소비규제 양식에 대해서는 여야 구분 없이 적극 찬성을 받았다.

새로이 제정된 방송법에 따라 준(準)사법적 심의기구로서 법적 지위를 확보한 방윤은 1975년 1월에는 회원 총회에서 방송국에 대한 심의제재를 경고, 해명, 정정, 취소, 사과, 주의환기, 출연정지, 집필정지, 징계 등에 걸쳐 결정할 수 있도록 회칙을 개정하고, 4월 29일에는

애상적인 것을 피하도록 한다"와 제 44조의 "오락방송은 건전한 위안을 제공하며 명랑한 내용으로 생활을 윤택하게 하도록 힘쓴다. 저속하거나 불결한 소재나 언어(은어), 동작은 이를 금한다"라는 조항은 이러한 윤리규정의 목적을 조금 더 구체화한 것이다. MBC-TV는 개국과 함께 한국방송윤리위원회 위원이 되었는데, 이는 방송국의 장이 방윤 위원으로 구성되는 데 따른 것이었다. 방윤은 1973년 방송법에 의해 그 법적 지위가 확정되기 전까지 방송사의 장을 방송위원으로 하는 임의단체로서 자율심의기구의 형식을 갖추고 있었다. 이후 언론기본법(1980. 12. 31)에 의해 방윤 대신 방송위원회와 방송심의위원회가 설치되었다. 방송심의위원회는 법정기관으로서 방송위원회의 감독을 받지만 방송위의 지시를 이행하는 하부기관은 아니었다. 방윤과 같은 자율기구가 아닌 모든 방송사의 가입이 의무화된 기구였으며, 위원 선출과 심의규정 제정 시 문공부장관의 승인이 필요했다. 심의 결정에 법적 구속력이 부여되었다는 점에서 법정기관이었다. 1987년 11월 방송법 개정으로 방송위의 하부 보조기관으로 통폐합되었다(박용상, 1988).

'방송윤리심의준칙'을 발표하며 보다 적극적으로 규제하고자 했다. 방윤의 심의활동은 문공부가 행정지도를 통해 하달하는 방송편성지침이나 각종 사항들을 구체적으로 집행하는 역할이었던 것으로 볼 수 있다. 문공부가 국회에 보고하는 정책목표나 업무현황은 방윤의 심의사례나 일반권고 등을 통해 그대로 집행되었다. 특히 문공부의 편성규제나 지시가 구체화될수록 방윤의 심의는 개별 프로그램보다는 '일반권고'라는 포괄적 지침이 보도, 교양, 연예오락의 부분별로, 더 나아가서는 역사드라마, 멜로드라마, 반공드라마, 음악쇼, 퀴즈, 게임쇼 등으로 세분되어 포괄성의 심의 가이드라인을 제시하는 형식으로 집행되었다.

예를 들면 1975년 5월에는 '연예오락방송의 정화를 위한 권고'에서 "퇴폐풍조 및 소비성향을 조장하고 문화격차를 느끼게 하는 소재를 지양할 것"을 각 방송국에 전달했다. MBC 일일연속극 〈안녕〉은 등장인물들의 부유한 생활양식으로 주의 조치를 받았는데, 방윤은 "멜로드라마의 경우 무대 설정이 대부분 현대에 호화생활"이라고 지적하며 "작가의 책임과 사명, 사회성(교육, 계도성)이 강조되어야 하고, 자율적 심의가 중요하다"고 지적했다(〈방송윤리〉, 1975. 5).

멜로드라마를 중심으로 제기되기 시작한 소비생활 양식의 문제는 '사치, 허영' 등의 악영향을 우려하여 미리 계도하고자 하는 심의방향으로 나타났으며, 대상 프로그램도 다양화되었다. 1975년 6월에는 "바캉스 붐을 틈탄 지나친 사치 및 소비성향을 조장하는 요소에 대해 철저히 심의할 것"을 중점 심의 가이드라인으로 결정했고, 8월에는 '미스 선발 실황방송에 대한 권고'를 각 방송사에 보내 "상금, 상품 기타 시상내용에 대해서도 은연중 사치, 허영 등의 악영향을 초래"할 것을 염려하며 주의 요청을 하였다. 이 같은 심의지침이나 일반권고 등은 방윤이 부정기적 연례회의로 실시한 재경 방송사 심의실장 회담 등을 통해서도 강조되었다. 문공부는 월 1회 방송 편성책임자들과 가지는 '새마을방송협의회'에서 편성지침을 하달했고, 방윤은 각 방송사의 자율심의 책임자인 심의실장 등을 통해 내부 규제를 논의하였다.

1976년 1월 방윤은 회칙 개정을 통해 '방송내용의 질적 향상을 위한 권고'를 '방송내용의 질적 향상을 위한 권고, 주의 및 시정'으로 변경했는데, 이는 방송에 대한 문공부의 개입이 보다 강력하고 구체적으로 변화했음을 보여 준다(〈방송윤리〉, 1976. 1). 방윤 위원인 방송사들이 자율심의를 강화하는 형식으로 조응한 것으로 이해할 수 있다.

수출 100억 달러를 달성한 1977년 이후부터는 특히 도농격차에 대한 우려가 소득계층 간의 격차를 우려하는 경향으로 나타난다. 사행심이나 소비조장이 새마을운동에 역행하는 것에 유의할 것을 요청하는 심의내용은 '부유층의 생활 묘사'를 억제하는 방향으로 나타났다. 1978년도 방윤의 소비생활윤리에 관한 심의기준은 월별 중점심의 방침으로 국민의 생활윤리와 건설적인 기풍을 해치고 소비성향을 조장하거나 자극할 우려가 있는 내용(1월), 국민의 건전한 생활기풍과 사회질서를 파괴하고 공공도덕에 해를 끼칠 우려가 있는 내용(3월), 건설적인 사회기풍을 해치고 국민의 정서에 악영향을 미칠 우려가 있는 내용, 드라마의 지나친 호화생활 묘사(9월), 연예오락방송 내용 중 국민의 생활윤리와 건설적 기풍조성에 유해로운 내용(11월) 등을 제시하여 각 방송사를 미리 계도하려는 의도를 보여 주었다(〈방송윤리〉, 1978. 1).

이러한 심의지침은 KBS, MBC, TBC 등 각 방송사에 '부유층의 호화생활을 방송하지 말도록' 통보하거나, 무대설정에 있어 호화주택, 가구, 의상 등 호화사치성 생활을 묘사하는 내용은 적극 억제할 것과 등장인물 설정에서도 가정부나 어린이를 필요 이상 등장시키지 말 것 등을 권고하는 것으로 나타났다(〈방송윤리〉, 1978. 3).

호화로운 소비생활의 묘사가 계층별 위화감이나 사회 갈등을 촉발하는 계기로 작용할 것을 우려한 심의 논거도 발견할 수 있다. "인간의 계층, 지위고하, 빈부 차 등을 지나치게 과대 묘사하여 불리한 처지에 있는 사람들의 감정을 자극하거나 위화감을 조장할 우려가 있는 내용을 억제하고 급변하는 사회 속에서 일반대중이 추구할 가치기준과 진실성 및 신의를 불어넣는 주제 및 소재의 개발이 권장되어야 할 것, 부유층 가정의 호화스러운 생활 묘사나 '싸롱', '캬바레', '고고클럽' 등 환락가 장면설정을 지양하고 서민성이나 일상성의 묘사에 유의하여야 할 것" 등으로 심의내용이 구체화된 것이다(〈방송윤리〉, 1978. 5).

1969년 3월 3일 국민생활 합리화와 관습 순화를 위한 '가정의례준칙'이 선포된 이래 국가는 개인 시민의 생활과 소비양식을 지속적으로 규율하고자 했다. 국가는 국민교육헌장, 가정의례준칙, 교육과 문화예술활동 등을 통해서도 혼식과 분식, 저축 장려, 둘만 낳아 잘 기르기, 관혼상제 허례허식 타파 등 국민의 일상생활 영역 전체에 개입하였다. 이는 새마을운동의 확산과 생활화를 통한 건강하고 근면한 노동양식, 절약하고 내핍하는 소비생활양식을 건전한 가치규범으로 계몽하는 프로그램을 공익적 방송으로 동원하고, 사람들의 물질적 욕망에 대해 호화, 사치, 사행심, 낭비, 소비성향 등은 반사회적이고 유해한 가치로서 방송에서 억압하고 규제하는 것으로 나타났다.

사치, 허영의 부유층 소비생활 묘사에 대한 규제는 1970년대 중반 소비사회로 진입하던 한국사회에서 아직도 국민 일반에게 호소력을 가지고 받아들여지는 가치였다. 1962년 이래 제 1~2차 경제개발계획을 거친 후 제 3차 경제개발 5개년계획(1971~1974)이 시행되던 1970년대 초반의 한국사회에서는 소비의 물적 토대가 형성되고 있었다. 어려운 경제 여건에서 '민족과 국가의 안녕'을 위해, 가족의 의식주를 위해 성실히 일하고 절약과 저축의 내핍 생활을 실현하는 근면한 근로자는 바람직한 한국인의 모습으로 가장 우선이 되는 가치가 되었다. 특히 전쟁의 참화와 보릿고개의 굶주림으로 대표되는 궁핍의 시대를 지나온 세대들에게 절약과 근면은 가장 큰 미덕이었으며, 중산층으로 진입한 이후에도 물건의 소비, 소유 욕망은 늘 죄의식을 동반하여 나타났다. 새마을운동의 근면, 절약 정신은 스스로를 규율하는 삶이 내면화된 세대에게 새로운 행동양식이 아니었다는 점에서 국민적 계몽과 훈육 프로그램으로 추진될 수 있었다.

2) 중산층의 확대에 따른 소비문화의 규율: 계층 간 위화감의 억제(1980년대)

1970년대까지 새마을운동을 중심으로 하는 직접적 계몽, 계도성 프로그램으로 국민정신을 강력히 통제하고자 한 국가의 방송동원은, 제 5공화국이 유화적이고 대외개방적인 정치, 경제정책을 선택함에 따라 변화를 보였다. 생활경제와 국가, 국제경제와 관련한 프로그램들은 심층취재와 기획물 중심의 대형화라는 특성을 나타내며 경제 관련 프로그램의 증가로 이어졌다. 예를 들어, 1981년 12월 MBC에서는 심층보도 특집기획 시리즈로 〈우리 경제를 알자〉와 〈한국경제의 현주소〉가 방송되었다.

MBC는 1982년 춘·하계 개편에서 시청자들의 실생활과 밀착된 프로그램을 목표로 생활경제 프로그램을 대폭 확대하고 스포츠 프로그램을 강화할 것을 발표했다. 이에 따라 〈알뜰살림교실〉, 〈퀴즈로 푸는 생활경제〉, 〈사천만의 경제〉 등이 신설되고, 주부 대상 생활필수품 쇼핑 프로그램 〈MBC 주말백화점〉, 시장 서민생활의 애환을 그린 일일 시추에이션 드라마 〈시장사람들〉 등도 방영되었다. 이들 프로그램들은 계몽적이기보다는 시청자가 생활정보라는 형식으로 알뜰소비 경제를 이해하고 바람직한 생활양식을 학습할 수 있도록 하거나 '서민생활 윤리'에 공감하도록 만드는 형식을 취했다.

'선진조국 창조를 위한 발전적 모색과 공영방송의 확고한 토대 구축'을 개편 목표로 한 1983년 봄에는 국민의식 개발에 초점을 맞춘 경제드라마들이 등장하였다(〈거부실록〉, 〈새댁〉, 〈야망의 25시〉 등). 이러한 편성 변화는 당면한 경제난국을 타개하고 88서울올림픽에 대비하자는 의지를 보여 준다는 긍정적 반응을 얻었다(〈조선일보〉, 1982. 2. 17). 1983년은 정부가 '선진조국 창조'를 기치로 적극적인 유화정책에 나선 해라고 할 수 있다. 문공부는 '국민의식의 선진화'를 위해 국민경제교육을 지속적으로 실시하고, 이를 위해 대중매체를 통한 국민정신교육 계도를 확충하고, 선진조국 창조의 정신적 기반을 구축하며, '경제의식', '직업윤리의식' 등을 함양할 것을 주요 공보시책으로 하였다. 방송은 이에 대해 스포츠 확대정책을 한 축으로 하고 다른 한 축으로는 대외개방적 경제정책 기조를 반영하는 대형 해외취재 보도기획물과 대형 경제드라마를 대거 제작·편성하는 것으로 화답했다. 이러한 프로그램들은 국가 동원의 매체 역할로서 공공성, 공영성의 수행과 재미라는 시민사회적 요구 둘 다를 충족시킬 수 있다는 이유로 적극적으로 수용되었다. 방송위 조사부의 1983년도 심의분석보고서는 이러한 텔레비전 프로그램이 과감한 경제 프로그램 확충과 기획보도 프로그램 강화로 난국을 극복하는 지혜와 용기를 국민에게 심어 주고, 국민경제 생활에도 크게 기여한 것으로 평가했다.

1980년부터 1986년에 이르는 편성경향을 보면, 경제안정과 근면을 강조한 초기 새마을운동의 계몽·계도적인 프로그램이 컬러TV의 등장으로 나타난 볼거리 화면에 의해 약화되는 것을 알 수 있다. 1982년부터 등장하기 시작한 생활정보, 생활경제 프로그램은 '선진조국 창조'의 담론이 전면화되는 데 따라 국가경제를 교육하는 보다 효과적인 훈민적 프로그램으로 선호되었다. 선진조국을 창조하기 위한 국가경제의 성장과 안정을 생활소비경제 차원으로 접근하여 절약과 내핍의 국민경제 윤리를 교육하거나, 국제경제, 해외산업현장 취재물들을 통해 대외개방형 한국경제에 필요한 국민경제 윤리를 교육하는 데 성공을 거두었다. 더구나 많은 제작비를 들여 완성된 대형 취재기획물들은 공영방송의 공익성을 대형 기획물과 동일시하는 효과를 만들어 내기도 했다. 대외개방형 경제정책 기조는 국제 스포츠 경기대회의 유치와 추진에 의한 국제화 담론과 중첩되어 자연스럽게 〈지구촌의 한국인〉 같은 프로그램을 이끌어 냈다.

이처럼 1980년대에는 직접적인 강제와 선전의 톤이 약화되고, 훈육적 동원의 메커니즘과 함께 공영방송이라는 이념적 담론으로 국민들의 생활세계에 경제윤리와 노동, 소비의 가치규범을 심어 주었다. 그렇다고 해서 한국사회의 시민 개인 혹은 시청자가 국가가 동원하는 가치에 그대로 훈육되었다고는 할 수 없는 것은 분명하다. 어떤 프로그램들은 그 목적성 때문에 외면 받았으나, 어떤 프로그램들은 목적성에도 불구하고 사람들이 특정한 가치와 규범들을 자발적으로 학습하고 전용하고 참여하는 데 활용되었다.

한편, 목적성 프로그램의 신설과 개편을 통한 동원형 공익성 구현이 이루어지는 동시에, 다른 한편으로는 1970년대에 이어 '방송내용의 윤리성 향상'을 위한 조치들이 방송심의위원회를 통해 실시되었다. 국민의 건전한 생활기풍과 생활윤리를 계몽하고 규율하려는 국가의 노력은 당시 문공부에 의한 직접개입보다는 방송심의 제재와 일반권고, 개선안 등의 형식으로 나타났다. 방윤 심의는 생활기풍과 소비윤리를 두 가지 방향에서 규율하고자 했다. 한편으로는 부유층의 호화로운 생활묘사로 계층 간 위화감이 유발되거나 자극되는 것을 규제하고자 했고, 다른 한편으로는 일상생활 경제와 소비 영역을 다루는 프로그램에서 유발되는 소득격차와 계층 간 위화감 촉발을 억제하고자 했다.

방윤은 1980년 '방송내용의 윤리성 향상을 위한 권고'를 각 방송사에 통보해, "국민의 올바른 정서함양 및 정신계도에 저해요인이 될 우려가 있는 내용을 적극 억제"하고 "국민의 생활윤리 신장과 건설적 생활기풍 진작"에 더욱 유의할 것을 권고하였다. 또한 위화감을 유발하거나 감정을 자극하는 표현 등을 규제할 것을 강조했다. 이에 따라 MBC 드라마 〈성난 눈동자〉, 〈포옹〉 등이 가족구성원 간의 심화된 갈등이나 부유층의 호화스러운 생활 묘사 등으로 건전한 생활기풍을 저해하고 소득계층 간의 위화감을 조성한다는 이유로 주의 조치를 받았다. 이 같은 조치들은 방송위원회가 처음으로 실시한 '전국 시청자 의식조사'(1981)에서 현대물 드라마가 지나치게 호화스런 가정 분위기를 많이 다루는 것이 가장 큰 문제점으로 지적되었다는 결과(29.4%로 가장 많음)에 의해 정당성을 확보했다.

이후에도 〈호랑이선생님〉(1982), 〈애처일기 - 해외여행〉(1984), 〈베스트셀러극장〉 등이 계층 간 위화감 조성으로 제재를 받았다. 예를 들어, 〈알 수 없는 일들〉(1985)은 "부유층의 오만성을 확대 묘사하는가 하면 가난한 선반공은 재력의 위력 앞에 경찰에 억울함을 당해야만 한다는 일련의 내용을 대조적으로 묘사했으며, 가난하고 무력한 계층의 자포자기적이고 자조적인 의식을 묘사한 것으로 계층의식을 조장할 우려가 있음"을 이유로 제재되었다(〈방송심의〉, 1985. 9).

한편, 텔레비전 드라마가 재벌이나 일부 상류층의 생활을 빈번히 소재나 배경으로 등장시키는 데 대해, 신문의 방송비평은 '현실성과 생활이 없는 드라마'로 비판하며 방송심의위원회의 제재 근거와는 다른 초점을 보여 주었다. 주간 연속극이 그룹 회장 등 재벌과 가수, 영화배우 같은 특수층과 밑바닥 인생들을 대비시켜 중산층의 생활감각과는 거리가 멀 뿐 아니라 흥미를 끌기 위해 극단적인 성격 묘사를 하고 있어 거부감이 생긴다는 지적 등이 그 예이다(〈조선일보〉, 1987. 3. 28). 이러한 비평은 드라마가 위화감을 조성한다는 심의규제 논리와 반드시 일치하지는 않는다. 드라마의 질과 플롯 구성, 인물 캐릭터의 현실성 등이 오히려 공영방송의 질적 서비스에 이르지 못하고 있다는 비판으로 해석할 수 있다.

생활정보성 프로그램들 역시 소득격차와 계층 간 위화감을 근거로 한 심의에서 자유롭지 않았다. 1980년대 들어 이른바 수용자 대상계층을 특화하는 프로그램 편성이 증가하고 아침방송이 재개됨에 따라 특히 주부 대상 아침정보 프로그램이 대거 확대되었다. 주부들에게 소비와 레저, 가정생활 경제에 대한 알뜰 정보를 제공한다는 취지로 편성된 이들 프로그램들은 과소비 조장과 사치성 정보 제공으로 많은 제재를 받았다. 예를 들어 MBC 〈안녕하세요, 변웅전입니다〉(1982. 2. 4)의 '피부손질법 안내 코너'가 "고급 식품을 미용재료로 사용하여 위화감을 조장"한다는 이유로, KBS 〈여성백과〉(1983. 7. 27)는 "계란으로 거품을 내는 등 계층 간 위화감 조성 우려"를 이유로 제재 조치되었다. 식품재료가 미용재료로 사용될 수 있다는 것은 이미 먹고사는 문제가 해결된 사회나 계층에서 가능한 것이고, 이러한 '잉여'를 바탕으로 한 문화가 텔레비전에서 생활정보로 제공되기 시작했다는 것은 실제 생활영역에서 계층 간 문화격차가 확산되기 시작했다는 것을 보여 준다.

요가, 헬스, 에어로빅 등 당시 중산층 여성 일반을 대상으로 확산되던 미용운동 소개 프로그램들도 계층 간 위화감 조성을 근거로 제재되었다. MBC 〈스튜디오 88〉(1984)은 여러 요가 동작을 소개하는 것이 "시청자 계층 간에 위화감을 줄 우려가 있음"을 이유로, MBC 〈차인태의 출발 새아침 - MBC 전국총출동〉(1985)에서 여성들이 헬스클럽에서 운동하는 장면은 "국민계층 간 위화감을 조성할 우려가 있음"을 이유로, 그리고 KBS 〈스포츠광장〉, 〈뉴스센터〉(1986. 4. 21)는 여자 보디빌딩 시범을 방영했다가 "대다수의 여성들에게 상대적 박탈감과 위화감을 조성할 우려"가 있다는 이유로 제재되었다(〈신문과 방송〉, 1986. 5).

방송심의위원회는 생활경제 프로그램들이 "단순한 생활정보 제공이나 전달에 그칠 것이 아니라 국민생활 안정을 도모하고 근검절약을 유도하는 방향으로, 또한 수용자가 실생활에 유익하게 활용할 수 있는 측면으로 제작에 깊이를 더해야" 할 것을 제안하였다(〈방송심의〉, 1982. 8). 또한 각 방송사들의 계속적인 위반에 대해 〈10개 항의 방송 프로그램 개선에 관한 의견〉을 각 방송사에 통보하며, "지나친 오락성과 선정적이고 도시지향적인 내용을 순화, 시청자의 취미와 심미 수준을 향상" 할 것을 요청하거나(1984. 9. 15), 일부 TV에서 부녀자들의 살빼기 운동으로 유행하는 에어로빅, 체조, 수영, 요가 등을 방영하면서 나체로 보이게 하는 살색 타이즈나 몸에 꽉 끼는 의상 등으로 방송의 품위를 떨어뜨리며, 일부 부유한 부녀자들이 살을 빼기 위해 하는 각종 실내운동의 사치스런 분위기가 계층 간 위화감을 조성할 우려가 있어 조치한다는 '일반권고'를 발하기도 했다(〈방송심의〉, 1984. 12). 방송위원회 역시 〈프로그램 개선에 대한 의견〉으로 일부 과소비 조장 프로그램의 정화를 요망하거나(1985. 3. 25), 일부 여성들의 사치스런 미용(에어로빅) 실태와 코, 쌍꺼풀 성형 등 국민계층 간 위화감을 조성하는 소재 선택의 억제 등을 강조했다(〈방송심의〉, 1985. 6. 22).

언론도 이러한 과소비 조장 프로그램이나 분위기 조성이라는 측면에서 방송심의 방향이나 결과에 대해 대체로 동의하는 태도를 보였다. 여름철 TV 방송이 계층 간 위화감을 조장하고 향락심리를 부추겼다는 심의 분석평가를 그대로 보도한 것은 그 한 예였다(〈중앙일보〉, 1985. 9. 4). 아침 주부 대상 프로그램의 소재가 분재, 회덮밥 요리 등 상류층의 기호에 맞는 내용이 많아 일반 주부 시청자들에게 오히려 반감만 일으키고 있다는 비판에서도 같은 시각을 공유하였다. 여가와 경제적 능력을 갖춘 계층들이 미용과 생활운동 등에 관심을 기울이는 현상이 나타난 것은 당시 국민체육 진흥정책과 아시안게임과 올림픽 등을 위한 국가의 정치적 노력과도 무관하지 않았다. 그러나 이러한 사회현상이 계층 간 위화감을 주는 또 하나의 소재로 제재되었다는 것에서 국가와 심의기구가 가졌던 이중적 가치기준과 방송규율의 정치적 의도의 편린을 찾을 수 있다.

이처럼 '중산층 유한계급의 일상생활 문화'가 아직도 의식주의 기본생활을 위해 노동하는 하층계급에게 계급문화의 차이로 인한 사회적 박탈감이나 갈등을 심어 주는 것을 우려하여 특정 소재를 제한했다는 점이 1970년대 심의의 특징이었다고 할 수 있다. 그러나 1980년대 이후 경제성장의 과실이 한국사회에 중산층 확대를 가져옴으로써 사회 내 계층갈등은 대다수 중산층과 소수 하층의 갈등구도로 변화하는 양상을 보였으며, 이에 따라 심의내용은 텔레비전에서 나타나는 중산층의 일상생활이 이러한 갈등을 심화시킬 것이라는 우려를 보여 준 것이었다. 실제 이 시기 노동계층은 여전히 폭압적 국가에 의해 노동 3권을 제약당한 조건에서 자신들의 경제적 권리를 확보하기 위한 결집과 조직화를 맹렬한 속도로 확장했다는 점을 배경으로 이해할 수 있다.

정리하면, 이러한 심의제재 사례들은 1980년대 중후반에 이르기까지 국가가 근검절약의 가치와 행위규범을 이미 소비사회에 접어든 한국사회와 시민 개개인에게 강제하였다는 것을 보여 준다. 경상수지가 46억 달러 흑자를 기록한 1986년에도 정부는 여전히 국가 발전을 뒷받침하는 선진국민의식 확립과 이를 위한 근검절약하는 국민경제운동 전개, 대중매체를 통한 국민의식 계도 등을 공보 시정목표로 제시하고 국민의 생활경제윤리를 규율하고자 했다.

근검절약의 소비양식은 궁핍의 세대에게 내면화된 행위규범이기도 했지만 동시에 과대성장한 한국의 국가가 소비과정에 개입한 규율의 결과이기도 하다. 근검절약에 관한 한국사회 담론은 해방 이후부터 최근까지 일관되고 지속적이었다. 강성국가 혹은 과대성장국가로서 한국의 국가는 압축근대화의 추진체였을 뿐만 아니라 자본 축적의 주체로서 국내시장 보호를 위해 산업체가 싼 가격에 수출하고 국내시장에서 이를 비싼 가격으로 보전하는 행위를 용인했고, 한편으로는 강력한 수입통제정책을 수행했다.

따라서 해방 이후 1980년대 말까지 위생과 청결 위에 과학과 합리를 통해 개인의 몸을 가꾸고, 가족의 안녕을 도모하고, 물건의 소비와 여가를 즐기는 근대적 소비자 행동은 이상적 생활양식(*ideal lifestyle*)으로 제시된 일이 없다. 한국인은 언제나 열심히 일하는 노동자여야 했고, 허리띠를 졸라매서 저축하고 가정의 안녕을 책임지는 가장이어야 했고, 근검절약해서 나라경제 발전에 헌신하면서 소비욕망을 억제하는 소비자이어야 했다. 이렇게 방송 미디어를 통해 국가가 주도한 훈민적 공론장 속에서, 생활세계에 개입한 국가적 규율은 물건의 소비와 소유, 개성의 발현과 즐거움의 향유까지도 억압한 지도적이며 도덕적인 힘이었다.

그러나 소비자로서 한국인이 국가가 요구하듯, 또는 이와 유사한 시민사회의 도덕이 요구하듯 건전한 소비자로 국민경제를 위해 헌신만 한 것은 아니다. 식민지와 전쟁의 참화를 거치면서, 그리고 굶주림과 가난의 시대를 거치면서 한국인들은 1970년대 중반 이후 서서히 근대 소비문화가 제시하는 소비 모더니즘을 향유할 물질적 토대를 마련할 수 있었다. 소득증가에 힘입어 이 시대의 한국인들은 소비를 통해 욕망을 실현하려는 소비자로 변신한 것이다. 삶의 물질적 토대가 급격히 변화하면, '내가 어떻게 살 것인가'라는 존재인식과 가치관, 그리고 행동양식까지 급격히 변화할 수밖에 없다. 존재인식과 행동양식이 오랜 시간에 걸쳐 세대를 넘어 변화하지 않으면 불안정하고 모순된 의식과 행동지향이 한 사람의 내부에 공존하게 된다. 이중적이고 기회주의적이라 그런 게 아니라, 급격히 변화하는 사회조건에서 살아남기 위해서는 그것이 오히려 합리적 선택이 된다. 따라서 압축적 경제성장으로 인해 세대마다 경험의 내용이 다르겠지만, 한국의 소비자들은 절제와 욕망 사이를 오고가면서, 근대 모더니즘이 제시하는 이상적 생활양식과 한국 국가와 시민사회의 생활규율을 사이에 두고 끊임없는 타협의 삶을 살아왔다는 것이 타당하다.

그러나 한국의 방송심의기구는 소비욕망을 실현하는 소비자로의 변신을 가능한 허용하지 않으려 했다. 또한 변화하는 행동양식과 존재인식을 탐색하는 한국 시민사회가 합리적 선택과 소비를 실천하는 것을 허용하지 않으려 했다. 근대화 시기의 소비욕망은 근검절약, 내핍에 반하는, 규율되어야 하는 가치로 규정되었다. 방송은 산업사회의 근대시민이 새로운 생활양식을 추구하고 모색하게 하기보다는 그들을 규율을 통해 훈육하고 가르치고자 한 것이다.

3. '순결한 가정'과 '건전한 성윤리': 가정과 성윤리에 대한 개입과 규율[2)]

1) 성표현의 규제와 '가정의 순결'(1970년대)

근대화 과정에서 '건전한 국민'을 필요로 했던 국가는 가족을 단위로 국민을 동원하려 했고, 따라서 가족의 건강성을 지키기 위한 수단으로써 '성(性) 윤리'에 대한 통제 및 규율을 강화하였다. 텔레비전 드라마의 성표현을 둘러싼 규제과정과 담론을 살펴보면, 규제의 핵심에는 '가정의 순결'이 놓여 있었음을 알 수 있다. 이는 당시 정부가 적절한 '계몽'을 넘어서서 훈육과 동원의 체제로서 '국민'의 가장 내밀한 삶에 이르기까지 깊이 개입하려고 했다는 점을 극명하게 보여 준다. 1960년대 초부터 1980년대 후반까지 남녀관계, 성욕망에 대한 인식이 현실사회에서 크게 변화했음에도 불구하고 방송규제기구의 규제기준은 지속되었다.

1970년대 한국의 국가는 외화벌이를 위한 기생관광, 산업역군의 성적 위안소로써의 향락산업 등 성산업을 사실상 묵인했다. 공적 영역에서 사실상 방치되거나 용인된 성산업과 향락산업, 그것과 대조적으로 국가가 열심히 보호하고자 했던 가정의 순결은 근대화 시기 성규제의 핵심적 역설(逆說)을 보여 준다. 공개적 성표현의 불허, 일탈된 성풍속의 표현 최소화, 그리고 불륜과 이혼에 대한 금기 및 혼전 순결 등 성표

2) 이 부분은 백미숙 · 강명구(2007). "'순결한 가정'과 건전한 성윤리". 〈한국방송학보〉, 21권 1호, 138~179쪽 내용을 맥락에 맞게 수정, 보완한 것이다.

현에 대한 규제정책은 국가와 심의기구가 안방의 순결을 지키기 위해 무엇을 허용하고 금기시했는가, 무엇을 정상 혹은 비정상으로 규정했는가를 보여 준다.

MBC 텔레비전이 출범한 1969년부터 언론통폐합이 이뤄진 1980년까지 방윤 보고서를 살펴보면 성표현 규제에서 가장 핵심적 상징어는 '혼인의 순결', '가정의 순결'(*purity of marriage*)이었다. 가장 반복적으로 규제대상이 된 소재는 성행위 암시 장면, 일탈적 성풍속, 불륜, 혼전 성관계 등이었다. 허용과 금기의 영역은 크게 보아 ① 성표현이 부재하는 남녀 간 사랑, ② 일탈적 성풍속의 금지, ③ 불륜의 금지와 순결한 성 등 3가지로 나타났다.

성표현이 부재하는 남녀 간 사랑

텔레비전 드라마에서 성표현은 사랑하는 사람들 사이에서도 암시될 수 있을 뿐 가시적으로 드러날 수는 없었다. 애인 사이인 주인공들의 베드신이 10초 정도 방영되었다 해서 주의 조치되었고(〈너를 사랑한다〉, MBC, 1970), 남녀의 다리 부분 클로즈업 장면이 남녀 간의 정사를 암시한다는 이유로 경고조치되는(〈어머니〉, TBC, 1973) 등, 성 관련 행위와 표현은 숨겨야 하는 것이었다. 1970년대 후반까지도 '남녀가 서로 사랑하고 있음을 옷을 벗어 보이며 표현하는 장면'은 방송에 부적절한 '부도덕한 것'으로 제재되었다(〈그건 그려〉, TBC, 1978). 이 시기 방윤은 남녀 사이의 관계의 정당성 여부와 관계없이 성표현 자체를 엄격히 제한했다. 성표현이 극도로 제한된 부부관계를 묘사하는 것만을 허용함으로써, 성은 사회 재생산을 위한 출산의 의미로 고착되었다. 건전한 성윤리를 갖춘 시민들은 애정관계 표현에서도 성욕망을 드러낼 수 없었던 것이다. 1950년대의 '자유부인'과 춤바람, 1960년대의 산아제한 가족계획 캠페인 등을 통해 이미 '성'(*sexuality*)과 출산을 분리하고, 미니스커트 열풍을 통해 욕망의 표현을 시작한 한국사회의 성문화 속에서도 텔레비전은 여전히 성적 욕망을 인정하기를 거부했다.

일탈적 성풍속의 금지

대부분의 일탈적 성풍속 역시 방송에 적합한 소재가 아니었다. 강간, 겁탈 등의 성폭력 묘사나 불륜, 치정(癡情), 춤바람 장면들은 주로 지엽적 장면 묘사였으나 선정성을 이유로 가장 빈번히 제재된 사례들이다. 주요 대상 프로그램 장르는 범죄물이나 반공극 등이었다. 문공부 지침에 의해 국책성 프로그램의 일부로 신설된 후 점차 증가한 이들 프로그램은 정부의 정책적 요구를 만족시키면서도 시청자의 흥미를 끌 수 있는 장르로 활성화되었다. 그러나 여성에 대한 성폭력이라는 시각에서 재재 받은 경우는 거의 없었다. 〈반공물 및 수사물 텔레비전 방송드라마 내용순화에 관한 권고결정〉(1978. 2. 3)도 이런 시선의 부재를 잘 보여 줬다. 남녀관계의 "관능적 묘사와 자극적 표현을 흥미 위주로 지나치게 확대 묘사하는 사례"가 반공정신 고취의 주제를 흐리고 국민의 건설적 기풍에 악영향을 준다는 것이 각 방송사에 일반권고 조치를 내린 근거였다(〈방송윤리〉, 1978. 2).

성범죄뿐 아니라 '올드미스'가 젊은 청년을 유혹하는 장면 역시 "방송소재로 부적합"하다고 지적받았다(〈강변살자〉, MBC, 1970. 4. 7). 연상녀와 연하남의 결합이 기존 성질서에 어긋난다고 본 것이다. 이혼 역시 일탈적 성풍속으로 규정되었고, 결혼은 반드시 해야 하는 것으로 여겨졌다. 길옥윤과 패티김의 이혼 보도는 전통적 성윤리와 결혼제도에 대한 심각한 도전으로 받아들여졌다. 방윤은 〈TBC석간〉의 길옥윤과 패티김 이혼 취재 시 당사자들의 표정이나 음성이 조금도 주저하거나 서글퍼하는 빛이 없고 오히려 떳떳한 듯한 느낌을 주어 이혼을 아무렇지도 않게 인식시킬 우려가 있다고 지적하였다. 방윤은 〈방송법〉 6조 2항 6호, '결혼 및 가정생활의 순결'에 관한 윤리규정에 기초해서 "특정인의 이혼에 관한 내용 등 공익성이 희박한 뉴스 소재 취급은 유의"하도록 일반권고문을 발송하였다(1973. 9. 21). 이처럼 순결의 윤리규정은 일부일처제 사회에 결혼 적령기에 대한 사회적 규범, 결혼의 책무를 강조하고 이혼을 죄악시하는 규범을 지키고자 하는 것으로 나타났다.

불륜의 금지와 순결한 성

가정생활을 손상케 하는 부정적 애정관계는 불륜 혹은 외도라는 포괄적 개념으로 규제되었다. 남녀 사이의 불륜관계는 금기의 규율을 깨면서 가장 자주 등장한 드라마 주제였다. 이들 드라마는 외도와 가정을 구분하던 규범적 태도로부터 벗어나 결혼제도 밖에서의 애정관계에도 사랑이 존재한다는 주제의식을 담아내기 시작했다. 최초의 불륜드라마로 기록된 〈개구리남편〉(1969~1970)은 MBC 개국 이후 최고의 시청률을 기록하였고, 100회를 넘긴 최초의 일일 드라마였다. 저속성과 외도 소재, 성적 노출 등을 이유로 작가는 '근신처분', 방송국은 '경고'라는 중징계를 받았다. 여기에 문공부는 MBC를 공연법 위반으로 제소하기까지 했다.

이러한 소란은 이 드라마가 당시 한국사회 주류에 던진 충격을 보여주었다. 직장 상사가 부하 여직원과 외도한다는 숨겨진 현실이 텔레비전이라는 공적 세계에 나타난 첫 사례였기 때문이다. 더 놀라운 사실은 이 드라마가 조기에 종영된 데에 청와대의 압력이 있었다는 점이다. 이는 20년이 지난 뒤 이 드라마 연출자가 국가가(혹은 최고 통치자가) 드라마 내용에 직접 개입했다는 것을 진술하여 공식적으로 알려졌다.[3] 그러나 〈개구리남편〉이 불륜을 흥밋거리로 소재화해서 외압을 초래했다고 단순화하는 것은 적절치 못하다. 당시 이 드라마 주인공에 대한 주부들의 항의가 쇄도한 것도 사실이었으나, 변화하는 한국사회의 현실을 사회적 토론 주제로 이끌어 냈다는 평가도 상존했다(황운헌, 1970). 분명한 것은 〈개구리남편〉 이후 혼외 멜로연속극이 양적으로 크게 증가했다는 점이다.[4]

1970년대 중반 한국사회에 다시 한 번 남녀관계, 결혼생활 규율과 관련하여 커다란 도전을 제기한 것은 외도와 사랑이 별개가 아니며, 제도적 결혼생활보다는 애정이 더욱 중요하다는 것을 주장한 멜로드라마의

3) 표재순(1992)은 시청률이 높아서 100회 이상을 넘길 수 있었으나, 불륜을 조장한다는 청와대 측의 '조언' 때문에 일부 분량을 삭제하고 서둘러 막을 내렸다고 회고했다(20년 뒤 회고에서도 '조언'이라는 용어를 사용한 것도 흥미롭다).

4) 호스티스 아내(〈아빠의 얼굴〉, MBC), 40대 가정부인과 청년의 불륜, 남편의 애정행각(〈계절풍〉, MBC), 독신 사진작가와 청순한 유부녀의 사랑(〈너를 사랑한다〉, MBC), 고시생, 호스티스, 사장 딸의 삼각 애정관계(〈행복〉, MBC), 직장생활 주부와 직장상사, 남편, 남편 옛 애인의 사각 애정갈등(〈학부인〉, MBC) 등을 다룬 드라마가 연이어 편성되었다. 이 드라마들은 장면 묘사로 제재 조치를 받은 바는 없었으나, 불륜 스토리 설정으로 심의기구의 눈총을 받았다(〈방송윤리〉, 1975. 1).

등장이다. 이들 드라마들은 국가(문공부)의 거듭되는 드라마 건전기풍 진작 요구와 편성지침 하달, 방윤의 징계 강화 등 규제의 강도가 높아짐에도 불구하고 8시 가족시간대에 일일연속극으로 편성되었다. 상업방송의 시청률 경쟁이 성표현의 경계를 확장하는 촉진제 역할을 한 것이라 할 수 있다.

음대 졸업반 여대생이 동년배의 남자친구, 40대 유부남과 벌이는 삼각 애정관계를 그린 〈안녕〉(MBC, 1975)과 47세 유부남이 '딸과 같은' 22세 미혼 여성과 심각한 애정관계를 지속하는 〈아빠〉(TBC, 1975)는 "혼인제도와 가정생활의 순결성을 해칠 우려"가 있다고 개별권고 조치가 내려졌다(〈방송윤리〉, 1975. 5). 신문 비평은 이 두 드라마의 애정관계를 '불륜과 저질', '퇴폐풍조 지적 1호'라고 강력히 비난했다(정중헌, 1975. 5. 11; 〈조선일보〉, 1975. 5. 18). 애정문제의 비도덕성만으로 불륜 운운하는 해석은 성급한 판단이며, "건전한 사람들만으로는 드라마를 만들 수 없다"는 제작자의 반발은 당시 방송 프로듀서들의 정서와 저항을 간접적으로 밝혀 주었다(김재형, 1975. 5). 그러나 '대통령 긴급조치 9호'가 발효되는(1975. 5. 13) 등 고조된 정치적 긴장은 이러한 논의를 단숨에 잠재웠고, 이 드라마들은 곧바로 중도하차할 수밖에 없었다.

이러한 심의사례들은 모두 '혼인의 순결'이라는 가치지향에 충실한 것으로 볼 수 있다. 결혼 이데올로기는 혼전 남녀의 성욕망과 표현을 억압하며 남녀 모두에게 억압적으로 작용했다. 드라마에 나타난 혼인의 순결이라는 문화적 상상계는 현실에서 팽창하던 성산업과 매매춘(賣買春)의 현실과도 배치되었을 뿐만 아니라 변화하는 남녀 애정관계의 실제적 모습과도 괴리를 보였다. 혼전 남녀관계는 안 되며, 대신 매매춘을 선택하는 것은 묵인하는 게 현실이었다. 혼인의 순결은 이렇게 해서 일상생활의 삶 안에서 한국인들이 공유하는 상상체로 내면화되었다. '가정생활의 순결성 보전'과 함께 '공덕심 배양에 유해로운 내용'을 주요 심의방침으로 삼은 방윤은(1978. 1. 31) "남녀 간의 무분별한 애정관계나 고부간의 갈등을 소재로 다룰 때에는 가정생활에 미치는 영향을 고려하여 신중을 기하고 방송극 전개과정에서 말초적인 호기심 자극이나 부정적 측면의 과도한 묘사는 억제되어야 할 것"이라고 구체적으로 심의 결정했다. 많은 방윤 규제에서 나타났듯 박정희 정권 후반기에 이르러 기성의 가정, 가족, 결혼제도의 질서 유지를 '공익'으로 규정하고 방송심의의 주요한 목적으로 상정한 것이다.

1970년대 소설이나 영화가 여성의 성을 감성적으로 소비하거나 남성 시선에 의해 여성 성 주체를 생산하며 한국사회의 이분화된 성질서의 한 축을 수용하고 있을 때(이정옥, 2001),[5] 국가와 심의기구는 텔레비전을 통해 가정의 순결을 지키고 보호하는 다른 성질서를 강화하고자 했다. 순결한 가정과 혼인제도로 상징되는 건전한 성윤리로 건전한 국민을 규율하고자 한 것이다.

그러나 국가의 동원에 순응한 방송사들이 계몽성과 의도성이 강화된 드라마를 편성하자 시청자들은 이들 목적극 드라마들을 건너뛰었고, 잃어버린 시청률을 복원하기 위해 멜로드라마는 더욱 자극적이 되었다. 순응적 동원과 상업적 일탈의 균형을 맞추어 가며 두 상업방송사는

---

5) 예를 들어 《영자의 전성시대》(조선작, 1973), 《미스양의 모험》(조선작, 1975), 《별들의 고향》(최인호, 1973), 《겨울여자》(조해일, 1976) 등의 소설과 이를 원작으로 제작한 이른바 '호스티스' 영화.

한국사회의 성윤리와 성풍속의 경계를 더욱 과감히 넘어가는 경쟁을 벌였다. 남편의 외도뿐 아니라 아내의 외도, 소실을 거느린 채 한집에 살며 당당히 아내를 구박할 수 있는 다처제의 남성이 여전히 등장하는 당시대의 모습이 텔레비전에 투사되는 것을 보며, 시청자 주체들은 그들의 맥락 안에서 향락적 순응과 비판적 해석의 저항을 경험했을 것이다. 그러나 심의기구는 한국사회의 이중적 성가치, 사회변화를 읽어서 그것을 표출하는 드라마의 역할에 가치를 두지 않았다.

신문저널리즘을 포함한 포획된 시민사회는 문화적 규제에 적극적으로 호응하였고, 상업적 동원과 국가주의 동원으로 인해 텔레비전의 문화적 정치성은 미처 만들어질 기회조차 없었다. 사랑을 남녀의 관계 속에서 바라보는 대신, 결혼을 전제로 하지 않는 사랑은 부도덕하다는 결혼 이데올로기에 의해서만 드라마를 평가하였다. 결혼제도 바깥에서의 사랑과 갈등은 다루어져서는 안 되는 금기행위라는 심의규제에 동의했다. 이러한 애정관계를 재현하는 방식이 옳고 그르고의 문제가 아니라 사회변화와 함께 삶의 희로애락을 드러내는 드라마의 문화적 역할이 부정된 것이다. 가정생활을 손상케 하는 부정적 애정관을 금지, 억압하는 담론과 행위규범이 정당한 도덕과 윤리였기 때문에 한국인들은 여전히 성에 대한 이중성과 모순된 실천들 사이를 유동하였다.

국가의 대리자로서 방송윤리기구가 시행한 텔레비전 성표현 규제의 핵심은 가정의 순결에 있었다. 한국의 근대화 과정에서 가족부양체계가 중요한 기능을 수행하였는데, '순결한 가정'은 이 가족부양체계의 문화적 기반이었다고 할 수 있다. 혼인의 순결성, 혼전순결, 성적 욕망이 부재하는 순결한 사랑 등이 순결한 가정을 구성하는 상징이었고, 국가를 대리한 방송윤리·심의위원회는 근대화 과정을 통해 일관되게 그것을 지키고자 했다. 이는 근대화 과정에서 국가가 필요로 한 건전한 국민을 정의하고 규정하는 과정의 하나로 이해할 수 있다.

2) 성욕망과 사회 통념의 성규범(1980년대)

1980년대 성표현의 규제양상 역시, 공보처라는 국가 행정기구의 직접적 개입 없이도 방송심의위원회가 성윤리 규범과 가정생활의 보호를 내면화된 가치로 삼고 국가를 대신해 순결한 가정의 수호자로 역할하고자 했음을 보여 준다.

국제화, 개방화로 상징되는 한국사회의 기류변화가 시작된 1980년대 텔레비전은 그 변화의 자장 안에서 자신의 역동성을 만들어 보고자 했다. '비상계엄 해제'라는 정치적 해금과 대외개방형 정책기조, 고교생 복장·두발 자유화(1982), 성교육 실시(1983) 등 교육영역에서의 자율화와 국제 스포츠대회 유치, 그리고 공영방송체제로의 제도변화와 방송심의위원회 설치(1980), 컬러TV 방송 전면실시(1981. 1)와 아침방송 재개(1981. 5) 같은 방송정책의 변화는 텔레비전 프로그램과 편성에 여러 파장을 일으키는 사회문화적 조건들이었다.

그중 두드러진 현상의 하나는 그동안 국가에 의해 엄격히 규율되어 잠재되었던 '성담론'이 수면 위로 떠올랐다는 점이다. 주부, 어린이 청소년 등 수용자 계층을 특화한 대상 프로그램이나 보도교양, 연예오락, 드라마 등 방송 부문별로 신체와 성에 대한 관심과 욕망이 시대변화의 속도를 읽으며 다양하게 분출되었다.[6] 이에 따라 성표현은 가장 빈번한 심의제재 대상이 되었다. 어떤 성적 행위와 언어표현, 성풍속, 성가치, 남녀관계가 텔레비전 드라마에서 허용되고 금지되는가는 1980년대 한국사회와 한국인에게 '건전한' 성윤리의 시금석이었다. 성풍속과 애정관계, 혼전관계의 규범과 결혼제도 등의 영역에서 방송심의기구는 성도덕의 '표준'을 정립하고자 했다. 변화하는 사회적 분위기 속에서 성표현을 확장하려는 텔레비전에 대해 심의기구는 그 표준 경계선을 획정하는 리트머스 시험지였다. 그 경계는 ① 성표현의 확장과 완강한 성도덕, ② 드러내는 성욕망과 사회적 통념의 균열로 나타났다.

성표현의 확장과 완강한 성도덕

일일극의 편수가 줄고 건전한 주제의 자연스러운 가족 홈드라마가 긍정적 평가를 받는 가운데, '저질' 연속극을 대체하는 드라마로 등장한 것이 '문예 단막극'들이었다. 소설을 원작으로 한 문예드라마들은 뚜렷한 주제의식과 영상미의 예술성 추구를 표방하는 가운데, '가정의 순결성 및 청소년의 정서함양을 보호'하기 위한 심의기구의 성표현 한계에 가장 강도 높게 도전했다.

텔레비전에 나타나지 말아야 할 성 묘사 방식으로 제재된 첫 번째 유

---

6) 성 공개화 주장은 드라마나 쇼에서의 노출과 성표현뿐 아니라 '신체'에 대한 관심으로도 나타났다. 의학상식과 해외풍물 취재물을 통해, 그리고 주부 대상 프로그램에서 미용, 운동 등에 관한 생활정보의 형식으로 '자연스러운' 신체나 아름다움을 위해 단련한 신체가 텔레비전에서 쏟아졌다. 이들 역시 '방송의 품위 실추'나 위화감 조성을 이유로 규제되었다. 성적 암시가 아닌 신체의 공개화조차도 불편해 했던 기존 질서는 어린이 성교육 드라마(예를 들어 MBC 〈호랑이 선생님〉)도 시기상조이고 모험적인 것으로 규율했다.

형은 '탈선의 현실'이었다. 탈선현장은 텔레비전이 애용하는 소재였다. 유흥장에서의 탈선 부녀자와 제비족의 농락 등 일탈된 성풍속이나(〈수사반장 - '댕큐마담'〉, MBC, 1981) 청소년 인신매매(〈남매〉, KBS, 1984), 강간·겁탈 등의 성폭행 장면은 과다, 과잉 묘사로 인한 퇴폐분위기와 선정성을 이유로 맥락에 크게 관련 없이 제재되었다.

두 번째로는 동성애나 에이즈 역시 드러나지 말아야 할 성으로 규율되었다. 세종대왕의 업적을 다루는 역사극에서 궁녀들이 포옹하는 동성애 장면을 창호지 방문 실루엣으로 표현한 것 역시 미풍양속을 해칠 우려가 있다고 제재되었다(〈조선왕조 5백년〉, MBC, 1983). 수사물에서 범죄에 연관되어 묘사된 동성연애 역시 가정의 순결성, 청소년 정서에 유해한 것으로 규제되었다(〈두 형사〉, MBC, 1984).

세 번째 유형은 사회의식과 저항성 등 뚜렷한 주제의식을 담은 문예단막극에서 표현되는 '무분별한' 성질서와 장면 묘사였다. 창녀, 범죄자, 주변인 등 사회소외계층이 주요 인물로 등장하여, 혼전동거, 윤락, 성범죄 등이 주요 주제와 소재로 다루어지는 것이 가장 문제가 되었다.

KBS 〈TV문학관〉과 MBC 〈베스트셀러극장〉은 모두 1980년대 드라마 역사를 새로 쓴 프로그램으로 평가받는다. 그러나 심의규제의 역사에서 두 단막극은 성표현과 관련하여 가장 많은 논란을 제기하였다. 〈TV문학관〉은 1982년 6월부터 1985년 8월까지 주의 6건, 권고 1건, 경고 1건, 〈베스트셀러극장〉은 1983년 11월부터 주의 14건, 경고 2건을 기록했다(〈방송심의〉, 1985. 9). 그러나 이들 단막극, 특히 〈베스트셀러극장〉의 주제나 소재에는 별다른 변화가 없었고 오히려 강화되었다. 이에 주의제재가 계속되고, '무분별한 불륜묘사에 제동'을 걸겠다며 두 단막극에 경고조치를 취하는 강경자세가 연이어졌다. 〈베스트셀러극장 - 알 수 없는 일들〉(1985)과 〈TV문학관 - 휴가연습〉(1985)이 동시에 경고조치되었다. 전자는 "여자의 정조를 화풀이 방법이나 유희 대상으로 다루는 비윤리성"과 "부도덕한 남녀관계로 계층의식을 조장할 우려가 있는 퇴폐성"이 제재 이유였다. 후자는 한국사회가 겪는 성도덕의 변화와 혼란을 주제로 했으나, 20대의 혼전 남녀가 "납득할 만한 사유나 윤리의식 없이 무분별하게 벌이는 성관계를 아무런 비판의식 없이 나열"하고 있어 청소년 모방의 동기를 주고, 가정생활의 순결성을 해칠 우려가 있다는 것이 제재 이유였다.

문예드라마에 대한 심의제재는 예술성, 영상미, 주제의식 등과 관련해 사회적 논란거리가 되었고, 심의완화의 필요성이 다양한 분야에서 제기되었다. '건전하고 순결한 가정'이라는 심의기준이 TV가 한국사회 현실을 반영하는 데 장애가 된다는 지적이 제기되었다(김수동, 1982. 11). 성을 삶과 문화 창조의 원동력이자 인간의 일상적 에너지로 보아야 하며, 드라마의 성표현도 좀더 솔직해져야 한다는 의견도 제기되었다. 부부관계, 건전한 애인관계, 결혼할 사이의 남녀 간에만 키스를 보여 준다는 제작자들의 타협적인 태도 역시 질타를 받았다. 키스신을 보여 주지 않아야 '안방의 순결'이 지켜지는 것은 아니라는 주장이었다(김훈, 1983. 6). 또한 역기능을 우려하기보다 한국사회 성문화의 현실과 이슈를 천착해서 다루는 데 좀더 초점을 맞추어야 한다는 주장도 나왔다(신규호, 1983. 11). 문예드라마에 대한 심의 논란이 단순히 성표현의 문제가 아니라 1970~1980년대 문학작품이 갖는 사회성과 문제성, 저항성 등이 TV 극화되는 과정에서 나타난 저항이라는 흥미로운 인식도 있었다. 〈베스트셀러극장〉에 대해 경계심이 더 큰 것은 〈TV문학관〉보다 "현실적이고 진보적인 소재에 접근"한 까닭에서라는 것이다(임학송, 1984. 2). 텔레비전 제작자들은 열악한 예산과 제작환경, 그리고 내·외압 속에서 영상미와 완성도를 추구하려는 자신들의 소신을 밝히며, 창작 문학과 TV 드라마는 근본적 차이가 있다고 반박했다(정문수, 1985. 9).

텔레비전에는 새로운 유형의 남녀관계, 성적 실천이 등장했고, 변화의 징후가 확연했으나, 심의기준은 거의 변하지 않았다. 그러나 실질적 구속력을 갖지 못한 심의기구의 제재조치는 영향력이 극히 제한적이었고, 텔레비전은 금기의 경계선을 넘는 것을 주저하지 않았다. 성문화의 현실적 묘사와 상업적 수요창출을 위한 과잉표상이라는 텔레비전 산업의 이중 플레이는 성표현의 영역을 계속 확대했고, 기존 성윤리 질서에는 끊임없이 균열이 일어났다. 공영방송사 사장 역시 '자유롭고 개방된 선진사회'의 국민을 만들기 위해서는 국제적 감각을 훈련시켜야 하며, 이에 따라 방송의 오락적 요소가 중요하고, 대중적인 것과 퇴폐적인 것을 구분하는 심의기준이 필요하다고 주장했다(이원홍, 1983. 4). 이러한 시대 분위기의 변화 역시 중요한 조건이었다.

드러나는 성욕망과 사회적 통념의 균열

1986년 이후 텔레비전 드라마는 성표현의 영역에 있어 크게 두 차례의 변화를 시도했다. 하나는 혼전 성관계나 이혼을 기제로 하는 긴장과 갈등관계에 관련된 주제를 다루면서, 결혼제도에 대한 '사회적 통념'을 깨뜨리는 것이었다. 다른 하나는 1987년의 민주화 조류에 따른 성윤리 금기의 경계 넘기로, '불륜'의 사랑을 위해 가정을 버릴 수 있다는 주제의식이었다. 이 무렵 등장한 주간극과 미니시리즈들은 밀도 높은 구성과 야외로케 등으로 드라마의 품질이 향상되었다는 평가를 받았으나, 성표현 관련 심의에 있어 더 강한 제재 논란을 불러 왔다.

애정표현이 기존의 윤리관이나 성질서를 의식하지 않는 차원에서 이루어진다는 위기의식을 불러온 대표적 사례는 MBC 주간드라마 〈첫사랑〉이다. 이 드라마는 다른 여자의 애인을 뺏기 위한 혼전 성관계와 (거짓) 혼전 임신, 이로 인한 결혼 등의 스토리 설정과 산장에서의 정사 장면 묘사 등으로 주의, 권고, 경고 등의 제제조치를 받았다. 그 밖에도 이른바 "혼인제도와 가정생활을 저해하는", "사회통념상 비상식적이고 부도덕한 내용" 전개로 지적된 사례는 사업을 위해 부잣집 아들과의 정략결혼을 강요하는 아버지에 반발하여 결혼식 날 무단가출, 결혼 하루 전 부도로 인한 구속으로 한 집안에서 두 번이나 결혼이 무산되는 등 극단적인 상황설정, 친구의 약혼녀를 강제로 끌고 가 포옹하거나, 결혼식 전날까지 자기 여자로 만들겠다고 추근대는 남자의 부도덕하고 이기적인 태도 등이었다(〈뜨거운 강〉, KBS2, 〈방송심의〉, 1987. 1).

사회 전반의 민주화 분위기와 외국과의 문화교류 확대에 따른 새로운 문화수입 증가로 인하여, 성규범과 사회윤리 가치에 대한 규율은 완화될 수밖에 없었다. 그러나 텔레비전은 규율이 완화되는 속도보다 더 빠르게 성표현의 외연을 확장했다. 한국 최초의 미니시리즈 MBC 〈불새〉(1987)는 성표현 규제의 제방을 한 번에 무너뜨리며, 다시 한 번 방송 드라마에서의 예술성과 오락성을 둘러싼 논란을 불러일으켰다. 방송위 심의실은 〈불새〉가 "이제까지 드라마에서 노출된 비윤리적 문제

요소가 집약된 것이라고 할 정도"라고 그 충격을 표시했다. 제비족인 남주인공이 호텔방에서 연상의 정부와 정기적으로 밀회하는 장면, 호스티스와 호텔에서 동침하는 장면, 타인의 약혼녀에게 갑자기 욕정을 느껴 강제로 키스하는 행위, 재벌 2세 미혼 청년이 호화 저택과 고급 외제 승용차를 소유하고 애인과 혼전 동거하는 상황, 재벌 2세에 농락당한 여성의 임신중절, 재벌회장의 나이 차이 많은 계모와 이복 누이동생과 같이 복잡한 가족구성 등 비윤리적이고 비인간적이며 부도덕한 애정행각의 극단적인 상황설정과 묘사가 '혼인제도와 가정의 순결성'을 해치고 청소년의 가치관 정립을 저해한다고 경고조치되었다.

심의기구의 대안은 애정장면을 개선해야 한다는 것이었다. "부부나 연인 간의 포옹 등 애정묘사는 있을 수 있으나 이 경우에도 자연스럽고 품위를 잃지 않도록 해야 할 것이며, 부도덕한 관계의 경우에는 가급적 장면묘사를 피해야 하고, 불가피한 경우라도 각별히 신중을 기할 것"을 요구했다. 신체 과다노출 및 침실 장면은 시청자에게 혐오감을 주고 특히 청소년의 정서함양을 저해할 우려가 크다는 점에서 화면구성은 연출의 묘를 기해야 할 것이었다(〈방송심의〉, 1987. 5). 사회현실의 변화에도 불구하고 텔레비전의 심의원칙은 변하지 않았다는 것을 다시 한 번 확인한 셈이었다. 그러나 〈불새〉에 대한 제재는 민주화 조류에 편승해 성 묘사와 폭력 묘사가 봇물이 터진 현실에서 별다른 구속력을 발휘하지 못했다.

가정을 버리고 '불륜'의 사랑을 택하는 드라마들은 외도와 가정을 구분하고 가정으로 돌아가는 〈개구리남편〉을 옛이야기로 만들었다. 자녀가 있는 유부남과 유부녀가 우연히 만나 불륜의 애정행각을 벌이다

두 가정이 모두 파탄 나는 내용(〈이브의 사랑〉, MBC)이나, 남편의 무관심과 가정생활에 권태를 느낀 중년부인이 제비족 청년과 호텔에서 성관계를 맺는 한편 그녀의 남편은 유부녀가 된 옛 애인과 밀회를 계속하는 장면(〈유혹〉, MBC)이 주된 소재로 등장했다. 침실에서의 대화 내용이나 호텔에서의 정사 분위기의 노골적인 묘사, 혼전 성관계를 비롯한 정조관념의 혼란 등은 지금까지의 '무분별한 애정관계 소재나 표현'에서 한 단계 더 나아간 심각한 문제점으로 지적되었다(〈방송심의〉, 1987. 10).

텔레비전의 성 담론은 민주화에 편승해 경계선을 넘어 그 외연을 확대했고, 심의기구는 규제 의지에도 불구하고 현실적 무력감을 실감할 수밖에 없었다. 시청자는 민주화 시기에 구태의연한 오락물들을 비난받을 만하지만, 어떤 면에서는 '안 돼'의 그늘에서 벗어나 변신을 위한 실험으로 받아들일 수도 있다는 관용적 태도를 보이기도 했다(유옥연, 1987. 12). 보도의 공정성 담론이 지배하는 시기에 텔레비전 드라마는 국가와 규제기구의 규율로부터 더욱 멀리 벗어나 표현의 자유를 실행하고자 했다.

4. 소결

1970~1980년대 방송매체에 가해진 각종 규제조치는 건전한 국민으로서 갖추어야 할 소비규범과 가정윤리, 성윤리를 국가가 강력하게 부과하는 방식을 잘 보여 준다. 사치스러운 생활과 허영심을 방조하는 방송 표현물들을 규제하고 내핍을 강조한 것은 '근면하고 성실한' 국민들을 키워내는 과정에서 정권에서 보기에 바람직한 '소비윤리'를 가르치는 양상이었다. 이것은 나아가 '소비' 자체에 대한 금기처럼 작용하여 상류층의 호화로운 소비생활이나 계층 간, 도농 간 위화감을 불러일으킬 것으로 여겨지는 수많은 표현들에 대한 억압적 조치로 나타났다.

가부장적 국가의 후견적 규율에 따라 한국사회의 국민들은 근대적 소비자로서 라이프스타일의 자유를 누리기보다는 소비욕망을 억제하고 근검절약해서 국가 발전에 이바지하고 헌신하는 주체가 되어야 했다. 각종 담론과 규제조치를 통해 작용한 이러한 소비규율은 합리적 소비와 선택보다는 다 같이 참고, 궁핍을 견디고, 검소해야 하며, 자신의 부를 사회적으로 과시하지 않는 생활양식을 국민들로 하여금 내면화하도록 만들었다고 볼 수 있다.

다른 한편으로, 성윤리 규제는 건전한 국민의 성적 행동양식, 남녀관계, 욕망의 표출과 실현방식을 규정하는 것이다. 이를 통해 국민들은 건전한 성에 대한 행위규범과 실천방식을 공유하게 된다. 그러나 성규범과 행동양식에 대한 국가의 규율을 방송제작자들이 그대로 따르거나 순응한 것은 아니다. 이들은 방송사의 시청률과 이윤추구의 목적에서건, 아니면 대중문화 예술을 만드는 제작자로서 작가의식에서건 국가가 규정한 규칙과 규정의 테두리를 넘어서고자 시도했다. 국가의 규율과 방송사의 상업주의 그리고 현실에서 사람들이 실천하는 성규범은 갈등과 타협과 조정의 과정을 통해 끊임없이 변화한 것이다.

가정의 순결(*purity of home*) 혹은 순결한 가정은 압축근대화를 주도하는 국가의 입장에서 볼 때 어떤 의미를 지녔을까? 당시의 가족은 노동력 재생산의 기반일 뿐만 아니라, 소비경제를 떠받치는 고도 경제성장의 기반이었다. 현모양처는 전통적 가부장제에서 순종하는 여성이기보다는 가정경제를 뒷받침하는 남편의 노동력 재생산을 지원하고, 자녀부양의 책임을 맡으면서, 물질적, 정신적, 심리적 의존과 안정, 정서적 연대(시부모 공경, 부모의 자녀 사랑, 자녀의 부모 공경, 형제간 우애 등)를 유지하는 적극적 역할을 수행했다. 이런 점에서 홈(*home*)이라는 용어에 가까운 가정은 가족구성원들이 정서적으로 의존하고, 아버지와 어머니, 아들과 딸로서 가족구성원 간 연대의 기반이 되는 문화적 상상계였다고 할 수 있다.

많은 연구자들이 이미 밝혔듯 18, 19세기 서구에서는 물론이고 비서구 지역의 근대화 과정에서 가족은 국민경제 형성의 기초단위였기 때문에 국민국가는 가족이 국가의 기초라는 가족주의 이데올로기를 끊임없이 생산했다. 한국의 근대화 과정에서도 가족은 전통의 이름으로 국가발전의 원동력으로 의미화되었다. 순결한 가정은 바로 이러한 근대화 과정에서 요구되는 가족부양체계의 문화적 기반이었다고 할 수 있다. 부부간 혼인의 순결성, 혼전순결, 성적 욕망이 부재하는 순결한 사랑 등은 순결한 가정을 구성하는 상징들이었고, 국가를 대리한 방송윤리

· 심의위원회는 근대화 과정을 통해 일관되게 그것을 지키고자 한 것이다. 이처럼 근대화 과정에서 한국의 국가는 건전한 국민을 필요로 했고, 그것은 후견적 규율을 통한 소비생활과 성윤리, 가정윤리에 대한 직 · 간접적 규율을 통해 이루어졌다.

제 8 장

헤게모니적 담론정치의 장으로서 훈민공론장

민주화 이후 경제위기 뉴스담론을 중심으로*

앞에서 국민국가 형성 초기와 근대화 시기 훈민공론장이 훈육적 동원과 후견적 규율을 통해 공적 세계의 순종하는 국민, 사적 세계의 규율된 국민을 만들어 냈음을 살펴보았다. 1987년 민주화는 국가-국민사회의 두 축을 크게 바꿔 놓았다. 많은 사람들이 마침내 한국사회에도 국가-시민사회의 틀이 구축되리라는 희망을 표현했다. 현실사회에서 실제 노동운동과 시민운동은 화산이 폭발하듯 국가-국민사회의 결합구조를 부수는 듯했다. 민주화 이후 민족과 민족주의, 국가주의에 대한 비판이 비로소 제기되기 시작했다. 2000년대 초에는 한국사회에 자유주의가 존재하기는 했는가 하는 물음들이 제기되며 국가의 우산 바깥에 존

* 이 장은 기존에 발표된 논문을 '훈민공론장'의 맥락에 맞게 대폭 수정, 보완한 것이다. 강명구(1994). "경제뉴스에 나타난 경제위기의 현실구성에 관한 연구: 경제뉴스의 담론과 접합을 중심으로". 〈언론과 사회〉, 3호, 92~131.

재하는 개인의 존재, 자유주의적 존재에 대해 성찰하는 흐름이 일어나기도 했다.

권위주의적 국가가 물러나고 시민사회, 시민운동이 주체가 되는 사회영역이 등장했지만, 정치권력과 기득권 세력은 변화된 사회지형에서 새로운 활로를 모색했다. 그리고 마침내 훈육과 규율의 정치에서 더 나아가, 이제 대중들의 욕구를 수용하면서 그들의 동의에 기초한 '헤게모니적 담론정치'라는 새로운 공론장을 창출하는 데에 성공했다. 김대중, 노무현 정부를 통해 부분적으로 시민사회적 자율성이 확장되었지만 '좌회전 깜박이 켜고 우회전'했다는 조롱이 적확하게 보여 주듯 신자유주의적 정부와 시장은 시민사회의 자율성 영역을 최소화하면서 중산층의 보수화를 성공적으로 이끌어 냈다. 외환위기 국면은 사회의 전면적 보수화와 헤게모니적 담론정치에 결정적으로 기여했다고 할 수 있다.

이번 장에서는 민주화 이후, 기존의 기득권 집단이 어떻게 헤게모니적 동의의 정치를 통해 사회의 보수화, 특히 중산층의 보수화를 성공적으로 유도했는가, 그리고 국가-국민국가 결합의 해체와 국가-시민사회로의 이행을 요구하던 사회적 흐름을 역전시키면서 이러한 동의의 정치를 구축했는가를, 노태우 정권 시기 경제위기 담론의 정치를 통해 알아볼 것이다.

1. "샴페인을 너무 빨리 터뜨렸다": 민주화 이후 헤게모니적 담론정치

민주화 이후는 훈육적 동원의 정치가 헤게모니적 담론정치로 이행하는 시기였다. 위에서 아래로의 일방적 동원의 형태가 일반대중의 동의에 기초한 지배로 이행한 것이다. 1987년부터 1992년까지 한국의 국가와 국민사회 혹은 국가, 자본, 노동의 관계는 급격한 변화를 경험했다. 근대화 이후 한국사회에는 민주화운동을 통해 국가에 대항하고, 국가로부터 자율적 공간을 확보한 새로운 사회적 공간이 생겨났다. 이는 해방 이후 국가의 우산 아래 형성된 국민사회 안에서 시민사회가 분화하는 양상을 보여 주는 셈이다.

하버마스는 부르주아 공론장이 시장을 통해 상업화되는 과정에서 시민은 수동적으로 구경하는 정치적 소비자로 전락했음을 지적하고, 이것을 자본주의적 시장에 의한 '규제적 홍보영역'(*manipulative publicity*)이 형성되었다고 비판했다. 서구 공론장이 시장의 성장과 추동을 통해 식민화되는 과정을 겪고, 그 과정에서 시민은 주체적 시민에서 수동적 소비자로 전락했음을 지적한 것이다(물론 그는 《공론장의 구조변동》 신판 서문에서 시민이 주체로 활동하는 시민공론장이 존재함을 다시 주장하기는 했다). 이러한 재개념화의 방식을 따른다면 민주화 이후 한국의 공론장은 파워엘리트들의 동맹과 연대를 통해 헤게모니 담론정치의 장으로 이행했다고 할 수 있을 것이다. 여기서는 어떻게 헤게모니 담론정치의 장이 성립했고, 그것이 훈민공론장의 어떤 특성을 유지하고 변용시켰는가를 살펴보고자 한다.

우선 국민사회 안에서 국가에 대응하는 자율적 공간을 만들어 낸 시민사회 세력의 존재에 주목할 필요가 있다. 여기서 굳이 '시민사회'라 하지 않고 '시민사회 세력'이라 쓴 것은 1987년 이후에도 국민사회적 성격이 강하게 유지되고, 국가-시민사회의 틀을 구축하려는 사회적 힘은 세력으로서 존재했음을 강조하기 위한 것이다. 경제근대화 과정에서 상당한 자본 축적을 통해, 그리고 세계적 수준에서 진행되는 신자유주의적 지구화(*neo-liberal globalization*)를 통해 시장과 자본은 국가로부터 상당한 자율성을 획득하였다. 뒤에서 보겠지만 1990년대 초반 국제화, 세계화 담론이 전국경제인연합회의 주도로 이루어졌다는 사실도 이런 사회구성의 변화를 보여 준다.

이렇게 자본의 성장과 함께, 1987년 민주화를 계기로 분출된 노동과 시민 일반의 사회적 요구로 인해 군부, 관료, 대자본을 기본 축으로 하는 당시의 지배블록은 위기를 맞게 되었다. 그러나 3당통합과 총선, 대선을 거치면서 이른바 문민정부의 출범으로 이러한 위기는 해소되고, 신경제와 개혁정치라는 새로운 국면으로 전환되었다. 지배블록은 문민정부의 출범, 절차적 민주주의와 부패의 부분적 척결 등을 통해 1987년 이후 계속된 지배의 위기를 봉합할 수 있었다.

이 장은 1987년 이후 기득권 세력이 한국사회의 변화과정에서 나타난 지배의 위기를 극복하는 과정, 특히 헤게모니적 동의와 지지의 창출을 통해 시민사회 세력과 노동에 대한 커다란 양보 없이 지배의 위기를 극복하는 과정을 분석하고자 한다. 또한 1987년 노동부문의 정치적·경제적 요구, 1990년 전후 3저 호황의 쇠퇴에 기인한 불황과 무역적자로의 반전 그리고 이에 따른 산업구조의 재조정 국면에서, 노동계급과 중산계급의 동의와 지지를 획득하는 과정으로서 이데올로기적 지형의 변화를 분석하고자 한다.

1987년부터 1992년까지 경제위기 담론의 변화가 분석대상이 된다. 특히 당시 경제관련 기획보도에서 커다란 영향을 발휘한 〈조선일보〉의 칼럼, 사설, 해설, 연재기사들을 주요 대상으로 삼았다. 경제위기에 관한 뉴스담론은 이러한 국가, 자본, 노동의 권력관계 변화를 가장 잘 보여 주는 대상이다. 이것들은 특정 국면에서 형성된 담론구성체임과 동시에 대중들의 상식의 세계와 과학적(경제학적 · 정치경제학적) 지식의 세계를 접합함으로써 동의와 지지를 얻어 내는 이데올로기적 실천으로 볼 수 있다. 뒤에서 보겠지만 "한국인들은 샴페인을 너무 일찍 터뜨렸다"로 시작되는 과소비에 관한 뉴스와 칼럼, 그리고 연구보고서들은 대중 스스로의 소비에 대한 행위를 경제위기, 3D 기피, '공장 과소비' 등 대중생활상의 문제로 확대, 연결하는 역할을 했고, 이러한 담론의 접합을 통해 정부의 강력한 노동정책, 성장과 생산 중심의 경제정책에 대한 지지를 확보하는 효과를 발휘했다.

1987년 이후부터 1992년, 즉 김영삼 정부가 출범하기 전까지의 시기에 뉴스에서 나타난 경제위기 담론의 경향적 변화에 따라 ① 경제민주화(1987년 후반~1989년 전반), ② 경제위기 구성(1989년 후반~1990년), ③ "우리도 다시 뛰자" - 위기의 해결(1991~1992년)의 3가지 시기로 나누었다. 이들 시기는 분명하게 구분하기에는 중복되는 측면도 있다. 예를 들면 "우리도 다시 뛰자"라는 장기 기획연재가 게재된 세 번째 시기에도 경제성장률 둔화나 국제수지 적자상황 및 물가앙등과 같은 경제

〈그림 8-1〉 경제위기 담론(1987~1992)의 주요 내용

	1987	1988	1989	1990	1991	1992
노사분규	→	→	→	→		→
임금인상	→	→	→	→		
물가	→	→	→	→	→	→
국제수지	→	→	→	→	→	→
통상마찰	→					
원화절상	→					
과소비			→	→	→	→
부동산 투기				→	→	
경쟁력 약화					→	→
경제성장률	→	→	→	→	→	→
거품경제					→	→
경제정책			→	→	→	→
인플레이션	→	→	→	→	→	→

위기와 관련된 담론들의 형태가 계속해서 나타난다. 그러나 '다시 뛰자'로 규정할 세 번째 시기에 주요하게 부각된 것이 이러한 위기 해결을 위한 시리즈였기 때문에 이전의 시기와 구분할 수 있었다.

〈그림 8-1〉은 1987년 8월부터 1992년까지 논의된 경제위기 담론의 구체적 요소들이 등장하거나 사라진 추이를 그림으로 간략하게 제시해 본 것이다. 이는 각 요소들이 지배적으로 나타난 시기만을 명시하며 경향적인 추세에 기반하여 그려진 것으로, 어떤 요소가 특정 시기에 등장하고 사라졌다고 해서 완전히 사라진 것은 아니다. 여기에서 물가, 국제수지(수출/수입), 인플레이션 및 경제성장률은 분석 시기 동안 지속적으로 나타나는 주제들로서, 한국의 경제 상태를 나타내는 하나의 지

표로서 기능하는 것이고, 또 그렇기 때문에 경제기사에서 항상 등장하는 주제라고 볼 수 있다.

1987년 초반부터 진행된 노사분규는 전국적으로 확산되어 8월에는 거의 매일 정치·경제·사회면에 그에 관한 기사가 나올 정도였다. 이에 대한 논평은 주로 사설, 데스크 칼럼, 시론 및 몇몇 논설위원의 칼럼, 경제 관련 전문가와 교수들의 특별기고, 그리고 해설기사 등을 통해서 나타났다.

신문지면에서 이러한 난들은 사실성에 기반을 두고 패턴화한 이야기체로 써내려가는 스트레이트 기사와는 달리 기자와 전문적 지식인들의 의견표출의 공간이다. 그 때문에 칼럼은 관련된 문제영역에 대해 다양한 의견과 해석을 반영할 것을 전제로 한다. 여기서 관심은 1987년 이후 분출한 노동세력의 성장과 경제위기라는 상황을 언론이 어떻게 규정했는가, 어떤 특정한 방향으로 어떤 쟁점과 문제영역을 부각시키고, 어떤 것들을 배제했는가, 그리고 이러한 담론의 선택과 배제가 한국의 국가와 시민사회의 관계 변화가 급격히 일어난 시점에서 어떠한 역할을 수행했는가에 있다.

이는 '헤게모니 접합이론'(*theory of hegemonic articulation*)으로 설명할 수 있다. 그람시에게 접합은 실천(인간의 행위뿐만 아니라 담론적 실천, 이데올로기적 실천 등)과 구조들 간의 보장되지 않는 불완전한 관계가 끊임없이 구성되는 과정을 의미한다. 헤게모니는 지도력의 획득을 위하여, 대중들의 상식과 사회의 경제적·정치적·이데올로기적 제도들을 접합시킨다. 이러한 접합을 통하여 지배블록은 그들의 입장에 대해 그리고 끊임없이 주어지는 위기의 해결방식에 대해 대중들의 동의를 구하고자 하는 것이다. 하나의 역사적 국면에서 지배와 종속의 능동적 활동과 일련의 모순적 관계들의 대립과 상호작용 양상의 한 형태가 바로 '동의를 구하고', '동의하는' 형태로 나타나는 것이다.

2. 경제위기 담론 구성양식의 변화: 연대기적 기술

1987년 이후 시민사회와 정치사회는 강력한 국가영역으로부터 어느 정도 자율성을 획득하였는데, 언론을 포함한 공공영역 역시 국가 안에 포섭되었던 조건에서 벗어나 시민사회와 정치사회를 연결하는 제도와 과정으로서 자율적 공간을 어느 정도 확보할 수 있었다. 이러한 정치사회적인 변화 시기에 국가, 자본 및 노동의 관계망을 구성하는 중요한 요소로 작용한 경제위기의 문제를 언론은 어떠한 형태로 재현하고, 어떠한 현실구성을 창출하였는가를 살펴보고자 한다.

여기서 경제위기라는 말은 경기가 하강국면에 들어서고 경제상태가 다소 악화되기 시작하면서 나타난 다양한 경제적 하위영역들에서의 경향을 나타내는 다소 포괄적 의미로 사용되었다. 당시의 경제상태를 하나의 위기상황으로 규정할 경우, 그 위기의 부문별 내용은 어떠했으며 어떠한 측면이 부각되고 어떠한 측면이 배제되었는가, 이때 각 경제주체들은 어떻게 위치 지어졌는가, 또한 위기를 해결하기 위한 방안들은 어떠한 형태로 제시되었는가 하는 것이 구체적 문제의식이었다.

1) 경제민주화 담론의 시기(1987년 후반~1988년)

1980년대에 들어서면서 한국정부의 경제정책은 전환기를 맞게 된다. 즉, 1970년대에는 국가 산업구조 조정의 일환으로 중화학공업을 육성했는데, 그 방식은 국가가 강력한 명령체계로서 민간자본을 시장으로 유인하는 것이었다(김형국, 1991). 1980년에 등장한 제 5공화국 정권은 자신의 정당성 창출을 위하여 과거 박정희 정권하에서 단행된 중화학공업 육성시기 동안 야기된 과잉투자, 물가앙등을 해소하는 것을 골자로 하는 산업구조 조정을 시도한다. 긴축재정, 긴축통화 그리고 통제적 임금정책을 통한 물가안정화와 대외개방을 근간으로 하는 경제자유화 정책으로의 전환을 시도한 것이다. 이러한 경제자유화 혹은 시장자유화 정책의 성격은 노동에 대해서는 억압적이고 시장에 대해서는 탈규제적인 것이었다. 그러나 1987년에 들어서면서 1980년대 이전까지의 억압적인 노동정책에도 불구하고 지속적으로 성장한 시민사회 내 노동세력의 힘이 정치적 민주화와 노동권 보장이라는 요구로 분출한다. 이러한 노동계급의 요구와 압력에 따라 제 6공화국은 전두환 정권에 의해 채택된 경제자유화 정책을 이어받으면서 동시에 경제민주화라는 전략적 정책을 택하게 된다.

여기서 살펴보는 시기는 바로 전략적 경제민주화 정책이 채택되는 시점이다. 이 시기에 경제위기 문제가 직접적으로 대두되지는 않았지만 그러한 징후가 조금씩 나타났고, 또한 1989년에 이르러 본격적으로 제기되기 시작한 경제위기의 주요한 원인 중 하나로 지적된 노사분규가 폭발적으로 일어난 시기이기 때문에 분석의 가치를 지닌다고 판단되었다. 분석의 궁극적 목적은 경제위기라는 큰 담론을 구성하는 데 중요한 내적 요소로 작용한 노사분규와 그로 인한 제반 효과가 상이한 담론체계, 다시 말하면 경제민주화라는 담론체계 속에서는 어떠한 위치를 차지하고 그 의미가 어떻게 설정되는가를 살펴보는 것이다.

제 5공화국 정부에 대한 정치적 민주세력의 저항운동이 더욱 고조되면서 6월 민주화투쟁 이후 노동운동이 새로운 단계에 접어들자 노동자들의 생존권 요구 움직임도 활발하게 진행되었다. 이와 같이 노동세력의 성장으로 인한 국가와 시민사회의 대립 국면을 미디어는 경제민주화라는 틀 속에서 파악하였다.

> 때는 바야흐로 민주화의 계절이다. 그동안의 장기에 걸친 중앙집권적인 권력구조 아래에서 억눌릴 대로 억눌려 온 근로자들의 욕구가 둑 터진 봇물처럼 한꺼번에 분출되어 노사관계를 어려운 상태로 몰고 가더라도 조금도 이상할 것은 없다(〈조선일보〉, 1987. 8. 1).

이러한 민주화에 대한 규정은 그 담론 내에서 노동자들이 자신의 요구를 노동현장에서 정당하게 주장하고 이를 위해 조직적인 힘을 구성할 수 있는 길을 열어 놓았다. 근대화 시기 동안 권위주의적이고 억압적인 통치체제를 바탕으로 경제의 고도성장이 이루어짐에 따라 잠재적으로 누적된 각종 모순들을 효과적으로 해결할 수 있는 자율적이고 민주적인 관행이 사회 전반적으로 자리 잡을 수 있는 기회로 국면진단이 이루어진다. 즉, "노사관계의 민주화는 모든 민주화 작업 (정치적 민주화를 포함한) 가운데서도 가장 구체적이며, 실질적인 중대과제"(〈조선일보〉, 1987. 7. 9. 괄호부분은 필자 첨부) 인 것이다. 경제민주화의 담론 속에서 미디어는 현재의 노사갈등을 자율적으로 해결해야지 정부가 개입해서는 안 된다고 주장한다.

이제 때늦은 감은 있으나 정부가 노-사의 자체 해결과 기업의 자생력에 모든 것을 위임하기로 한 것은 대단히 잘한 일이다. 자율적인 노사의 타결방식은 이제 민주화 시대의 보편적 갈등해소 방법으로서 우리 사회 각 분야에 정착되어야 한다(〈조선일보〉, 1987. 8. 4).

여기서 우리는 당시 정치적 영역에서 전두환 정권의 장기집권 음모로 인해 촉발된 국가와 시민사회의 대립양상의 성격을 사상(捨象) 시키고 시민사회 내 자본가와 노동자들 간의 직접적 이해대립이라는 양상으로 규정하는 담론구성의 양상을 볼 수 있다. 고도성장 속에서 기형적으로 성장한 경제의 분배구조를 노동자 계급에게 유리한 방향으로 개선하고 산업현장에서의 인간적 대우, 그리고 경제정책의 의사결정 과정에서의 참여범위의 확대와 같은 실질적 경제민주화를 달성하려면 필연적으로 국가 영역과의 정치적 타협이 요구되는데도 불구하고 이러한 담론의 가능성은 배제되었다. 경제민주화는 노사자율을 의미하는 담론으로 규정된 것이다.

이러한 배제는 노사분규에 대한 사건보도에서 말할 수 있는 것들의 범위를 제한해 놓았다. 가장 두드러지게 나타나는 것은 노사분규의 양상을 '제로섬 게임'의 규칙으로 보았다는 점이다. 즉, 기업은 그동안 자신들이 번 것을 나누어 주어야 하지만 "근로자들이 노임의 높은 인상률을 비롯한 모든 불만을 한꺼번에 해결할 것을 시도하면 요구조건의 달성보다는 오히려 쟁의를 무한정으로 격화시키며, 쟁의기간을 무한정으로 장기화하여 근로자들의 손실을 낳는다"(〈조선일보〉, 1987. 8. 9)는 것이다. 따라서 앞에서 지적한 바와 같이, 계급대립의 상황을 정치적으로 해결하기 위한 국가 노사정책의 필요성은 사라지고 오히려 노사대립의 자율적 해결에 외부세력이 개입해서는 안 된다는 점을 강조하고 합리적 절차를 지키지 않음으로 인해서 생기는 폭력과 과격한 양상으로 치닫는 상황을 부각시킨다.

> 정부도 직접 관여를 자제하는 판에 당사자가 아닌 외부세력이 개입해 문제를 더욱 악화시키는 것은 건전한 노조운동 발전에 큰 장애요소가 되고 있고, 이 과정에서 나타날 수 있는 폭력적·급진적 노사분규는 생산을 위축시키고 수출에 극심한 타격을 끼쳐 …(〈조선일보〉, 1987. 8. 8).

특정 부분의 부각과 배제는 경제민주화라는 큰 담론 안에 위치하기 때문에 더 이상 다른 의미로 발전하지는 않는다. 인플레이션에 관한 의미 역시 경제민주화 시기에서는 일정한 범위 안에서 해석된다. 이 시기 인플레이션은 노사분규와는 아무런 관계없이 1987년에 있었던 대통령 선거와 국제수지 흑자 기조로 인한 정부 통화량의 증가에 원인이 있는 것으로 묘사된다. 이러한 인플레이션 규정은 다음 시기에 크게 달라져서 노사분규가 인플레이션을 유발한다는 식의 담론이 나타났다.

다음에 이어질 경제적 위기구성에 관한 담론의 분석에서 자세히 보게 되겠지만, 국제수지의 흑자에서 적자로의 반전, 경제성장률의 둔화 및 수출 부진과 같은 과학적 경제지표가 발표되면서 실질적인 경제지표상의 경제위기가 나타난다. 이때 경제위기 논의가 구체화되는 국면에서는 노사분규가 임금인상을 촉발하고, 이는 물가상승을 유발하여 인플레이션을 유발한다는 식으로 노사분규가 인플레이션 문제와 논리적으로 결합되면서 경제위기의 중요한 원인으로 부각된다.

이처럼 1987년 이후는 그동안 폭력적으로 억압되었던 노동운동이 폭발적으로 증가한 시기였다. 노동과 자본의 대립, 국가와 시민사회의 대립이라는 구조적 갈등상황은 언론에 의해 한국사회와 한국경제의 구조적 문제로 규정되기보다는 정부가 내세우는 경제민주화 담론 안에서 해석된 것이다. 이때 경제민주화란 노사 자율, 정부의 개입금지(물론 이때 시장의 자율이라는 언술이나 상정은 나타나지 않는다), 노동자의 자제 등을 의미하는 것이었다. 그러나 제 2시기에 접어들면 상황은 완전히 달라진다.

2) 경제위기 담론의 발생과 전개(1989~1990년)

1989년 초까지만 해도 경제상황은 낙관적이었다. 1989년 경제성장률을 9.8% 정도로 예상한 정부는 낙관론을 펼치며 연초 몇 달간 경기지수가 계속 하락하는 것에 대해서도 이는 단지 고속성장 뒤의 조정국면에서 나타나는 일시적 현상일 뿐이라고 파악하였다(〈조선일보〉, 1989. 3. 10~11, “한은과 KDI의 경기전망”). 안정기 내지 호황기 속에서의 낙관적 상황판단은 언론으로 하여금 일방적으로 자본 측의 입장에 서기보다는 객관성의 외양하에 각 경제주체의 경제적·사회적 요구를 수용·반영하면서 노사 협동주의 입장에 서도록 만든다.

그러나 4월 들어서 경기하락세가 뚜렷해지고 무역수지가 적자로 반전되자 경제상황의 중요 전환점에 직면하는 동시에 언론에 의한 상황인식 역시 위기론으로 국면의 전환을 맞는다. 1989년과 1990년 경제위기 담론의 언술행위는 이 시기 경제상황이 흑자기조 몇 년 만에 국제수지 적자로 돌아섰다는 위기인식에서 비롯된다.

> "한국경제 중대 전환점 직면 - 노사분규로 인한 중심산업 위기"(〈조선일보〉, 1989. 4. 12. 1면 머리기사)
>
> "우리 경제 위기상황 - 노사분규, 부동산 투기, 물가불안으로 수출, 성장목표 달성 비관"(〈조선일보〉, 1989. 4. 25. 1면 머리기사)

기존의 원칙론적 경제개혁론에 입각해서 경제의 구조적 모순을 개선하라는 요구는 더 이상 지속되기 어려운 단계에 이른다. 그 대신 '발생한 새로운 위기국면'에 대한 새로운 상황규정이 시도된다. 먼저 위기인식의 양상을 보면, 경제구조 개혁을 통해 위기극복이 가능하다는 낙관적 담론과, 인플레이션, 노사분규와 정부정책 부재가 계속되면 경제성장이 더 이상 불가능하다는 회의론이 양립한다. 낙관론은 아직까지 경제의 구조적 문제점인 분배구조 왜곡, 노사분규, 부동산 투기가 가진자의 양보, 정부의 엄정한 법집행에 따라 근절된다면 경기회복이 가능할 것이라는 식으로 경제민주화 담론을 유지하였다. 이러한 낙관론은 점차 드러나는 경기하락세 속에서 노사분규, 무역수지 적자가 계속되면서 차츰 회의론과 공존할 수 없는 긴장관계에 들어간다.

결국 위기상황이 계속되면서 언론은 개혁주의적 대안의 부담을 차츰 덜어 주며 위기원인에 대한 중간자적 입장에서의 비판을 선호하게 만든다. 요컨대 언론은 '반 보수 반 급진'의 입장이 현재의 위기파악과 위기담론의 방향제시를 위한 가장 적절한 객관적 위치임을 인식한다. 이러한 위치설정에 입각해 경제민주화 및 개혁수용의 부담을 밀어내고 등장한 경제위기 담론은 이를 유지·확대하기 위해 시기적으로 다양한 주제들을 지니게 된다.

가장 먼저 등장한 주제는 '과소비(過消費)'라 할 수 있다. '과소비'는 무역수지 적자의 한 원인으로 그리 크지 않은 비중으로 처음 등장하지만, 지속적으로 위기의 중요원인으로 부각되며, 이 과정을 통해 경제위기의 가장 큰 주범으로 확고한 위치를 부여받는다. 또 과소비를 '실천'하는 주체 역시 초기에는 샴페인을 너무 일찍 터뜨린 소수의 부유층에 초점이 맞춰졌지만 점차 노동자를 포함한 모든 경제주체가 분수에 안 맞는 과소비를 한다는 식으로 확산된다. 결국 이를 통해서 위기의 본질과 원인 규명이 회피된다.

이러한 과소비 담론에 비해 좀더 체계적인 방식으로 구성되기 시작한 경제위기 담론의 내적인 주제는 '경제위기의 노사분규 책임론'과 '노동운동 자제론'이다. 1987년 이후 1989년 전반기까지 극심했던 노사분규의 시기에는 그것이 비록 해결되어야 할 가장 큰 문제임에도 불구하고 자본주의 체제의 불가피한 요소로서 경제개혁과 민주화의 큰 범위 안에서 해결되어야 한다는 원칙론이 가능하였다. 그러나 1989년 이후 노사분규와 노동운동은 위기담론과 맞물리면서 그 비중이 달라진다. 이는 노동운동 상승기에서는 지배세력이 노동운동을 불가피한 요소로 수용하고 제도권 내로 정착시키려는 수동적 수용의지를 보이다가도, 경제위기 상황 속에서 국면전환을 꾀하는 데에는 위기담론과 접합시킨다는 것을 보여 준다. 이러한 담론의 구성은 위기담론 속에서는 결국 언론이 노동에 대한 국가와 자본의 통제에 동조하는 방향으로 기울어진다. 노사분규와 노동운동의 부정적 측면을 강조하는 사례로 3D기피와 과소비 풍조에 편승한 근로자들의 소비행태 등이 제시된다.

> 더욱 걱정스러운 것은 그런 (과소비) 행태의 저변에 깔린 우리의 해이한 근로윤리다. … 노동생산성이 떨어지고 질 나쁜 제품이 많이 만들어지는 현실을 보면서 우리는 노동 가치인식을 새로이 할 필요를 느낀다(〈조선일보〉, 1989. 10. 4. 사설 "과소비 이 지경까지").

이러한 과소비 담론은 막연한 근검절약의 정신윤리에 대한 호소가 아니라 노동자들의 정신적 측면에 대한 비판을 통해 노동에 대한 통제를 강화하려는 자본 측의 입장으로 미디어의 인식지점이 옮겨 갔음을 더욱 확연히 입증해 준다.

'위기'를 구성하는 세 번째 주제는 '정부의 정책제시와 위기관리 능력 부재에 대한 비판'이라 볼 수 있다. 1989년 발생한 경제위기에 대처하는 정부의 능력부재가 비판되지만 아직은 참고 기다려야 한다는 '인내'의 필요성이 제기된다. 그러나 잇따른 정부의 정책실패는 언론으로 하여금 정부의 국가관리 능력 자체를 의심하게 만든다. 더불어 정치인들은 경제위기를 해결할 능력이 부재하다거나 오히려 정치가 경제에 부담을 준다는 논리에까지 이르면서 경제위기 담론은 점차 다른 영역까지도 지배, 영향력을 행사하는 권력적 성격을 띠게 된다.

그러나 이때 제기된 위기관리 능력 부재에 대한 비판은 정권 초기의 유화국면에 많이 제기된 경제구조 개혁을 통해 '체질개선'을 이룬다는 언술들과는 크게 다른 것이다. 마치 정부나 정치인이 현 위기상황을 수수방관하고 있으며 각 경제주체의 기강해이를 바로잡을 수 없다는 식으로 정부의 '무능력'을 위기의 원인으로 제시함으로써, 민주적 경제질서가 아닌 국가기강 확립과 통제만이 핵심적으로 부각되는 것이다. 경제관리 능력에 대한 비판은 곧 직업윤리 비판 내지 근로기강 해이에 대한 비판과 연결된다. 결국 '정부의 경제관리 능력'이란 경제의 구조적 문제점을 해결하거나 각 요소를 균형 있게 연결해 주는 위치로서의 조정자라기보다는 자본의 입장에서 노동을 통제하는 감시자・감독관의 역할을 의미하게 된다.

앞에서 살펴본 바와 같이 이 시기 신문에서 논의된 위기인식의 구성요소는 크게 과소비, 노사분규, 정부의 정책 부재 등으로 나누어 볼 수 있다. 1989년 무역수지 적자와 경기 하락세로 인한 경제위기의 발단 시기, 언론은 이전에 지녔던 '타협적・노사 협동주의적' 관점과 '생산력 우선주의'의 관점을 양립시키고자 하나, 경제상황의 불안정한 지표들 속에서 이들 입장이 양립하기 어렵다는 딜레마에 봉착한다. 결국 후자의 입장으로 기울어지면서 대통령에서부터 노동자까지 각 경제주체에 대한 책임부여의 서열적 위계화가 구성되는 것이다.

여기서 경제위기를 타당성 있는 사실로 만드는 담론행위는 경제위기에 대해서 말할 수 있는 범위를 확정짓는다. 즉, 위기인가, 아닌가에 대한 판단은 경제성장률, 국제수지 적자, 노사갈등으로 인한 임금인상 및 물가상승을 근거로 결정된다. 이러한 현실규정은 경제위기에 대하여 이야기할 수 있는 대상들을 정해 놓는다.

이 시기 언론보도는 다양한 사회적 주체들에 의해 주장되는 경제위기에 대한 언술들을 담론의 표면 위로 드러내지 않는다. 뉴스담론의 표면 위로는 부상하지 않지만 끊임없이 사회 속을 표류하는 여러 유형의

‘사실’들이 있다. 이러한 ‘침묵하는 담론’의 유형들은 현재의 경제상황을 해석하는 진보적 지식인들이나 노동자 집단에 의해서 형성되었다. 이 당시 경제상황에 대한 진보적 지식인들의 언술을 보면 다음과 같이 정리할 수 있다.

첫째, 현재 한국경제는 생산의 급격한 증대에 뒤이은 생산위축, 자본가의 자기파괴, 즉 자본의 연쇄파산과 상품의 투매, 대량의 산업예비군 창출로 인한 사회의 전반적 동요로 나타나는 주기적 공황국면에 들어섰고, 이러한 경제상황은 모든 계급, 계층으로부터 정권에 대한 불신을 불러일으키고 노동자, 농민, 도시빈민의 생존권 투쟁을 격발함으로써 정치, 사회적인 동요가 계속될 것이다.

둘째, 정부와 자본가 단체에 의해 유포된 ‘경제위기설’은 노동운동 탄압의 이데올로기로서 조작된 것에 불과하며, 1989년에 나타난 약간의 경기침체는 장기적인 국제분업 구조로의 재편과정이 강요하는 과도적 어려움에 불과하다.

셋째, 물가상승을 야기하는 것은 임금인상분을 고스란히 가격으로 전가하는 자본가들의 탐욕과 선거 시기 정치바람으로 생겨나는 통화증발이고, 투자부진은 자본가들의 투기활동 때문이며, 수출감소는 종속-임가공형 경제구조에 근본 원인이 있다.[1]

이러한 담론의 유형들이 뉴스보도에 나타나지 않는 것은 기본적으로 언론이 자리 잡은 제도적 위치 때문이다. 즉, ‘경제’에 관한 정보를 수

1) 이 언술들은 당시 발간된 〈말〉, 〈동향과 전망〉 등의 월간지, 계간지 등에서 추출한 것이다.

집하기 위해서 언론이 이미 마련해 놓은 제도적 사실들의 네트워크 속에 위와 같은 사회적 주체들이 포함되지 않기 때문이다. 다시 말해 기존 언론의 취재조직으로서 출입처 제도와 취재관행에서 대안적이거나 저항적인 의견과 주장을 개진하는 집단의 관점을 반영할 수 있는 장치를 찾아보기 어렵다. 예를 들어 경제위기의 객관적 자료들은 정부, 정부출연 연구소, 기업출연 연구소 등에 의존하는 것이지 노동계나 비판적 경제학자 등의 평가를 반영하지는 않는다는 것이다. 결국 경제를 위기라고 규정할 수 있는 대상은 매우 다양함에도 불구하고, 특정 대상에 대해서는 이야기할 수 없는 금지의 체계가 구성된 것이다.

3) "우리도 다시 뛰자"의 담론(1991~1992년)

1989년 말부터 논의되기 시작한 경제위기 담론의 성격이 구체적으로 어떻게 규정되었는가 하는 점은 위기의 주체와 원인에 대한 담론분석을 통해서 살펴보았다. 이 시기에는 "우리도 다시 뛰자"라는 슬로건 아래 경제위기를 극복할 수 있는 방안에 대한 구체적 언급을 하였다. 이 시기는 특히 주로 기획연재 시리즈가 많았다는 점을 지적할 수 있다. 1991년 〈조선일보〉 신년특집인 "우리 저력 어디로 갔나"를 필두로 하여 시작된 기획연재 시리즈는 다음과 같다.

"일할 사람이 없다"(8회) : 1월 4일~1월 13일

"물가 비상"(3회) : 2월 1일~2월 3일

"세계가 뛰고 있다"(33회) : 1월 1일~8월 14일

"중남미가 뛰고 있다"(3회) : 12월 5일~12월 30일

"기술시대 선언"(7회) : 1월 4일~1월 11일

"우리도 다시 뛰자"(7회) : 8월 30일~9월 19일

"동남아의 추적 - 우리는 밀리고 있다"(6회) : 11월 3일~11월 26일

"세계 경제대전 - 강한 것만이 살아남는다"(40회) : 4월 1일~6월 18일

"에너지 위기"(6회) : 5월 8일~6월 28일

"정보혁명, 경제혁명"(10회) : 6월 8일~6월 26일

신년특집에서 나타난 위기진단은 이전에 나타난 경제위기 담론에서 사회 그 자체의 위기로까지 범위가 확대된다.

> 91년도를 맞는 우리 사회는 안팎으로 새로운 위기에 봉착해 있다. 한때 '아시아의 용'으로 평가받던 우리 경제는 정치지도자들이 미래에 대한 뚜렷한 비전도 없이 방황하는 가운데 사회 전반적으로 도의심이 악화되고 사치와 나태 풍조마저 만연돼 있는 상황이다(〈조선일보〉, 1991. 1. 1).

위기를 구성하는 이러한 담론의 방식을 우리는 일종의 '미디어 의례'(*media ritual*)라고 부를 수 있다. 엘리엇(Elliott, 1978)에 의하면 미디어 의례란 미디어가 일반적으로 중요한 것으로 간주하여 총괄적으로 다루는 사건에 대한 기사들의 집단을 말한다. 이는 사회가 위협 혹은 위기에 놓여 있다는 것을 보여 주고 그것을 극복하거나 단일한 합의의 방식으로 해결함으로써 사회체제의 안정성을 반영한다고 주장한다. 〈조선일보〉는 과거에 계속 누적된 경제위기 담론을 바탕으로 해서 현재의 경

제위기를 사회 그 자체의 위기와 체계적으로 연결시키면서 사회가 위협하에 놓여 있다는 것을 보여 주고, 이것을 치유하기 위한 사회적 합의를 강조한다. 여기에는 사회의 각 주체들 모두가 참여하게 된다.

"우리도 다시 뛰자"라는 슬로건을 보면, '우리도'라는 말 속에는 우리 외에 다른 사람들이 먼저 뛰고 있다는 의미가 내포되어 있고, '다시'라는 말은 과거에는 열심히 뛰어 오다가 어떤 장애요인에 의해 주저앉게 되었다는 의미를 지니고 있다. 따라서 이는 현재의 '위기'상황을 상징적으로 암시한다. 마지막으로 '뛰자'는 타인에게 강요하는 것이 아니라 그 행위에 이미 '나'가 포함하는 청유형을 택함으로써 보이지 않는 미래에 대한 기대욕구를 창출한다.

먼저 경제위기의 원인이 사회 내의 각 경제주체들에게 골고루 분배된다. 이는 1991년 8월 30일부터 9월 19일까지 연재된 "우리도 다시 뛰자" 시리즈에서 나타난다. 이를 도표로 나타내 보면 〈표 8-1〉과 같다. 여기서 가장 빈번히 지적되는 한국경제의 위기상황은 한국 상품이 국제무대에서 점차 경쟁력을 상실하고 있다는 점이며, 이러한 위기의 원인은 정부, 기업 및 근로자-소비자에게 있다고 규정한다. 먼저 노동자들에 대해서는 임금상승과 노동생산성 하락 및 과소비 행태를 지적하고, 기업에 대해서는 기술투자에 등한히 한 점, 정부에 대해서는 권위주의, 관료주의의 병폐와 무능함을 지적한다.

표면적으로는 경제주체들에게 위기의 원인이 골고루 배분되지만 미래를 향해 다시 뛰기 위해 부여하는 역할은 서로 상이하다. 기업에 부여되는 역할은 기술개발을 통한 경제성장이다. 이는 또 하나의 기획 시리즈인 "기술시대 선언"과 "세계 경제대전 - 강한 것만이 살아남는다"에

〈표 8-1〉 "다시 뛰자"의 주체와 주제

경제주체	주제	기사내용
기업	국제경쟁력의 상실, 기업의 기술개발 투자 등의 대응 미비	(2) 경쟁력을 잃어버린 한국 상품 (4) 유럽의 라이벌에서 탈락 (5) 기업들 기술투자에 인색 (8) 유럽, 값과 질로 공세 (13) 양산 속에 1등 상품이 없다 (17) 선진국에 기술 이전 구걸
정부	정부의 무능, 권위주의, 관료주의의 병폐	(6) 산업기간시설의 부족 (11) 행정규제에 옭아맨 기업 (14) 관료가 뛰지 않는다
근로자-소비자	임금상승, 노동생산성 하락	(3) 근면한 한국인도 옛말 (2) 경쟁력을 잃는 한국 상품 (16) 철새근로자들
	과소비	(7) 가게를 뒤엎은 일제 상품 (9) 한국인의 허세를 비웃는다 (15) 비쌀수록 잘 팔리는 수입옷
기타		(2) 일본의 알뜰 경제 (18) 추워도 휴강, 더워도 휴강 (10) 한국신화가 깨졌다

서 뚜렷하게 나타난다.

> 국내에서도 고임금 시대를 맞아 산업발전의 한계를 극복하기 위해 정부와 민간연구들이 기술개발 투자를 확대하고 있다. 앞으로의 경제성장의 관건은 기술에 달려 있기 때문이다(〈조선일보〉, 1991. 1. 4. "기술시대 선언" 편집자 주).

여기에서는 새로운 기술을 연구개발하는 산업현장을 방문하여 그것의 산업적 유용성을 소개한다. 기술을 통한 경제성장에 대한 관심은 사실상 경제성장으로부터 얻는 수익의 분배가 균등하지 못하다고 할지라도 계급을 초월하여 모두가 똑같이 갖고 있다. 경제성장을 지속해야 할 필요성이 있다는 것에는 의문의 여지가 없으며, 이 필요성은 사회체계가 요청하는 어떤 필요성보다도 우선한다고 볼 수 있다. 더구나 특정 계급의 이익으로부터 독립된 것처럼 보이는 테크놀로지나 과학의 담론은 사회위기를 합리적으로 관리하기 위해서 다른 어떤 형태의 담론보다 기능적이다.

이러한 과학과 테크놀로지 담론은 그 속에 경제적 · 산업적인 효율성의 문제가 지배적이고, 그것을 활용하기 위한 도덕적 · 규범적 기준은 배제되어 있다. 따라서 경제위기 치유책으로 제시된 기술개발을 통한 경제성장 담론은 1960년대 한국사회의 지배적 담론이었던 근대화론이 새로운 형태로 다시 제기된 것이라 할 수 있다. '선진국 진입', '복지사회', 'GNP 6천 달러 시대'에 또 다른 상징과 언술들로 구성되는 근대화론이 제기되는 것이다. "다시 뛰자"를 중심으로 이루어지는 담론들을 '제 2근대화론'이라 부를 수 있고, 이러한 담론은 과거 근대화론이 보여준 분배, 형평, 정의, 복지에 대한 무관심을 여전히 유지하고 있음을 보여 준다.

이러한 점은 "우리도 다시 뛰자"에서 제시된 정부의 역할을 점검하면 더욱 분명하게 드러난다. 경제위기에 대해서 정부가 지는 책임은 주로 권위주의, 관료주의 및 복잡한 행정규제가 경제성장을 방해하고 있다는 것이었다. 따라서 다시 뛰기 위한 정부의 역할은 경제성장에 기능적으로 기여할 수 있는 정책의 마련에 있지, 경제성장에 따라 대두되는 부의 분배정책, 계급불평등 해소정책 등에 대해서는 전혀 언급이 없다.

이와는 반대로 근로자-소비자에게 부여되는 역할은 노동윤리와 소비윤리의 새로운 정립이다. 이는 기업이나 정부에게 요구하는 역할과는 극히 대조적이다. 경제위기에 대해서 근로자-소비자가 지는 책임은 3D 기피현상, 노동생산성 하락 및 과소비였다.

먼저 "일할 사람이 없다"라는 기획 시리즈에서 경제위기 국면에서 나타난 노동과 소비형태가 자세하게 기술된다. 신발, 섬유업에서 중공업에 이르기까지 제조업 근무를 기피하는 풍조가 만연하고, 생산현장에서 납기일을 넘겨 선적 차질이 생기기 일쑤이며, 젊은 노동계층은 주로 서비스 산업이나 유흥업소로 몰린다는 점 등이 지적된다. 또한 과소비 형태에 대한 기술을 통해 병든 소비윤리를 지적한다. 경제성장 과정에서 강제될 수 있는 노동통제, 열악한 노동조건에 대한 노동자의 저항을 체계적으로 길들이는 담론이라고 할 수 있다. 이러한 윤리적이고 규범적인 담론은 사회위기를 치유하기 위한 미디어 의례에서 기술개발을 통한 경제성장이라는 몰가치적 담론과 기능적으로 공존하고 있음을 볼 수 있다.

3. 경제위기와 과소비 담론의 접합

여기서는 앞의 연대기적 기술 속에서 살펴본 위기담론 중 전반적 경제위기 인식에 있어 중요한 원인으로 지목되어 위기담론 구성의 핵심요소로 자리 잡은 항목을 선택해 집중적으로 분석한다. 경제위기론과 함께 등장한 일련의 기사들이 바로 '과소비 현상'에 대한 비판기사이다. 이는 당시 발생한 경제위기 현상을 대중들이 주관적·경험적 차원에서 느낄 수 있는 중요한 동기로서 작용하였다. 따라서 여기서는 일련의 기사들이 내적 연관성을 지니며 경제위기 담론의 유기적 구성요소로 작용했다는 측면에서 이를 과소비 담론으로 정의하고자 한다.

긴 호황국면 끝에 갑자기 찾아든 '무역수지 적자'라는 불청객은 경제위기의 신호탄과도 같은 것이었다. 그러나 당시 상황에서 우리 경제가 위기에 처했다는 이러한 신호는 (이른바 '샴페인'에 취해 있던) 일반대중들의 정서에 곧바로 와 닿지는 않았다. 취해 있는 국민들을 깨워서 정신을 차리게 만드는 임무는 당연히 지배적 언론들에게 부여된다. 미디어 담론 속에서 당시 객관적 지표로서의 경제악화에 관한 통계적 수치보다는 대중들의 일상적·도덕적 정서에 기반한 담론이 더 큰 설득력을 가지게 된다. 이렇듯 각 경제주체들을 비롯한 대중들의 가치위기를 극복하기 위한 담론적 전략으로 구성된 것이 바로 과소비에 관한 담론이라 할 수 있다.

이어서 1989년 초부터 1992년까지 〈조선일보〉의 경제위기 담론(기사)에서 빈번한 주제로 등장한 과소비 기사들을 각 분석 수준별로(주체, 대상 및 영역, 평가) 나누어 분석, 평가한 후, 이 기사들이 무규칙적이고 산발적으로 지면에 등장한 일회성 담론이 아니라 전 기간을 통해 체계성과 내적 일관성을 지니고 경제위기 담론의 가장 중요한 구성요소로 작용하게 된 과정을 고찰하고자 한다.

1) 과소비의 주체: 일탈적 개인에서 위계화한 전체로

초기의 과소비 관련 기사들은 갑자기 씀씀이가 걸맞지 않게 헤퍼진 소수의 개인들을 비판 대상으로 삼는다. 이들은 남들의 이목에 아랑곳하지 않고 소비의 도덕도 망각한 몰지각한 소수들이다. 따라서 이들에 대한 비판은 '과소비는 부도덕'이라는 도식에 입각하여 계몽적 의도를 지닌 '도덕론'의 관점에서 출발한다.

> 문제는 외국 물건들을 어쩔 수 없이 많이 팔아 주는 김에 우리 형편에 걸맞지 않게 씀씀이가 헤퍼진 것이다 … 이 같은 경향은 우리가 이만큼 잘살게 된 증거라고 할 수 있다. 남부러울 것 없이 잘살아 보자는 심정도 이해 못할 바는 아니다. 다만 여기서 바람직한 것은 오늘의 생활습관에 상응하는 도덕성이나 생활윤리는 지켜져야 한다는 것이다(〈조선일보〉, 1989. 5. 26. 사설 "위험한 과소비 풍조").

이러한 초기의 과소비 비판구도 속에서 낙인이 찍힌 부도덕한 과소비 주체들이 사회의 다수가 될 수는 없었다. 단지 소수의 가진 자들 혹은 졸부들의 몰지각한 소비행태일 뿐이며, 따라서 이러한 과소비 풍조는 경제위기의 결정적 원인이라기보다는 계층 간 위화감을 조성함으로써 사회불안을 증대시킬 수 있는 문제라는 점에서 비판된다.

그러나 샴페인을 너무 일찍 터뜨린 것은 무절제한 소수의 졸부들만이 아니었다. 도시근로자들의 소비증가율이 소득증가율을 크게 앞지른다는 정부발표가 언론의 과소비 비판을 등에 업고 연이어 보도되면서 이제 과소비는 소수의 몰지각한 행위가 아니라 다수 근로자 가구의 소비행태에서 비롯하는 '사회성원 전반'의 문제로 확대된다.

> 경제기획원 발표에 따르면 도시근로자 가구의 평균소득은 74만 4천 원으로 작년 같은 때보다 21.5%나 급증. 그러나 근로자 가구의 소비지출은 작년 같은 때에 비해 25.6%나 크게 증가한 것으로 나타났다. 특히 승용차를 소유한 근로자들이 늘면서 개인교통비가 작년 117.6%나 급증했고 대형냉장고, 진공청소기 등 가정용구 구입비도 82%나 늘어 … (〈조선일보〉, 1989. 7. 13. "경제기획원 발표, 도시근로자 가계동향").

과소비 주체는 이제 외제 승용차를 모는 소수의 졸부들이 아니라 버스 대신 택시나 자가용을 이용하는 도시근로자라는 사실이 정부의 공신력 있는 통계지표를 통해 뒷받침되면서 과소비가 수입개방의 여파로 생긴 일시적 부작용이라는 초기의 원인진단은 설 자리를 잃게 된다. 대신 국민들 대부분의 임금수준이 높아짐에 따라 소비욕구도 강해지는 과정에서 발생한 사회 전반적 수준의 문제로 이해된다. "어느덧 한국인은 놀고먹기에 바쁜 지경이 되었다. 노다지를 캐낸 흥부처럼 열심히 일하지 않아도 언제까지나 배불리 먹을 수 있다는 엉뚱한 착각에 사로잡혀 있다. 그러나 이들 소비주체들이 정작 놀 형편이 되어서 놀고먹는다기보다는 단지 인심 얻기 급급한 잘못된 정치가들에 의해 부추겨져서 '놀자판'을 벌이고 있다"는 비판도 논설위원 칼럼을 통해 제기되었다(〈조선일보〉, 1989. 10. 4. "홍사중 칼럼: 먹기 위해 사나?").

> 시대착오적 과소비의 추세에 휘말려 든 것은 비단 국민들만이 아니다. 솔선수범을 보여야 할 정부도 흥청망청 쓰는 데 열중이다. 유엔 가입을 계기로 각국에 경축문화사절단을 보내기로 한 정부의 호들갑스러운 결정은 무역적자 1백만 달러에 달한 심각한 현실을 외면한 한심스러운 작태이다(〈조선일보〉, 1991. 9. 6. 기자수첩 "정부 과소비 - 도와주지는 못할망정 쪽박은 깨지 말아야").

이러한 형식의 비판은 과거에도 빈번히 등장한 단골 기삿거리라 할 수 있다. 그러나 이 시점에서의 정부 비판, 즉 과소비 주체로서의 정부 비판은 이전의 관례적 정부 비판기사와 그 맥락을 약간 달리한다. 과소비가 이제 사회계층 전반의 문제로 확대규정된 이상, 과소비의 위계가 질서지어지고(사회지도층과 부유층에서부터 도시근로자들까지) 이러한 위계의 맨 위에는 정부가 위치함으로써 위기 발생의 최종적 주체이자 이 위기를 떠맡고 해결사 역할을 할 수 있는 위기 해결의 중요한 주체로 제시되는 것이다. 그렇다고 해서 정부가 과소비 문제의 일방적 책임주체는 아니다. 오히려 정부는 경제기획원 수지분석을 통한 과학적 통계수치를 근거로 제시하면서 노동과 시민 부문이 과소비의 주범임을 언론을 통해서 공표하기도 했다.

이러한 경제위기의 원인으로서의 과소비 현상에 대한 정부의 과학적 분석은 꽤 근거 있는 통계수치(10년간 도시근로자들의 소비성향 추이를 계층별·연령별로 분석)를 통해 이루어지는데, 그럼에도 불구하고 이러한 통계수치 속에서 경제발전의 제약이 된 제6공화국 정부의 경제정책 실패(무역환경 악화에 대한 대응책 부재, 구조조정 과정에서의 문제들, 노동자·농민층의 요구 수렴 실패 등)는 생활영역에서 잘못된 소비성향을 지닌 개인주체들의 불합리로 대체된다. 정부의 분석 속에서 과소비의 주범으로 지목된 주체들은 30대 초반에서 50대 초반의 중류 이상 계층인데, 이러한 애매한 주체설정을 통해서라면 도시에 사는 중간계층 이상의 대부분이 과소비의 주범에 해당될 수밖에 없다(〈조선일보〉, 1992. 9. 24. "통계청, 근로자 소비성향 분석 - 고학력 사무직 과소비 주도").

요컨대 과소비가 사회적 이슈로 떠오르면서 과소비의 주체로 부각된 사회적 계층과 집단은 한편으로는 전 사회성원으로 확대되는 경향을 보이며 다른 한편으로는 특정 계층과 집단으로 낙인찍기가 이루어지는 복잡한 과정을 거치면서 보편적 사회문제의 이념적 지위를 부여받는다.

2) 과소비 대상 및 영역의 확대: 소비 영역에서 생활 전반의 영역으로

이 시기의 과소비 담론은 '소비' 영역에서 출발하여 생산 영역, 정치 영역 등 사회 전반으로 확대되는 양상을 보여 준다. 소비현상으로서의 과소비 문제는 다른 영역들과 접합되면서 사회의 구조적 문제로 확대되는 과정을 거치는 것이다.

초기(1989년)만 해도 언론은 과소비를 수입시장 개방에 따른 외제품 선호현상 등 부정적 · 일탈적 풍조의 한 유형으로 규정했다.

> 문제는 외국 물건을 어쩔 수 없이 많이 팔아 주는 김에 우리 형편에 걸맞지 않게 씀씀이가 헤퍼진 것이다. 고가품을 뭉텅이로 들여와 흥청망청 써보자는 심리가 널리 보편화하고 있다는 점이다. 과소비 풍조는 전환기적 상황에 처해 있는 우리에게 사회경제적 악영향을 주게 될 것으로 우려된다. 경제적으로는 국제수지에 나쁜 영향을 주고, 사회적으로는 계층 간 위화감을 조성, 사회불안을 증대시킨다(〈조선일보〉, 1989. 5. 26. 사설 "위험한 과소비 풍조").

당시 당면한 경제적 문제 중 하나인 무역수지 적자에 대한 원인분석도 외제품 과소비 풍조의 현상적 원인과 연결짓는 단순성을 지닌다. 그러나 도시근로자 가구의 소비지출 증가 관련 기사들이 연이어 보도되면서 이제 과소비는 일부 계층의 소비행태로 파악되기보다는 사회 전반적 수준으로 확대된다. 경기침체 속에서 민간소비와 서비스업만이 활기를 띤다는 분석이 근거 있는 것으로 제시되고, 어느덧 우리 사회는 서비스산업의 천국이 되었다는 과장된 탄식의 소리마저 나온다(〈조선일보〉, 1989. 8. 12. "서비스산업 천국 안 될 말").

과소비 열기는 점차 걷잡을 수 없이 확대되는 현상으로 보도된다. 외제 사치품만이 아니라 국산 승용차, VCR, 휘발유, 컬러TV, 맥주 등 거의 모든 일상소비재들의 판매증가도 과소비 열기의 확산이라는 측면에서 읽힌다. 이러한 소비재 증가에 대한 해석은 소비자의 이성적 구매행위라는 자본주의 경제원리를 거부한 채 과소비 열기, 즉 비이성적 행위의 유형으로 규정된다. 여기서 문제는 소비재의 갑작스런 수요증가가 발생한 배경과 이것이 경제 전체에 미치는 긍정적 · 부정적 효과가 배제된 상태에서 오로지 비이성적 열기에 휩싸인 대중들의 무분별한 행위의 결과라는 차원에서만 현실규정이 이루어졌다는 점이다.

1990년 중반을 전후로 과소비의 강력한 주범으로 떠오른 것 중 하나가 바로 '에너지'이다. 당시 쿠웨이트 사태를 전후로 해서 제3차 오일쇼크가 임박했다는 진단이 나오고, 닥쳐온 석유위기를 대비해야 한다는 우려의 목소리 또한 높아지며 에너지 위기는 경제위기의 잠재적 요인으로 지목된다. 에너지 낭비가 과소비 담론의 중요 주제로 떠오르면서 사회 각층의 소비절약 운동의 필요성 역시 강하게 제기된다(〈조선일보〉, 1991. 1. 30. "최청림 칼럼: 광적 과소비, 에너지 낭비구조의 심화").

에너지 과소비와 함께 당시 심각한 사회경제적 불안요인이었던 물가폭등이 건설 과열과 과소비 확산으로 인한 현상이라는 진단이 유력하게 제기되며 경제가 과소비형으로 정착했다는 분석과 아울러 한국경제 비관론이 지배적 담론으로 자리 잡는다. 이 과정에서 점차 과소비는 소비의 영역을 떠나 사회, 경제 전반의 문제로 확대되며, 과소비 문제해결이 곧 경제위기의 해결이라는 인식이 널리 확산된다(〈조선일보〉, 1991. 9. 11. "경제 과소비형 정착 - 한국은행 분석 인용보도"; 〈조선일보〉, 1991. 10. 23. "한국경제 비관론: 과소비, 근로정신 해이 등이 20년대 미국 대공황 전 상황과 비슷").

결국 전반적 위기의 원인으로서의 과소비에 대한 비판은 국민들의 전 생활영역(의식주)을 포괄하여 이를 감시와 자기반성의 대상으로 만든다. 이제는 고급 수입의류를 선호하는 상류층뿐 아니라 유명 브랜드의 비싼 옷을 선호하는 중·하류층도 과소비 계층이 된 것이다.

한때 비싼 옷의 구매자는 고관대작과 기업체 사장 부인, 유한마담 등 특수 계층에 한정돼 있었다. 그러나 최근 들어 대도시 거리에는 고급 옷이 넘쳐나고 있다. 비싼 옷에 대한 선호 추세는 이제 일반 서민층 가정에까지 빠르게 확산되고 있으며, 수수한 옷차림의 표본이었던 여대생, 공단 근로여성까지 정장 사입기 대열에 끼고 있다(〈조선일보〉, 1991. 9. 16. "우리도 다시 뛰자 - 고급, 수입 옷 판친다").

또 생활수준이 높아졌다고 외식을 빈번히 함으로써 외식비 지출이 늘어난 것도 일종의 과소비요, 정신의 나태함의 증거이다. 먹는 것도 국가경제와 가정경제를 생각해서 제대로 해야 한다.

외식을 위해 가계를 축내는 사이 아끼고 절약하려는 알뜰한 마음은 흔적도 없이 사라질 수 있다. 국민들 모두가 그런 '베짱이'가 될 때의 결과는 뻔하다. 외식을 적당히 즐기는 국민이 되자(〈조선일보〉, 1992. 1. 18. 사설 "외식 적당히 즐기자").

주거생활도 과소비의 비판대상에서 벗어날 수 없다.

우리나라 사람들은 빌딩, 아파트 등 집단공간의 사용에 있어 선진국민들보다도 절약의식이 너무 떨어진다. 건물의 설계 시공에서 첨단공법을 통한 에너지 절약 노력도 없고, 건물주나 사용인들 모두 에너지 절약 마인드가 부족하다(〈조선일보〉, 1992. 9. 24. "큰 건물 '과소비형' 많다").

개인들은 의식주의 모든 영역에서 과소비의 일상화에 빠져 있는 것으로 규정되며, 이러한 담론과정 속에서 과소비형 개인 주체로 구성된 일상적 생활인은 언론에 의해 매개된 자기감시의 시각을 형성한다.

3) 규범적 일탈에서 한국병으로: 과소비에 대한 평가

'과소비'라는 개념이 고정된 실체를 지칭하지 않기 때문에 과소비에 대한 비판, 평가도 시기별로 큰 차이를 두고 변화된다. 초기의 과소비 풍조에 대한 비판은 전형적인 계도성을 지닌 '절제는 미덕, 과소비는 부도덕'이라는 도식이었다고 할 수 있다. 따라서 이러한 과소비 풍조는 단지 소수의 가진 자들, 졸부들의 몰지각한 소비행태일 뿐이며, 경제위기의 결정적 원인이라기보다는 계층 간 위화감을 조성함으로써 사회불안을 증대시킬 수 있는 문제라는 점에서 비판된다.

오늘의 생활관습에 상응하는 도덕성이나 생활윤리는 지켜져야 한다는 것이다. 우리 사회 생활관습과 규모에 걸맞지 않은 사치와 과소비는 부도덕과 연계되기 때문이다(〈조선일보〉, 1989. 5. 26, 사설 "위험한 과소비 풍조").

과소비를 소수의 몰지각한 졸부심리에서 비롯된 것으로 이해하던 태도는 점차 국내외에서 터져 나오는 한국경제의 전반적 위기론으로 대체되면서 사회성원 전반의 문제로 확대된다. 이러한 과소비 담론의 확대재생산에서 평가의 중요한 계기로 작용한 것 중 하나가 '한국인, 샴페인을 너무 일찍 터뜨렸다'는 식의 외지 보도이다. 최초의 보도는 〈워싱턴포스트〉의 서울발 보도에서 비롯되었다(〈조선일보〉, 1989. 9. 23. "한국인, 샴페인 너무 일찍 터뜨렸다 - 〈워싱턴포스트〉 서울발 보도 인용").

언론은 외국 신문의 직·간접적 인용 외에도 우리 사회 현실의 평가주체로서 빈번히 외국인 필자를 '고용'하거나 외부인의 평가를 자주 삽입함으로써 그들의 시각이 객관적이며 정당함을 암묵적으로 전제하고 자신들, 즉 뉴스생산자의 문제인식의 정당성을 확보한다(〈조선일보〉, 1989. 10. 4. "홍사중 칼럼: 먹기 위해 사나?").

이들의 시각과 평가는 상당 부분 정당한 측면을 지님에도 불구하고 이들의 평가를 보편·일반화하는 것은 상당한 논리적 비약을 숨기는 것이며, 언론 담론에 있어 왜곡된 객관성의 기준을 성립시키는 위험성이 숨어 있다. 즉, 외부에서 파악한 '한국인'이라는 대상은 그들의 제한된 측면에서 이해한 부분적 실체일 수밖에 없기 때문에, 그들은 과거에 '한국인' 전체를 일밖에 모르는 '일벌레'로 이해했다면 현재는 샴페인을 터뜨리고 모두 흥청망청 취해 있는 '졸부'로 규정해 버리는 과도한 일반화의 오류를 저지를 수 있다. 그러나 이러한 측면이 사상된 채 일방적으로 가해지는 외부인의 평가는 한국인의 소비행태가 '미덕'(서구 국가들에서도 한때는 소비가 미덕인 때가 있었다)이 아니라 사회악의 근원임을 객관적인 혹은 우리보다 뛰어난 관점을 지닌 제 3자(주로 서구인이나 일본인)의 관점에서 규정함으로써 객관화한 진리로서의 효력을 발생시킨다.

이제 과소비 문제는 경제성장 과정의 일시적 부작용을 넘어 한국인 모두가 안고 있는 고질적 병폐, 즉 '한국병'이라는 치료하기 힘든 중증 질환으로 취급된다. 한국이 일 안 하고 놀기만 하는 이른바 '미국병'을 앓고 있다는 식으로 표현되거나, '광적 과소비', '과소비형 경제의 정착' 등의 용어로 현 상태가 정의되면서 이제는 돌이킬 수 없을 정도로 병이 깊어졌다는 한국경제 비관론과 함께 근로윤리 해이, 3D 기피현상 등 노동계층의 불성실과 태만이 이러한 현상의 원인으로 지목되는 담론이 형성되는 것이다(〈조선일보〉, 1989. 10. 19. "태평로 - 한국의 미국병").

언론을 통해 담론의 생산자들이 자의적으로 내린 이러한 진단은 또 다른 자신들의 처방을 통해 치료할 수 있다는 담론으로 연결된다. 과소비 담론이 이제는 광범위하게 공유되는 현실인식의 용어와 틀로 자리잡게 되고, 언론은 모두의 잘못이라는 자기반성의 언술을 토대로 새로운 이데올로기적 캠페인인 "우리도 다시 뛰자"로 위기담론의 중심을 옮겨 간다.

4) 상식의 세계와 경제위기 담론의 접합을 통한 합의 창출

1980년대 말에서 1990년대 초까지 경제담론 영역의 중심을 차지한 과소비 담론을 우리는 담론의 접합을 통한 '구조화한 합의의 창출'이라는 관점에서 그 형성과 전개의 메커니즘을 파악하고자 한다. 구조화한 합의란 정치적 엘리트 집단 내에서 이루어진 합의를 국민들에게 건네주어 이를 국민적 합의로 만드는 경우와 정치·경제체제의 명령에 따라 형성된 합의로 나누어 이해될 수 있다. 이 두 가지 형태의 구조화한 합의 사이에는 밀접한 관련이 있다. 구조화한 합의를 이루어야 할 가장 중요한 요인은 자본주의적 경제질서 유지를 위해 지속적 경제성장을 추구해야 한다는 필요성에 있으며, 이러한 지상명령의 요구에 따라 정치·경제 체제의 요청이라는 형태의 구조화한 합의는 표면적으로는 집단이나 계급의 이해와 아무런 관계가 없는 합의를 유도할 수 있는 것이다.

과소비 담론 역시 새로운 위기에 직면한 경제체제의 명령에 따라 이 위기를 일상생활의 실제 조건에 맞추어서 재현한 동의 혹은 합의로서의 담론이라 할 수 있다. 그렇다면 왜 당시 위기에 처한 경제체제의 이러한 명령은 과소비라는 한 특수한 영역을 통해 자신의 명령을 관철시키고자 하였으며, 또 어떻게 그것의 관철이 가능하였는가? 체제의 명령이 보편적 동의, 즉 헤게모니를 얻기 위해서는 대중들의 실제 조건이 고려되어야 할 뿐만 아니라 그 조건들이 중립적 지형에서 중립적 용어로 재현되어야 한다.

위에서 살펴본 과소비 담론은 바로 대중들의 삶의 조건과 관련되고 동시에 삶의 경험에 기초한 상식의 세계와 접합됨으로써 계급과 계층에 관계없이 누구에게나 무차별적으로 적용될 수 있었고, 그것의 담론적 효과를 강력하게 발휘할 수 있었던 것이다. 새로이 등장한 경제적 위기라는 현실조건은 언론의 뉴스 제작의 일상적 맥락 속에서 '과소비'라는 언술들의 체계로 '번역'되어 재생산되었다. 즉 초기 경제담론 영역에서는 무역수지 적자의 원인 중 하나로 등장한 과소비 문제는 미디어 담론 속에서 점차 그 주체와 대상이 확대되어 감으로써 대중들의 일상적 소비생활 속에 뿌리박은 구조적 악으로 낙인찍히고 경제위기의 가시적인 주 요인의 위치를 부여받는다. 이제 범인은 드러나고 우리 모두는 일상생활영역에서도 함께 범죄를 공모한 공범자라는 죄의식을 느낀다. 이렇듯 과소비 담론은 사태의 한 국면이 미디어에 의해 대중들의 일상생활 속에서 '상식의 동원'(*mobilization of common sense*)을 통해 이데올로기적 텍스트로 번역 혹은 변형되는 과정을 드러내 주는 사례였다.

4. 제 2근대화론의 담론구성체: “우리도 다시 뛰자”의 담론

“우리도 다시 뛰자”의 담론은 1991년 1월부터 시작된다. “다시 뛰자”는 외침이 나오게 되는 경제·정치적 상황은 상당한 근거를 가지고 있었다. 실질적 경제지표들과 정치상황이 위기적 징후를 보여 주고 있었다. 우선 경제적 측면에서 볼 때 1986년부터 1988년에 이르기까지 무역흑자를 중심으로 나타난 경제성장의 성과는 수출부진, 부동산 가격상승, 물가상승, 건설경기의 과열 등으로 불황국면으로 역전되고, 한국경제 전반에 요구된 산업의 구조조정은 전혀 시행되지 못했다. 1990년은 부동산 투기가 가장 극심한 해로 기록되었으며, 그로 인한 토지와 부동산 가격상승은 1987년 이후 생산성 상승보다 높게 이루어졌던 임금상승의 몫을 실질임금의 하락으로까지 악화시켰다. 1991년 초반 부동산 투기로 인해 풀린 통화량은 지방자치선거를 앞두고 더욱 위험한 상황으로 진단되었다.

정치적으로는 3당 통합을 통해 여소야대 정국이 변화하고 집권세력은 어느 정도의 안정을 찾기는 했으나 지방자치단체장 선거의 연기를 둘러싼 여야 갈등, 대통령 후보 선출을 둘러싼 집권당 내부 갈등, 강경대 군 사망을 전후한 사회세력 간의 대립 등이 경제적 측면에서의 위기를 더욱 악화시키는 조건으로 작용하였다. 이러한 국내적 요인 이외에 국제적으로는 사회주의권 붕괴와 걸프전으로 인한 세계경제의 전반적 후퇴 그리고 블록 경제를 중심으로 한 세계경제권의 재편성으로 한국경제의 산업구조 조정이 요구되는 상황이었다.

이러한 경제적 · 정치적 위기상황에는 지배블록뿐만 아니라 야당과 재야를 포함한 대다수 대항적 사회세력이 동의하는 상황이었다. 이러한 조건에서 국가와 자본, 자본과 노동의 대립이라는 거시적 틀에서 볼 때, 지배블록은 "다시 뛰자"의 담론을 선택한 것이고, 대항세력은 별다른 대안적 담론을 구성하지 못하고 있었다. 이 점에서 〈조선일보〉의 "다시 뛰자"의 담론을 구성한 연재기획은 뛰어난 체계를 지니고 있었으며, 이후 대다수 신문과 방송의 편집 · 편성 방향에 영향을 미쳤다고 할 수 있다. 그리고 1993년 말부터 제기되는 국제화 담론의 근거로 작용하였음을 볼 수 있다.

여기에서는 이러한 상황을 염두에 두면서 경제 · 정치적 위기를 극복하는 과정에서 "다시 뛰자"의 담론이 지녔던 이데올로기적 역할을 분석하고자 한다. 대단히 다양하고 입체적인 기획연재물을 통해 "다시 뛰자"의 담론이 구성되었기 때문에 여기서는 "왜 뛰어야 하는가"와 "어디로 어떻게 뛰어야 하는가"라는 질문을 중심으로 기획연재물들과 칼럼들을 분석하고, 결론 부분에서 이들 기획물들이 국가, 자본, 노동의 관계와 역할에 대해 취한 입장을 밝혀 보고자 한다.

1) 왜 다시 뛰어야 하는가

"세계가 뛰고 있다"의 후속 시리즈를 시작하면서 8월 30일자 〈조선일보〉는 "촛불은 꺼지는데 빚더미 속 잔치/지금 안 뛰면 21세기엔 후진국 전락"이라는 제목을 달고 있다. 우선 이 연재물은 한국경제가 경쟁력을 잃는 원인을 정부, 기업, 가계 모두가 제 할 일을 등한히 한 데서 찾는다. 행정의 생산성과 효율성이 낮은 정부, 투기에 정신없는 기업, 고임금에 게으르고 과소비에 열중하는 노동자 모두가 총체적 위기의 원인이며, 더욱이 위기의 심각성을 인식조차 못하고 있다는 주장이 전체 연재물의 주제가 된다.

새해 초 "일할 사람이 없다"(1991년 1월 4일~13일 8회 연재)는 노동현장의 문제를 노동윤리와 노동인력 수급난 등을 중심으로 분석하였다.

1) "놀아도 힘든 일은 안 해/수출주문 못 대고 기계 놀려"(1. 4)
2) "젊은 일꾼 찾기 별 따기/구인 아우성"(1. 5)
3) "쉽게 벌자, 여성인력 유흥업소 몰려"(1. 6)
4) "직종 구분 없이 해외근무 기피/왜 가서 고생하나"(1. 7)
5) "공고생은 상전/기능직 공급 절반 이하"(1. 8)
6) "사내 훈련원 4%/인력 양성 등한"(1. 1)
7) "뿌리 깊은 숭문사상, 사무직만 선호"(1. 11)
8) "정당한 근로 인정받는 풍토를/유휴인력 활용해야"(1. 13)

"우리도 다시 뛰자"라는 주제를 구성하는 새해 첫 연재물로 채택된 "일할 사람이 없다"는 위의 제목들에서 보듯 주로 노동현장에서의 노동자들의 게으름과 윤리 부재를 주제로 하였다. 8회 마지막 회에서 대안으로 ① 생산자동화로 인력난 타개, ② 정부 차원의 직업안정망, ③ 향락산업 이상비대 억제, ④ 제조업 기피풍조 해결 등을 대안으로 제시하였다. 걸프전이 격화되던 2월 들어 '물가비상'을 주제로 한 4회 연재물은 고임금-고물가의 악순환을 위기의 원인으로 지적하면서 정부의 물가조정 개입을 비판하고 시장 메커니즘에 맡길 것을 주장하였다.

다시 뛰어야 할 두 번째 근거로 지적된 것이 정부와 관료의 정책실패와 윤리 문제이다. “세계가 뛰고 있다” 전편과 후속편에서 행정규제의 남용과 관료들의 부패를 지적한다.

> 정부는 기업 위에 군림하며 명령과 복종만이 존재할 뿐 대화가 없는 풍조가 한국경제의 독립성과 창의정신을 저해하고 있다는 분석이다. … 군사문화라는 낡은 소프트웨어가 훌륭한 인적·물적 자원을 지배하고 있다는 지적은 … 한쪽에서는 명령 일변도고 또 한쪽에서는 무작정 저항의 한 단면은 참고할 만하다(〈조선일보〉, 1991. 9. 10. “하드웨어 좋은데 SW 형편없다, 홍콩의 비아냥”).

왜 뛰어야 하는가의 질문에 대한 세 번째 대답으로는 세계시장에서 경쟁력을 잃는 한국 상품과 기술 수준을 제시하였다. 동구권에서는 가격 경쟁에서, 서구권에서는 품질경쟁에서 배겨 나지 못하는 상황을 지적하면서 막대한 무역적자의 원인은 외국에 팔아먹을 짭짤한 상품이 없다는 데 있음을 직시해야 한다고 주장한다. 기술낙후와 상품경쟁력 약화의 원인으로는 기술투자는 하지 않고 투기에 열중한 기업, 정부의 투자부진, 대학과 연구소의 낙후(〈조선일보〉, 1991. 9. 17. “추워도 휴강, 더워도 휴강/공부 안하는 대학/교수들 연구, 소신 부족/후한 점수”)를 지적한다.

이상 노동, 정부, 기업의 문제가 국내적 요인이라면 한국경제를 추격하는 동남아와 남미 경제는 국제적 요인으로 지적된다. "동남아의 추적/우리는 밀리고 있다"(1991. 11)와 "중남미가 뛰고 있다"(1991. 12) 등 두 가지 연재물은 경쟁국가들의 노동윤리와 근검절약을 중심으로 다시 뛰어야 할 당위성을 구성하였다. 동남아의 추적은 민족성 개조실험에 성공한 말레이시아의 밤샘작업을 예사로 하는 노동윤리를 중심으로 4회에 걸쳐 소개한다. "중남미가 뛰고 있다"에서는 '소마저 뛰고 있고', 월 28일 근무하는 자동차공장을 가진 아르헨티나, 한 해 휴일 4일로 성탄절에도 작업하는 칠레, 새벽 5시 일터로 나서 하루 12시간 이상 작업하고 봉급의 30%를 '즐겁게 저축하는' 브라질을 소개하였다. 이들 중남미의 추격에 대한 서술에는 이들 국가에서의 한국에 대한 평가를 동시에 실었다.

> 이 나라의 TV방송에서는 심야프로에 동양을 배우자는 내용을 자주 내보내고 있다. 물론 주요 대상국가는 일본이다. 한국을 배우자는 얘기는 불과 얼마 전부터 TV방송에서 사라지고 말았다(아르헨티나/12. 7).

> 그는 한국의 농부들도 나무에서 과실을 따는 데서부터 선적하는 데까지 컴퓨터화하고 기계화해서 칠레와 경쟁을 해보자고 말했다. 이 과일공장을 방문한 날 서울에서는 농부들의 수입개방 반대시위 소식이 들려오고 있었다(칠레/12. 23).

이렇게 제시되는 밤샘노동, 장시간노동을 통해 한국경제를 추격하는 중남미와 동남아 그리고 국제시장에서의 경쟁력 약화가 바로 국제적 차원에서 다시 뛰어야 하는 근거인 것이다.

이상의 분석에서 주목할 것은 다시 뛰어야 하는 근거들이 대부분 경제위기를 구성하는 구조적 원인보다는 노동, 국가, 자본 행위자들의 의식과 윤리의 문제라는 점이다. 이 당시 진보적 경제전문가들이 제시한 경제위기의 원인이었던 세계 경제체제의 재편기와 맞물린 국내 산업구조의 구조조정 국면이라든지, 독점재벌의 과대성장으로 인한 소득분배의 불균형과 산업고도화의 실패 등의 문제는 분석대상에서 배제되었다. 또한 다시 뛰어야 할 근거의 모든 언술들에 등장하는 '고임금/경쟁력 약화'의 등식은 '임금인상/구매력 향상/노동생산성 향상'의 또 다른 입장의 언술을 배재하였다. 더욱이 한국경제의 국제경쟁력이 낮은 원인으로 상당수의 경제학자들에 의해 지적되는 고금리로 인한 원가상승, 기술도입 비용 등의 원인은 드러나지 않는다. 이러한 경제위기의 원인분석은 다음에서 살펴볼 어디로 어떻게 뛰어야 하는가에 대한 진단에서 더욱 두드러지게 나타난다.

2) 어디로 어떻게 뛰어야 하는가

"세계 경제대전: 강한 것만이 살아남는다/일류 경쟁력의 현장"(40회), "정보혁명/기술혁명"(5회), "기술시대 선언"(7회) 등의 연재물들이 주로 어디로 어떻게 뛰어야 하는가에 대한 그림을 제시하는 것들이다. "세계 경제대전"의 기획을 시작하면서 가장 중요한 주제로 "힘은 생산라인에서 나온다"를 설정하고 새로운 경쟁시대를 헤쳐 나갈 수 있는 국민적 과제와 전략을 설정하기 위해 선진 각국 생산현장의 경쟁전략들을 소개하였다. 생산라인에서의 기술개발이 핵심과제인 까닭은 이미 한국 경제가 저임금 지대에서 고임금 지대로 돌아오지 못하는 다리를 건넜기 때문이며, 고도기술 개발, 자동화와 로봇화를 통해 고임금과 노동력 부족을 극복한 선진국의 지혜와 전략을 배워야 한다는 것이다.

구체적 사례로는 일본(5회), 이탈리아(2회), 독일(2회) 그리고 스웨덴, 대만, 동남아, 중국, 미국의 사례들을 다루었다. 정밀도 1천 분의 1이 아니라 100만 분의 1을 다투는 '한계상품'(인간의 기술적 한계에 도달한 상품이라는 뜻) 등에서 잘 나타나듯, 대다수의 내용들은 기술경쟁과 개발, 생산현장에서의 근면성, 기술투자를 주제로 하였다. 선진국의 강한 기술개발 사례를 소개하면서, 1991년 6월에는 다시 한국의 기술 수준을 선진국들과 비교하는 "정보혁명/기술혁명"이라는 연재물을 게재한다.

"한국 기술력 선진국 20~40% 수준"
"PC산업은 신 기간산업이다"
"SW 정복당하면 종속국 된다"
"정보화사회 정책 수립기관이 없다"

선진국의 사례를 보이기 이전에 이미 〈조선일보〉는 1991년 초 "기술시대 선언"이라는 제목 아래 국내기업의 첨단기술 개발사례를 소개했다. 자동차산업의 '카트로닉스', 반도체의 기술 수준, 뉴세라믹, 고화질TV, 지능형 컴퓨터 등의 첨단기술 분야에서의 성과와 투자 정도를 가늠하는 기획이었다. 이렇게 어디로 어떻게 뛰어야 하는가에 대한 그림을 그리기 위해 국내 성과, 선진국과의 비교, 선진국으로부터 배울 사례 등을 입체적으로 조망한 것이다. 이러한 기술우위, 정보화사회, 전문가사회 등의 대안 제시는 다시 뛰어야 하는 근거로 제시된 "동남아의 추적", "남미가 뛰고 있다"와 대비되면서 설득력을 갖게 된 것이다.

이들 연재물에서 보듯 기술선진국이 뛰어야 할 목표로 제시되었고, 구태의연한 정부정책과 기술지원제도의 재편 등을 방법론으로 제시하였음을 알 수 있다. 기술자가 우대받는 사회, 기술자가 실제의 파워를 갖는 사회, 젊은 두뇌의 창의력이 소중한 자원으로 인식되는 사회가 '우리가 지향해야 할 사회'이며, 그것을 만드는 것이야말로 '정치권이 해야 할 절체절명의 과제'라는 것이다.

어디로 뛰느냐에 대한 미래의 그림으로 제시된 '기술투자, 생산력 증대, 경쟁력 강화, 선진국 진입'이라는 기술입국은 김영삼 정부 경제정책의 기조를 이루는 신경제 5개년계획과 우루과이라운드 타결 전후 1993년 말부터 제기되는 국제화 명제에서도 그대로 연장되었음을 볼 수 있다. 기술입국을 통한 경제성장과 선진국 진입이라는 그림을 그리면서, 선진국은 여전히 근검절약하면서, 낭비적인 노조활동과 파업도 하지 않고, 합리적 경영과 기술개발에 매진하는 사람들이 사는 사회의 모습으로 나타난다. 후발 개도국인 동남아와 남미의 국가들은 1960년대의 한국인들처럼 휴일도 밤낮도 없이 경쟁에서 뒤지지 않으려는 일벌레들이 사는 사회로 그려진다. 그리고 한국인인 우리들은 선택을 하고 뛰어야만 하는 것이다.

3) 누가 뛰어야 하는가

"우리도 다시 뛰자"의 주체는 정부, 기업, 노동자-소비자라 할 수 있다. "다시 뛰자"의 담론에 나타난 각 주체들에 대한 요구를 담은 언술들을 살펴보면 '제 2근대화론'이 제기하는 국가, 자본, 노동의 관계가 잘 드러난다. 우선 국가-자본의 관계를 제시하는 언술들을 보자. 앞의 논의에서 이미 드러났듯이 정부는 "국가 발전의 장기 비전을 제시하고 국민들이 그 방향으로 합심할 수 있도록"(1991. 1. 1 좌담기사) 유도하는 주체이다. 그런데 문제는 정부는 규제라는 이름으로 기업의 발목을 잡고, '무능한 정치권'은 싸움질만 하는 것이다. 관료조직은 군사문화의 잔재를 버리지 못하고, 기업에 군림하고 명령과 복종의 관계를 강요하는 주체이며, 동시에 무사태평과 안일에 빠져 있음이 지적된다. 이제 정부와 관료, 정치권에 주어진 일은 규제를 풀어서 기업의 생산활동을 지원하고, 기간산업에 장기적인 투자를 하는 것이다. 이처럼 국가-자본의 관계는 정부의 규제완화를 통해 기업을 지원하고, 재정투자를 통해 기간산업과 기술개발의 기초를 닦아야 하는 것으로 요약된다.

이러한 언술의 내용들은 근대화 이후 시민사회 안에서 성장한 자본의 힘의 변화를 시사한다. 1970년대 중반 중화학공업 정책을 계기로 국가-자본의 관계가 변화하기 시작한 이래, 1990년대 초반에는 자본 부문으로 힘의 축이 옮겨가 있음을 보여 준 것이다(임현진, 1993). 시장자율화, 자유경쟁의 기반 확보, 탈규제 등의 상징어들이 힘을 가지게 된 것도 이러한 기반이 작용하는 것으로 볼 수 있다. 그러나 이들 언술들의 집합에서 "공정한 규칙을 만들고, 재산권, 계약 등의 권리와 의무에 관한 법을 시행"(정운찬, 1994) 하는 정부의 역할은 언급되지 않는다. 더욱이 국민경제 전체를 담보로 할 만큼 비대해진 독점재벌, 집중된 여신을 기술개발보다는 부동산 투기에 쏟아 붓는 재벌의 행위를 규제할 주체로서 정부 혹은 국가는 나타나지 않는다.

이와 같은 "다시 뛰자"의 담론이 갖는 입장(*position*) 때문에 어디로 뛸 것인가에 대한 해답에서도 기술입국의 언술체계 이외에는 모두 배제되는 결과를 낳는다. 합리적 시장자유주의의 입장조차 배제된다.

예를 들어 재벌의 소유분산을 위한 상호출자의 엄격한 금지, 상속세와 증여세를 엄격히 적용하는 조세와 금융정책, 소유와 경영의 분리, 창의적 중소기업 지원을 통한 사회 전반에 걸친 기술개발 정책의 유도 등 대안적 그림들(강철규, 1991) 은 "다시 뛰자"의 담론을 구성하는 어떤 기획물에서도 찾아볼 수 없었다.

국내 산업구조 조정비용을 노동부문에 전가하는 임금억제 정책에 대한 비판적 원인규명(정태인, 1991) 이나 독점재벌의 비대가 기술경쟁력 약화의 원인이라는 주장(김형기, 1990) 등은 더욱이 배제될 수밖에 없었다. 한국경제의 위기 원인을 ① 비민주적 정치질서, ② 주입식 교육, ③ 노동자를 억압하는 관료적-병영적 노동통제, ④ 미국, 일본의 기술종속하에서 신기술 개발보다는 부동산 투기에 열을 올리는 독점재벌 중심의 경제구조(김형기, 1990) 로 보는 주장 역시 기술입국의 담론에는 포함될 공간이 없었다.

한편, 국가-노동의 관계, 자본-노동의 관계를 보여 주는 언술들은 "다시 뛰자"의 담론에서는 단순한 형태로 나타난다. 국가는 기능인력을 양성하기 위한 투자와 교육제도를 개혁하고(인간화를 위한 교육개혁이 아니다), 소비경제를 생산경제로 전환하기 위한 의식개혁을 주도해야 할 주체로 제시된다. 3D 기피현상이 나타나는 구조적 조건으로서 부동산 가격의 앙등, 부패구조, 부의 불평등 분배, 그리고 정부에 의한 노동통제 등의 언술들은 배제되어 있다. 자본-노동의 관계에서도 자본은 사내 재교육을 통해 기술교육에 투자해야 하며 노사협약에서 임금인상에 너무 쉽게 양보하는 주체로 그려진다. 왜냐하면 임금인상은 노동생산성과 반비례하며(여기에서도 임금인상과 노동생산성이 비례하는 선진국의 사례는 철저하게 배제된다), 과수요를 자극하고 물가인상으로 귀결되기 때문이다. 따라서 "정부든 기업이든 근로자든 눈을 부라리며 서로를 탓할 상황이 아니다. 서로가 얼굴을 맞대고 다시 뛸 준비를 해야 할 때다"라는 노·사·정의 협력관계가 핵심이 된다.

이상에서 우리는 "우리도 다시 뛰자"라는 기획물들을 "왜 뛰어야 하는가", "어디로 어떻게 누가 뛰어야 하는가"라는 질문을 통해 비판적으로 해석함으로써 제 2근대화론의 담론이 지닌 이데올로기적 역할을 밝히고자 했다. 앞에서 밝혀진 것과 같이 "다시 뛰자"의 담론에서도 대중들이 지닌 상식의 세계와 과학적 담론(여기에서는 첨단기술과 국제 간 기술우위 경쟁)의 접합이 효과적인 이데올로기적 작용을 하였음을 확인할 수 있었다. "동남아의 추적 - 우리는 밀리고 있다", "지금 안 뛰면 21세기 후진국 전락", "우리의 저력 어디로 갔나", "한국인을 비웃고 있다" 등의 주제들에서 잘 나타나듯 경제위기라는 구조적 문제를 대다수 대중들의 도덕심, 윤리와 효과적으로 접합한 것이다. 대중들에게 반성과 근면을 요구하고, 국가의 실패를 지적하고, 기업의 투기를 비판함으로써 제 2의 도약을 제시할 수 있었던 것이다.

5. 소결

이 장에서는 1987년 이후 한국사회 안에서 국가, 자본, 노동의 관계 변화와 이데올로기 지형의 변화를 분석하였다. 구체적으로는 1987년 지배의 위기를 커다란 권력관계의 변화와 양보 없이 봉합하는 과정을 경제위기에 관한 뉴스담론을 중심으로 분석했다.

1987년 민주화 이후 한국사회가 이전의 민주-반민주 구도에서 절차적 민주주의와 시장의 회복으로 이행하게 되었다는 점에는 대다수가 동의할 수 있다. 그러나 이 과정에서 지배블록은 어떻게 30여 년간 억압적 권위주의 체제에 대한 대중의 저항을 수용하면서 사회적 위기를 봉합할 수 있었는가에 대해서 우리는 별다른 대답을 가지고 있지 못했다. 또 권위주의적 권력질서의 민주적 재편성을 요구하던 노동과 시민세력이 어떻게 절차적 민주주의의 도입과 군부 재편과 같은 부분적 개편에 '만족'하고 국가와 자본중심의 시장재편성에 동의하였는가에 대해 별다른 해답을 가지고 있지 못했다. 여기서 설명한 이데올로기적 지형의 변화와 그 효과에 대한 분석은 이러한 질문들에 대한 부분적인 해답을 찾고자 이루어진 것이다.

이상의 논의에서 보았듯이, 노동과정의 민주화에 대한 요구를 경제민주화 담론으로 수렴하면서 시장자율에 대한 사회적 동의를 창출하는 과정은 민주화 이후 훈민공론장의 성격이 훈육적 동원과 후견적 규율에서 벗어나 새로운 면모를 드러내고 있음을 잘 보여 준다. 보수적 담론동맹의 핵심으로서 언론은 경제뉴스 담론에서 선택과 배제를 통해 현실을 특정한 방향으로 규정함으로써 지배에 대한 동의를 창출하는 권력의 효과를 드러낸 것이다.

제 9 장

‘신한국’에서 ‘세계화’까지

보수적 담론 동맹과 여론동원의 정치*

1. 문민정부 집권기: 국가주의적 동원에서 헤게모니적 담론정치로

민주화 이후 집권세력에 의한 일방적 동원은 약화되었지만, 그것이 국가에 포섭되지 않은 시민사회의 성장으로 이어지진 않았다. 독점재벌 위주의 경제체제는 재편되지 않았으며, 시민사회를 수직적으로 가로지르는 거대한 관료체제는 여전히 시민적 통제를 벗어난 영역에서 재생산되었다. 이른바 ‘문민정부’란 이름을 내세운 김영삼 정권기에도 다원적

* 이 장은 기존에 발표된 논문을 ‘훈민공론장’의 맥락에 맞게 대폭 수정, 보완한 것이다. 강명구 · 박상훈(1997). “정치적 상징과 담론의 정치: ‘신한국’에서 ‘세계화’까지”. 〈한국사회학〉, 37집, 123~161.

집단이해를 조직할 권리를 제약하는 억압적 국가기구와 이를 뒷받침하는 법과 제도는 그대로였으며, 그 결과 시민사회 내 협소한 이해관계만을 수용하는 정치적 대표체계의 진입문턱(*threshold of representation*)은 여전히 높게 유지되었다. 이러한 구조에서 집권세력은 정상적 정치과정이나 시민사회 내 매개적 중간집단을 거치지 않고 곧바로 일반대중에게 호소하는 대중주의적(*populist*) 여론동원에 의존했다.

김영삼 정권이 생산한 수많은 담론은 단순히 일반대중들을 가치와 이념의 수준에서 설득하려는 수사적 행위일 뿐만 아니라, 권력구조와 생산적 자원의 분배구조에 영향을 미치는 법률적, 제도적 변화를 동반하는 것이었다. 담론이 수사적 차원을 넘어 담론권력의 효과를 지님에 따라 지배블록 안팎에서 복잡한 갈등을 파생하게 되었는데, 1993년 신한국 담론구성 내에서 '개혁'과 '경쟁력' 언술을 둘러싸고 다양한 담론 생산주체들 사이에 전개된 치열한 갈등이 그 대표적인 예이다.

따라서 담론정치에 대한 분석은 담론의 내용뿐만 아니라 해당 시기의 사회적 맥락과 담론 생산주체들의 실천활동을 포괄하는 문제가 된다. 이를 위해 "누가(담론 생산주체들), 어떤 시점(사회적 맥락)에서, 무엇(이슈와 의제)을, 어떤 구성(담론의 주제구조, *themetic structure*)으로 말하고, 어떤 양식(비담론적 제도와 기구의 연계)으로 실천하는가" 하는 질문을 바탕으로 분석을 진행했다.[1)]

1) 분석의 직접적인 대상 시기는 김영삼 정권 출범 이후부터 1995년 6·27 지자체 선거 직후까지로 한정하였다. 시기 구분은 '신한국', '국제화', '세계화'를 국정목표로 발표한 시점을 기준으로 삼았다. 이를 기점으로 담론시장에서 정치적 상징과 언술의 양적인 구성분포가 급변하였기 때문이다. 따라서 신한국 담론 시기는 1992년 2월 대통령

분석대상에 포괄된 담론 생산주체는 김영삼 정권, 대자본을 대표하는 전경련, 전국연합을 비롯한 대안세력[2] 그리고 주류언론의 대표적 매체인 〈조선일보〉 등이다. 〈조선일보〉는 독자적 매체를 갖지 않는 다양한 지배블록 구성분파들의 담론을 분석하기 위해 선택했고, 사설과 칼럼, 연재물들을 검토했다. 정권의 담론활동을 분석하는 데 동원된 텍스트로는 공보처가 발행하는 〈국정신문〉과 각종 담화문, 정책취지문을 선택했다. 대자본을 대표하는 전경련의 담론활동은 〈주간 전경련 동향〉을 분석대상으로 했다. 대안세력의 담론활동은 이들이 발행하는 기관지와 관련 매체를 분석대상으로 했다. 한편 특정한 국면에서 정치적 상징과 담론이 사회적으로 분포되어 있는 양상을 살펴보기 위해, 신문기사 검색 서비스인 '카인즈'(Kinds)를 이용하여 〈경향신문〉, 〈국민일보〉, 〈동아일보〉, 〈서울신문〉, 〈세계일보〉, 〈조선일보〉, 〈중앙일보〉, 〈한겨레〉, 〈한국일보〉 등 9개 일간지를 대상으로 해당 정치적 상징 내지 담론을 주제로 한 기사의 빈도수를 조사하였다.

취임 이후부터 '시애틀 국제화선언'을 발표하기 이전, 즉 1993년 11월 이전까지이고, 국제화 담론 시기는 '시드니 세계화선언'을 발표하기 이전, 즉 1994년 10월까지이며, 세계화 담론 시기는 그 이후로 나뉜다.

2) 여기서 대안세력이라 함은 사회의 생산적 자원과 정치적 권위의 생산 및 분배체계(*establishment*)에 도전하고 이를 새로운 사회적, 정치적 원리에 의해 재구성할 것을 주장하는 다양한 담론 생산주체들을 총칭하는 다소 느슨한 개념이다. 이들을 실증적으로 분명한 범위를 갖는 행위자로 분류하기 어려운 것은 이들이 사회 내에서 제도화된 지위 내지는 조직적 연계망에 포괄되지 못한 채 여러 영역에 분산된 위치들로 존재하기 때문이다. 그럼에도 불구하고 이들의 개별적, 조직적 언술행위가 갖는 집합적 의미는 사회적 맥락 속에서 독자적인 위치를 점하고 있다는 사실 또한 분명하기 때문에 단일한 집단적 범주로 이해할 수 있다.

분석은 비판해석학과 헤게모니 접합이론(*hegemonic theory of articulation*)의 방법론적 전제와 개념을 바탕으로 이루어졌다.[3] 분석대상인 김영삼 정권 3여 년간의 지배적 담론이 지니는 이데올로기적 효과는 단순히 국가, 자본, 언론, 시민사회 등 사회세력의 담론행위를 해석하는 것만으로 해명할 수 없다. 지배블록과 국가가 정치적 정당성을 확보하고 지배적 질서를 유지하기 위해 다양한 담론적 실천활동을 전개했는데, 이들 담론들은 표현됨으로써 효과를 보장받는 것은 아니다. 이 때문에 헤게모니적 지배는 지도력의 획득을 위해 대중들의 상식과 사회의 경제적, 정치적, 이데올로기적 제도들을 접합시킨다. 이러한 접합 안에서, 그리고 접합을 통해 지배블록은 그들의 입장과 끊임없는 위기의 해결방식에 대해 대중들의 동의를 구하고자 하는 것이다.

---

3) 비판해석학은 비판언어학과 다이크(Dijk, 1979, 1985) 등의 범주들을 해석과정의 하나의 단계로 설정하여 담론의 내적 구조를 분석하고, 이를 넘어서서 사회분석이라는 또 다른 단계와 통합하고자 한다. 담론 분석과정으로서 사회분석이란 담론이 생산되는 사회적, 역사적 맥락에 대한 분석이 되는 것이고, 이것은 담론적, 비담론적 행위와 사회기구 그리고 행위와 기구들이 작동하는 구조적 조건에 대한 범주들로 구성된다. 이 논문에서 담론의 생산주체로서 전경련의 활동과 전경련과 국가기구의 관계 등에 주목한 것도 바로 이러한 범주에 기초한 것이다. 또한 담론의 의미투쟁, 의미에 대한 동의를 획득하기 위한 사회기구와 행위자들의 경쟁적 행위와 담론의 접합을 설명하기 위해 헤게모니 접합이론을 적용했다.

2. 문민정부 집권기 담론정치의 구성과 변화

1) 신한국 담론의 전개와 대안세력의 위축

집권 초기 김영삼 정권의 야심찬 정치적 기획은 이전 정권에서와는 비교도 할 수 없을 만큼 엄청난 양의 정치적 상징과 언술의 동원으로 나타났다. 그 핵심은 '개혁'과 '경제 회복/경쟁력 강화' 그리고 '국가기강 확립'이라는 상징어로 압축된다. 당시 대통령은 "민족생존의 문제"가 걸려있는 선진국으로의 도약 문턱에서 한국은 내우외환의 위기에 처했다고 정의하였다(김영삼, 1993a). 그것은 국제적 환경이 "무한경제전쟁시대"로 돌입하고 있음에도 불구하고, 내부적으로는 만연된 "한국병" 때문이라고 진단하였다. 따라서 "선진국의 문턱에서 주저앉느냐 마느냐"는 "민주화 과정에서 풀린 근로의욕의 고삐"를 조이는 것, 즉 경제주체의 의식개혁에 달려 있다고 주장하였다. 여기서 국가는 생산성과 효율성을 최우선의 국정원리로 삼아 재도약의 기틀을 마련하여, 사회 각 부문의 경쟁력 강화를 선도하는 역할을 해야 하는 것으로 규정되었다.

그러나 여기에는 '개혁'이라는 또 다른 계기가 결합되어 있다. 그것은 정경유착과 부정부패 등 과거 권위주의의 유산을 척결하지 않으면 경제주체의 의식개혁도 없다는 것이다. "많이 가진 자의 양보"와 "힘 있는 자의 양보"가 강조되었고, "그늘 속에 살아온" 근로계층의 "한"이 위로받을 때 "한때 세계인의 부러움을 샀던 우리의 근면성과 창의성"은 되살아난다고 주장하였다. '기득권층'은 개혁의 비용을 치러야 하고, '근로

계층'은 국가의 개혁의지를 믿고 임금인상 요구를 자제하고 생산성 향상에 전력해야 한다는 '고통분담'론이 그 대표적인 예이다.

따라서 '경쟁력 강화'와 유기적으로 연결된 '개혁'이라는 의미구조는, 과거 권위주의 산업화에 의해 구축된 지배적 사회관계를 대중에 의해 수용될 수 있는 방식으로 '정상화'하겠다는 헤게모니 기획의 전략적 측면을 반영하였다.[4] 한편 개혁과 경쟁력을 결합하는 기획은 국가에 의해 통제되는 방식을 따랐다. 개혁은 정당과 의회가 주도하거나 시민사회의 구성요소를 새롭게 제도화하는 것에 의해서가 아니라 국가가 주도하는 "위로부터의 개혁"으로 정의되었다.

이상과 같은 헤게모니 기획의 결과는 첫째, '개혁'이란 주제영역이 지배블록의 구성분파들에게 어느 정도 용인될 것인가?, 둘째, '경쟁력 강화'란 주제영역이 일반대중에게 어느 정도 수용될 것인가?, 셋째, 이 과정에서 동반되는 갈등을 '국가기강 확립'이란 주제영역을 통해 국가가 통제할 수 있을 것인가? 하는 문제로 집약된다.

첫 번째 문제와 관련하여 당시 일반대중은 개혁만 계속된다면 국가

---

4) 여기에서 '정상화'(*normalization*)란, 한 사회의 물적 토대를 위협하지 않는 범위(본질을 건드리지 않는 한계) 내에서 지배집단의 단기적 이익의 희생을 통해 종속계급의 통합을 촉진시킴으로써 지배적 사회관계를 안정화하는 과정을 가리킨다. 학자에 따라서는 '합리화', '자본주의적 개혁'이라고도 칭한다. 권위주의 체제를 더 이상 유지할 수 없는 상황에서 어느 사회든 정상화의 압박을 피할 수는 없는데, 그 형태와 과정은 다양하게 나타난다. 이는 그람시로부터 유래하는 개념화라고 할 수 있는데, 이와 관련해서는 최장집(1989)과 Fred Block(1977) 등을 참고할 만하다. 한편 김영삼 정권의 개혁정책을 '지배블록의 내적 합리성 제고'라는 관점에서 분석한 논문으로는 손호철(1995)이 대표적이다.

를 지지할 충분한 준비가 되어 있음을 보여 주었다. 실제로 이들은 '개혁 드라이브'가 상황을 압도한 1993년 전반기까지 대통령에게 미증유의 지지와 환호를 보냈다.[5] 그렇다면 문제는 '개혁', 즉 사회적 지배관계의 헤게모닉한 재구축을 위해 요구되는 일정한 희생과 단기적 이익의 양보를 지배블록이 감수할 것인가로 압축되는데, 결과는 다음의 두 가지로 요약할 수 있다. 첫째, 지배블록의 대다수 구성분파들은 양보하고 희생하려 하지 않았다. 둘째, 국가는 이들을 통제하지 못했다.

당시 '개혁'이란 주제영역이 포괄하던 의제와 정책은 다음과 같다. 첫째, 정치영역에서는 '부정부패 척결'과 '정경유착 단절'을 위한 '사정개혁', 군대, 안기부 등 억압적 국가기구에 대한 제도적 통제, 선거 및 정당과 관련된 제도개혁 등이 있었다. 둘째, 경제영역에서는 재벌의 소유구조를 분산하고, 업종전문화를 통해 대기업의 문어발식 확장을 막고 중소기업을 육성하며, 금융실명제를 통해 검은 돈의 흐름을 막고 건전하고 생산적인 금융질서를 만들고자 했다. 셋째, 사회영역에서는 노사분규를 야기하는 권위주의적 노무관리 관행과 노동억압적 제도를 개선하고, 농민의 희생을 가져다 줄 농산물 개방을 허용하지 않으며, 민주시민의 덕성을 함양할 수 있도록 입시경쟁적 교육현실과 관련된 제도를 개혁하고자 했다. 넷째, 국제 및 남북관계 영역에서는 대결적 남북관계를 지양하고, '동맹국에 우선하는 대북정책'을 추진하고자 했다.

반면에 '경제 재도약'이라는 주제영역에는 경제에 부담을 주는 정치

---

5) 당시의 여론조사에 따르면 대통령에 대한 지지도가 많게는 90%에 육박하는 경우도 있었다. 심지어 방송사 코미디 프로가 청소년을 대상으로 조사한 인기인 조사에서 대통령은 스타 연예인을 제치고 1위를 차지할 정도였다.

〈표 9-1〉 신한국 담론 시기 국가의 담론-비담론적 실천

주제영역	주요 언술 및 상징어	국가의 법적, 제도적 실천
개혁	윗물 맑기 성역 없는 사정 자율적인 노사관계 대기업 소유구조 분산 동맹국보다 나은 민족	공직자 재산공개(공직자윤리법)/ 감사원의 부정부패 감사 및 고발/ 부정공직자 및 정치인 구속 금융실명제 정치개혁 입법 부당노동행위 사업주 구속, 신 노동정책 이인모 씨 송환
경제 회복 (경쟁력)	경제주체의 의식개혁, 한국병 치유 신경제, 규제완화, 민영화 노사안정/고통분담	신경제 100일 정책 금리인하, 통화량 확대 노총-경총 임금합의/노동현장 내 공권력 투입

탈피, 자본의 투자비용 감소를 위한 통화량 확대 및 금리인하, 임금인상 억제를 위한 임금 가이드라인 정책 및 노동쟁의 억제, 농업개방의 불가피한 수용, 전문기술자 양성을 위한 교육 등 개혁이라는 주제영역과는 현실적으로 대립되는 지배블록의 '특수이익'적 내용들이 주요하게 결합되어 있었다. 따라서 '개혁'과 '경제 재도약'이라는 주제영역은 국가가 정책적 행위를 선택하는 의제설정 단계에서부터 끊임없는 갈등을 야기하게 된다.

최초의 갈등은 대통령 선거 당시 김영삼 후보를 지원한 민주계 사조직과, 각계인사를 망라하여 국정 전반의 이론적 토대를 제공한다는 근거로 구성하려 한 '신한국위원회'를 둘러싼 공방이었다. 민정계와 보수적 성향을 가진 언론매체들은 공식적 국가기구 외부에 비공식적 사조직을 만들려고 한다는 근거로 이를 집중 공격했고, 그 결과 신한국위원회는 이미 분과위원회를 구성하고 사무실까지 임대한 상태에서 조직결성이 무산되었다.

두 번째 갈등은 주로 국가기구 내에서 혹은 국가기구를 중심으로 이루어졌다. 시민사회적 요소를 동원하여 권위 있는 언술주체를 형성하려 한 신한국위원회가 에피소드로 끝난 이후 김영삼 정권은 대통령의 인사권에 의해 구성되는 공식 국가기구 내에서 신한국 담론(그중에서도 개혁 담론)의 제도적 기반을 마련하고자 하였다. 이는 청와대의 수석진과 보좌진 그리고 통일원, 노동부, 교육부, 감사원 등에 '김영삼-민주계'의 직계 인맥 혹은 구체제와 연결되지 않은 '개혁적 인사'를 배치하는 것으로 나타났다. 이들이 신한국 담론과 개혁을 주제로 언술활동을 전개하고, 이를 국가기구의 제도적 기반과 연결시키고자 했을 때 갈등과 긴장은 급격하게 표출되기 시작하였다. '전병민 수석 사건', '청와대 내 좌경세력 침투논란' 등 대통령의 인사권을 둘러싼 갈등, 전교조 합법화 및 복직 문제를 둘러싼 갈등, 사정(司正) 개혁을 둘러싼 갈등, 신 노동정책을 둘러싼 갈등,[6] 이인모 씨 송환과 대북정책을 둘러싼 갈등 등은 대표적인 예이다.

이 시기 '개혁'과 '경제 재도약'의 주제영역 간 갈등을 가장 잘 인식하고 가장 효과적으로 활용한 담론 생산주체들은 국가와 시민사회 내에서 지배적인 제도적 기반을 확보한 지배블록 내 보수적 분파들이었다. 초기 '토사구팽', '바람몰이식 개혁', '표적 사정', '인민재판식 개혁' 등의 언술을 동원해 소극적이고 분산적인 대응을 한 이들이 공세적이고 조직

6) 신 정부의 노동부장관에 임명된 이인제 장관은 부당노동행위에 대한 시정명령을 이행하지 않은 사업주를 전격적으로 고발하였고, 뒤이은 현대그룹 노조의 파업과 관련해 무노동 부분임금을 옹호하는 발언을 하였으며, 더 나아가 '제 3자 개입금지', '복수노조 금지' 등 자본편중적인 노동법 조항을 개선할 의사가 있음을 시사하였다.

적인 활동으로 전환하여 일종의 '반개혁 연합전선'의 형태로 구체화된 것은 '신 노사정책'과 현대그룹 노조의 쟁의가 겹친 1993년 6월에서 금융실명제 실시가 전격 발표된 8월 사이라고 할 수 있다.

당시 상황은 노동부를 한편으로 하고, 경제기획원, 재무부, 상공부 등의 국가기구와 대자본, 주류언론 그리고 민정계 정치인들을 다른 한편으로 하는 대립으로 나타났다. 이때 '반개혁 연합전선'의 공조적 활동을 이끈 담론은 "경제전쟁시대에 국가적 우위를 선점하는 데 모든 역량과 지혜를 결집"해야 하는 "정부의 최우선 과제는 성장 잠재력 배양"을 위한 것이어야 하는데, 개혁 드라이브를 둘러싼 "소모적 분쟁이 기업의 산업경쟁력을 약화"(〈주간 전경련동향〉, 1993. 7. 28) 시키고 있다는 내용으로 요약할 수 있다. 따라서 이들은 당시의 상황을 "개혁강화론 대 경제활성화론"(〈조선일보〉, 1993. 6. 26) 의 대립으로 정의하면서 "사정은 짧게, 경제는 길게"(〈조선일보〉, 1993. 9. 18) 하기 위해 국정기조를 개혁에서 경제 재도약으로 전환할 것을 요구하였다. 〈조선일보〉가 1993년 6월부터 게재하기 시작한 "경제를 살려야 한다", 8월에 시작된 "신세대 신전략 미래로 뛴다"와 "정치를 바꾸자" 등의 연재물에서 나타난 언술들과 1993년 9월 대부분 민정계로 구성된 민자당 당직자들이 대통령과의 접견 자리에서 "과거사에 연연하는 개혁 대신 경쟁력 강화와 경제 재도약이 국정의 최대목표가 되어야 한다"고 역설한 것 등은 대표적인 예이다.

이상의 과정에서 주목되는 것은 대자본의 담론활동이다. 과거 권위주의 체제에서 간접적이고 비가시적인 방식을 통해 담론활동을 전개한 것과는 달리, 이 시기 대자본은 독자적 매체와 관련단체를 통한 담론활동뿐만 아니라, 지식인, 언론인, 관료, 정치인 등을 포괄하여 담론의 권위적 생산과 분배를 공개적으로 조직했다는 점에서 새로운 형태의 담론활동을 보여 준 것이다. 1993년 7월, 전경련은 '경제활력 회복을 위한 새 정부의 비전과 경제계 구상'을 주제로 한 최고경영자 회의와 '국제경쟁력 강화를 위한 경제계-학계-언론계 인사 초청간담회' 등을 개최하였다. 특히 간담회에서는 '글로벌라이제이션(*Globalization*)에 대비한 기업 경영전략', '한국기업의 국제화', '한국기업의 해외진출과 세계화전략', '국가경쟁력 회복을 위한 기업의 역할' 등을 주제로 한 강연이 있었고, 경제 관련 각 부처 장관들과 이기택 민주당 대표가 참석했다(〈주간 전경련동향〉, 1993. 7. 28).

문민정부 이후 전경련이 개최한 최초의 대규모 행사인 이 간담회 이후 9월에 들어서는 경제 5단체장을 공동위원장으로 하는 '국가경쟁력강화 민간위원회'를 구성하기에 이른다. 그리고 10월에는 위원회 조직을 확대하여 경제계 인사 30명이 합류한 조직으로 발전하였다. 이 위원회를 중심으로 대자본은 '경제전쟁 무역전쟁시대, 왜 세일즈 100만 양병론을 주장하는가' 등의 강연회와 '국가경쟁력 강화와 의식개혁'이란 주제의 '국민대토론회'[7] 등을 개최하였고, '언론인 및 학계인사 등에 대한 글로벌라이제이션 현장견학' 및 '출입기자단 해외 글로벌라이제이션 현장시찰' 등을 지원하였으며, '각국의 국가경쟁력 실태점검 보도자료'를 작성하는 등(전경련, 1993), 보다 조직적인 담론적 실천을 전개하였다.

---

7) 토론회에서 서울대 경영학과 조동성 교수는 "현대사회에 있어 한 나라가 발전하기 위해서는 경제적 성장을 추구해야 하는데 현 정부의 사정 바람은 기업인의 투자의식을 저하시켰다"는 내용의 주제발표를 하였다.

이상과 같이 '반개혁 연합세력'은 개혁이라는 주제영역을 배제하고 경제 재도약/경쟁력 강화라는 주제영역을 체계화하는 데 다양한 언술 주체들을 활용할 수 있었으며, 동시에 국가와 시민사회 영역 모두에서 이를 뒷받침할 제도적 기반을 장악함으로써 강력한 영향력을 발휘하였다. 결국 대통령은 신 노동정책이 국가의 공식적 노동정책이 아니라 노동부장관의 사견임을 확인해 주었고, 금융실명제가 전격적으로 실시된 직후 '더 이상 기업의 투자의욕을 감소시키는 일은 없을 것'이며 '보완조치를 강구하여' 경제질서의 혼란을 막겠다고 천명하였다. 동시에 규제완화와 민영화 등 경제 회복과 경쟁력 강화를 위한 제도개선을 서두르겠다고 발표했다.

이 과정에서 재벌의 소유구조 분산정책이나 노동법 개혁 등의 의제는 자연스럽게 배제(*non-decision*) 되었다. 이는 사정한파와 금융개혁으로 인해 경제질서가 불안해지고 기업의 투자의욕이 감소하고 경기가 위축된다는 '반개혁 연합' 측의 비판에 대한 답변 형식이었지만, 이러한 선회의 이면에는 '위로부터의' 개혁을 지속할 물적, 제도적 기반을 확보할 수 없었던 현실이 놓여 있으며, 사실상 반개혁 연합전선의 반발에 대통령이 굴복한 것이라 할 수 있다.

흥미로운 것은 이 시점에서부터 개혁이라는 주제영역이 권위주의적 유산을 척결한다는 의미가 아니라 경제회복과 경쟁력 강화를 위한 제도개선이라는 의미로 변형되기 시작했다는 사실이다. 이러한 담론구성의 변화에 기반하여 정부의 정책적, 제도적 행위 역시 다른 성격으로 변화되었는데, 가장 상징적인 사건은 농업개방을 주 내용으로 한 우루과이 라운드 타결이었다. 이미 그 이전부터 농민운동과 기타 사회운동 진영은 쌀 개방 불가, 우루과이라운드 협상 반대를 요구조건으로 공동행동을 조직함으로써 정부에 압력을 행사하고자 했으며, 농촌의 열악한 현실은 여론의 공감과 동정의 대상이기도 하였다. 또한 '쌀 개방 절대불가'는 1992년 대통령 선거운동 당시 김영삼 후보의 선거공약 중 하나이기도 했다. 따라서 GNP의 상당부분을 국제간 공산품 교역에 의존하는 상황에서 우리만 농산물 시장을 고수할 수는 없으며 공산품 수출의 측면에서는 우루과이라운드 타결로 얻은 게 많았다는 정부의 공식적 주장이 개진되고, 뒤이어 비준 거부와 재협상을 주장하며 새해 예산안 처리를 거부한 야당의 반대에도 불구하고 예산안이 여당에 의해 날치기 통과되었을 때, 경제 회복-경쟁력 강화 담론으로의 선회가 갖는 의미는 분명하게 드러났다.

한편 신한국 담론 시기 특징적인 현상 중 하나는 시민사회 영역에서 가장 강력한 개혁지향성을 갖는 담론 생산주체로서 대안세력이 큰 영향력을 발휘하지 못했다는 점이다. 그 이유는 첫째, 변화된 국면에서 대안세력의 존재양식과 관련이 있다. 주지하다시피 권위주의 체제의 강압에 대한 저항을 통해 형성된 대안세력은 민주주의 담론을 '거리의 의회'라는 비제도권의 영역에서 활성화함으로써 권위주의 통치 시기에는 가장 영향력 있는 담론 생산주체였다. 하지만 1987년 이후 권위주의적 통치양식이 후퇴하고, 절차와 제도 수준에서 경쟁적 정치과정이 복원되면서 담론 생산의 중심영역은 거리에서 정당과 의회, 그리고 주류언론으로 전환되었다. 그 결과 국가와 시민사회에서 제도적, 물적 기반을 확보한 담론 생산주체들이 급속히 그 영향력을 회복한 데 반해, 여전히 저항조직 형태에 머무른 대안세력의 영향력은 급격히 감소하였다.[8)]

둘째는 김영삼 정권의 통치양식과 관련이 있다. 앞서 살펴보았듯이 김영삼 정권은 개혁담론의 제도적 기반을 국가 영역 내로 제한하였을 뿐 시민사회에서 새로운 제도적 기반을 확보하려고 시도하지 않았다. 비록 개혁적 지식인 등 시민사회적 요소를 동원하고 조직하려 했지만 그것은 대표(*representation*)의 방식이 아니라 호선-포섭(*co-optation*)의 방식이었다. 반개혁 연합세력의 반발과 도전에 의해 국가 내에서 개혁 드라이브의 물적, 제도적 기반이 취약해져 감에도 불구하고 이를 대체할 시민사회적 영향력을 조직하려는 시도를 하지 않았고, 그 결과 대안세력은 여전히 소외된 존재로 남게 되었다. 따라서 대안세력들은 신정부의 담론활동에 대해 "대통령이 중심이 되는, 여론에만 의존하는 포퓰리스트적 접근"이라거나, "의사(疑似) 헤게모니적 지배"(김택수, 1993), "신종 이데올로기"가 되어(김종철, 1993) "중우적 여론정치"로 나타났다고(김성식, 1993) 비판하고 나섰다.

물론 이들 대안세력이 개혁에 반대한 것은 아니었다. 개혁이 보다 구조적 측면까지 확대되기를 요구하거나 신정부의 담론 안에서 경제성장 중심의 '성장우선주의'적 논리와 노동통제적 '시장 이데올로기'가 개혁을 보다 확대하는 데 근본적 장애가 됨을 문제제기하는(박현채, 1993;

8) 페트라스(Petras, 1986)는 이런 의미에서 권위주의 체제에서 성장한 '사회운동' 세력은 "국면에서는 강력하나 전략적으로는 취약"한 성격을 갖는다고 말한다. 이는 시민사회의 담론정치 영역을 폐쇄시킨 권위주의 체제 자체가 역설적이게도 제도화된 사회적 기반을 갖지 못한 대안세력이 가장 강력한 정치적 영향력을 발휘하도록 만들었다는 것을 의미한다. 동시에 대안세력이 대항 헤게모니의 제도적 기반을 스스로 조직화하지 않은 상태에서 권위주의적 통치양식이 해체 혹은 이완된 이후에는 급격하게 그 영향력을 상실하게 된다는 것을 의미한다.

정태인, 1993) 일종의 '비판적 지지' 입장을 취했다고 볼 수 있다. 그나마 개혁 드라이브가 한창이던 동안에는 이들의 목소리가 주류언론이 주도하는 담론시장에서 주목받지도 못했다.

상황변화는 1993년 후반기에 접어들면서 김영삼 정권의 개혁이 후퇴하고 경제 회복-경쟁력 강화 언술로 담론의 중심이 선회하면서부터 시작되었다. 우루과이라운드 협상이 이슈가 되면서 대안세력은 무기력한 상황을 벗어나 농업개방 불가와 협상 반대운동을 조직하기 시작했다. 그 결과 정부가 협상 타결을 받아들였을 때 대안세력의 존재는 정부 정책에 가장 강력한 장애물로 인식되었다. 이리하여 신한국 담론 후기 그리고 국제화 담론 시기에 접어들면서 갈등의 중심영역은 지배블록 내에서 국가와 대안세력 사이로 전환된다.

2) 국제화 담론을 통한 지배블록 내 균열의 통합

1993년 11월 미국 시애틀에서 열린 아펙(APEC) 정상회담에 참석한 대통령은 차기 국정목표를 '국제화 추진'으로 선언하였다. 정부는 국제화 추진을 "무한경쟁시대를 맞이하여 세계최고의 경쟁력을 갖춘 국제화 생존전략을 세워 21세기를 맞이해야 한다는 정치이념"으로 요약하였다(〈국정신문〉, 1994. 8. 30). 국제화 담론의 내용구성에서 가장 특징적인 것은 개혁이라는 의제가 배제 혹은 재정의된 것이다. 정부는 집권 1년간 위로부터의 개혁을 통해 "30여 년간의 권위주의 통치가 남긴 모든 분야의 비정상"을 척결하는 "내정개혁"을 추진함으로써 "낡은 틀을 바꿀 수 있었기 때문에" 이제 본격적으로 "세계경제 전쟁터"로 나서기 위한

"보다 구체적이고 실질적인 개혁"으로서 "국가경쟁력 강화"를 추진하겠다고 선언하였다(〈국정신문〉, 1994. 2. 24).

따라서 개혁이란 언술의 의미구성도 변화되었다. 즉, 부정부패 등 권위주의적 유산을 척결하는 의미를 가진 개혁은 "미래형 국가조직을 갖추고 새로운 방식의 국가경영전략"을 구축하는 의미를 가진 개혁으로 바뀌면서 "국제화가 곧 개혁"이라고 정의된 것이다(〈국정신문〉, 1994. 1. 13). 부정부패의 척결, 권위주의적 법-제도의 개폐, 과거청산 등 개혁의 지속과 확대를 요구하는 주장은 "과거사에 연연하는 것"으로 규정되었고, 이제는 세계와 미래로 나아가야 한다고 역설하였다(〈국정신문〉, 1994. 1. 6). 결국 국제화 담론이란 국제적으로 무한경쟁시대, 국내적으로 내정개혁의 완수라는 상황정의에 바탕하여 선진국 진입이라는 목표를 위해 국가는 기업가형 조직을 갖추어 국민을 '경제인'으로 조직함으로써 한국경제의 경쟁력 증대를 위해 본격적으로 나서겠다는 것으로 요약할 수 있다.

이와 같은 상황변화를 가장 환영하고 나선 담론 생산주체는 대자본이었다. 1994년 신년사를 통해 전경련은 "경제활력 회복만이 우리의 살길이라는 국민적 합의가 일기 시작"했다고 환영하였다. 더 나아가 임금안정, 공기업 민영화 확대, 토지개발에의 민간기업 참여, 추가 금리인하, 재정지원 확대, 세제 인하, 대폭적인 규제완화, 첨단기술인력 배양을 위한 교육개혁 등을 요구하고, 3월 26일에는 정부의 분야별 정책 방향을 선도하기 위해 전경련 산하에 '토지분과위', '규제완화추진위', '고용-노동분과위', '경쟁촉진분과위'를 구성하였다. 나아가 "세계는 공정경쟁시대에서 무한경쟁시대로 변화"되었으므로 정부는 국내경쟁의 공정성만을 고집할 것이 아니라 대규모 기업의 이점을 살려야 하고 오히려 경제단위의 확대가 필요하다는 주장을 개진하기도 하였다(〈주간 전경련동향〉, 1994. 4. 20).

이러한 언술은 주류언론을 통해 더욱 확산되었다. 〈조선일보〉의 경우 "APEC 아태시대", "UR 경쟁력시대", "국제화시대의 한국 외교관", "미래로 뛰자", "통일유럽" 등의 연재물을 통해 기업의 경쟁력 강화를 위한 규제완화와 효율적인 행정 뒷받침, '경제 외교', '세일즈 외교' 등을 역설하였다. 나아가 "미·일 이겨야 한다, 한목소리"라는 "통일유럽" 연재물 1회 제목이 시사하듯 이제 국가적 목표는 불황탈피라는 소극적인 것에서 벗어나 경제강국으로 발돋움하는 것이 되어야 한다고 주장하였다.

또 한 가지 흥미로운 것은 전경련이 주도하는 토론회에서 경제 관련 부처 고위관료들이 자유롭게 발제 혹은 강연을 시작했다는 사실이다. 이들 관료들의 참여 자체가 새로운 것은 아니지만 그들이 발제나 강연을 했다는 점은 주목할 만하다. 대표적으로 1994년 7월 17일 전경련 최고경영자 하계전지세미나에서 당시 정재석 부총리 겸 경제기획원 장관은 "국제경쟁에서 이겨 나갈 수 있도록 기업이 경쟁의 일선에서 마음껏 뛸 수 있게 해주는 것이 정부의 역할"이란 취지의 강연을 했다(〈주간 전경련동향〉, 1994. 7. 27).

이처럼 국제화 담론을 통해 지배블록 내 균열은 다시 통합되었다. 신한국 담론 시기 '신한국위원회'의 구성이 좌절된 것과는 달리 국제화 담론의 생산주체로서 '국제화추진위원회'는 순조롭게 구성되어 '국제경쟁력 강화 국민대토론회' 등 담론활동을 자유롭게 전개할 수 있었던[9] 것도 이 시기의 특징을 보여 주는 한 예라고 할 수 있다.

그러나 국가의 공식담론에서 개혁의 의제들이 배제되고 경쟁력과 관련된 언술이 일방적으로 채택된 것은 새로운 갈등을 야기했다. 국제화 담론이 제시되자마자 대안세력은 이를 노동자나 농민의 이해에 반하는 "살농살노"(殺農殺勞) 정책경향을 정당화하는 논리이자(김용진, 1994) 재벌집단의 특수이익을 "국민의 이름"으로 정당화하는 논리(김근태, 1994), 혹은 "신성장주의적 경제노선의 기조"에서 "정치적 민주주의와 재벌의 경제적 지배를 결합하고자" 하는 논리(김수행, 1994), "국민국가간 경쟁논리로 민족주의적 감정에 호소하여 국민국가 내의 계급관계를 은폐하고 외적 압력을 이용하여 내부를 정비하고 자본축적을 용이하게 하기 위한 이데올로기"(이용우, 1994)라고 비판하고 나섰다.

대안세력의 비판적 언술활동을 무력화하기 위해 동원된 언술은 '북핵 공포/주사파/(신)공안정국'을 상징어로 하는 '안보 담론'이었다. 특히 1994년 담론시장을 압도한 것은 국제화가 아니라 안보 담론이었다고 할 만큼 1994년 정부의 담론활동은 융합적 양식보다는 배제적 방식이 지배적이었다. '동맹국이 민족에 우선할 수 없다'는 집권 초기 정부의 대북정책은 안보 담론을 근거로 급작스럽게 변화되었고, 북한과 일체의 협상을 중단한다는 정책방향을 천명하였다. 3월에는 남북대화 과정

9) 총 14명의 추진위원으로 구성된 '국제화추진위원회'에 서경석 당시 경실련 사무총장이 포함된 사실은 주목할 만하다. 하지만 그는 그 이전부터 "국가경쟁력 강화가 시민운동과 민중운동의 관심사가 되도록 해야 한다. 이를 위해 교육개혁은 국가경쟁력 강화를 뒷받침할 수 있는 기술인력을 공급하는 방향이 되어야 한다"(조유식, 1993)는 태도를 보여 왔다.

<표 9-2> 국제화 담론 시기 국가의 담론/비담론적 실천

주제영역	상징어	국가의 법적, 제도적 실천
국가경쟁력 강화	개방, 아태시대 미래로 뛰자 UR시대 무한경쟁시대	행정규제 완화 UR협상 타결(쌀 개방) 국제화추진위 구성 임금 가이드라인/무분규 원년 선포
국가안보	북핵 공포/안보불감증/전쟁 불사 주사파/내부의 적/폭력혁명세력	한완상 총리 경질 국사교과서 개정시안 철회 신공안정국 경상대 교수 검찰기소/학생운동권 조사, 구속

에서 북측 대표의 '불바다 발언' 장면이 이례적으로 청와대에 의해 언론에 제공되었고, '전쟁위기' 언술이 광범하게 동원되었다. 남북정상회담을 통해 경색된 남북관계를 해결하기로 합의한 6월의 짧은 기간이 지나 7월에 들어서는 이른바 '김일성 조문 파동', '주사파 파동'이 발생하고 '북한과 연계된 내부의 적'을 소탕해야 한다는 언술이 등장하는 등 훨씬 공격적인 안보 담론이 동원되었다. 이 과정에서 지하철 노조와 철도기관사 파업은 과거 권위주의 정권 시기와 마찬가지로 공권력의 '작전 대상'이 되었고, '국사교과서 개정시안'은 '민중사관적 내용을 담고 있다'는 이유로 철회되었다. 마찬가지 이유로 《한국사회의 이해》를 집필한 경상대 교수들은 검찰에 의해 기소되었고 학생운동에 대한 수사와 구속도 잇달았다.

흥미로운 것은 지배블록이 통일적이고 총력적인 담론활동을 전개했음에도 불구하고 국가경쟁력 담론과 안보 담론의 대중적 호소력 내지 권력효과는 지속되지 못했다는 점이다. 10월 말 북-미 간에 핵 협상이 타결되어 화해 분위기로 반전되자 안보 담론을 동원할 소재는 갑자기 사라졌다. 대북정책에 대한 보수적 여론을 대변한 〈조선일보〉는 "미국은 한반도 통일을 바라지 않는다"며 북-미 핵 협상 타결에 대해 아예 노골적인 적대감을 감추지 않았고, '협상 불가'를 주장했던 정부는 당황했다. 동시에 개혁의 후퇴가 가져다 준 부정적 결과들이 터져 나왔다. 오랜 권위주의 체제의 유산이었던 행정관료들의 부정과 비리, 복지부동이 개혁되지 않았음을 실증하는 사건과 사고가 잇달았다. 인천과 부천 등지에서 공무원의 세금비리 사건이 터지고 감사가 전국으로 확대될 즈음 성수대교 붕괴, 충주호 유람선 화재 등 대형사고가 뒤이어 발생했다. 불과 1년 전까지만 해도 김영삼 정권의 개혁을 지지했던 대안세력들이 '정권퇴진'과 '정권타도'를 주장하기에 이르렀고, 각종 여론조사는 김영삼 정권에 대한 지지도가 급락했음을 보여 주었다.

이처럼 국제화 담론 시기 김영삼 정권은 경쟁력 담론과 안보 담론을 통해 지배연합의 갈등을 봉합했지만 역으로 일반대중의 지지를 상실하고 대안세력의 저항에 직면한 것이다. 사태의 심각성에 직면한 대통령이 이례적인 대국민담화문을 발표하면서 "새로운 개혁으로 보답하겠다"고 밝힌 것은 궁극적으로 사태의 본질이 개혁의 후퇴에서 비롯된 것임을 시인한 것이었다. 그 결과 애초 2년 동안 지속적으로 추진하겠다던 국제화는 1년 만에 정부 스스로에 의해 철회되고 말았다.

3) 세계화 담론과 지배블록의 재통합

대통령의 약속대로라면 1995년 국정목표로 선언된 세계화 담론은 보다 개혁적인 내용을 담고 있어야 했다. 하지만 정부의 발표문을 보면 세계화 담론은 국제화 담론과 구성에 있어 큰 차이가 발견되지 않는다. 세계화 추진이 요구되는 현실(상황)이 "무한경쟁시대의 생존전략"으로 정의된 것이나, 모든 부문에서 국가경쟁력 강화를 위한 조치를 취하겠다는 것에서나 국제화 담론과 크게 다른 점은 없었다. 부문별 국가정책의 방향은 이를 분명하게 보여 주는데, 국가의 조직-운영원리로서 정치 부문에서는 '생산적 정치', '작고 유능한 기업가형 정부', '세일즈 외교' 등을 제시하였고, 교육 분야에서는 전문기능 교육과 국제적 세일즈맨이 갖춰야 할 기본소양으로서 외국어 교육이 강조되었다. 사회복지 분야에서는 '생산적 복지', 즉 '경제성장에 부담을 주지 않는 범위에서의 복지' 개념을 주창했다.

그럼에도 불구하고 국제화 담론과는 구별되는 측면에 주목할 필요가 있다. 첫째는 내용이야 어쨌든 세계화 담론에는 '복지'라는 주제영역이 결합되었다는 점이다. '국민생활의 질적 측면'을 지칭하는 '삶의 질'을 높이겠다는 언술이 대표적인 예라고 할 수 있다. 둘째는 '세계중심경영국가', '초일류국가' 등 세계화 추진이 지향하는 '미래국가'(21세기 한국의 미래상)의 모습을 보다 구체적으로 제시하고자 한 점이다.

세계화 담론 시기 정부활동에서 무엇보다도 주목되는 것은 담론의 생산량이다. '세계화 원년', '제 2의 개국', '참다운 광복'이란 거창한 수사가 동원된 것은 물론, 제도적 차원에서도 담론 생산을 뒷받침하기 위한 노력이 전개되었다. '세계화 추진을 위한 행정개편'과 동시에 새로이 구성된 '세계화추진위원회'는 1994년 국제화추진위원회가 국무총리 자문기구였던 데 반해 대통령직속기구로 격상되었고, "각계각층의 최고 지성인들로 구성된 위원회"로서 "각 과제를 책임진 장관들과 함께 그들의 체계적 지식과 경험을 보태 더 생산적이고 발전적인 전략"을 짜겠다

〈표 9-3〉 세계화 담론 시기 국가의 담론/비담론적 실천

주제영역	상징어	국가의 법적, 제도적 실천
세계중심경영국가	경쟁력 강화/전문기능 교육 기업가형 정부/세일즈 외교 세계기업화	정부조직 개편/세계화추진위 구성 김종필 축출 한국통신노조 탄압/5·18 불기소 처분

는 포부를 제시하였다(〈국정신문〉, 1995. 2. 6). 또, 공보처는 세계화 실천에 범국민적 동참을 유도하는 것을 주요 업무로 하는 '세계화홍보대책협의회'를 구성하였다(〈국정신문〉, 1995. 2. 24). 학술연구에 대한 국가의 지원은 세계화 관련 주제에 치중되었고, 대중매체와 광고시장에서도 상품화되었다. 〈조선일보〉의 경우 1994년 11월에서 1995년 2월 초까지 약 3개월 동안 "글로벌 신전략", "세계화는 말이다", "세계화 경쟁력", "일류시민을 키우자", "세계를 가다" 등 거의 대부분 세계화 관련 연재물을 실었고, "세계경영 대우가 앞장서겠습니다", "세계초일류기업 삼성이 있습니다", "이제 LG의 고객은 세계입니다", "세계최고를 지향하는 현대" 등 대기업의 광고에도 세계화 관련 상징어들이 앞다투어 채택되었다. 그 결과 짧은 시기에 세계화라는 상징어는 국제화와는 비교할 수 없을 만큼 양산되었다.

세계화 담론 시기 대안세력의 담론투쟁에서는 주목할 만한 변화가 발견되는데, 그것은 한편으로 세계화 담론의 이데올로기적 작용을 비판함과 동시에 세계화 담론 내의 긴장 요소를 적극적으로 활용하였다는 점, 그리고 이들 사이에서 공조적 담론활동을 전개하였다는 점이다. 이미 1994년 11월 15일, '전국연합', '민주노총 준비위', '참여민주사회와 인권을 위한 시민연합' 등 5개 단체로 구성된 '민간사회단체모임 공

동 기자회견'을 통해 "국제화, 세계화의 포장 속에 개발독재가 강화"되고 있는 점과 무책임한 언론보도를 질책하는 내용으로 공동대응을 모색한 바 있는 이들은 1995년에 들어와서도 세계화 담론구성 내부의 긴장적 요소를 이용하여 '복지의 세계화', '환경정책의 세계화', '노동정책의 세계화' 등의 언술을 부각하고 그 이데올로기적 작용을 약화하며 노동운동에 대한 탄압에 효과적으로 대응할 수 있었다. 물론 이들의 공동대응이 체계적이고 지속적으로 발전한 것은 아니지만 변화된 담론시장에 어느 정도 적응하여 효과적인 활동을 모색하기 시작했다는 점은 주목할 만한 가치가 있다.[10]

4) 헤게모니적 담론정치와 대안세력의 후퇴

이상에서 우리는 1993년에서 1995년까지 담론정치의 구성과 변화를 살펴보았다. 해당 시기 담론 생산주체들이 동원한 언술과 상징어들을 시기별로 요약하면 〈표 9-4〉와 같다.

이를 통해 몇 가지 지배적 경향을 추출해 볼 수 있다. 첫째, 담론 생산주체들 간 갈등이 전개되는 주제영역은 '개혁'과 '경제 재도약' 그리고 '안보위기'로 구성되어 있다. '개혁'의 주제영역은 '구조적으로 확대되어야 할 개혁'과 '경제를 위축시키는 개혁'이라는 담론 간의 긴장을 가져왔고, '경제 재도약'의 주제영역은 '무한경쟁시대의 국운을 건 목표'와 '다

10) 푸코(1972/1992)의 다음과 같은 주장은 시사적이다. "담론이 권력의 도구이자 동시에 결과일 뿐만 아니라 장애물, 제동장치, 저항점 그리고 정반대되는 전략을 위한 출발점일 수 있는 복잡하고 불안정한 과정임을 인정해야 한다."(114쪽)

〈표 9-4〉 시기별 주요 담론 생산주체의 언술과 상징어

	신한국 담론 시기 (1993년 2월~1993년 11월)	국제화 담론 시기 (1993년 12월~1994년 10월)	세계화 담론 시기 (1994년 11월~1995년 9월)
정부	위로부터 성역 없는 사정개혁 경제 재도약 위한 한국병 치유/ 고통분담과 신경제 국가기강 확립	국제화가 곧 개혁 무한경쟁시대, 국가경쟁력 집단이기주의 불용 안보위기	투자의욕을 위축시키지 않는 개혁 세계중심국가, 초일류국가 세일즈 외교, 생산적 정치 생산적 복지 작지만 강한 정부
주류언론	사정은 짧게 경제는 길게 경제 회복/국제경쟁력 강화 국제화/글로벌화/세계로, 미래로 북핵 위협	국가경쟁력 강화 정치 없는 경제 경쟁력 시대 위협하는 내부의 적	글로벌 신전략 경제에 부담 주지 말아야 안정 기조의 지속
대자본	국운을 건 경쟁력 강화 국제화/글로벌라이제이션 소모적 정치논쟁 그만	경쟁력만이 살길이다 무한경쟁의 세계 경쟁력 회복을 위한 기반 조성	세계일류기업 세계경영 기업이 앞장서는 세계화 경제에 부담 주지 말아야
대안세력	구조적, 근본적 개혁 중우적 여론정치의 중단 권위주의적 노동정책의 개혁	살농살노 정책 신 공안, 메카시적 마녀사냥 문민독재, 개발독재	노동정책의 세계화 복지수준의 세계화 환경정책의 세계화 재벌에 대한 개혁

시 홍기하는 개발독재의 논리'라는 담론 간의 긴장으로 이어졌으며, '안보위기'의 주제영역은 '국가 안팎의 위협을 극복하는 안정 기조'와 '메카시적 신공안논리'라는 담론의 대립을 가져왔다.

둘째, '개혁'의 주제영역은 지배블록의 분열과 갈등을 불러일으킴으로써 국가의 담론구성에서 점차로 축소되거나 변형된 반면, '경제 재도약'의 주제영역은 경쟁력, 국제화, 세계화 등으로 계속해서 발전되었다. 따라서 김영삼 정권의 전체 집권시기를 놓고 볼 때 1993년 전반기의 개혁 드라이브는 오히려 예외적인 것이라고 할 수 있다.

셋째, 김영삼 정권 전체를 관류하는 지배담론은 '세계중심경영국가'로 도약하기 위해서는 '기업의 투자의욕을 위축시키지 말아야 한다'거

나 '경제에 부담 주지 않는 국정운영'이란 언술을 핵심으로 구성되었다. 이 과정에서 민주화와 관련된 의제나 정치경제적 지배체제에 대한 개혁과 관련된 의제는 배제되었다.[11]

넷째, 지배담론의 생산주체는 청와대와 행정부뿐만 아니라 언론, 전경련 그리고 학계와 민간연구기관의 전문가 등이 연계되는 담론 동맹의 형태로 나타났다.

다섯째, 김영삼 정권의 담론행위는 개혁조치나 지배블록의 조합주의적, 단기적 이익의 양보와 희생을 동반하지 않음으로 해서 헤게모닉한 지배효과를 가질 수 없었다. 그 결과 정치적 기반은 점차 위축되거나 정치적 불안정이 반복되어 나타났다. 그리고 이 과정에서 대안세력이 대중적 비판을 조직하는 것을 억압하기 위해 이전 정권에서와 마찬가지로 공안담론이 주기적으로 동원되었다.

그럼에도 불구하고 여섯째, 대안세력의 담론적 실천은 국가와 시민사회에서 제도적 기반을 확보하지 못함으로써 효과적인 대항담론을 구성하거나 광범한 담론 동맹을 구축하지 못하였다. 다만 이들이 1987년 이후 새롭게 변화된 담론시장의 구조에 점차 적응했다는 점이 향후 국면 전개와 관련해 주목된다.

---

11) "저는 오늘에 이르기까지 오직 이 나라의 민주화를 위해서만 힘을 쏟아 왔습니다. 그러나 지금은 이 나라 경제를 다시 일으켜 세우는 일이 역사적 사명이라고 믿습니다." (김영삼, 1993b)

3. 지배담론의 성격과 정치적 지지동원의 양식

이상에서 문민정부 초기 3년간 담론정치의 구성과 변화에 대해 살펴보았다. 이를 통해 '지배적 사회관계의 조직자로서 국가'가 생산한 담론이 해당 역사적 국면에서의 전략적 상황에 따라 끊임없이 변화되고 재구성되었음을 확인할 수 있었다. 그러면서도 그러한 담론의 주제구조에 한국사회의 정치경제적 지배관계가 접합되어 있음을 살펴볼 수 있었는데, 이 절에서는 첫째, 그러한 지배담론을 개념화하고 그 정치경제적 성격을 분석하고자 한다. 둘째, 국가의 담론활동에서 나타나는 정치적 지지동원 양식이 어떤 유형적 특징(*modality*)으로 나타났는지를 살펴보고 그것이 갖는 정치적 함의를 분석하고자 한다.

1) 신보수주의적 '제 2근대화론'

김영삼 정권 시기 지배담론이 갖는 규범화된 해석틀을 분석하고, 이를 비교사적 지평 위에서 재분석하기 위해서는 일단 그 의미구조를 개념화할 필요가 있다. 단순화하면 그것은 '국가적 역량을 총결집하여 국가경쟁력을 강화하고 세계최고의 경제대국으로 도약하자'는 내용으로 요약된다. 우리가 처한 상황과 현실이 '민족 생존이 걸려 있는 무한경제전쟁시대'로 정의되면서 민주화의 의제들은 배제(*non-decision*) 되었다. '민주화 과정에서 고삐가 풀린 근로의욕'의 저하가 경제위기를 가중시킨다고 정의되면서 노동자들의 요구는 현실의 위기상황을 망각한 행동으로 억압되었다. 세계중심경영국가로 도약하느냐 마느냐가 민족구성원 모두에게 사활이 걸린 문제로 정의되었고, '과도한' 복지와 재분배의 요구는 '집단이기주의'로 비난되었다. 개인들이 가져야 할 행동준칙은 국가적 목표달성을 위해 다시 한 번 고삐를 조이고(경제주체의 의식개혁) 생산성 향상을 위한 창조적이고 성실한 근로에 매진해야 하는 것으로 제시되었다. 이 과정에서 생산성과 효율성이 국정의 운영원리로 설정되고, 경제성장 없이는 복지와 재분배의 확대를 요구할 수 없게 되었다.

흥미로운 것은 이 시기에 '도덕성 회복', '전통적 미풍양속', '가족공동체' 등과 관련된 언술들이 광범하게 동원되었다는 사실이다. 시장에서 도태된 사람들의 불행을 보살피는 것은 이웃과 가족의 책임이 되고, 그들이 일탈적 행위를 나타낼 때 그것은 잘못된 가정교육이나 도덕성 상실에 그 원인이 돌려졌다. 이 과정에서 복지와 재분배, 공동체를 유지하는 비용은 국가가 책임져야 할 문제가 아닌 것으로 정의되었다.

국가정책의 최우선적 가치를 복지가 아닌 국부의 증대에 두고 효율성을 행동준칙으로 삼는 논리를 일반적으로 '신자유주의'(*Neo-liberalism*)라고 부른다. 그것은 사회통합을 강조하는 정치논리를 경쟁을 강조하는 경제논리에 종속시킨다. 복지 및 재분배에 대한 국가의 적극적인 대응은 비효율의 근원으로 비판되고, 사적 영역에서 자율적으로 해결되어야 함이 강조된다(Przeworski, 1990). 따라서 '수익자 부담원칙', '전통적 가족공동체의 부활' 등은 신자유주의를 신봉하는 '신우파'(*New Right*)의 대표적 주장이 된다. 이처럼 경쟁력 강화와 전통적 가족윤리를 결합하는 논리를 보통 '신보수주의'(*Neo-conservatism*)라 부른다. 이렇게 보면 김영삼 정권 시기의 지배담론은 전형적인 신보수주의적 성격을 갖는 것이라 할 수 있다.

그렇다면 1990년대 초반의 시점에서 정치를 경제에 종속시키고, 경제발전에 최우선적 가치를 두는 신보수주의 담론이 대대적으로 동원된 것이 갖는 정치적 의미는 무엇인가? 비교사적 관점에서 박정희 정권 시기의 경제발전주의와 대조하면 몇 가지 단초를 얻을 수 있다. '조국근대화를 위한 총력체제의 구축'으로 요약될 수 있는 박정희 정권 시기의 경제발전주의를 '(제 1) 근대화론'으로 부를 수 있다면, '다시 한 번 국가적 역량을 총집결하여 세계최고의 경제대국으로 도약하자'로 요약되는 김영삼 정권 시기의 경제발전주의는 '제 2근대화론'이라고 개념화할 수 있다. 다른 점이 있다면 박정희 정권 시기의 근대화론이 '빈곤 탈피'라는 소극적 목표를 지향한 데 비해, 제 2근대화론은 세계중심경영국가, 초일류국가 등 적극적이고 현상타파적인 목표를 제시했다는 점이다.

제 2근대화론의 담론기획이 '종속계급의 자발적 지지와 동의를 조직한 헤게모닉한 효과'를 갖는 것은 물론 아니었다. 단기적이고 조합주의적인 이익의 양보 없는 제 2근대화론이 노동계급에게 억압적 성격을 갖는 것으로 인식된 것은 당연했다.[12)]

그럼에도 불구하고 제 2근대화론이 물적 기반 없는 정치구호이거나 '허위의식'이었던 것만은 아니다. 제 2근대화론은 대다수 사회계층의 물질적 이익이 거시경제적 조건에 종속되어 있다는 사실에 일정한 물적 기초를 갖고 있으며, 경제상황에 가장 민감하게 반응하는 중산층에 그

---

12) "모든 매체에서 세계화란 단어가 찍히지 않은 곳이 없고 또 그 단어가 없으면 사상의 의심을 받을 지도 모르는 형편이 되었다."(〈노동자신문〉, 1995. 2. 21. 일)

대중적 토대를 두고 있다. 중산층이 제 2근대화론의 대중적 기반으로 작용하였다는 것은 이들이 급격한 자본주의 산업화의 최대 수혜자 중 하나이자, 분산적으로 구성된 직업적 성격 때문에 조직화가 가장 덜 된 계층이라는 사실에 기인한다. 한국현대사가 보여 주듯이 급격한 변화나 경제적 지위하락이 예측된다고 믿을 때, 중산층의 개별적 선택은 민주화나 개혁에 대한 지지를 유보하고 때로 권위주의를 감수하는 집합적 결과를 낳았다(최장집, 1985). 제 2근대화론이 가장 배제적인 성격을 드러냈던 1994년 5월, 중산층에 기반한 대표적인 시민운동단체인 경실련 사무총장이 다음과 같은 태도를 보인 것은 시사적이다.

> 노조가 국가경쟁력 강화를 들고 나와야 한다. 국가경쟁력이 상실되면 사회복지가 떨어진다. 어떤 기업이 100% 완벽하다면 노조가 필요 없다. 노조가 국가경쟁력 강화에 방해된다는 인식이 많은데, 이렇게 된 데 대해 노조가 반성해야 한다(조유식, 1994).

또한 '현 정부가 가장 잘한 점'을 묻는 공보처의 여론조사에서 '한국의 국제적 지위향상' 항목이 1위를 차지한 점, 그리고 이에 바탕하여 정부가 OECD 가입을 서둘렀다는 사실도 같은 맥락에서 이해할 수 있다.

요약하면 제 2근대화론은 지배블록의 양보와 희생 없이 그들의 이해관계를 일방적으로 통합하고자 하는 지배담론이라고 할 수 있다. 그것은 민주화와 개혁이라는 의제를 배제하고, '절차적 민주주의의 복원과 개방된 시민사회'라는 새로운 조건에 과거 권위주의 통치시기에 구축된 정치경제적 지배구조를 적응시키는 담론기획의 성격을 갖는 것이었다.

그럼에도 불구하고 이에 대한 대중적 저항은 쉽게 조직되지 않았다. 경제위기 담론이나 안보 담론이 일반대중, 특히 중산층의 상식세계에서 공명되고 호소력을 발휘할 때, 지배담론에 대한 대중적 저항을 조직하고자 했던 대안세력의 시도는 효과를 발휘하지 못했다. 결국 국가와 지배블록에 의해 생산된 제 2근대화론은 중산층의 보수적 측면에 호소함으로써 한국사회의 정치경제적 지배체제에 대해 대중적 저항을 조직화하려는 시도를 효과적으로 봉쇄한 것이다.

2) 대중주의적 여론동원의 정치

김영삼 정권이 담론을 생산하고 분배한 과정을 살펴볼 때, 가장 두드러지는 특징은 대통령의 지시에 거의 전적으로 의존했다는 점이다. '대통령의 의중', 혹은 대통령의 발언이 곧 국가정책의 방향이 되었고 집권여당이 취해야 할 태도가 되었다. 1993년 말 미국 시애틀에서의 '대통령의 구상'은 국가가 시민사회에 호소하는 모든 언술을 '국제화'로 집약시켰다. 마찬가지로 '세계화'로 집약되는 국가의 담론활동은 1994년 말 호주 시드니에서의 대통령의 '세계화 구상'이 가져온 직접적인 결과였다. 신한국이든 국제화든 또는 세계화든 국정목표의 형태로 생산된 담론은 해당 시기 정치적 투입(*input*) 영역에서 지배적 쟁점과 의제를 집약한 것이라기보다는, 대통령의 일방적 선택과 발표를 통해 갑작스레 등장했다.

정치과정에서 나타난 국가와 집권당의 정치행위 역시 정치적 의제를 둘러싼 정당 간 타협과 조정의 결과라기보다는 대통령의 '특별선언'에 대한 해석 내지는 대통령의 '특별한 지시'를 이행하는 방식을 따랐다.

정치인 재산공개에서부터 금융실명제 전격 실시, 정부조직 개편, 5·18 특별법 제정, 그리고 중소기업청 신설에 이르기까지 국가의 정치적 활동과 정책은 모두 대통령의 '특별한 지시'로부터 출발하였다. 심지어 1994년 정부의 세제개편안은 대통령의 정치철학을 시행하는 것으로 발표되었으며, 지자체 선거를 앞둔 1995년 초 여야 간 가장 큰 쟁점이었던 행정구역 개편논의조차 당시 유럽을 순방 중이던 대통령의 의중을 해석하는 문제로 나타났다.

한편 담론 생산과 시민사회로의 담론의 분배와 확산을 매개한 기관은 대중매체였다. 정부는 대중매체를 '대민기관'으로 인식하였고, 공보처는 이를 통제하는 기능을 전담하는 국가기구였다. 언론이 시민사회와 국가를 매개하는 주요한 채널이 됨으로써 의회와 정당은 수시로 무시되었다.

이는 노태우 정권 시기와 비교해 보면 더욱 두드러지는 특징인데, 노태우 정권 시기(특히 집권 초기) '5공 비리', '광주 문제' 등 국민적 관심을 집중시킨 담론의 주요 생산영역은 의회와 정당이었다. 물론 이는 '여소야대'에 의해 강제된 측면과 다른 한편으로 '36% 대통령'이라는 정당성의 한계에서 오는 압박을 피하고, 5공 세력의 영향력을 약화시켜 독자적 권력기반을 확대하려는 노태우 정권의 전략적 의도가 결합한 결과였다. 그러나 김영삼 정권과 비교해 우리가 주목하는 것은 대통령 권력의 작용양식의 차이이다. 즉, '청문회 정국'과 '3당 합당'의 예가 보여 주듯이 노태우 정권의 경우 대통령 권력은 의회와 정당의 뒤편에 숨어서 그 결과를 통제하는 것을 주요한 양식으로 삼은 반면, 김영삼 정권의 경우 항상 의제를 설정하는 출발점에서부터 정치과정의 전면에 대통령 권력을 내세우고 정당과 의회, 시민사회 내 중간적 매개집단을 자주 우회하여 대통령과 국민을 직접 연결하고자 하였다. 신한국위원회, 국제화추진위원회, 세계화추진위원회 등을 통해 시민사회적 요소를 동원하기도 하였지만 그것은 시민사회의 특정 이익과 요구의 대표체계로 기능한 것이 아니라 준 국가기구의 역할을 담당하는 호선-포섭기구(*co-optation apparatus*)일 뿐이었고, 그나마도 자의적 결정에 의해 시민사회의 요소를 지극히 제한적으로 선택하였을 뿐이다.

이와 같은 정치체제의 기능양식은, 대통령의 '특별한' 지시 내지 조치가 정치과정을 압도하며 자주 정당과 의회를 우회한다는 점에서 대통령주의(*presidentialism without party*)나 칙령주의(*decretism*), 언론에 의해 조작된 여론을 동원하고 국가의 모든 정치적 행위에 대한 평가기준을 '국민의 여망'으로 정의한다는 점에서 여론동원정치 내지는 평민주의(*plebscitarism*)의 개념을 통해 이해할 수도 있다.

이상과 같은 개념들은 김영삼 정권 정치체제의 특징을 잘 나타내지만 비교와 분류를 위한 개념으로는 한계를 갖는다. 따라서 이상과 같은 개념들의 함의를 포괄하면서 국가와 시민사회의 특정한 연계양식에 주목하기 위해 우리는 대중주의(*populism*)라는 개념을 도입하고자 한다.

우선 국가와 시민사회가 연계되는 양식이 수평적인가 수직적인가에 따라 정치체제를 유형화할 수 있는데, 전자에 다원주의와 네오코포라티즘 등이 분류될 수 있다면 대중주의란 후견주의(*clientelism*)와 함께 후자에 속하는 하위유형 중 하나로 분류될 수 있다. 다원주의든 네오코포라티즘이든, 수평적 연계양식에서는 국가와 시민사회가 직접적으로 연결되기보다 중간에 다층적 이익 매개체계 내지 정치적 대표체계를 발전시킨다. 또한 이 과정에서 국가의 강제력과 행정권력에 대한 통제를 가능케 하는 법률과 제도가 제정되고, 이익집단과 그 대표들이 행정적, 준행정적 의사결정 과정에 참여할 수 있는 채널이 제도화된다.

반면에 수직적 연계양식에서 시민사회는 국가에 의한 일방적 통합의 대상이 된다. 국가는 시민사회 내 중간적 매개집단의 성장을 억압하거나 변형하고자 하며, 그 결과 정치적 대표체계의 발달 내지 확장은 지체되며 이를 대체하기 위해 정치적 카리스마를 중심으로 한 국가주의는 강화된다.

그러나 수직적 연계양식 내에서 후견주의와 대중주의는 다시 구분된다. 후견주의의 경우 상당한 정도로 후견적 네트워크를 발달시키고 제도화함으로써 이를 통해 정치적 카리스마와 대중을 연결하고 정당성을 확보하는 방식을 취한다. 반면 대중주의는 대중과 정치적 카리스마 사이에 어떠한 제도적 매개 장치를 설정하지 않고 직접적으로 연결시킨다는 차이를 갖는다(Mouzelis, 1985). 국가는 서로 다른 이해관계를 갖는 시민의 요구에 반응하기보다는 거꾸로 모든 사회구성원들이 지향해야 할 공동체의 목표를 정의하고, 이러한 목표에 시민사회의 갈등적 요구를 수직적이고 훈육적인 방식으로 교육하고 통합하고자 한다. 따라서 국민의 '의식개혁'이 항상적으로 강조되고, 이를 위해 각종 여론매체들이 동원된다. 특정 정책의 실패 내지 대중적 비판은 '홍보 부족'에 그 원인이 돌려지는 것이 일반적이다.

김영삼 정권에서 대중주의적 정치동원 양식은 다음과 같은 특징으로 나타났다. ① 정치체제의 일관성과 정치적 결과에 대한 예측성이 극히 낮다. 국가적 목표의 설정과 변경은 자의적이고 일방적인 경우가 많고 그것이 어떤 정치적 결과를 낳을지도 불투명하다. ② 대중동원의 목표와 이데올로기적 경향에서도 일관성이 낮다. 어떤 경우에는(집권 초 '사정개혁'의 예처럼) 권력블록에 대한 적대적 호소가 동원되기도 하고, (1994년 '신공안정국'의 예에서처럼) 갑작스럽게 공포를 동원하여 이를 봉쇄하기도 한다. 대통령은 자신을 평범한 시민으로 격하시키면서 반엘리트주의에 호소하기도 하고(예컨대 '칼국수를 즐기는 대통령'), 반대로 하층계급의 요구에 대해 무책임하고 이기적인 군중논리로 공격하기도 한다. ③ 대통령의 정치행위는 이념적 스펙트럼이나 특정한 정치적 신조와 철학에 의해서 설명되지 않는다. 대통령의 유일한 행위준칙은 그가 가진 멘탈리티와 권력게임에서 승리하고자 하는 욕구로 집약될 뿐이다. ④ 사회적 이해관계와 요구가 제도화된 절차와 체계를 따라 매개되고 집약되지 않음으로써, 집단적 요구와 반대의 표출이 대통령에게 직접 도달하게 하려는 경향을 강화시킨다. 지배블록은 대중매체를 채널로 조작된 여론을 동원함으로써, 일반대중은 시위나 청원 등의 형태를 통해 대통령에 직접 호소하고자 한다. ⑤ 이 과정에서 모든 정치적 결과에 대한 원인과 책임을 대통령에게 귀속시키는, 일종의 가부장적 국가주의라고 개념화될 수 있는 대중적 경향이 발전한다. 그 결과 일반대중은 대통령이 자신들의 요구와 호소에 반응하는지에 대한 판단 여부에 따라 열광적 환호와 냉소적 비판 사이를 왕복함으로써, 정치체제를 불안정하게 만드는 효과를 갖는다.

집권초기 개혁 드라이브를 위해 대통령이 대중주의적 정치동원 양식에 의존한 것은 합리적 선택이었을지도 모른다. 구체제의 지배블록에 가담하여 집권한 그가 개혁을 하고자 했을 때 그 대상은 자신의 직접적인 집권기반이 될 것이기 때문이다. 국가기구와 정당은 과거 권위주의 정권을 운영한 관료와 정치세력에 의해 장악되었기 때문에, 개혁은 행정권력에도 의회권력에도 의존할 수가 없다. 개혁의 추진을 위해 대통령이 의존할 수 있는 잠재적 기반은 시민사회 내 개혁지향적 대중과 대안세력일 것이다. 이러한 방향을 선택하는 것은 그만한 비용이 따른다. 그것은 자신의 권력기반을 완전히 무시하는 것이고, 곧바로 지배블록 전체의 도전에 직면할 것이기 때문이다. 물론 김영삼 정권은 이 방식을 따르지 않았다. 남은 것은 강력한 대통령중심제라는 제도에 기반한 대통령 개인의 권력인데, 그것은 모든 시민사회적 요소와 국가적 요소를 수동적 복종의 대상으로 삼는 대중주의적 동원양식으로 나타났다.

대통령이 개혁을 포기했을 때, 우리는 보수적 지배블록에 포획된 국가와 시민사회의 모습을 보게 된다. 동시에 이상과 같은 과정은 범국민적 민주항쟁을 통해 획득된 절차적 민주주의의 형식마저도 축소시켰다. 정치는 대통령의 자의적 권력행사에 종속되어 버렸다. 정당과 의회가 갖는 정치적 비중은 계속해서 감소되었으며, 사실상 대통령 권력의 하위체계에 불과한 역할로 떨어져 버렸다. 공안정국에서 나타난 여러 예가 보여 주듯이, 국민의 일부는 합법적 반론권을 박탈당했고, 기본권은 수시로 무시되었다. 신보수주의적 제 2근대화론으로 개념화될 수 있는 지배담론과 대중주의적 정치동원 양식이 결합되었을 때 1990년대 한국 정치는 시민권의 확장과 제도화를 진전시키는 '민주적 공고화'(*democratic consolidation*)의 경로를 따른 것이 아니라, '역이행'의 경로로 퇴행한 것이다.

4. 소결: 문민정부 시기 헤게모니적 담론정치와 국가 중심성의 강화

이상의 논의를 통해 살펴본 김영삼 정권의 특징은 다음의 이중적 운동으로 정리할 수 있다. 그 하나는 분단체제의 형성과 권위주의 산업화에 그 역사적 기원을 갖는 정치경제적 지배구조가 민주화와 개혁의 압박 속에서도 안정적으로 재생산되었다는 점이다. 다른 하나는 그럼에도 불구하고 김영삼 정권의 지지기반은 최대에서 최저로 급락하였다는 점이다. 이러한 이중적 운동은 국가의 담론구성을 끊임없이 불안정하게 만들었고, 담론을 구성하는 여러 요소들 간에 끊임없는 갈등과 타협, 해체와 재구성을 반복하게 만들었다. 김영삼 정권 시기 대통령에 대한 일반대중의 태도는 마치 시계의 진자운동처럼 열렬한 지지와 냉소적 비판이라는 극단을 모두 보여 주었다. 이러한 현상은 시민사회의 이해관계가 제도화된 메커니즘에 의해 정치적 대표체계로 연결된 정치체제에서는 발견하기 힘든 현상이다. 1993년 개혁 드라이브 시기 대통령에 대한 지지도가 90%에 육박했다는 사실도 놀랍지만, 1년 남짓한 1994년 10월 말 성수대교가 붕괴한 시점에서 지지도가 30%로 급락했다는 사실은 더욱 놀라운 일이다.

미국의 정치학자 헌팅턴(Huntingon, 1968)은 현대 정치사에서 성공한 혁명보다 성공한 개혁이 훨씬 드물다고 말한다. 또한 혁명의 과제보다 개혁의 과제가 훨씬 어려운 작업이라고 말한다. 왜냐하면 혁명은 사회를 균열시키고 세력을 양분하는 방향을 추구하는 방식을 따르고 단일한 전선(*front*)에 힘을 집중해야 하지만, 개혁은 전선을 분화(*multi-front war*)하고 사회세력들의 아이덴티티가 중층적으로 나타날 수 있게 만들어야 하기 때문이다. 예컨대 혁명세력은 개혁이 정치경제적 지배체제를 근본적으로 변혁하지 않기 때문에 적이 될 수 있지만, 구체제의 기득세력을 대면하는 개혁의 전선에서는 동맹 내지 지지자로 이용할 수 있어야 하기 때문이다. 따라서 성공적 개혁과정의 특징은, 개혁의 성과로 개혁 추진세력에 대한 지지를 만들어 가는 과정이 아니라, 개혁의 비용과 부담을 사회세력에게 전가하는 것이다.

국가가 권위주의 체제의 유산을 척결하는 개혁을 한다는 것은 국가론의 관점에서 보면 권위주의 체제에 의해 형성, 고착된 사회적 지배관계로부터 국가가 일정한 자율성을 확보하는 것, 즉 '국가자율성'과 직접적으로 관련되는 문제가 된다. 쉐보르스키(Przeworski, 1985, 1990)는 국가가 사회로부터 가장 자율적일 수 있는 미시적 조건은 서로 대립적인 사회세력들의 영향력이 균형을 이루는 상황이라고 말한다. 다시 말해 지배세력이 과거와 같은 지배방식을 고집하기에는 대안세력의 영향력이 두렵고('억압의 비용'이 높고), 반대로 대안세력이 급격한 체제변혁을 시도하기에는 지배세력의 영향력이 두려울 때('혁명적 전환의 비용'이 높을 때) 서로는 예상되는 위험을 피해(*risk aversion*) 전자는 단기적 이익을 양보하고 후자는 혁명을 양보하게 된다는 것이다. 바로 이러한 조건에서 국가가 개혁을 추진할 수 있는 자율적 능력은 가장 높아진다는 것이다. 왜냐하면 이와 같은 상황에서 국가는 개혁 추진비용을 국가가 아닌 대립적 사회세력 각자에게 부담(*internalization of social cost*)시킬 수 있기 때문이다.

이런 관점에서 본다면 세력관계에 있어 현격한 열세의 위치에 있는 대안세력이 성장할 수 있는 제도적 기반을 허용하지 않으면서, 국가와 시민사회에서 압도적인 물질적-제도적 기반을 장악한 지배블록 내 보수적 분파의 영향력은 축소시키지 못함으로써 세력관계의 불균형성을 오히려 심화시킨 채, 무작정 대통령 권력을 정치무대의 전면에 내세운 김영삼 정권의 개혁방식은 원론적 방식을 역행하는 것이었다고 할 수 있다. 개혁 드라이브든 개혁의 후퇴든 모든 정치적 비용과 부담이 국가 밖으로 이전되지 못한 채 국가 안으로, 특히 대통령에게 집중되는 결과를 가져왔기 때문이다.

제 10 장

민주화 이후 언론의 구조변동과 훈민공론장의 왜곡

이번 장에서는 민주화 이후 훈민공론장이 어떻게 변모했는가를 국가, 시장, 시민사회 관계 변화라는 맥락에 견주어 분석하고자 한다. 민주화 이후 민주화가 지체되고 사회세력 간 갈등이 격화되었다는 데는 진보, 보수의 시각 모두 동의한다. 또한 인터넷과 디지털 미디어가 폭발적으로 확산된 언론공론장이 새로운 시민공론의 장을 열 것이고, 그에 따라 민주적 시민참여도 활성화될 것이라고 많은 사람들이 기대했다. 그러나 이런 기대와 달리 현실에서는 대립과 적대뿐만 아니라, 감정을 주고받는 수준을 넘어서서 모멸과 증오의 담론들이 횡행하는 공론장의 왜곡이 일어났다.

1990년대 중반, 〈조선일보〉 구독 거부운동이 보여 줬듯이 〈조선일보〉·〈중앙일보〉·〈동아일보〉을 한편으로 하고, 〈한겨레〉, 〈경향신문〉 등 소수 신문을 다른 한편으로 해서 언론들이 대립했을 뿐만 아니라, 지식인 사회, 보통사람들 모두가 상대방의 이념적 입장을 공개적으로 묻거나 '어느 편'인가를 밝히라고 요구하는 폭력적 말의 질서가 일상화되었다. 자유민주주의에서 대화 상대방을 존중한다는 최소한의 시민적 규범이 아무렇지도 않게 버려지는 일이 일어난 것이다.

또한 공론장은 사회적으로 대립되고 서로 다른 이해관계들이 충돌할 때 이해당사자들이 자신의 이해를 관철하기 위해 자기주장과 토론을 통해 사회적 합의에 이르는 공간이라 할 수 있다. 공론장을 통해 사적 이해 간의 갈등이 사회화(*socialization*) 됨으로써 양보와 타협, 그리고 나아가 사회적 합의를 도출하게 된다. 우리의 정당정치가 그렇듯 이러한 공론장이 사적 이해당사자들에 의해 주도되거나 독점되면, 공론장에서 자신의 목소리를 내지 못하거나 배제된 집단은 담론과 토론을 통해 발언하기를 포기하고, 시위, 점거, 농성 등 특단의 수단을 동원하게 되는 것이다.

이번 장에서는 민주화 이후 민주적 말의 질서가 성립되지 못하고, 양극화된 말의 질서가 일상화된 원인, 그리고 왜 공론장이 사적 이해당사자들의 (많은 경우 파워엘리트를 통해) 이해가 관철되는 사회적 공간으로 변모했는가를 살필 것이다.

1. 지배블록의 헤게모니와 언론의 구조변동: 하나의 역사적 관점

'공론장에서 누가 말하는가'를 구조적 수준에서 분석하기 위해 필자는 1990년대 초반 한국 언론의 성격을 해명하는 데 국가-시장-시민사회의 관계에서 언론의 위치를 해명하는 코포라티즘(*corporatism*) 모델이 유용할 수 있음을 제안하고, 한국국가의 언론정책이 집중에서 분산으로 이행했음을 주장한 바 있다.[1] 그러나 민주화 초기 자율적 시민사회가 태동하는 이행 초기였기 때문에 언론의 구조변동과 구체적으로 어떻게 연관되는지를 밝힐 수는 없었다. 한국사회에 정치적 권력과 사회적 의사결정 권한이 배치되고 분배되는 양상을 고려하면서 공론장의 구조변화를 살펴볼 수 있을 것이다. 국가, 시장, 시민사회의 구조변동 안에서 언론의 위치와 역할 변화를 설정할 때 두 가지 축이 중요해진다. 하나는 정당과 정부정책 변화의 수준에서 일어나는 제도정치의 축, 다른 하나는 강력한 냉전반공 국가로부터 부분적 자율성을 획득한 국민사회적

1) 예를 들어 1987년 이전까지 한국의 언론산업은 권위주의 국가가 필요로 하는 선전 홍보도구였기 때문에 산업 측면에서 보호를 받으며 성장했다. 1980년 폭력적으로 이뤄진 언론통폐합으로 살아남은 신문과 방송은 오히려 중소기업에서 대기업으로 전환할 수 있었다(주동황, 1993; 김남석, 1995의 실증분석이 유용하다). 이를 국가에 의한 집중-형성을 위한 개입으로 볼 수 있고, 1987년 이후 신문시장 진입금지를 풀면서 분산-형성으로 변화했다고 본 바 있다. 조항제(2003)가 신문, 방송의 경우 국가개입의 정도에 차이가 있기 때문에 신문과 방송을 구분하는 게 좋겠다는 비판을 제기한 바 있는데, 이는 타당한 지적이다.

정치의 축이다.[2] 우선 이 두 가지 축이 지니는 이론적 의미를 제시하고, 그와 연관해서 언론기구가 어떻게 변동하는지를 해명하기로 한다.

1990년대 초반 한국사회가 민주주의 공고화의 단계에 접어들었다는 사실에는 당시 많은 연구자들이 동의하였다(임혁백, 2000; 조희연, 1994; 최장집 · 임현진, 1997). 제도정치 수준에서 한국사회는 권위주의적 군부독재체제에서 선거를 거쳐 정권교체가 지속되었다. 1987년 민주화 이후 한국 시민사회는 국가의 포섭에서 벗어나 상당한 정도의 자율성을 획득했다. 1987년 민주화를 계기로 전개된 재벌, 관료, 보수정당으로 구성된 보수적 지배연합 내부의 균열이 김영삼 정권의 3당 합당을 통해 봉합되고, 군부권력의 퇴조, 금융실명제 정도의 개혁 열매를 대중들에게 돌려주었다. 절차적 민주주의가 확보되면서 여러 차례 선거를 통한 정권교체를 경험하게 된다. 오랜 기간 강력한 응집력과 운동의 경험을 축적한 민주화운동이 노동운동과 시민사회운동으로 분화되면서 새로운 시민사회운동의 정치를 열게 된다.

1990년대 이후 노동운동과 시민사회운동은 여전히 제도정치를 장악한 기득권 세력에 대한 비판세력으로 성장했다. 2004년 17대 대선에서 민주노동당이 의회에 진출한 것은 지난 15년간 두 진영이 획득한 성과라 할 수 있다.[3] 그러나 다른 한편으로 1987년 민주화와 문민정부 출

---

2) 여기에서 제도정치는 정부와 정당을 중심으로 이뤄지는 좁은 의미의 정치를 가리키고, 시민사회정치는 노동운동과 시민사회운동을 포함해서 제도적 정치기구 바깥에서 일어나는 정치를 지칭한다. 시민사회정치는 운동이란 조직적 형태를 띨 수도 있고, 생활정치나 성정치와 같은 생활세계의 운동 형태를 띨 수도 있다. 시민사회라는 개념을 사용하면서 시민사회정치라고 쓰는 까닭은 일반적으로 시민사회운동, 시민사회정치라는 일반적 용어를 개인적 수준에서 바꾸기 어려웠기 때문이다.

범 이후 한국의 중산층은 활성화된 시민사회정치에도 불구하고 1990년대 초반 김영삼 정권의 개혁 드라이브 이후 보수적 지배연합의 헤게모니에 합류했다.[4] 김대중, 노무현 두 대통령이 당선될 수 있었던 것은 지배블록의 헤게모니가 변화했다기보다 지배연합 내부에 균열이 생겼기 때문이었다. 그렇기 때문에 이들 정권은 소수정권으로서 개혁을 내세우면서도 시장과 대자본 중심, 노동 배제의 정책을 유지할 수밖에 없었다.

지배블록의 구조변동을 해명하는 일은 이 연구의 범위를 넘어서는 것이지만, 이 문제에 대한 기존 연구를 검토하면 1990년대 후반 이후 상황은 대자본, 금융엘리트, 고위관료와 정치인 그리고 이들 파워엘리트를 지지하는 보수적 중산층의 연합과 노동과 시민사회운동을 축으로 이들을 지지하는 개혁적 시민운동이 대립하는 상황이지 새로운 지배연합을 통한 헤게모니 창출까지 이르지는 못한 것으로 판단된다.[5] 김대

---

3) 지난 20여 년간 노동운동과 시민사회운동의 이원화로 인해 계급정치가 시민사회정치로 왜곡됐다는 비판도 있지만(총선시민연대 운동에서 명확히 드러났던 대립), 지배블록의 현재 구도에서 노동운동과 시민사회운동을 상호보완적 관계로 보는 게 타당하다는 게 필자의 판단이다.

4) 대체로 두 가지를 지적할 수 있다. 첫째는 경제적 불안정, 둘째는 지배블록의 효율적 신자유주의적 담론정치의 효과이다. 1986년 이후 몇 년간 근대 한국경제 최대의 호황이었다는 3저 호황의 시기를 거치면서 한국경제는 1986년 세계 3위의 외채국에서 외환보유국으로 전환된다. 이러한 호황이 끝나면서 불안정해진 경제는 1997년 결정적으로 외환위기를 맞는다. 이러한 중산층의 삶을 지탱하는 물질적 토대 변화와 세계화를 중심으로 불어온 신자유주의 담론으로 정치가 경제를 망친다든지, 일류 기업의 발목을 삼류 정치가 붙잡는다는 식의 담론이 효과를 발휘할 수 있었다〔김영삼 정권과 외환위기 이후 담론정치는 강명구·박상훈(1997)과 Kang(2001) 참조〕.

5) 두 정권의 성립을 새로운 헤게모니의 성립이 아닌 지배연합의 균열의 한 징후로 보기

중, 노무현 정권이 양쪽 세력으로부터 반대와 비판에 자주 직면한 것도 양자 간 세력균형이 불안정하게 유동했기 때문일 것이다. 그러나 사회 구성 전체에서 볼 때 1987년 민주화투쟁 이후 재조정된 지배연합의 헤게모니가 새롭게 구성된 것은 아니라는 판단이 타당해 보인다.[6]

신자유주의적 지구화와 자본 중심의 사회운영 시스템으로 인해(권력 집중, 초보적 사회안전망, 배제적 노동시장과 노동정책, 시민사회 배제적 정책결정체계 등) 신자유주의 헤게모니는 담당세력의 약화에도 불구하고 안정적이라 보는 주장이 주류를 이루고 있다. 여기에서 국민국가의 경계를 넘어서 진행되는 신자유주의 헤게모니가 국내적 수준에서 지배연합의 헤게모니와 연관돼 있음도 지적할 필요가 있다(Dirlik, 1996; 이수훈, 1996). 간략히 말하면 구조적 수준에서 신자유주의적 헤게모니는 유지되면서, 지배블록의 담당세력의 구성에서는 변화가 일어나고 있다는 정도로 정리할 수 있을 것이다. 이렇게 지배연합 내부가 분열되고 재편되는 와중에서 신문이나 방송들 역시 편집방향에서 확고한 태도를 선택하기보다는 유동적일 수밖에 없고, 그 선택은 언론조직의 생사와 흥망에 커다란 영향을 미치게 된다. 김대중 정권 이후 벌어진 언론전쟁은 바로 이처럼 상대적으로 안정적인 신자유주의 헤게모니 안에서 권력집단 내부가 균열하고 재구성되는 지배연합의 변화를 반영한 것이다.

도 하고, 새로운 개혁적 진보세력의 집권으로 진단하기도 했다. 어느 판단이 옳든 중요한 것은 양대 세력이 헤게모니 획득을 위해 치열하게 대립하고 있고, 이로 인해 세력균형이 대단히 유동적이라 볼 수 있다는 점이다.

6) 많은 정치학, 사회학 연구자들이 신자유주의 헤게모니가 지구적 수준에서 국내적 수준에서 더 강화되고 있는 것으로 보았다(이수훈, 1996; 임현진, 2001).

〈그림 10-1〉 20세기 후반 상징권력의 제도화 유형 변화

		제도 정치적 관여	
		낮음	높음
시민사회적 정치 관여	낮음	a 생활세계 미시정치의 장 (생활정치, 욕망정치)	b 제도정치의 장 (대의제 정치)
	높음	c 시민사회적 정치의 장 (이해집단, 시민사회운동)	d 도구적 정치의 장 (군부독재, 관료적 권위주의)

이렇듯 민주화 이후 변화하는 지배블록의 지형 안에서 언론이라는 사회기구가 어떤 위치를 차지했고, 국가, 시장, 시민사회 간의 관계맺음의 방식(*modality*)이 어떻게 변화했는가를 밝히기 위해 하나의 언론구조변동 모형을 설정했다. 우선 정치와 시민사회, 일상세계 전반에서 언론의 위치와 역할을 설명하기 위해 언론을 '상징권력'(Giddens, 1990; Thompson, 1995)으로 개념화한다. 상징권력으로서 미디어는 제도정치의 장과 시민사회정치의 장에서 작동한다는 것이다. 4가지 유형은 범주적이기(*categorical*) 보다는 순위적 개념(*gradation concept*)이기 때문에 각 유형은 고정된 형태가 아니라 이념형이라고 할 수 있다.

〈그림 10-1〉에서 보듯 1987년 이전까지 한국언론은 냉전반공에 기초한 권위주의 국가권력에 포획되었으며, 발전국가의 정당성을 확보하기 위해 대중설득의 수단으로서 언론정책을 수행했다. 발전국가의 언론통제정책은 때로는 폭력적이기도 했지만, 협력하는 신문사나 방송사의 처지에서 보면 진입금지정책을 유지하고, 카르텔을 용인하는 등 언론산업을 통제된 시장(*controlled market*) 안에서 작동하게 하는 시혜책

이었다. 방송사 사장뿐만 아니라 보도국 국장과 주요 부장 인사까지 청와대가 개입한 건 비밀 아닌 비밀이었다. 언론의 입장에서 보면 엄청난 탄압이지만, 선택되는 언론인의 입장에서 보면 시혜였고, 특혜였다.

1987년 민주화를 계기로 노태우, 김영삼 정권의 언론정책은 직접통제 방식에서 비공식적 협력과 산업규제 방식으로 바뀐다. 특히 언론시장을 '통제된 시장'에서 '규제된 시장'(*regulated market*)으로 전환함으로써 신문산업 내부의 시장경쟁이 처음으로 본격화되었다. 이는 1990년대 중반까지 기존 신문들의 증면경쟁, 새로운 신문 창간, 무수하게 많은 지방지 창간으로 나타났다. 방송부문에서는 1993년 민영방송 SBS가 방송시장에 진입하면서 시청률 경쟁이 격화된다. 이 과정에서 〈조선일보〉, 〈중앙일보〉, 〈동아일보〉가 시장에서 지배적 사업자로 성장하고, KBS, MBC, SBS로 3분된 공·민영 혼합체제의 방송산업이 정착된다. 이 과정이 보여 주듯 한국 언론은 '도구적 권력'의 장에서 '제도정치적 권력'의 장(d → b)과 '탈정치적 권력'의 장(d → a)으로 이동한다.

도구적 권력은 지난 권위주의 정권이 언론을 근대화와 정치적 정당성 확보를 위한 선전도구로 활용하기 위해 억압하면서 동시에 보호·육성함으로써 나타난 권력을 지칭한다. 한국 언론은 오랫동안 발전국가로서 강력한 국가에 포섭되었기 때문에, 근대화를 위한 파트너였고 동시에 정치권력의 정당성 확보를 위한 도구였다. 이 과정에서 언론기업은 시장에서 보호받고, 언론인들은 파워엘리트를 구성하는 집단이 되었다. 에반스(Evans, 1995)가 지나칠 정도로 강조했듯 한국의 발전국가는 무능하고 폭력적인 군인들이 아니라 정치인, 고위관료, 금융엘리트, 재벌, 지식인으로 구성되는 파워엘리트의 네트워크를 발전시켰다.

한국의 언론인이 여기에 유능한 파트너로 오랫동안 협력한 것이고, 이런 의미에서 한국 언론은 냉전반공주의적 발전국가의 도구적 권력으로 제도화되었다. 행위자의 입장에서 보면 언론이 권력에 진출한 것이지만, 지배연합의 구성에서 보면 구조적으로 합리적 선택이었다.

민주화 이후 한국의 발전국가는 서서히 규제국가적 성격을 지닌 거버넌스를 제도화하는 과정에 있다고 할 수 있다.[7] 김영삼 정권의 군(軍)정화와 금융실명제 등 개혁 드라이브, 1997년 외환위기와 김대중 정권의 집권 등은 지배연합의 내부 상층 엘리트 간에 권력관계가 크게 변화하고 유동한다는 징후였다. 정치인과 관료, 기업엘리트와 지식인으로 구성된 지배연합의 상층 엘리트는 헤게모니를 유지하기 위해 이전 발전국가에서 국가를 장악하기 위해 행사했던 일률적 포획전략을 포섭, 협력, 연합의 전략으로 바꿀 수밖에 없었다. 제도정치의 장에서 언론의 위치와 역할 역시 구조적 수준에서 이러한 지배 헤게모니의 전략 변화와 밀접히 연관돼 있다.

제도정치적 권력의 장은 정당정치와 행정권력이 주체이고, 언론은 감시자일 수도, 협력자일 수도 있다. 애완견, 공격견, 감시견 등 다양한 '개'가 등장하는 것 역시 언론 일방의 선택이 아니라 변화하는 지배블록의 전략적 선택의 결과로 보는 게 타당하다. 여기에서 중요한 것은 국가-언론의 관계 수준이 아니라(이렇게 자유주의적 언론이론이 설정했던 언론자유와 통제의 정도), 국가-시장-시민사회 관계 안에서 그리고 그러

7) 한국의 발전국가가 규제국가(*regulative state*)적 성격을 지니는 새로운 국가성(*stateness*)으로 이행하는 문제에 대해서는 이연호(2002), 이연호·임유진·정석규(2002) 참고.

한 변화하는 구조의 집합적 행위자 수준에서 지배연합의 유동 안에서 언론의 위치를 해명하는 것이다. 구조 안에서 언론은 지배블록의 연합과 균열을 목도하면서 상호의존적, 적응적, 역할규제적 전략(Blumler & Gurevitch, 1981)을 이해에 따라 선택한 것이다.

제도정치 영역으로 이동한 언론은 김대중, 노무현 정권과의 대립구도에서 정권지지 매체와 정권비판 매체의 두 가지 영역으로 분리되었다. 이렇게 정권 지지와 반대를 따라 나뉜 언론정치가 언론의 위기를 심화하는 중요한 원인으로 작용하게 되었다. "정치적 저널리즘은 한국사회 공동체를 어떤 모습으로 만들고자 하는가", "한국 민주주의를 어떻게 공고화시킬 것인가"라는 질문에 성찰적 모습을 보여 주지 못했기 때문이다. 김대중 정권의 언론사 세무조사와 노무현 정권 초기 언론정책에 저항하면서 언론이 오히려 시장행위에서뿐만 아니라 여론시장에서 조차 약탈적 행태[8]를 보였다. 앞서도 언급했지만 한국의 국가는 '발전주의적 발전국가'에서 '발전주의적 규제국가'적 양상으로 변화하고 있다. 언론정책이 부분적으로 정권의 이해를 위해 시행된 것이 사실이고, 비공식적 연고주의적 담합전략[9]을 여전히 유지하는 것도 사실이지만, 두 정권이 제시한 언론개혁 정책을 약탈적이라고 할 수는 없었다. 그러나 3대 신문은 여기에 적대적 행태로 대항한 것이고, 다른 매체들이 대

8) 여기에서 약탈적(*predatory*)이란 용어는 발전국가론에서 국가가 권력을 장악하고 자원을 자신의 이해를 위해 독점하는 양상을 가리키는 의미로 쓴다.

9) 담합전략이 법률적이고 제도적 수준에서 이뤄질 수도 있고(예를 들어 정부가 언론에게 정보공개를 청구할 권한을 부여하는 것은 제도적 형태의 담합전략이라 할 수 있다), 술자리 회합, 인적 네트워크를 동원하는 압력행사나 보도협력 요청 등은 연고주의적 담합전략이다.

립과 갈등에 뛰어들면서 합리적 토론의 공간은 사라지고 죽기 아니면 살기 식 언론전쟁이 벌어진 것이다. 1987년 이후 3대 신문이 정도의 차는 있지만 대통령 만들기에 나선 것을 부정할 수는 없다. 김대중 정권이 언론개혁을 정책으로 제시하면서 작은 신문들이 여기에 가세하고, 노무현 정권 이후는 방송까지 언론전쟁에 뛰어든 것이다. 싸움이 죽기 아니면 살기 식으로 진행될 때 전투에 승리해도 전쟁에서 패배할 수밖에 없다. 저널리즘의 정도(正道)를 벗어나는 보도행태가 워낙 극단적 형태로 진행됐기 때문에 왜 싸우고 있는지, 싸움의 목표를 상실한 상황이 나타난 것이다.

여기서 주목할 것은 어떻게 이른바 '조·중·동'으로 불리는 신문들이 개혁적 시민사회의 이해를 일정하게 반영하는 김대중, 노무현 정권과 대립할 수 있었는가 하는 문제이다. 앞서 보았듯이 기존 정치학, 사회학 분야의 연구들은 1987년 지배블록의 구조변동에 대해 외환위기 이후 자본 중심의 지구화와 한국 자본주의 체제가 여러 가지 균열에도 불구하고 상대적으로 안정적 헤게모니를 유지한 반면, 헤게모니의 담당세력에서는 상당한 변화가 일어났다고 보는 게 일반적이다. 대자본과 기업 및 금융엘리트, 관료와 구 정치세력으로 대표되는 보수화된 중산층 시민사회의 동맹이 약화되고 노동운동과 사회운동을 주축으로 하는 개혁적 정치세력과 시민사회를 중심으로 하는 개혁동맹 세력이 확대되고 있다는 것이다.

이렇게 보면 공론장의 핵심 주체로서 언론은 양쪽 세력이 헤게모니 투쟁에서 포섭해야 할 중요한 거점이었다고 할 수 있다. 김대중 정권의 언론개혁 정책도 여기에서 나올 수 있었고, 동시에 〈조선일보〉의 정치게임 역시 보수동맹의 지배연합 유지를 위한 전략적 선택이었다고 할 수 있다. 3대 신문은 시장에서 지배적 사업자의 위치를 확보하기 위해서도 그랬고, 도구적 권력에서 제도정치의 장으로 이동해서 지배연합의 일원이 됨으로써 자신들의 영향력을 유지하고자 했다. 그러나 지배연합 내부의 균열 때문에 3대 신문의 정치적 선택이 꼭 일치하지는 않았다. 〈조선일보〉는 지배연합 내부에서 구 지배집단(군부권위주의 정권 당시 권력집단), 지역에 근거한 보수세력과 강력하게 연대했고, 〈중앙일보〉는 시장우위-규제국가를 구성하려는 지배연합에 합류하는 전략을 선택했다. 상대적으로 야당지의 전통을 유지하던 〈동아일보〉는 1990년대 중반 이후 〈조선일보〉의 선택에 합류한 것으로 볼 수 있다.

〈한겨레〉가 제도정치의 장에서 주로 활동함으로써 제도정치적 권력의 일부를 차지하느냐, 아니면 시민사회정치의 장으로 이동해서 개혁적 시민사회의 대안매체로서 활동하느냐 라고 할 때, 〈한겨레〉는 제도정치의 장으로의 진입을 선택했다고 할 수 있다. 그렇기 때문에 김대중 정권 이후 〈한겨레〉가 여당지가 됐다는 평가도 나왔고, '우리는 한국 민주주의 공고화를 위해 김대중, 노무현 정권 쪽으로 편파될 수밖에 없었다'라는 항변이 그다지 설득력을 지니지 못하는 까닭도 이런 전략적 선택에서 나왔다고 할 수 있다.

한편 KBS, MBC의 경우 사실상 국가가 소유와 경영에 강력한 영향력을 행사하는 공영체제로 운영되었기 때문에, 정권교체가 계속되면서 정치적 색깔을 분명히 하기보다는 조직의 안전을 유지하는 전략적 선택을 하는 것으로 보인다. 양 방송사 사장과 이사회 구성에서 정권의 영향력이 강력하게 작용하기 때문에,[10] 조직 전체에서 운신의 폭은 넓지 않고, 조직 내부 구성원들의 정치적 선택이 중요한 역할을 한다고 볼 수 있다.

따라서 김대중 정권 이후 계속된 언론전쟁은 정권과 언론이 대립하고, 언론사 간에 죽고살기로 대립하는 양상을 보이지만, 진보와 보수의 대립이라고 보기 어렵다. 저널리즘의 실천에서 볼 때 '조 · 중 · 동'은 보수이고, 작은 신문과 방송사는 진보의 편에 서 있다는 진단이 타당하지 않은 것이다. 오히려 1987년 이후 대자본을 축으로 하는 신자유주의적 헤게모니는 외환위기 이후 오히려 더 영향력을 확대했기 때문에, '조 · 중 · 동'이든, KBS · MBC든, 혹은 작은 신문이든 성장과 발전, 효율과 유연성을 강조하는 시장 우위의 이데올로기에서는 별다른 차이가 나타나지 않는 것이다.

복지제도가 초기 정착도 제대로 하지 못한 상황에서 복지가 시장의 효율을 침해하는 것으로 본다든지, 비정규직 노동시장이 50%를 넘는 상황에서도 끊임없이 노동시장의 유연성을 강조한다는 점에서 대다수 한국 언론은 별다른 차이가 없다고 할 수 있다. 뒤에서 다시 논의하겠지만 뉴스 담론의 수준에서 볼 때 언론은 냉전반공 이데올로기(윤영철, 2000, 2001)나 선거과정에서의 편파보도(이민웅, 1995; 백선기, 1996; 이효성, 1997), 지역주의(문종대 · 한동섭, 1999) 측면에서는 서로 다른 정치적 지향성을 보였지만, 경제위기와 발전주의 이데올로기(강명구 · 박상훈, 1997)에서는 사실상 '성장만이 살길'이라는 명제로 한목소리를

10) 예를 들어 공영방송으로서 MBC의 애매한 위상은 정권에 의해 쉽게 다른 형태로 바뀔 수 있다. 이 점에 대해서는 조항제(2003)가 적절한 분석을 제공했다.

낸 것이다. 2004년 총선 국면에서도 '민생을 살려야 한다'라는 구호는 누구도 부정할 수 없는 사회적 의제로 떠올랐고, 선거 후에도 이것은 마찬가지인 상황에서 역시 지배블록의 헤게모니가 안정적으로 유지되고, 여기에 열린우리당과 노무현 정권도 타협한 것이라고 할 수 있다.

도구적 권력으로서 언론은 제도정치의 장으로만 이동한 게 아니라, 생활정치의 장으로 이동해서 탈정치적 권력으로 작용하기 시작했다. 1980년 이후 전두환 정권이 프로스포츠, 컬러TV 도입 등 도구적으로 대중문화의 영역을 활용한 것과 달리, 1990년대 초 1인당 GDP 1만 달러 시대에 가까이 다가가면서 존재와 욕망, 정체성 등 생활정치의 세계가 문화적으로 부상했다. 소비주의적 대중문화를 선도하는 텔레비전뿐만 아니라 증면경쟁에 뛰어든 신문들까지 대중문화산업을 매개로 생활정치의 장으로 진입한 것이다. 이 영역에서는 신문과 신문, 신문과 방송의 대립도 없고, 정부와 신문의 대립도 찾아 볼 수 없다.

생활세계정치는 좁은 의미의 제도정치 바깥에 존재하지만, 사람들의 일상적 삶과 밀접히 관련된다. 생활세계정치의 장은 사적 세계와 공적 세계의 중간 영역을 차지하고, 제도화되지 않은 일상적 삶의 세계에서 일어나는 인간관계, 사회관계 등 공동체 내부의 일상적 권력정치를 가리킨다. 가족, 친구, 남녀 등 친밀성의 세계이기도 하고, '나는 누구인가', '우리는 누구인가'라는 개인적 집합적 정체성이 문제되는 세계이기도 하다. 어머니로서의 여성, 딸로서의 여성, 노동자, 소비자, 한국인 등의 사회적 범주가 생활세계정치에 주요한 주체들이다. 예를 들어 독도 문제는 한국의 영토를 획정하는 한일 간 정치적 문제이기도 하지만, 한국인이란 집단정체성에 깊이 연관된 문제이기도 하다. 붉은 악마라는 상징을 중심으로 한국인 전체가 월드컵 축구 응원의 열광의 도가니에 빠졌고, 이것은 생활정치가 가지는 정치성을 잘 보여 주는 사례이기도 하다. 이처럼 생활세계정치의 장은 제도정치의 바깥에서 우리의 존재와 존재들 간의 관계맺음의 방식이 만들어지는 장이다.

미디어는 사적 세계를 공적 세계로 끌어내고, 공적 세계를 사적 세계 안으로 가져다주는 매개과정(*mediation*)이다(Thompson, 1995). 문제는 매개과정이 시장에서 미디어 제도에 의해 상품화된 형태로 시장을 통해 작동한다는 사실이다. 생활세계의 문화와 대중문화는 같은 영역에서 일어나고 있음에도 불구하고 전자는 아직 상품화 바깥에 존재하고, 후자는 대다수가 시장을 통해 생산되고 유통된다. 저널리즘이 상업적 미디어를 통해 생산됨으로써 시장의 실패를 보여 주기 때문에 사회적으로 책임 있는 저널리즘을 제도화해야 한다는 요구는 오래 전부터 제기되었다(미국 허친슨위원회, 영국 왕립위원회 언론개혁보고서 등).

여기에서 2000년대에 나타나기 시작한 저널리즘의 상품화 유형을 두 가지로 구분할 필요가 있다. 하나는 제도정치의 장에서 뉴스가 상품화되면서 뉴스의 연성화, 이미지 중심화, 센세이셔널리즘, 읽는 신문에서 보는 신문으로의 변화와 같이 뉴스의 상품성이 강화되는 경향이고, 또 하나는 생활세계 정체성의 정치과정에 상업적 미디어가 직접 개입하는 양상이다. 생활뉴스의 연성화는 신문방송 경쟁이 격화되면서 눈에 띄게 늘어나고(김예란, 2003; 유선영, 2002), 신문과 방송 모두에서 연예와 스포츠 뉴스의 비중이 크게 확대되었다. 당시 인포테인먼트(*infortainment*)라는 용어는 기자들 사이에서도 일상화되었다. 연기자 누구누구의 결혼 혹은 이혼소송, 박세리 골프경기 예고 등이 텔레비전 9시 뉴스에 상당한 비중으로 다루어졌고, 기자들 역시 이 점을 잘 알고 있었다(손승혜 · 이재경 · 배노필, 1999).

둘째 유형으로서 생활세계에 직접 개입하는 양상은 소비문화를 통해 두드러지게 나타난다. 소비자로서 인간의 존재는 이성적 인간으로서 근대인보다 훨씬 구체적이다. 소비하는 인간과 이성적 인간의 대비에서 우리는 달콤한 욕망 충족의 세계로 미끄러진다. 미디어는 끊임없는 욕망의 창출을 통해 직접적으로 그리고 상상적으로 소비의 세계를 구축한다. 의식주를 둘러싼 필요와 욕망의 세계에 미디어는 커다란 권력이 되었고, 시장에서 작동하는 미디어는 자본주의적 소비시장의 가장 중요한 추진력인 셈이다. 한국사회가 1980년대 말 소비사회로 본격 진입했다고 보면, 정치적 민주화와 함께 한국 언론은 한국사회의 생활세계의 변화에 가장 적극적으로 관여한 것이다.

여기서 주목해야 할 점은 생활세계정치가 상업적 미디어를 통해 매개되고, 상업적 매개과정(*commercial mediation*)이 주도적 형태를 이룰 때, 대중은 시민에서 소비자로 이동하게 된다는 것이다. 친밀감의 세계이고, 존재감의 세계인 생활세계의 미시정치가 자본주의적 상품생산의 메커니즘에 의해 주도됨으로써 생활하는 시민은 약화되고 욕망의 영역만이 확장된 소비와 구경꾼의 세계로 변화한다. 생활세계의 정치에서 나누고 더불어 사는 공동체 세계가 위축되고 소비욕망에 불타는 소비자의 존재가 주도적일 때 시민사회는 탈정치화한다. 더불어 살기보다는 나만 잘살겠다는 생각, 양보하면 손해가 아니라 죽는다는 심성체계는 신뢰, 공적 이성이 부재하는 한국 시민사회의 문화적 기초를 이루게 된다. 사적 자유와 사적 소유의 욕망이 판을 치는 시민사회는 1990

년대 지배블록 헤게모니의 문화적 기초를 이루게 되었다. 이런 문화적 구조의 수준에서 볼 때 〈조선일보〉와 〈한겨레〉는 정말 다른 것인가, MBC와 〈중앙일보〉는 정말 다른 것인가, 우리는 어떤 언론을 개혁하고자 하는가, 다시 물을 필요가 있는 것이다.

마지막으로 1987년 민주화 이후 시민사회정치의 장으로 이행하는 신문이나 방송은 별달리 관찰되지 않는다. 앞서 규정했듯 시민사회정치는 노동운동과 시민운동 그리고 성(性) 정치와 소수자정치를 포함하고, 동시에 광범위한 도시 중산층으로 구성된 보수적 시민사회를 포함한다. 최장집(2002)이 날카롭게 해명했듯 한국 자유주의 담당세력으로서 부르주아는 권위주의적 국가와 대립하면서 성장했다기보다 오히려 동맹세력으로 공존했다. 그는 한국 시민사회의 보수성을 이성적 다원주의의 부재, 노동 배제, 비정치적 비계급적 시민사회 등 3가지로 정리한 바 있다. 이러한 시민사회의 보수성이 제도적 수준에서 권력의 중앙 집중, 자원의 불균형 배분, 냉전반공주의, 경제력 집중, 관료주의와 결합하여 한국 민주주의가 지체되고 있을 뿐만 아니라 별달리 희망이 보이지 않음에 절망하였다.

1987년 이후 신생 민주주의를 떠받치는 기반으로서 한국의 노동운동과 시민사회운동은 한국 민주주의에 새로운 길을 열었고, 2004년 민주노동당의 의회 진입이라는 성과를 거둔 것도 사실이다. 그러나 한편으로 보수적 시민사회는 배타적 집단이익과 지역주의를 유지하면서 '민생이 우선이다'라는 담론으로 상징되는 지배블록의 헤게모니에 자발적으로 결합했다. 따라서 21세기 초반 한국 시민사회는 제도정치를 떠받치는 민주주의의 촉진자일 수도 있고, 분단체제와 재벌중심 경제체제를 유지하려는 지배연합을 떠받치는 맹목적 지지세력으로 작용할 수도 있다. 헬드(Held, 1992), 코헨과 아라토(Cohen & Arato, 1992) 등이 '이중민주화' 명제를 제시한 것도 이런 맥락에서 의미를 갖는다.

시민사회정치에 관여가 높은 미디어는 시민사회 내에 존재하는 다양한 집단의 이해를 직접 표출하는 매체라고 할 수 있고 대부분은 대안매체적 성격을 띠게 된다. 이들 대안매체는 사회변화를 보는 근본적 시각과 소수자의 이해를 반영하기 때문에 시장에서 생존하기 어렵다. 그렇기 때문에 균형감각을 갖춘 사회는 이들 대안매체가 살아남을 수 있는 공익적 기금을 여러 형태로 제도화했다.[11] 〈노동자신문〉, 〈여성신문〉, 〈시민의 신문〉 등이 넓게 봐서 이런 범주에 들어간다. 종합일간지나 방송 등이 개별 시민집단의 대리자가 될 수는 없다. 전국적 수준의 언론이 시민사회정치에서 작동한다는 것은 자율적 시민공동체의 대리자로서 역할한다는 것을 의미한다. 개념적으로 시민공동체의 대리인으로서 언론은 제도정치 안에서 지배연합의 한 파트너로서 전략적으로 제휴하는 형태와는 구분된다.[12]

그러면 전국적 수준의 매체가 시민사회정치의 장에 깊이 관여하는 것은 어떻게 이뤄지는가. 여기에서 각 매체는 시민사회정치에서 어떤 역할을 할 것인가에 대한 판단과 선택이 요구된다. 신생 민주주의로서 한국 민주주의의 공고화를 위해 자율적이고 남과 더불어 사는 시민적

11) 대안매체에 대해서는 강명구 · 류한호 · 이기형(2002), 원용진(2001), 류한호(2004) 등 참조.

12) 박승관 · 장경섭(2000)의 국가-언론관계 해명이 이점을 잘 지적하였고, 조항제(2003), 임영호(2002)의 논의가 주목할 만하다.

공동체를 지향하는 시민사회의 대리자가 될 것인가, 아니면 배타적 집단이익을 추구하는 이기적 시민사회의 대리자가 될 것인가를 선택해야 한다. 여기에서 민주주의 이행에서 볼 때 전자는 진보적이고, 후자는 보수적일 수 있다. 둘 다 '건전한' 시민사회를 지지하기 때문이다. 그러나 여기에서 명확히 구분해야 하는 것은 지역주의를 맹목적으로 지지하고, 고통 받는 타인에 대해 고통스러워하기는커녕 게으르거나 무능하다고 비난하면서, 이기는 자만이 살길이라는 심성을 드러내는 이기적 시민사회는 진보/보수와 관계없이 타파해야 할 반민주적 공동체라는 점이다. 양보와 타협과 조화와 신뢰는 없고, 적대와 대립과 배제와 이기심이 압도하는 이기적 시민사회를 자유주의도 보수주의도 지지할 수는 없는 것이다.

이상에서 한국사회와 언론의 구조변동을 상징권력의 유형에 따라 4가지 영역으로 나누어 분석해 보았다. 1987년 민주화 이후 경제위기를 거쳐 2000년대 초반까지 한국 언론은 도구적 권력에서 제도정치적 권력으로, 일상생활의 미시적 권력으로 옮겨 갔다. 시민사회정치의 장으로 직접 이동하기보다 제도정치와 시민사회정치가 겹치는 영역을 통해 부분적으로 관여하였음을 볼 수 있었다. 김대중 정권 이후 언론전쟁은 제도정치의 장 안에서 정권지지 여부를 중심으로 연합을 통해 극단적 방식으로 진행되었다. 친여, 친야, 친DJ, 반DJ, 친노, 반노의 대립구도는 사실상 지배블록의 헤게모니가 안정화되고 한국 민주주의 전체가 약화되거나 지체하는 상황을 호도(糊塗)하는 결과를 낳았다. 〈조선일보〉가 단순히 극단적 우익의 대리자가 아니라 1987년 민주화 이후에도 강고하게 유지되는 지배블록의 헤게모니가 존재하기 때문에 그러한 행태를 보일 수 있었음에도 불구하고 〈조선일보〉 한 신문의 편향적 보도 행태로만 바라보았기 때문에, 그리고 거기에 대한 반대진영의 행태 역시 유사한 행태를 띠었기 때문에 합리적 토론과 경쟁과 조화의 긴장은 끼어들 수 없었던 것이다. 대립과 적대와 배제의 방식으로 현실정치권의 대립의 정치를 그대로 닮았던 것이다.[13]

언론이 토론과 경쟁과 조화 사이의 긴장적 균형을 만들어 내지 못하고 파괴적 언어세계를 연출할 때, 공론장에서 대화적 이성은 설 자리를 잃게 된다. 그리고 이것은 의도하지 않게 자율적으로 협력하고 성찰하는 시민사회를 배제하고 지배연합의 헤게모니를 지지하는 결과를 낳게 되는 것이다. 구조적 수준에서 권력과 언론사의 언론전쟁은 한국 저널리즘의 근간을 흔든 것이다.

---

13) 대립(*opposition*)과 경쟁(*contestation*)의 구분은 한나 아렌트의 개념이고, 이에 대해서는 홍원표(1995, 1997) 참조.

2. 언론산업, 조직, 기자정체성의 위기: 제도와 조직적 수준

여기서는 언론사 조직문화와 기자집단의 정체성 차원에서 나타나는 언론의 위기를 검토하고자 한다. 앞에서도 언급했듯이 현재 한국 언론이 처한 위기는 '뉴스담론 수준에서 공정하지 못하고 편파적인가', '특정 정당이나 후보자를 지지하는가'라는 수준에서 해명하기 어렵다. 언론사 조직문화와 그 안에서 일하는 기자집단의 정체성 문제에 주목할 필요가 있다. 이를 위해 우선 언론제도 혹은 언론조직을 둘러싼 환경으로서 언론시장의 성격, 다시 말해 언론조직이 어떤 시장에서 운영되는가를 이론적 수준에서 검토하고, 언론조직 차원에서 나타나는 저널리즘 위기의 내용을 밝힐 것이다. 이를 위해 한국 '언론공동체'라는 개념을 설정하고, 공동체의 행위자, 행위자의 관계, 집단적 정체성 등의 수준에서 어떻게 위기가 배태되었는가를 분석할 것이다.

〈그림 10-2〉 정부규제와 언론조직 운영원리에 따른 언론시장의 성격

		정부규제정책	
		약한 규제	강한 규제
조직 운영원리	담합/연고주의	a 약탈적 언론시장	b 후견적 언론시장
	투명/합리	c 기업 포획적 언론시장	d 규제적 언론시장

우선 언론사 조직이 운영되는 환경의 성격을 규정짓는 가장 중요한 요인은 정부규제의 성격과 언론조직의 운영원리라 할 수 있다. 〈그림 10-2〉에서 보듯 '정부규제가 약한가? 강한가?', '언론조직의 운영원리가 담합적이고 연고주의적인가? 투명성과 합리성에 기초하는가?'에 따라 4가지 유형으로 나누어 볼 수 있다. 앞장에서도 밝혔듯 이 모델이 제시하는 4가지 유형은 범주적 개념이 아니라 순위적 개념이다.

우선 정부규제정책의 강도는 언론시장과 언론기업의 시장행위를 얼마만큼 규제하는가에 따라 달라진다. 1987년 이전까지 한국정부의 언론시장 규제는 후견자적 성격을 띠었다고 할 수 있고,[14] 이후 언론시장 규제정책은 시장정상화를 위한 규제를 강화하는 쪽으로 가지 못하고, 탈규제 쪽으로 움직였다. 한편 언론기업이 시장에 어떻게 대응하고, 규제주체인 정부와 어떤 관계를 설정하는가에 따라 담합적이고 연고주의적인 운영방식을 취할 수 있고, 투명하고 합리적인 운영원리를 채택함으로써 공식적 규칙이 제도화되는 방향으로 움직일 수도 있다.

여러 연구에 기초할 때(김승수, 1996; 임영호·김은미·박소라, 2002; 장호순, 2003), 1987년 이후 한국의 언론시장은 후견적 언론시장에서 약탈적 언론시장(b → a), 그리고 후견적 언론시장에서 기업포획적 언론시장(b → c), 두 유형으로 이동하고 있다고 판단된다. 투명하고 합리적인 규칙에 의해 움직이는 시장이 제도화되지 못한 상태에서 정부규제가 없거나 약할 때 시장은 무질서해질 수밖에 없다. 약탈적이 되거

14) 박승관·장경섭(2000)은 이를 후견적 관계로 보고, 조항제(2003)는 1987년 이전을 후견주의적 관계로, 그리고 그 이후를 코포라티즘적 관계로 본 바 있다.

나, 지배적 사업자들이 시장의 이름으로 독과점을 유지하는 기업포획적 시장이 된다. 시장 자체가 규칙을 따를 때 합리적이고 투명하게 움직이는 게 사실이지만, 정부의 규제가 없을 때 독점으로 가고, 기업이 시장을 포획함으로써 시장은 실패한다. 언론시장의 실패는 정보와 지식생산의 공공성 상실로 이어진다.

지방지 시장은 이미 약탈적 시장임이 드러났고(장호순, 2003), 중앙일간지 시장도 1990년대 이후 지속적으로 그러했다. 〈조선일보〉, 〈중앙일보〉, 〈동아일보〉 등 메이저 신문들은 시장지배력을 확보하기 위해 끊임없이 불공정행위를 계속한 것이다(정연구, 1999). 발행부수 전체의 약 50% 정도가 시장지배력 확보를 위해 뿌려지는 무가지(無價紙)라고 하면 시장은 파행적인 것이다. 더욱이 정권의 비호 아래 광고시장을 포획한 한국 신문에서 광고단가는 광고주인 기업이 아니라 지면을 파는 언론사가 결정했고, 1990년대 중반을 지나면서 광고주인 기업이 부분적으로 매체를 선택하고 광고단가를 차별화하기 시작했다. 그렇지만 이상철(1998)에 따르면 한국 신문의 광고단가는 세계최고 수준을 자랑했다. 〈뉴욕타임스〉 전면 컬러광고 단가가 2만 8천 달러, 〈월스트리트저널〉이 약 1만 달러 수준인데, 한국 주요 일간지들은 7,750만 원에 달했다고 한다.

한편 방송시장은 KBS, MBC가 공영방송 성격을 유지하기 때문에 후견적 언론시장에서 활동하면서 SBS와 경쟁하는 부분적 경쟁시장이었다. 방송산업은 초기투자가 엄청나기 때문에 새로운 시장진입이 대단히 어렵다. 거기에 국가의 후견 아래 방송광고공사를 통해 광고를 사실상 독점적으로 획득한 두 공영방송사는 시장에서 안정적 위치를 확보했다. 여기에서 가장 논란이 된 핵심문제는 방송 3사의 시장지배와 관련해서 외주제작 문제와 케이블과 위성방송 시장진출 문제였다(윤석민·장하용, 2002). 디지털산업, 텔레컴산업이 영상산업으로 진출하는 문제가 2016년에 벌어지는 것은 이러한 시장의 성격, 국가개입의 양상이 여전히 유지되고 있음을 보여 준다.

산업 자체로만 보면 신문산업은 전체적으로 확장되기보다는 정체되는 상황이고, 방송산업은 뉴미디어산업의 확장과 더불어 확장되는 상황이다. 두 산업의 매출액을 비교하면, 신문산업은 1996년 중앙일간지 전체 매출액이 1조 9천억 원이었고, 방송산업은 1조 8천억 원이었다. 그러나 2002년에는 신문산업이 1조 8,800억 원으로 수년 동안 지체하거나 감소한 반면, 방송산업은 2조 6,500억 원에 이르러 계속 증가 추세를 보였다(정연구·박용규, 1996; 한국언론재단, 2003). 두 산업 매출액의 가장 큰 부분을 차지하는 광고시장의 경우 2000년을 계기로 방송사 광고매출이 신문산업 전체를 앞질렀다. 방송산업은 경영에서 중앙일간지와 비교할 수 없을 정도로 안정되었고(강미선·김영욱·이민규·장호순, 2002), 새롭게 전개되는 디지털 영상시장에 투자를 계속한 반면, 신문은 몇몇 신문을 제외하고는 오히려 전체 경영규모를 축소할 수밖에 없는 상황에 처했다.

잘 알려졌듯 김영삼 정권은 언론시장을 자유화하면서 언론사 세무조사를 일종의 정치적 무기로 활용하려는 담합주의적 정책활동을 폈다. 김대중 정권 역시 정치적 의도를 가지고 규제적 언론시장을 조성하기 위한 언론개혁을 내세웠으나, 규제력을 확보하지 못하고 오히려 신문시장은 약탈적 시장으로 이행했다. 세무조사, 신문고시 개정 등의 정책에 대해 신문이 정면으로 반발, 대립함으로써 시장 규제력이 작동할 수 없었고, 시장의 약탈적 상황은 계속되었다. 이러한 기업조직의 운영원리와 시장규제의 상황에서 규제적 언론시장을 제도화하기는 대단히 지난한 과제일 수밖에 없다.

이렇게 언론조직이 처한 환경으로서 언론시장의 성격변화를 고려하면서 언론조직의 성격이 1987년 이후 어떻게 변화했는지, 그리고 조직변화가 저널리즘의 위기와 어떻게 연관되었는지를 검토하고자 한다. 언론조직의 성격은 영리적 이해와 공익을 동시에 추구하는 이중적 성격으로 설명하는 게 일반적이다. 그러나 이번 절의 목적이 언론조직의 일반적 성격규명이 아니라 당시 언론전쟁으로 촉발된 저널리즘의 위기내용을 진단하고 그것을 어떻게 극복할 것인가 하는 대안모색에 있기 때문에 한국 언론조직이 처한 특수한 상황을 드러낼 수 있는 개념적 범주가 요청된다. 이를 위해 '언론공동체'라는 이론적 개념을 설정했다.

'언론공동체'라는 용어는 언론조직과 기자집단의 문화와 행위양식을 공동체적 책무(누구에게 책무를 지는가)와 연관 짓기 위한 이론적 개념이다. 공동체주의 이론에 의존해서(McIntyre, 1984; Taylor, 1999; 박정순, 1993, 1999) 언론공동체의 개념을 설정해 볼 때, 언론공동체는 ① 언론의 생산을 책임진 행위자의 정체성(경영진과 기자와 행정 및 기술자), ② 행위자 간의 관계(소유/경영진과 편집, 업무수행 과정에서 데스크와 기자의 관계), ③ 전문직 협회의 행위, ④ 행위자 집단의 윤리적 지평[15] 등으로 구성된다. 언론공동체를 이렇게 4가지 수준으로 나눔으로

15) 기자공동체의 윤리적 지평 차원은 뉴스담론의 위기에서 누구에게 책무를 지는가 하

써, 현재 한국 저널리즘의 위기를 초래하는 조직문화와 집단정체성의 문제를 체계적으로 드러낼 수 있을 뿐만 아니라, 언론공동체의 지향까지도 시사할 수 있을 것이다. 위기진단이나 상황에 대한 비판이 어떤 언론공동체를 설정하느냐에 따라 크게 달라질 수 있다. 따라서 이러한 분석은 개인과 공동체, 자유와 책임, 사회적 합의의 도출과정 등에서 공동체주의적 철학을 이론적 전제로 채택하는 셈이다.

첫째, 언론공동체를 구성하는 행위자의 핵심은 기자집단이고, 기자의 정체성은 개인적 수준을 넘어서서 집단적이고 조직적인 수준에서 규정된다. 이 분석은 기자 일반의 정체성을 다루는 게 아니고 언론의 위기에 관심이 있기 때문에 언론사 조직문화 안에서 기자들의 자기정체성에 초점을 맞춘다. 무엇보다 기자는 신문사나 방송국이라는 조직체에 속해서 일하는 신분이지만, 정치적 권력, 광고주, 독자의 압력, 그리고 내부 소유주와 경영진의 압력 등 뉴스제작 과정에 개입하는 어떤 외부적 요인으로부터도 독립해 있어야 한다. 기자는 〈조선일보〉 기자, 〈한겨레〉 기자, 문화방송 기자이면서 동시에 기자라는 전문직의 구성원이다. 그래서 기자들은 기자협회, 편집인협회에 소속되고, 이들 전문직 협회는 나름대로의 윤리강령과 직업정신을 가지고 있다. 기자정신이란 다른 어떤 것보다 진실 추구를 위해 어떤 압력으로부터도 독립성을 유지한다는 의지를 가리키고, 전문직으로서 기자윤리의 가장 핵심을 이루는 가치라 할 수 있다.

1990년대 이후 제도와 조직 수준에서 한국 기자의 정체성 위기는 언

는 질문과 관련해서 논의하기로 한다.

론기업의 종사자인가, 정보와 지식생산을 담당하는 전문직 기자 혹은 지식인인가 하는 질문에서 기업종사자로서의 정체성이 두드러지는 상황과 연관된다. 두 가지 정체성은 기자직에서 피할 수 없는 양면성이고 실제 저널리즘 실행과정에서 고통스러운 짐일 수밖에 없다. 자기 회사가 경영위기에 처했을 때 광고주인 대기업의 비리를 폭로하는 기사를 써야 하는 상황이 주어지면 당사자인 기자는 고민하고 고통스러워한다. 기업조직의 요구와 기자정신이 충돌할 때 당연히 기자정신 쪽을 선택해야 한다고 주장할 수 있으나, 기자의 고통을 헤아린 것은 아니다. 여기서 난감한 상황에 직면한 기자 개인의 자세와 준비, 그런 고통을 공유하는 동료들의 연대감이 있을 때 편집국은 신뢰라는 사회적 자본을 조직적 수준에서 축적하게 된다.

1990년대 초부터 언론시장이 격화되면서 전문직이면서 지식인으로서의 자기정체성은 약화되고 '우리 신문', '우리 방송'이라는 기업종사자로서의 의식이 두드러지기 시작했다. 김대중 정권이 세무조사를 시작하고, 〈중앙일보〉 사장을 구속하는 사태를 기화로 언론전쟁이 시작됐을 때, 기자들은 〈한국일보〉 기자, 〈중앙일보〉 기자, KBS 기자로 똘똘 뭉쳤다. 당시 언론 사태를 보는 기자들의 시선이 같은 신문, 같은 방송국 안에서도 다양했음에도 불구하고,[16] '조·중·동'으로 한 묶음

16) 2000년 필자는 한국 언론의 신뢰연구를 위해 여러 신문사, 방송국 기자 50여 명을 심층 인터뷰했다. 인터뷰 과정에서 세무조사와 홍석현 사장 구속 등 언론 사태에 대해 〈조선일보〉 기자든 〈한겨레〉 기자든 혹은 SBS, KBS 기자든 회사별로 차이가 나기보다는 기자 개인에 따라 상당히 다른 견해가 있음을 알 수 있었고, 더욱이 회사 내 분위기가 여론몰이식이라 다른 생각을 이야기하기 어렵다는 기자도 상당수 있었다.

으로 묶이고, 편집국 내부에서도 다른 목소리를 내기 어려운 분위기였다. 노무현 정권 초기 언론개혁 사태에 직면해서도, 탄핵정국을 둘러싸고 일어난 공정성 시비에서도 양상은 유사하게 반복됐다.

기자집단이 기자정신에 충실한 전문직인 동시에 지식인인 기자로서의 정체성보다는 소속 언론사 종업원으로서의 정체성을 강하게 드러내는 것은 이미 하나의 풍토로 자리 잡았다. 기자협회나 언론노조연맹의 구성원이란 소속감보다는 어느 신문사, 어느 방송국 기자라는 정체성이 더 중요한 것이다. 김대중 정권의 언론개혁을 둘러싼 논쟁을 계기로 이런 자사중심주의가 심각한 상태에 이르러, 소속회사의 종업원 정도가 아니라 권력게임에 참여하는 컬트집단에 근접하는 것으로 보였다.

전문직으로서 기자는 기업이라는 조직에 속해 있더라도 조직에만 관여(*involvement*)하는 것은 아니다. 기자들 간의 연대감이 중요한 기자 전문직 정체성의 준거가 된다. 〈중앙일보〉 경영진과 〈중앙일보〉 기자의 사회적 거리와 〈중앙일보〉와 〈경향신문〉 기자의 사회적 거리는 어느 것이 더 가깝고 어느 것이 더 먼가? 직접 측정하지 않아서 입증된 사실은 아니지만, 상식적 수준에서 판단하면 같은 회사 경영진과 기자의 거리가 더 가깝다고 할 수 있고, 지금도 그렇다. 〈조선일보〉와 KBS가 여러 가지 사안을 둘러싸고 대립할 때 두 언론사 소속기자들은 컬트집단과 같은 응집력을 갖는다. 〈한겨레〉와 〈조선일보〉 혹은 〈동아일보〉의 대립은 정치적 사안을 둘러싸고 일어난 대립이라 그럴 수도 있겠구나 싶지만, 신문시장에서의 경쟁을 둘러싸고 KBS와 MBC 기자, 〈중앙일보〉 기자와 〈조선일보〉 기자의 거리는 어떠한가. 여기서도 상황은 마찬가지로 반복된다.

회사별로 갈리는 게 무슨 문제인가 하는 반론이 제기될 수 있다. 하나의 반론은 〈조선일보〉의 정치적 색깔이 있고, 〈한겨레〉의 색깔이 있다면 기자들의 정치지향도 다를 수밖에 없고, 그래서 각 신문사 기자들이 내부적으로 응집력을 갖는 게 무슨 문제인가 하는 것이다. 소속사에 몰입하지 않는 기자가 좋은 기자일 리 없다. 그러나 진실 추구를 위해 어떤 압력과 영향력으로부터도 독립적이어야 한다는 명제는 기자가 〈동아일보〉 기자, 문화방송 기자이기 이전에 자율적인 저널리스트이길 요구하고, 사회적으로는 독립된 지식인으로 간주한다. 신문사 간에, 방송사 간에 서로 보도행태를 두고 보도국 전체가 나서서 마치 적과 전쟁하는 태도로 달려드는 모습은 상식적 수준에서도 볼썽사나울 뿐만 아니라, 사태에 대한 자율적 판단을 저해할 수밖에 없다. 더 나아가 저널리스트로서의 정체성보다 회사원으로서의 정체성이 두드러지는 정체성 위기상황이 지속되는 것이라 할 수 있다.

갈등이 집단 간 적대적 양상을 띠는 것은 사태에 대응하는 방식이 극단적이었기 때문이다. 북한 관련 사태가 터지면 기다렸다는 듯이 냉전반공 이데올로기 공세를 취하는 보수언론의 행태는 파괴적이고, 배제와 대립만을 허용하기 때문에 그에 대한 보도조차 똑같은 싸움을 하게 만든다. 때문에 그동안 언론전쟁이 파괴적으로 진행될 수밖에 없었다. 이 상황에서 필요한 것은 파괴적 순환고리에서 빠져나오는 것이다. 기자들이 집단적으로 죽기 아니면 살기로 싸워서는 모두가 공멸할 수밖에 없고, 이미 독자와 시청자들은 이런 상황에 염증을 내고 있다(강명구·양승목·엄기열, 2001). 지식인으로서 기자들에게 집단주의적 행태는 진실 추구라는 힘든 책무를 수행하는 데 독약이 아닐 수 없는 것이다.

언론공동체를 구성하는 두 번째 수준인 행위자 간 관계를 소유/경영과 편집의 관계를 중심으로 살펴보았다. 우선 경영과 편집 문제는 민주화 이후 가장 뜨겁게 논란이 되었고, 언론개혁의 주요 과제로 인식되었다. 1987년 민주화를 계기로 각 회사별로 노동조합이 결성되고, 언론노조연맹이 설립되면서 사내민주화의 과제는 커다란 진전을 이뤘다(류한호, 2004; 임영호, 2002). 1990년대 초반까지 권위주의 정권의 도구적 권력 역할을 한 한국 언론에서 편집·편성국장 직선제, 공정보도위원회, 회사별 보도윤리강령 등 편집·편성조직 민주화는 격세지감일 정도로 진전되었다. 그러나 신문산업, 방송산업의 경쟁이 격화되자 언론노동운동과 사내민주화운동은 급격히 퇴조하고 시장생존적 전략과 회사 분위기가 주조를 이루었고, 공정보도위원회와 편집·편성국장 복수추천제 정도가 언론조직 내부 민주화의 성과로 남았다.

1987년 민주화 이후 언론조직 내부가 크게 민주화되었음에도 불구하고, 신문사는 소유/경영진의 영향으로부터 편집진의 독립이 커다란 과제로 남아 있고, 방송사는 KBS, MBC 모두 이사회 구성과 사장 선임을 포함한 거버넌스 구조의 재정비가 커다란 과제로 남아 있다. 언론재단의 여러 차례에 걸친 조사에 따르면 많은 기자들이 사주와 경영진의 영향력이 여전히 크다고 보며(한국언론재단, 2000, 2002), 또 다른 조사에서는 58%의 기자들이 소유/경영진이 편집과정에 영향력을 행사하는 걸 경험했다고 응답했다. 편집권 독립을 위해 기자협회, 언노련, 언론개혁시민연대는 신문사 소유주의 소유지분을 20~30%까지 제한할 것을 제안하기도 했다.

〈워싱턴포스트〉가 가족 소유이지만, 편집과정이 독립적이라는 것은 잘 알려져 있다. 그것은 법률의 문제이기보다는 신뢰에 기초한 조직문화의 문제이고, 이러한 조직문화는 기자들이 편집국 내부에서 장기적으로 풍토를 만드는 노력을 통해서만 구축될 수 있다. 편집권 독립은 구호를 통해 정치권력이 개입함으로써 획득할 수 있는 것이 아니라, 조직구성원들이 전문직 공동체를 위해 기자의 자율성, 자본과 권력으로부터의 독립성을 지키고자 하는 정신을 공유할 때 가능해진다.

지난 1987년 이후 언론노동운동을 통해 편집·편성국장 추천제와 공정보도위원회의 성과가 사내민주주의를 제도적으로는 크게 신장시켰음에도 불구하고, 보도국 내부의 전문직 공동체에 대한 정신적 유대는 오히려 약화되거나 불신이 강화되는 현상이 일어났다. 뒤에서 논의하겠지만, 취재·보도·편집과정은 전문적 지식과 집중적 노동을 투여해야 하는 정신적 작업과정이기 때문에 법률적 제도를 통해 쉽게 강제하기 어렵다. 편집국 내부에서 기자의 자율성이 중요하다는 일반적 감정이 아니라, 기자집단 스스로 지적 노동과정이 소유와 경영진에 의해 침해될 때 고통스러워하고, 그러한 사태가 일어났을 때 거부할 수 있는 용기와 같이 분노하는 풍토가 만들어지지 않으면 안 된다.[17] 시장경쟁이 격화되고 신문방송 기자들이 부수와 시청률 경쟁을 금과옥조(金科玉條)로 하는 상황에서 소유지분 제한과 같은 제도적 규제가 실질적으

17) 일반적으로 옳다고 느끼는 감정과 실제 자신의 지적 노동과정의 자율성이 침해됐을 때 분노하고 거부하는 용기의 감정은 다르다. 정보생산자로서, 지식인으로서 기자들이 이러한 자율성에 대해 자긍심과 그것을 지키려는 용기를 공유하지 않을 때, 기자 공동체는 다른 기업의 종사자들과 다를 바가 없고, 전문직으로서 자기주장을 할 근거가 없어진다. 이렇게 작업 자율성에 대한 의지와 그것을 지키려는 용기는 회의주의적 성찰 저널리즘의 기반이 된다.

로 성과를 거둘 수 있을지 회의적이다.

기자협회와 언노련은 협회 차원에서 그리고 각 언론사의 조직 차원에서 편집권 독립을 위한 제도적 장치를 만들기 위해 여러 가지 노력을 경주했다. 그러나 대부분의 활동이 제도적 장치와 절차를 확립하는 데 집중했기 때문에, 위계적 조직구조, 권위주의적 문화, 기수 중심의 서열적 문화 등 신문사 편집국, 방송국 보도국 내부의 전통과 조직문화 안에서 취재보도의 자율성과 편집의 독립을 신장시키기 위한 구성원들 간의 신뢰와 연대를 구축하는 데는 별다른 관심을 보이지 못했다. 언론민주화운동이 제도에 집중하면서, 동시에 진보와 보수언론을 편 가르기 하고 서로의 이념적 지향성을 정당화하는 과정에서 기업 단위를 뛰어넘는 저널리스트 공동체는 오히려 공염불(空念佛)이 되어 버렸다.

이와 함께 기자 개인들은 자신의 개인적 이해에 더 집착하는 양상을 보였다. 회사의 인사와 경영을 전적으로 책임진 경영진의 경영성과가 좋고, 타사에 비해 높은 봉급과 업무환경을 보장해 줄 때, 현장에서 많은 기자들이 경영진에 대한 충성이나 기업조직에 대한 높은 몰입감을 보여 주었다. 각 사별 노조가 결성되고, 언노련이 연맹으로 확대 개편될 당시의 단체협약 과정을 보면 편집 자율에 대한 열망을 볼 수 있었다. 그러나 1990년대 중반을 넘어서면서 노사갈등은 주로 작업환경과 처우개선을 둘러싸고 일어났다는 점이 이러한 변화를 실증해 준다.[18)]

---

18) 기자공동체 내부에는 자율적이고 시민적 덕성을 갖춘 전문직 기자들과 능력 있고 합리적인 기업조직 구성원으로서의 기자, 정치권력과 기업의 파워엘리트와 네트워킹을 본업으로 삼는 기자 등 다양한 집단이 존재한다. 다양한 형태의 소속감과 연대가 존재하기 때문에 언론개혁을 정부가 추진하라고 외치는 것만으로는 진정한 개혁을

셋째, 저널리즘 위기를 창출하는 기제는 기자집단과 지배연합 내부의 파워엘리트 집단 간의 담합적 네트워크의 구축이라고 할 수 있다. 파워엘리트와 기자집단의 담합적 네트워크는 직접적 권력진출을 통해 그리고 개인과 협회의 비공식적 채널이나 활동을 통해 만들어지고 유지된다. 비공식적 채널은 일상적 수준에서 학연, 지연 등 느슨한 연계를 통해 이루어지고 동시에 신문방송편집인협회, 관훈클럽 등 협회 차원의 활동을 통해 이뤄지기도 한다.

우선 기자의 권력진출 문제이다. 필자는 1987년, 1960년대 이후 기자의 권력진출 상황을 조사해서 단일 업종에서 가장 많이 권력으로 진출한 직업이 기자였음을 밝힌 바 있다. 이후 몇몇 연구가 기자 권력진출을 조사해서 발표하곤 했다. 그 폐해가 심각하기에 군인들의 권력진출을 제어하기 위해 제대 후 2년간 고위공무원이나 국회의원이 되는 것을 금지한다는 대통령령을 준용해서, 기자에게도 이런 제한을 두자고 제안한 바 있다. 1987년 민주화 이후에도 기자의 권력진출은 계속되었다. 기자뿐만 아니라 교수, 법조인, 그리고 민주화투쟁에 뛰어들었던 이른바 운동권 출신의 권력진출도 총선과 대선 때마다 계속되었다.[19] 일례로 12대 국회에서 17대 국회에 이르기까지 20년 정도의 기간만 보더라도, 국회의원 100명 중 평균 12명에서 15명이 기자 출신으로 나타났다(강명구, 2004). 또 권위주의 정권 아래서는 대다수 언론인들이 집

이룰 수 없을 것이다. 언론개혁은 스스로 하라는 말이 아니라, 왜 무엇을 개혁하고자 하는 자기진정성 없이 구호만으로 언론개혁을 외치는 것은 그것 자체가 정치적 게임을 하는 불행한 결과를 낳을 수 있기 때문이다.

19) 이재경(2003), 장행훈(2004) 등이 기자 권력진출의 윤리적 문제를 제기했다.

권여당으로 진출한 반면 1990년대 후반에 올수록 여당·야당에 골고루 분포된 것으로 나타났다. 기자가 정치권력으로 진출하는 경향은 점점 더 강화되고, 이제는 자연스러운 일이 되었다.

직업 이동의 자유와 권리를 막을 수는 없는 것이지만, 9시 뉴스 앵커가 며칠 뒤 특정 정당 대변인으로 뉴스화면에 나타날 때, 개인의 이미지는 본인의 책임이지만 해당 방송사 뉴스의 사회적 신뢰는 크게 훼손될 수밖에 없다. 대선과 총선 과정에서 정치인에게 협력한 기자가 선거 후 장관이나 청와대 수석으로 가는 것 역시 저널리즘 전체에 대한 신뢰 구축에 파괴적으로 작용한다. 권위주의 정권은 기자를 체계적으로 파워엘리트의 네트워크로 동원했고, 1987년 이후 기자의 권력진출은 동원보다는 자발적 협력이나 담합적 네트워크를 통해 일어나고 있다. 해당 언론사는 이러한 담합적 네트워크를 반기지 않을 리 없다. 언론기업의 경제적 이해뿐만 아니라 사회정치적 권력을 행사하는 데 직접적으로 도움이 되기 때문이다.

한국 대기업과 정부 관료의 네트워크 형성에 관한 서재진(1991)의 연구에 따르면 대기업에서 정부로 진출하는 경우는 거의 없고, 정부에서 대기업으로 이동하는 경우는 대단히 많은 것으로 나타났다. 그러나 장관과 같은 고위직 출신은 극히 드물고 대부분 실무국장급 관료들의 이동이 많은 것으로 나타났다. 김윤태(1999)도 국가와 기업엘리트의 상호교류를 분석하면서 재계가 정당정치에 개입하거나 관여하는 정도가 낮았던 까닭은 국회의 정책형성 권력이 취약했기 때문이고, 오히려 실무급 고위관료와의 네트워킹이 효과적이었음을 밝힌 바 있다. 이 두 연구가 보여 주는 것은 한국 파워엘리트 집단의 담합적 네트워크는 학연,

지연, 혼연 등 비공식적 결합뿐만 아니라, 상당히 합리적으로 선택한 네트워킹에 근거한다는 점이다. 이들 연구를 통해 추론해 볼 때 1987년 이후 3차례에 걸친 정권교체 과정에서 기자집단의 권력진출이 지속된 것은 정치권력의 전략적 선택의 결과였다고 할 수 있다. 그러나 자율성을 핵심으로 하는 언론조직 문화에는 파괴적일 수밖에 없었다.

기자의 권력진출은 개인적 선택을 통해 일어나지만 협회 차원에서 공식적, 비공식적 채널을 통해 파워 네트워크와 연계하는 활동은 개인의 선택을 넘어선다. 집합적 수준에서 전문직 협회의 활동을 살펴보기 위해 기자협회, 언노련, 편집인협회, 관훈클럽, 신문협회 등 5개 단체가 사적 이해와 공익적 이해를 위해 어떤 활동을 전개했는가를 분석했다. 여기에서 일일이 논의할 수 없기 때문에 편집인협회와 관훈클럽의 활동을 파워 네트워크 구축과 관련해서 간략히 논의하기로 한다.[20)]

신문방송편집인협회는 유일하게 부장급 이상 언론인들이 참여하는 전문직 협회조직이다. 편집인협회는 김대중 정권의 세무조사와 〈중앙일보〉 사주 구속 이후 주로 성명서 발표를 통해 일련의 언론정책이 언론탄압이라는 입장을 명백히 한다. 언론사마다 서로 다른 입장을 취하고 있음에도 불구하고 편집인협회가 특정 입장을 지지한 것이다. 1995년 삼성 이건희 회장이 10억 원을 기부했을 때 별다른 이견 없이 받아들

---

20) 기자협회와 언노련은 주로 언론개혁을 과제로 설정하고, 1989년 기자윤리강령, 1997년 언론개혁 10과제, 2000년 언론인 비리백서, 2001년 신문개혁 국민행동지침과 10대과제, 지방언론진흥법 제정운동 등의 활동을 전개했다. 전문직 협회인 기자협회, 편집인협회, 신문발행인협회가 언론개혁을 위해 한 유일하지만 의미 있는 협력활동은 1996년 40회 신문의 날 신문윤리강령과 실천요강을 새롭게 선포한 일이다.

인 것도 놀라운 일이다.

대부분 주요 언론사의 부장급 이상 간부들은 모든 신문사, 방송국을 포괄하는 공식협회인 편집인협회보다는 임의단체라 할 수 있는 관훈클럽(방송인클럽도 유사하게 활동하고 있다)을 통해 활동했다. 해외특파원을 중심으로 1958년 시작한 관훈클럽은 사실상 주요 언론사 간부급 기자들이 모이는 공간이 되었다. 관훈클럽의 가장 두드러진 활동은 1977년부터 시작된 조찬/오찬 토론회로, 이는 정치인, 경제인과 기자들을 연결하는 좋은 통로가 되었다. 1987년 이후 이 토론회에 초대된 인물을 보면 김수환 추기경을 제외하면 대통령 후보, 현직 총리, 주요 장관 등 예외 없이 고위 정치인들이었다.[21] 관훈클럽이라는 기자들의 친목단체가 대통령 후보 초청토론회, 현직 총리와의 오찬토론회를 주최할 수 있는 힘은 어디에서 나오는가? 왜 현직 총리가 오찬토론회에 자발적으로 참석해서 데스크 이상 간부 언론인들과 대화하기를 원하는 것일까? 지금은 변했지만, 대통령 후보를 한 사람씩 초청하는 초청토론회를 관훈클럽이 주최하고 텔레비전 중계까지 할 때, 누가 그런 권한을 부여해 준 것인가? 법률적으로 문제될 것은 없다. 어떤 단체나 장관이든 총리든 집권여당 대표든 초청할 수 있기 때문이다.[22] 중요한 정책 결정이나 후보자들에 대한 정보를 알려 주기 위해 토론회를 개최하는 일은 한국 공론장에 기여할 것에 틀림없지만, 한편으로 이와 같은 활동은 집합적 수준에서 정치권력과 네트워크를 만드는 비공식적 채널[23]이 된다.

---

21) 이러한 양상은 2016년 총선 과정까지도 계속되고 있다.

22) 오해 없기 바란다. 관훈클럽의 활동을 비난하려는 게 아니라, 이와 같은 네트워킹 활동이 기자공동체 문화에 어떤 의미를 지니고 있는가를 묻는 것이다.

'언론전쟁'이라는 극단적인 용어를 쓸 수밖에 없는 상황이 전개되는데 편집인협회는 김대중, 노무현 정권의 언론정책을 비판하는 입장에 서왔고, 관훈클럽이나 방송인클럽은 별다른 활동을 보이지 않았다. 이로 인해 한국 저널리즘 전반에 대한 대중들의 신뢰는 급격히 추락했다. 이렇게 저널리즘의 신뢰가 쇠퇴하는 상황에 대해 간부급 언론인들로 구성된 전문직 협회에서 대화와 타협을 통해 새로운 길을 타개하고자 하는 활동이 거의 보이지 않았다. 이런 점에서 간부급 언론인이 참여하는 편집인협회와 관훈클럽은 권력집단의 네트워크와 비공식적으로 연결되어 있다고 할 수 있다.

이상에서 우리가 마주한 한국 저널리즘의 위기가 언론공동체 문화의 왜곡된 상황과 맞닿아 있음을 3가지 수준에서 검토했다. 기자집단의 자사중심주의 문화와 정체성, 소유/경영진의 압도적 영향력과 편집 자율성을 지키려는 조직문화의 부재, 이제는 하나의 전통으로 굳어진 기자의 권력진출, 그리고 정치권력과의 비공식적 네트워킹을 통해 이루어지는 지배연합과의 담합 등이 한국 기자공동체의 하나의 조직문화를 이루었다. 여기서 3가지 수준에서 주목하고자 한 것은 편집권 독립과 편집국 민주주의가 제도와 법률만으로 보장될 수 없고, 당사자들의 자발적 의지와 성찰이 요구되기 때문이다. 배제와 적대의 집단주의적 문화에서 벗어나 지식인으로서 자기책무에 대한 인식과 풍토조성이 중요

---

23) 초청토론회가 공식행사인데 비공식적이라고 한 까닭은 예를 들어 현직 총리 초청 오찬회라고 하면, 총리는 공식적으로 참석해서 공인으로서 토론한 것이지만, 법률에 근거한 회의에 참석한 것은 아니다. 이런 의미에서 이것을 비공식적 채널이라 할 수 있다.

함을 보이고자 했다. 민주적 언론공동체는 행위자들 사이에서, 조직과 조직 사이에서 적대(*opposition*)가 아닌 협력적으로 경쟁(*contestation*)함으로써 공적 이해에 봉사하는 사회조직이 될 수 있다. 협력적으로 경쟁하는 언론공동체를 구성하기 위한 실천은 기자들의 몫으로 남아 있다.

3. 소결

지금까지 제 8~10장에 걸쳐 1987년 민주화 이후 국가-시민사회의 축의 변화를 살펴봄으로써 오늘날까지 이어져 오는 훈민공론장의 특성을 검토했다. 민주화 이후 많은 이들은 국가-시민사회의 결합구조가 깨어지고 새로운 시민사회가 등장할 것에 대한 기대를 감추지 않았다. 강압적 국가의 압도적 지배하에서 가능했던 훈육적 동원과 후견적 규율은 더 이상 작동하지 않는 것으로 보였다. 그러나 그 빈틈을 채운 것은 국가의 우산 바깥에 존재하는 개인의 자유가 아니라, 헤게모니적 담론정치의 방식으로 다시 그들을 '국민'으로 호명하는 새로운 보수동맹의 등장이었다. 정치권력과 기득권 세력은 대중들의 욕구를 어느 정도 수용하면서 그들의 동의에 기초한 헤게모니적 담론정치라는 새로운 공론장을 창출하는 데 성공한 것이다. 제 8장과 9장은 이와 같이 국가-국민국가 결합의 해체와 국가-시민사회로의 이행을 요구하던 사회적 흐름을 역전시키면서 동의의 정치를 구축한 과정을 검토하는 작업이었다.

한편 훈육과 규율의 정치에서 헤게모니적 담론정치로의 이행에서 언론은 스스로가 권력을 자임하며 영향력을 확대했다. 언론은 때로는 국가를, 시장을 비판하지만, 대부분은 국민에 대한 도덕적 훈계를 제시하며 담론정치의 핵심세력으로 자리 잡았다. 10장은 바로 이렇게 권력화한 언론이 어떻게 적대적 공존이란 대립의 정치로 나아갔는지에 대한 분석이었다.

김대중, 노무현 정부를 거치는 과정에서 정부와 시장은 시민사회의 자율성 영역을 최소화하면서 중산층의 보수화를 성공적으로 이끌어 냈다. 외환위기 국면은 사회의 전면적 보수화와 헤게모니적 담론정치에 결정적 기여를 했다고 할 수 있다. 또한 1990년대 후반 이후 진보/보수의 대립은 기득권 세력이 스스로의 기득권을 지키기 위한 적대적 공존의 정치갈등이었다. 결과는 기득권 카르텔의 강화, 국가 중심성의 강화라는 형태로 나타났다. 여전히 국가 바깥의 개인을 상상하지 못하며, 엘리트적 입장에서 국민을 훈계하는, 훈민적 저널리즘이 지배하는 것이 오늘의 공론장의 모습이다.

제 11 장

훈민공론장에서 공공성의 의미형성

이번 장에서는 19세기 말 이후 훈민공론장의 기반이 되는 공공성이 어떻게 서구의 그것과 다른 특성을 가지게 되었는가를 검토함으로써 훈민공론장의 특성을 밝혀 보고자 한다. 공공성(*res publica*)은 주체, 내용, 실현 과정과 절차를 포괄한다. 우리가 관심을 가지고 있는 언론의 공공성, 공론장의 공공성 역시 누가 그것을 실현할 것인가, 내용은 무엇인가, 그것을 실현하는 절차와 운영의 규칙을 어떻게 제도화할 것인가의 문제를 지닌다. 공공성의 내용은 정답이 있는 게 아니다. 나라마다 다르고 시대에 따라 달라질 수 있기 때문에, 국가와 사회세력 간의 힘의 균형관계, 그러한 힘의 관계를 형성한 역사적 조건, 그러한 역사적 조건을 경험한 사람들의 인식과 기대의 상호작용을 통해 그 내용이 규정된다. 어떤 세력이 얼마만큼의 힘을 가졌는가도 중요하지만, 어떤 세력이 어떤 비전과 철학을 가지고 지적·도덕적 헤게모니를 창출하는가에 의해서도 규정된다.

언론의 공공성(*res publica, the public*)에 관한 문헌들을 검토하면 여러 학자들의 노력으로 이론적 정리가 되었지만, 여전히 애매하고 혼란스런 부분이 남아 있는 듯하다. 언론 공공성이라고 할 때 많이 가장 혼용되는 개념이 공익성(*public interests*), 공적 서비스, 공개성, 공정성 등의 개념이다. 'res publica'는 라틴어에서 '공적인 것'이라는 의미로 쓰이다가 로마공화정이 성립하면서 '공화정'이라는 의미로까지 확대되었다. 이 글에서는 주로 '공공성'이란 용어를 사용하고, 필요에 따라 '공적인 것'(*the publicness*)으로 지칭하고자 한다.

공공성은 공화주의적 근대 국민국가의 형성을 통해 공동체의 보편적 이해를 위해 성립된 개념인 동시에 사회적 장치라 할 수 있다. 공공성은 사실 복잡하고 어려운 개념은 아니다. 공동체에 거주하는 사람들이 공동으로 사용하는, 공통의 이해에 관련된 어떤 것이라 할 수 있다. 동네 우물이나 지역주민들이 공동으로 관리하는 저수지는 마을주민들이 공동으로 사용하고 공통의 이해와 연관된다는 점에서 공공성을 지니는 것이다. 그렇기 때문에 공동 우물을 유지하는 데 주민들이 비용을 분담하고 위생과 안전을 유지하도록 애쓰는 것이다. 그리고 그걸 누가 관리 유지하는가, 운영과 사용의 규칙을 어떻게 정하는가 등의 규칙들이 공공성의 내용을 결정하는 것이다(공개성과 공정성은 이 결정과정에 개입하는 개념이지 공공성 자체를 구성하는 개념은 아닌 셈이다).

동네 우물이나 저수지는 이해당사자가 적어서 별 문제가 없지만, 수자원이나 전력자원 전체를 어떻게 관리 유지하느냐 정도의 문제로 가면 여러 가지 어려운 문제가 생기게 된다. 2011년 일본 동북지방 지진과 쓰나미 이후 원자력 발전을 어떻게 할 것인가 하는 결정은 이제 한 나라 수준을 넘어서서 그 공공적 이해의 범위가 지구적 수준의 것임을 잘 보여 주었다. 이들 수자원, 전력과 에너지뿐만 아니라 교육, 의료, 언론 역시 한 사회가 지닌 경제적, 문화적 삶의 질, 시민들의 선택 등에 의해 그 내용과 절차가 크게 달라질 수 있다. 따라서 물이나 전력 등은 공공성을 지니게 되며, 좋은 물과 전기를 어떻게 적절한 가격(싸다고 좋은 것만은 아니다)에 제공하느냐와 같은 제도와 정책은 공익의 문제가 된다.

언론 공공성의 경우, 시민들이 사회적 의사결정과정에 참여하는 데 필요한 정보와 지식을 얻고, 이해당사자들의 의견을 표출하고, 설득하고 타협하는 공론장을 제도화한다는 점에서 공공성을 띠지 않을 수 없다. 서구의 경우 멀리는 르네상스와 시민혁명을 거쳐 민주공화주의와 국민국가의 형성과정에서 표현의 자유, 언론의 자유, 방송의 공적 서비스가 법률적, 제도적으로 자리 잡았다. 공공성의 내용이 그냥 주어진 게 아니라 이해당사자들 간의 갈등과 투쟁, 억압과 저항, 조정과 타협을 통해 오늘에 이른 것이다.

물이 자연자원이라면 공적으로 축적된 말과 언론에 관한 이념과 실천은 언론 공공성 차원에서 우리가 다루어야 할 자원인 셈이다. 예를 들어 '명백하고 현존하는 위험'의 원칙은 말하는 자와 말을 규율하려는 자들이 무엇을 할 수 있고, 무엇을 할 수 없는지를 구분하는 규범이 되었다. 이것은 하나의 법조항, 철학적 해석을 넘어서 아름답기까지 한 공공성의 표현이다. 그렇다면 법의 지배(*rule of law*)와 법을 앞세운 지배(*rule by law*)는 어떤가? 양자를 구분하고 왜 권력을 가진 자들이 폭력보다는 법의 지배를 통해 지배하고자 했는가 하는 질문을 통해 공화정의 근간을 사고했던 마키아벨리의 통찰 역시 21세기를 사는 우리들에게까지 주어진 공적 자원이다.

이번 장에서는 훈민공론장의 토대로서 공공성을 두 가지 측면에서 살펴보고자 한다. 하나는 '사회구성 과정에서 공공성이 어떤 위치를 차지하는가?'의 측면이고, 또 하나는 '지난 20여 년간 정치철학과 정치학, 법학 분야에서 제시된 자유주의, 공동체주의 그리고 공화주의에서 어떻게 공공성을 규정하는가?'의 측면이다. 물론 이것을 다룰 때 초점은 "훈민공론장 안에서 민주적 의사결정과정은 어떻게 제도화될 수 있는가?"라는 질문에 맞춰질 것이다.

1. 신자유주의가 주도한 국가: 국민사회 안에서 언론 공공성의 위상

국가, 시장, 시민사회는 사회를 구성하는 3가지 축이다. 근대를 통해 형성된 국가, 시장, 시민사회의 관계맺음의 양상은 국가를 중심으로 이들 세 축이 유연하게 재구성되는 경향을 보인다. 국가의 행위는 그 자체가 공적인 것이었고, 시장은 이해와 이익 관철을 위해 개인들이 경쟁하는 사적 공간이었다. 시민사회는 일상생활세계를 구성하는 사적 세계와, 그 바깥에서 공동체의 일반의지를 관철하기 위해 다양한 이익집단과 시민단체가 권력을 감시하고 의견을 표출하는 공론장으로 이루어져 있다. 시민사회 안에는 시장이 포함되기도 하지만, 자본주의가 고도화한 이후 별도의 장으로 개념화하는 게 보통이다. 이들 3가지 영역으로 구성되는 사회공동체를 유지하기 위한 규범과 장치가 공공성을 구성한다고 할 수 있다.

시장은 사적 이해가 경합하는 장이기 때문에 자체로 공공성을 가지지는 않지만, 개인들이 경합할 수 있는 규칙과 절차를 누군가가 만들고 규율해야 한다는 점에서는 공공성에 둘러싸여 있다. 공정경쟁을 위한 독과점금지법이 그렇고, 공동체 전체의 유지를 위해 불평등하게 부과되는(사실상 사회 전체로 보면 평등과 정의에 기여하는) 누진세제 같은 조세제도 역시 시장을 규율하는 규범이다. 이들 세 영역의 관계가 재구조화하면서 새로운 사회 거버넌스가 구성된다(Beck, Giddens & Lash, 1994). 한국은 서구에서 근대적 제도를 받아들이고, 식민지배를 통해 제국주의로부터 정치경제적 제도를 이식받았으며, 해방 이후 미군정과 압축근대화를 통해 근대적 국민국가와 국민사회를 구축했다.

공공성의 이론적 구성과 관련해서 이 흐름은 대단히 중요하다. 해방 후 1980년대 중반까지 민주공화주의를 표방했음에도 제대로 된 민주공화정을 만들지 못했고, 지난 30여 년은 새롭게 민주주의 공고화의 과제와 함께 탈근대와 국민국가를 넘어서는 지구화가 동시적으로 밀려오는 상황이기 때문이다. 한국사회의 현실을 들여다보는 사회과학 연구들이 늘 자신의 사회를 이행기 사회로 보게 되는 것도 같은 까닭일 것이다.

냉전 종식 이후 한국사회에 강하고 지속적인 충격을 준 지구화는 공공성과 관련해서 두 가지 얼굴을 동시에 가지고 있다. 하나는 자본의 지구화 물결이고, 또 하나는 국민국가를 넘어서는 지구온난화, 지역화, 지식정보화 등의 물결이다. 자본의 지구화 차원에서 보면, WTO 체제가 성립한 1990년대부터 국민경제는 더 이상 국민국가의 권한 안에 머물지 않고, 국제통화기금(IMF)과 세계은행(World Bank)은 국민국가의 경계를 없애거나 낮추는 주역으로 역할했다. 웬만한 국민국가의 총자본보다 큰 규모를 가진 국제자본은 스스로의 자원과 네트워크를 동원해서 시장이 국가를 더 잘 경영할 수 있음을 주장하고 그러한 정책을 제도화하는 지점까지 나아가고 있다. 국내에서는 전경련의 활동이나 자유기업원의 여러 주장들을 보면 이 점을 잘 알 수 있다.

이와 함께 지구온난화, 원자력 위험(일본 원전 사태가 잘 보여 주듯) 등의 문제는 더 이상 국민국가의 주권적 결정만을 허용하지 않는다. 이들 문제를 해결하기 위한 국민국가와 글로벌 거버넌스 체제가 환경, 핵, 평화, 여성 등의 영역에서 새롭게 등장하고 있다. 두 가지 물결 모두 국민국가 경계를 넘어서고 주체가 잘 보이질 않기 때문에, 혼란스럽고 때로는 그 애매함 자체를 악용하는 사례가 자주 목격되기도 한다. 자본 지구화의 흐름에 저항하고 자신을 보호하기 위해 민족주의로 퇴행하는 양상, 종교근본주의로 퇴행하는 양상도 이제는 더 이상 새로운 이야기가 아니다.

국가, 시장, 국민사회의 결합 양상에 따라 공공성은 끊임없이 재구성의 과정을 거친다. 헌법조문에만 있고 현실에서 부재하던 민주공화국을 새삼 성찰하면서 공공성은 이제 형식을 넘어서 실질적 민주주의, 실질적 공화주의를 사고하는 하나의 방편이 된 셈이다. 공공성을 어떻게 제도화하고 실천하느냐에 따라 시민사회의 확장과 지체, 시장의 무한 확대가 어떻게 타협하고 어떻게 재구성되느냐를 규정하게 될 것이다. 뒤에서 보게 되겠지만 시장의 논리, 자본의 논리가 정상적으로 작동하지 않는 현실에서 자유와 자율, 시장만이 살 길이라는 주장은, 단순히 주장을 넘어서 현실의 특권과 부패, 배제와 차별의 현실을 위장하는 효과를 가져올 수 있다. 이 점에서 공공성은 단순히 추상과 이론 수준의 논의가 아니라 자기 파괴의 길로 가는 한국사회 공동체가 어떻게 국가, 시민사회의 재구성을 통해 시대적 과제에 부응하는가의 문제가 되는 것이다.

2. 자유주의, 공동체주의 그리고 공화주의에서 본 언론의 공공성

자유주의와 공동체주의를 언론의 공공성 입장에서 보면, 공론장을 둘러싼 시민의 권리를 강조하는 입장과, 공론장의 합리적 운영이 사회의 공공선(*common good*)에 기여하는 바를 중시하는 입장으로 나눠 볼 수 있다. 언론의 자유는 자율적이고 합리성을 갖춘 시민에게 중요한 장치이지만, 다른 한편으로는 사회적 의사결정에 참여하고(예를 들면 사회보장제도, 공교육 정상화 등) 자신의 의견과 이해를 표명하는 공간이 제대로 작동할 때라야 공동선(사회보장의 결과로서 불평등 완화, 교육 불평등 해소 등)을 창출할 수 있다.

한 사회공동체가 유지, 운영되기에 필요한 공공성은 어떤 내용을 가지게 되는가? 정치철학을 하는 사람들은 자유주의나 공동체주의라는 철학적 입장이나 공화주의라는 제도적 틀에서 공공성을 따지고, 법철학을 하는 사람들은 법의 지배 혹은 헌법조항에 대한 해석을 통해 공공성의 내용을 들여다본다. 독일 공화주의에 대한 해석이 보여 주듯 공공성은 인민(*populis*), 건전한 공동체(*salus publica*), 공개성(*publizitat*)을 포함한다(조한상 2006).

우선, 인민이란 공적인 것을 규정하는 주체로 해석된다. 따라서 한 사회의 공적인 것이 인민으로부터 나온다는 해석이 가능하다. 이를테면 헌법 제1조 2항 국민주권 규정이나 제11조 국민의 평등에 관한 규정, 기타 국민의 기본권 보장 규정이 바로 'populis'를 규정하는 조항으로 볼 수 있다.

둘째로, 공공성은 "한 사회공동체가 왜 어떤 모습이어야 하는가?"라는 질문에서 '건전한' 공동체를 상정한다. 여기에서 '건전한'이란 절차적으로 공정하고, 내용에 있어 누구에게도 편파적이지 않은 공공복리를 실현할 수 있음을 의미한다. 현행 헌법 제37조 2항 기본권 제한의 내용적 요건으로서 '공공복리'가 정의로운 공동체의 두 번째 요건에 해당한다고 할 수 있다.

셋째로, 공공성은 공개적 토론의 필요성과 공개성을 의미한다. 현행 헌법 제50조 1항 국회 회의의 공개, 제109조 재판의 심리와 판결의 공개 등이 이러한 취지를 반영한다고 볼 수 있다. 정리하면, 공공성은 공공성 실현의 주체, 지향으로서 공공선 혹은 공공복리, 그리고 제도와 운영의 공정성과 공개성을 내용으로 한다고 할 수 있다.

여기서는 공공성의 유형을 정치철학, 행정학, 정치학 분야의 연구들을 참고해서 3가지로 나누고자 한다. 도구적 공공성, 자유주의 공공성, 공화주의적 공공성이 그것이다.

첫째, 도구적 공공성은 자유주의 혹은 자유지상주의를 근간으로 하면서 개인의 생명과 재산은 어떤 외부의 권력으로부터 침해받지 않고 자유로운 것이라는 자연권적 자유를 향유하는 것으로 설명된다(임의영, 2010). 이는 사적인 것을 위해 공적인 것이 생겨났고, 따라서 민간부문(시민사회와 시장)의 자율성이 최대한 보장되고 그것이 자연상태나 무정부상태에 이르지 않도록 최소한의 역할을 하는 국가형태를 정의로운 것으로 본다. 이런 입장에서 보면 사회는 개인의 이해를 관철하기 위해 모인 시민들의 모임일 뿐이고, 공공성이란 국가가 중립적으로 시민들이

사적 이익을 추구하는 데 필요한 최소한의 권한 행사 혹은 운영이라는 의미를 가지게 된다. 이런 점에서 임의영(2010)은 도구적 공공성의 시점에서는 공공성 자체가 강화되어야 하는 이념이 아니고 약화되어야 하는 것이라고 본다. 외환위기 이후 전경련, 유관연구소인 자유기업원, 보수주의진보연합과 같은 보수단체에서 주장하는 최소 국가와 시장의 자유를 좋게 해석하면 여기에 속한다고도 할 수 있겠다. 그러나 이들의 주장을 읽어 보면 결국 시장만능주의를 지지하는 것으로 보인다.

둘째, 자유주의 공공성은 고전적 자유주의가 현대사회의 갈등적 상황을 해결하기 어려운 조건을 넘어서기 위해, 자율적 개인과 안정된 사회를 유지하는 한도 안에서 국가와 법의 개입을 허용하는 관점이라고 할 수 있다. 이 유형에서 보면 현대사회에 계급불평등, 빈곤, 약탈적 국가 등이 만연하는 상황에서 개인의 자유만을 우선시할 경우 오히려 자유의 기반이 위협받을 수 있다. 또 현대사회가 새롭게 당면한 문제, 예컨대 안락사, 핵무기, 지속가능성에 대한 여러 가지 다양한 가치관이 충돌할 경우, 고전적 자유주의는 해결할 기반이 없기 때문에 국가 혹은 법의 개입을 부분적으로 받아들이면서 개인의 자율성과 어떻게 조화시킬 것인가 하는 문제에 당면하게 된다.

이 문제와 정면으로 마주한 사람이 롤스(Rawls)라고 할 수 있다. 롤스가 그의 정의론을 통해 제시한 정치적 자유주의는 몇 가지 조건을 충족시킬 것을 요구한다. 롤스는 《정치적 자유주의》(1996/1998) 서론에서 이렇게 설명한다.[1] 정치적 자유주의하에 시민들 각자가 타인에게

1) 롤스의 정치적 자유주의에 대해서는 번역자 장동진 · 유인태(2005), 황경식 · 박정순

자신의 가치관을 강요하지 않고 상대방의 입장을 존중하며, 각자의 입장을 주장할 권리를 인정해야 한다. 동시에 잘 알려져 있듯 자유주의 철학자로서 롤스는 어떻게 약자들에게도 분배의 정의를 세울 것인가를 고민했다. 개인 간의 이해가 충돌할 수밖에 없는 사회 안에서 혜택을 분배하는 장치와 절차를 어떻게 만들 것인가가 롤스의 중요한 관심사였고, 그것은 공공성의 핵심범주였다. 모든 시민들은 자신들의 가치관을 실현할 수 있는 사회제도를 표현하고 토론할 수 있어야 한다. 그런 점에서 공적 토론의 합리적 숙고과정은 협력적이고 질서정연한 사회가 있을 때 가능한 것이다.

물론 롤스를 비롯한 자유주의자들은 다른 사람들과의 차이를 인정하고 토론을 통한 합의를 도모하는 시민적 덕성(德性)을 강조하지만, 그것의 최종 목표와 동인(動因)은 각 개인의 권리와 자유였다고 할 수 있다. 예를 들어 사회적 복지를 위해, 교육의 공공성을 위해, 혹은 공론장의 공공성을 위해 개인의 권리나 자유를 침해하는 제도나 법을 만들 수는 없는 것이다. 이런 점에서 미국의 개정헌법 1조는 언론자유를 침해하는 어떤 법도 만들 수 없기 때문에, 나치즘이나 인종차별주의자의 표현의 자유도 그것이 폭력적이지 않은 한 보장한다. 어떤 생각이나 가치도 사상의 시장에서 경쟁하고 평가될 수 있다고 보는 것이다.[2] 반

외(2009) 등에서 많은 도움을 받았다.

2) 미국의 경우 인종차별주의자 집단인 KKK단이 케이블 텔레비전 공공 채널에서 프로그램을 만들어 방송할 수 있다. 그리고 앨라배마 주에서 실제 이런 상황이 벌어지자, 지역주민들이 오히려 인종차별에 반대하는 프로그램을 많이 만들어서 그 지역에서 인종차별에 대한 경각심이 오히려 높아진 사례가 있다. 이 점은 강명구·박상훈(1997) 참조.

면, 독일이나 유럽의 국가들에서는 나치즘과 같이 공동선에 위반되는 이념은 제한하기도 한다. 이런 점에서 미국은 자유주의적 공공성, 독일은 공화주의적 공공성을 채택하였다고 할 수 있다.

셋째, 공화주의적 공공성은 공동체에 참여하는 과정이 얼마나 열려 있고, 또 시민들이 얼마나 참여적인가에 의해 실현된다. 공화주의에서 자유는 '간섭의 부재'가 아니라 '지배의 부재'(Pettit, 2002)[3] 혹은 독자성(*independence*) (Skinner, 2007: 조승래, 2008 재인용)을 의미한다. 정치는 개인의 자율을 유지, 보호하기 위한 도구적 장치가 아니라 자유의 본질을 실현하는 공간이 되며, 법의 지배 역시 자유를 보장하는 제도가 된다. 공화주의적 공동체에 참여하는 공민(*the public*)[4]들은 공공선(*public good*)을 위해 참여하는 공민적 덕성을 요구받는다. 여기에서 '약한 공화주의'와 '강한 공화주의'가 갈릴 수 있다. 약한 공화주의는 시민들이 자의적 간섭이 없는 비지배의 상태를 원한다고 보고, 그런 상태를 실현하는 수단이 법의 지배라고 본다. 법이 개인의 권리를 보호하는 데서 한 발 더 나아가서 법에 의해 자유가 발생한다고 보는 것이다. 강한 공화주의는 또 한 발 더 나아가 참여하는 시민의 존재까지 가정한다.

---

3) 프팃의 공화주의에 관해서는 조승래(2010) 참조.

4) 국내 기존 문헌들은 저자에 따라 시민(*citizen*)과 공민(*public*)을 혼용해서 사용하였다. 여기서는 자유주의적 공동체의 주체를 시민으로, 공화주의 차원에서 공민으로 구분해서 개념화하는 것도 유용하다고 판단했다. 1960년대 초반까지 우리나라에서도 공민(公民)이란 개념을 썼다. 일본과 중국에서 사용하는 공민의 개념이 약간 차이가 나는 듯하지만, 이것은 서구에서 도입한 citizen, public의 개념과 전통사회에서 내려온 도덕심을 갖춘 사람이라는 의미가 혼합되어 있는 듯하다. 이 부분은 정치철학과 동양사상 분야의 연구를 필요로 할 것이다.

이때 공민적 덕성은 단순히 투표에 참여하는 것을 넘어서서 정치가 합당한 방향으로 가도록 운동에 참여하고 때로는 시위에 참여하는 행위를 포함한다(Barber, 1984).

문제는 참여가 공민적 덕성의 일부로서 가정되거나 책무로서 요구되는 것인가, 아니면 스스로의 즐거움으로 참여가 이루어지는가 하는 질문이다. 여기에서 아렌트는 공적 행복(*public happiness*)을, 찰스 테일러(Charles Taylor)는 자기진정성 개념을 제시한다.

우선 아렌트의 공적 행복은 정치적 장에 참여함으로써 생겨나는 진정한 즐거움이다. 사적 영역에서 일어나는 노동(*labor*), 작업(*work*)이 생존을 위한 것이라면, 정치적 참여와 공론장에 참여하는 행위(*action*)를 통해서는 공적 행복감을 얻을 수 있다는 것이다. "자기가 아는 범위 내에서 주변 사람들의 눈에 띄고, 발언이 경청되고, 인구에 회자되고, 인정받고 존경받고자 하는 욕망"(Arendt, 1958/1996, 105쪽)이 정치적 미덕이 되는 반면, 야심을 통해 차이의 수단으로서 권력을 목표로 하는 것은 정치적 악덕(惡德)으로 보았다.

공동체의 이해를 위한 정치적 참여를 이끄는 힘으로서 테일러가 제안하는 자기 진정성(*ethics of authenticity*)도 아렌트와 크게 다르지 않다. 테일러(1991/2001)에게 공화주의적 공동선의 핵심은 사회가 개인의 삶과 공동선의 정치를 조직화하느냐에 달려 있다. 그는 개인주의는 근대문명의 최대 성취가 아니라 현대사회 불안의 근원 중 하나라고 주장하면서 그것을 넘어서는 내적 동인이 인간에게 있다고 보았다. 그리고 그것은 바로 진정성이고 이것을 버리게 되면 우리 시대 모순을 넘어갈 수 없다고 말했다. 진정성이 개인의 자기결정을 넘어서서 "그 자체로 객관적으로 고상하고 용기 있는 어떤 것, 따라서 내 자신의 삶을 형성하는 데 도움이 되는 유의미한 어떤 것이 나의 의지와 무관하게 독립적으로 존재하고 있다는 인식에 바탕"(57쪽)을 두어야 한다는 것이다. 이러한 관점은 공공선에 도달하는 과정으로서의 절차를 강조하는 하버마스와 차이가 나는 듯하다. 대화적 관계는 두 사람 모두 강조하지만, 개인 바깥의 어떤 것을 우선하느냐 여부에서 테일러는 내가 사는 도시, 학교, 직장, 친구들이 나를 규정하는 삶의 조건 위에서 사는 시민의 존재를 상정한다.

이상에서 공공성의 개념을 3가지 유형으로 나누어 간략히 살펴보았다. 언론 영역의 공공성이라는 문제인식에서 보면 공공성의 실현 주체, 공공성의 실현 내용, 그리고 주체를 조직화하고 공공성을 실현하는 절차에 대해 3가지 유형은 각기 큰 차이를 가지고 있다. 국내 학계에서도 자유주의와 공동체주의를 둘러싼 논쟁이 1980년대 말부터 시작되었고, 정치학과 법학 분야에서도 1990년대 중반 이후 어떤 공화주의가 타당한가를 가지고 자유주의, 공동체주의, 절충주의적 입장이 토론과 논쟁을 통해 지속적으로 제기되었다. 그리고 외환위기 이후 양극화가 진행되면서 이들 논쟁이 공공성이란 화두를 중심으로 다시 전개되는 모습을 볼 수 있다. 철학, 정치학 유관 학회뿐만 아니라, 참여연대와 같은 시민단체들도 시장중심주의(대부분 '신자유주의'라는 용어를 사용한다)에 대응하는 상징으로서 공공성 문제를 새롭게 제기하는 상황이다.

여기에서 그것을 정리할 필요는 없을 듯하고, 한국의 현실에 비추어 자유주의, 공동체주의, 공화주의를 둘러싼 논의가 어떤 의미를 지니는가에 대해 분명한 견해를 제기한 몇 가지 주장만 간략히 소개하려 한다.

우선 자유주의 입장을 견지하면서 부분적으로 공동체주의를 수용하거나, 공동체주의가 연고주의와 집단주의가 심각한 풍토에서 오히려 억압적 이념으로 작용할 수 있다는 주장은 경청할 만하다. 예를 들어 윤평중(2003)은 공동체주의의 위험성을 지적하면서 급진적 자유주의를 제기한다.

> 자기정체성을 홀로 정초(定礎)하고 확인하는 사회문화적 훈련에 익숙하지 않은 우리들은 특징적으로 지연, 학연, 혈연에 의해 자신의 정체성을 호명 받는다. … 우리는 오늘날의 한국사회에서도 의사 가족주의의 횡포가 법의 지배를 압도하는 현상을 자주 목도할 수 있다. 사회적으로 승인되거나 집합적 규약에 의해 정해진 절차를 제멋대로 무시하는 이익집단들의 제몫 찾기가 빈발하는 현상도 … 특정한 공동체에의 충실성이라는 좋음(善)의 목표가 절차적 합리성의 준수라는 옳음을 무력화시키는 데 그 주된 원인이 있는 것이다(윤평중, 2003, 260쪽).

자유주의와 공동체주의의 조화를 주장하는 김비환(2000)은 아담 스미스를 인용해서 자유주의가 공동선을 그리고 있지 않다거나 관심이 없다는 비판은 타당하지 않음을 지적한다.

> 모든 개인은 그가 지배할 수 있는 어떠한 자본에 대해서도 가장 유리한 용도를 찾아내려고 부단히 노력한다. 실은 그의 안중에 있는 것은 자신의 이익이지, 사회의 이익은 아니다. 그러나 자신의 이익에 관해 연구해 가면 자연히 아니 오히려 필연적으로 그로 하여금 그 사회에도 가장 유리한 용

도를 택하게 되는 것이다. … 이윤이 등액(等額) 또는 거의 등액일 경우에는 모든 개인은 자연히 국내산업에 대하여 최대의 지지를 제공하고 최대 다수의 인민에게 수입과 일터를 줄 수 있는 그러한 방법으로 자기의 자본을 사용하고 싶어 한다. … 그는 자기 자신의 이익을 추구함으로써 흔히 그가 실제로 그것을 촉진할 것을 의도할 때보다 오히려 더 효과적으로 사회의 이익을 촉진시킨다(Smith, 1983: 김비환, 2000, 236쪽 재인용).

이론적 수준에서 자유주의와 공동체주의의 조화, 혹은 양자의 장점을 실천의 측면에서 받아들인다 하더라도 한국의 정치경제 현실에서는 그 유연성이 설 자리를 잃게 된다. 전경련, 유관단체로서 자유기업원, 보수진보연합 등에서 제기하는 여러 주장들을 보면 자유주의가 설 자리가 오히려 없어지는 듯하다. 자유기업원의 대표적 이데올로그들은 월가(街)로부터 시작된 2008년 세계경제 위기가 미국 통화정책의 오류였고, 소비자들의 투기욕망의 오류였다고 주장한다(민경국, 2009).

전경련과 같이 지나치게 치우친 기업중심주의를 차치하면 한국사회 맥락에서 자유주의의 덕목도 중요한 역할을 할 수 있다. 얼마 전까지 '우리 안의 파시즘'이란 이름으로 제기된 집단적 민족주의와 국가주의에 대한 비판, 페미니즘으로부터 나타난 가부장적 국가주의에 대한 비판의 핵심에는 근대사회를 통해 형성된 자율적 개인이 자리 잡고 있는 것이다.

그러나 이들 비판은 가족주의, 민족주의, 국가주의 비판에 기여를 한 반면, 그것을 대체할 민주적 사회에 대한 대안에 관해서는 제대로 그림을 그려 주지 못했다. 이러한 맥락에서 공동체주의와 민주주의가 결합된 형태로서 공화주의에 대한 지지가 생겨났다고 할 수 있다. 1987년 민주주의 공고화 과정을 거치고 외환위기를 맞이한 이후 정치의 복원, 시민사회정치의 복원이라는 화두가 공공성의 문제틀을 통해 다시 제기되고 있다.

여기에서 한 가지 어려운 난점이 생겨난다. 훈민공론장이 지니고 있는 국가주의적 특성, 훈육적 특성으로 인해, 공공성(*res publica*)의 복원이 시민사회정치의 부활로 이해되지 않고 '국가 = 공공'의 이해라는 등식으로 치환될 우려가 있다. 한국사회 현실에서 자유와 공동체, 정의의 개념, 시민적 덕성은 모두 우리의 사고를 정교하게 하고 윤리, 법, 정치제도를 연결하는 합리적이고 합당한 근거를 드러낸다는 데에는 이의가 있을 수 없다. 그러나 현실에 비추어 우리가 가지게 되는 공허감은 이들 철학이론이 공허해서가 아니라, 우리의 현실이 그 이론적 정합성을 허용하지 않기 때문인지도 모른다.

3. 민주화 이후 언론 공공성의 위기

언론의 공공성에 대한 사회 일반의 이해와 실천 여부는 사회 전체의 공공성과 궤를 같이할 수밖에 없다. 민주화 이후 20여 년이 지난 지금의 시점에서 한국의 공론장은 대중 일반의 신뢰를 받기보다는 공공성의 확보에 오히려 장애가 되는 기구로 인식되고 있다(언론재단, 2010). 왜 이런 상황이 되었으며, 언론의 공공성을 어떻게 확대하고 민주주의 발전에 긍정적으로 작용하도록 할 것인가 하는 질문에 답하기 위해서는 한국사회 안에서 공공성이 어떤 상태에 처했는가를 따져 보아야 한다.

여기서는 3가지 차원의 공공성의 위기(*crisis of res publica*)에 주목하고자 한다. ① 정치의 사법화(*legalization of politics*)와 '법을 앞세운 지배'(*rule by the law*), ② 배제의 정치, ③ 파워엘리트의 과두지배 문제를 중심으로 살펴본다. 공공성 위기에 관련된 이 3가지 국면들이 국가-국민사회를 연결하는 훈민공론장의 특성과 연관되는가를 밝힐 것이다.

1) 정치의 사법화 혹은 법을 앞세운 법의 지배

1987년 민주화 이후 노무현 대통령 탄핵을 비롯해 국가보안법, 이라크 파병, 행정도시 이전 등의 정치사회적 사안들이 헌법재판소 판결을 통해 결정되었다. 이전 같으면 청와대가 일방적으로 결정하거나 국회와 행정부처의 갈등과 타협을 통해 집행되었던 사안들이 헌법재판소 판결을 통해 옳고 그름이 가려지고 집행되거나 폐기되는 사회적 결정과정이

제도화되었다. 정당과 정당, 정당과 행정부가 정치적으로 갈등하는 경우에 사법부가 법의 해석을 통해 개입하게 된 것이다. '법의 지배가 이제 실현되는구나'라는 사회적 공감도 일어났고, 사회적 갈등의 최종 결정이 헌법재판소라는 최종적 사회기구에 기초하게 되었다는 민주주의 실현의 한 양상으로 보이기도 한다.

그러나 공론장 안에서 이해당사자와 서로 다른 이념적 지향성을 가진 집단들의 사회적 토론을 통해 합의와 갈등을 조절했어야 할 사회적 이슈들이 오히려 헌법재판관들의 결정에 의존하는 결과를 낳고, 그로 인해 절차적 정당성은 확보되지만 정치적 정당성을 결여함으로써 법의 지배 자체가 위험에 빠지는 사태가 벌어지게 되었다. 이러한 추세가 오히려 정치를 사법화하여 정당정치를 위험에 빠뜨릴 수 있다는 주장이 제기되었다(Maravall & Przeworski, 2003; 최장집, 2007; 박명림, 2005; 박찬승, 2008).

언론의 공공성이라는 이 글의 문제의식에서 정치의 사법화 사례로서 노무현 대통령 탄핵을, 법을 앞세운 법의 지배의 사례로서 사립대학 분규사태를 검토하고자 한다. 조금 지난 사례이기는 하지만 대통령 탄핵사태는 1987년 민주화 이후 법의 지배와 정치의 사법화가 사회적 징후로 나타난 중요한 사례라 할 수 있다. 또 사립대학 분규는 법적 절차의 정당성만이 옹호됨으로써 실질적 민주주의가 훼손되는 대표적 사례이자 현재진행형이기도 한 사례라 할 수 있다.

2004년 다수당인 야당과 민주당이 연대하여 당시 노무현 대통령을 정치중립 위반혐의로 탄핵소추하였다. 헌법재판소는 이 소추를 기각하였고, 이어 있었던 총선에서 일반 국민들은 야당에 참패를 안겨 주었다. 이어 2004년 10월 신행정수도 건설을 위한 특별조치법에 대해 헌재는 위헌판결을 내렸다. 대통령을 포함한 모든 사람이 법 앞에 평등하기 때문에 법을 위반했을 경우 처벌받아야 함은 법치를 위한 최소한의 요구라 할 수 있다. 의회가 대통령을 소추하고, 헌법재판소가 대통령의 행위의 범법 여부를 판단하는 절차를 거쳤다는 점에서 법의 지배가 성립되는 과정이라 볼 수도 있을 것이다.

헌재의 판결(헌법재판소 2004. 5. 14. 선고, 2004헌나1)은 크게 3가지로 요약할 수 있다. 첫째, 탄핵소추의 적법 여부다. 이에 대해 헌재는 국회의 자율권을 존중해야 한다는 논리에 근거하여 적법하다고 판단하였다. 둘째, 대통령 직무집행에서 헌법이나 법률을 위배했는지 여부다. 이에 대해 헌재는 ① 기자회견에서 특정 정당을 지지하는 발언을 한 대통령은 공직선거법 제9조 공무원의 중립의무를 위반했으며, ② 공무원법 제9조를 위반했다는 중앙선거관리위원회의 결정에 대해 대통령이 유감을 표명하고 공직선거법 개정의 필요성을 주장한 것은 법치국가 이념에 위반되어 대통령의 헌법수호 의무를 위반한 것이며, ③ 재신임 국민투표를 제안한 행위는 헌법수호 의무를 위반하였다고 판단하였다. 셋째, 위 헌법과 법률 위반 행위에 대한 대통령직 파면결정 여부에 대해서는 대통령의 법률 위반 행위가 파면할 정도의 중대한 위반에 해당하지 않는다는 이유로 기각결정을 내렸다. 법리적으로는 사실상 탄핵소추한 두 정당의 손을 들어 준 것이나 마찬가지였다.

헌재 판결의 법률적 타당성 여부를 따지는 일은 이 글의 목적에서 벗어난다. 탄핵심판제도의 목적이 대통령의 정치적 책임을 묻는 데 있지 않고 법적 책임을 묻는 데 있다는 것은 헌법교과서에도 나와 있다(허영,

2002). 대한민국 헌법은 정당국가적 민주주의에 기초해서 대통령의 정당정치활동을 보장하기 때문에, 국회의원 총선거에서 자신이 속한 정당에 대한 지지를 호소할 수 있고, 또 그래야 헌법 취지에 부응하는 것이라 할 수 있다. 그렇다면 대통령이 공무원으로서 정치적 중립의무를 가진다는 법률적 요구와 정당을 대표하는 대통령의 기관으로서 대의정치적 책무를 수행해야 한다는 요구가 충돌하는 셈이다. 이 점은 1987년 헌법 자체가 이런 충돌을 예비하고 있었다고 보는 게 타당하다(박명림, 2005). 헌법 조항 내부의 충돌에 대해 법리적 해명을 하지 않은 상태에서 헌재는 선거에서의 공무원의 정치적 중립의무를 들어 법률 위반이라 판결하였다. 헌재 판결은 국가공무원인 대통령의 신분에 대해 확인한 반면, 대통령이 정당을 대표해서 선거를 통해(정당의 선거강령과 공약에 대한 지지를 호소함으로써) 선출된 국가기관이라는 점은 언급하지 않았다. 헌재가 대통령의 정치적 책임을 물은 결과가 된 것이다.

1987년 민주화 이후 헌법재판소를 통한 정치적 갈등 해결은 그 타당성 여부를 차치하고 일반 국민들에게 대통령조차 법 앞에 예외일 수 없고, 법의 냉엄한 판단은 어떤 권력도 제어할 수 있다는 법의 지배가 관철되는 모습을 보여 주었다. 그러나 탄핵 판결은 국가의 행위가 법에 의해 규율되어야 한다는 법의 지배 요구가 인민주권을 기초로 하는 민주주의와 충돌할 수 있음을 보여 주는 사건이었다. 17대 총선에서 국민들은 탄핵을 주도한 한나라당과 민주당에 참패를 안겨 줌으로써 절차상의 합법에 대한 저항의사를 명백하게 표명했다. 법의 규율에 대해 국민들은 인민주권의 소재가 어디 있는가를 보여 준 셈이다.

법을 앞세운 법의 지배는 탄핵 사례처럼 민주주의에 반하는 상태를 낳을 수도 있으며, 더 나아가 독재정권을 유지하는 수단이 되기도 한다(Maravall & Przeworski, 2003; 최장집, 2007). 박명림(2005)은 민주화 이후 탄핵이나 이라크 파병, 신행정도시 이전 등의 사례에서 정치적으로 시민사회의 토론과 참여를 통해 해결해야 할 사회적 의제들이 헌법재판소 판결에 의존하게 되는 정치의 사법화를 우려하면서, 정당정치와 시민사회정치의 회복을 제안했다.

정치의 사법화와는 조금 다른 사안으로서, 법을 앞세운 법의 지배가 현실적으로 일어나는 사례로는 사립대학교 분규사태를 들 수 있다. 조선대, 상지대는 사학비리로 인해 재단이 물러나고 새로운 재단이 들어서면서 대학운영이 정상화된 대표적 사립학교들이었다. 상지대의 경우 교과부 소속 사학분쟁위원회가 2010년 8월 정이사 9명을 선임하였다. 그런데 김문기 옛 재단 측 추천인사 4명, 교수·학생 추천인사 2명, 교과부 추천인사 2명 그리고 임시이사 1명을 선임함으로써 김문기 전 이사장이 다시 돌아올 수 있는 길을 터놓았다. 이에 현 이사회와 교수 대다수 그리고 학생들이 크게 반발했고, 대학은 수렁으로 빠져들었다.

본래 상지대는 1993년 김영삼 정부가 출범하고 당시 이사장(동시에 국회의원) 김문기가 부정입학 혐의로 1년 6개월 징역형을 받으면서, 오랫동안 끌어오던 학내분규가 일단락되고 대학이 정상화된 바 있다. 대학사회 전반에 알려졌듯이 정상화 이후 상지대는 경영정상화뿐만 아니라 대학평가에서도 높은 평가를 받으면서 다른 어떤 사학보다 학교 전체가 발전하는 모습을 보였다. 그러나 2007년 대법원이 정부가 선임한 임시이사가 정이사를 선임한 것은 무효라고 판결하면서 비리로 쫓겨났던 재단들이 복귀할 수 있는 길을 열어 놓은 것이다. 이명박 정부가 집권하자 사학분쟁위원회 위원들이 바뀌고, 이 위원회는 법의 이름으로 상지대, 조선대 등 정상화되었던 사학의 이사회를 재구성하는 결정을 내렸다.

1993년 당시 김문기 이사장의 비리 내용들은 다음과 같다. 대학입시 부정행위(1년 6개월 실형 복역), 1978년부터 1993년까지 이사회를 정상적으로 개최하지 않고 회의록을 허위로 작성하여 관할청으로부터 임원 승인취소 처분을 받은 것, 교수 5명을 특별한 이유 없이 해임하고 9명의 교수를 재임용 탈락시켰으며, 22명의 전임강사에게 봉급포기 각서·사직서 제출을 요구해 교원인사를 부적절하게 관리한 것, 재단 비리를 비판하는 학생들을 빨갱이로 몰기 위해 불온 유인물("가자 북의 낙원으로", "전두환은 김일성 수령님과 타협하여 통일하라" 등)을 살포하여 용공 조작사건을 만들고, 개인명의 토지에 대한 종합토지세를 학교 예산으로 납부한 행위 등이다(박거용, 2010).

비리를 저지른 구(舊) 이사진과 친인척들이 새로 이사회를 구성하여 다시 복귀하기 직전에 있는 대학들이 현재 여러 곳 있고, 많은 곳에서 교수와 학생들의 시위가 연일 벌어졌다. 몇몇 교수들은 구 재단에서 복귀한 이사회에 의해 고소 고발된 상태에 놓였다. 이러한 움직임 모두가 대법원 판결이나 사학분쟁위원회의 오랜 심의(상지대의 경우 2년이 걸렸다)를 거치는 등 합법적 절차를 거쳤다.

여기에서 필자가 주목하고자 하는 것은 법률적·제도적 심의과정의 합법성 판단이 아니다. 입시부정, 용공조작 등 교육자로서 자격을 상실한 구 재단이사들이 법률적 절차의 이름으로 대학운영의 책임을 다시 맡는 사태가 법원 판결과 사학분쟁위원회 결정을 통해 벌어지고 있다는 사실이다. 분규사학의 이사회 재구성을 둘러싼 일련의 사태들은 사립학교 재단들과 사학분쟁위원회, 교과부 등의 보이지 않는 결탁이 작용한 것이겠지만, 그것이 법에 근거해서 법적 절차의 이름으로 시행되고 있다는 것이다. 이렇게 법의 판결과 시행 절차가 이루어지면 교육현장에 있는 교수들과 학생들은 법의 정의가 어디 있는가를 묻게 된다. 이는 법을 앞세운 법의 지배가 법에 대한 심각한 불신을 낳고 사회적 갈등을 조장하는 대표적 사례이다.

위에서 살펴본 정치의 사법화와 법을 앞세운 법의 지배는 민주주의에 정면으로 반하는 사례다. 여기에서 법의 지배가 민주주의와 조화롭게 결합하기 위한 장치가 필요해지는데, 그것은 입헌주의(*constitutionalism*)라 할 수 있다. '기본적 권리의 보장이라는 헌법적 이념으로서의 입헌주의'는 법의 지배와 민주주의를 조화시키는 원리라 할 수 있다(박은정, 2010). 박은정은 법이 법으로서 정당성과 실질적 효력을 지니기 위해서는 헌법 제정권자인 국민의 의사가 무엇인지에 대한 정확한 이해가 전제되어야 한다고 주장한다. 위의 두 사례는 사법부가 법률주의에 충실하고 헌법제정권자인 인민의 의사를 따르지 않을 때, 그리고 그 판결에 근거해서 정책을 집행할 때 민주주의에 위협이 될 수 있음을 보여주었다. 법의 지배가 민주공화정을 지키는 공공성의 한 기반이라면, 정치의 사법화 경향과 법을 앞세운 지배가 오히려 법의 정당성을 해치게 되는 것이다.

이상 두 사례를 통해 민주화 이후 민주주의는 법의 절차적 정당성, 법의 지배를 제도화했지만, 실질적 내용의 정당성을 확보하지 못함으로써 사회적 의사결정에 대한 불신을 낳게 되었음을 살펴보았다. 훈민공론장이 민주화 이후 민주화를 통해 민주주의의 실질적 내용을 확보하지 못하고, 오히려 형식과 절차의 정당성만을 확보하는 형식주의로 전락하는 양상이 나타나기 시작한 것이다. 이러한 불신이 공론장의 주체들 사이에 팽배함으로써 공론장에서 보호되고 진작되어야 할 공공성에 대한 신뢰, 공론장 자체에 대한 신뢰의 위기가 나타나게 되었다.

2) 배제의 정치: 공적인 것으로부터 물러난 집단의 존재

민주화 이후 민주적 공론장은 우리 사회의 화두였을 뿐만 아니라, 언론학 분야에서 가장 중요한 연구영역이었다. 민주적 공론장을 어떻게 구축할 것인가, 기존의 미디어들이 어떻게 공론장의 민주적 기제로 작용할 것인가(조항제·박홍원, 2010), 새로이 떠오르는 미디어로서 인터넷과 모바일은 공론장에 어떤 기여를 할 것인가 등과 관련하여 하버마스의 방한 이후 상당수의 저술이 번역되고 철학, 정치학, 사회학 분야에서 많은 이론적 진전이 이뤄졌다(한상진, 1996)

그렇지만 민주적 공론장에 대한 정치철학과 세밀한 실증연구들의 성과가 많이 축적된 반면(김수아, 2007; 김성해·송현진 외, 2010), 민주적 공론장에 참여하는 주체에 대해서는 그다지 많은 논의가 이루어지지 못했다. 대부분의 논의들이 공론장의 주체로 대화적 이성을 갖춘 시민을 당연한 존재로 가정하고, 미디어 자체에 많은 관심을 쏟았다. 숙의민주주의(*deliberative democracy*)와 미디어의 연관에 대해서 좋은 연구 성과들도 제출되었고(박승관, 2000), 토론과 숙의과정이 왜 다른 이해와 이념을 가진 집단 간의 소통으로 이어지지 않는가(이준웅, 2005; 신진욱, 2007) 등에 대한 다양한 관심도 축적되었다.

그러나 무엇보다도 저널리즘 공공성의 철학적 기반을 현실에서 다시 생각하는 이 글의 입장에서는 누가 어떤 이해와 어떤 관심을 가지고 공론장에 참여하느냐, 혹은 공론장에서 배제되었느냐 하는 문제를 도외시하기 어렵다. 예를 들어, 인터넷이 민주적 공론장에서 어떤 역할을 하느냐는 질문을 할 때 우리는 흔히 인터넷이 제공하는 상호작용적 공간, 참여적 가능성에 주목하고, 그것이 어떻게 민주적 숙의과정에 기여하는가를 탐구하게 된다. 그러나 한국사회에 인터넷이든 신문이든 방송이든 정치적인 것에 대해, 사회적인 것에 대해 전혀 관심을 보이지 않고, 공적인 것으로부터 스스로 퇴행하거나 주어진 삶의 조건에 의해 배제되는, 눈에 보이지 않는 집단이 상당수 있다면 어떻게 될까? 여기서는 미디어 공공성의 주체로서 가시적 시민운동이나 시민사회의 개념을 따지기보다, 정치적·사회적인 것으로부터 자발적으로 퇴행하고 구조적으로 배제된 집단에 대해 생각해 보고자 한다.

우선 대의제 민주주의의 가장 중요한 구성요소인 선거참여율을 보자. 1987년 이후 지난 30여 년간 대통령 선거와 국회의원 총선거의 투표율이 지속적으로 떨어지고 있다. 우선 대통령 선거 투표율을 보면 13대 대선 때 89.2%였던 것이 10년 뒤 15대 대선에서는 80.7%로 떨어지고, 다시 10년 뒤(2007년) 62.9%로 내려앉았다. 2012년 18대 대선에서는 75.8%로 올라갔지만 과거의 투표율에는 아직 미치지 못하고 있다. 총선에서는 13대 75.8%로 시작해서 15대 63.9%, 17대 60.6%였고, 18대 총선에서는 46.0%로 유권자의 반 이상이 투표에 참여하지 않았다. 이는 너무 빠른 하강속도라 할 수 있다. 그나마 2000년대 후반

경제위기와 취업난, 양극화 문제 등이 부각되면서 2012년 19대 총선에서는 54.2%, 2016년 20대 총선에서는 58%의 투표율을 보여 다시 조금씩 반등하는 양상을 보였다.

그런데 이렇게 많은 사람들이 점점 투표하지 않는 상황이 벌어지고 있음에도 불구하고, 선거에서 누가 투표하지 않는가에 대한 연구는 의외로 적었다(강원택, 2002; 박철희, 2005; 이현우, 2008; 서복경, 2010). 서복경(2010)은 투표불참 집단의 사회경제적 특성을 17대 대선 자료를 이용해 분석한 결과 저소득층 유권자 집단일수록 투표불참 가능성이 높다는 사실을 발견했다. 특히 월수입 200만 원 미만인 집단의 투표율이 낮았고, 소득이 성, 학력, 연령 변수보다 더 큰 설명력이 있음을 밝혔다. 판매/영업/서비스직, 생산/기능/노무직, 사무/관리/전문직, 그리고 주부(농업과 자영업은 상관관계가 유의하지 않게 나타남) 집단 모두에서 소득이 낮은 비정규직 근로자들이 선거에 참여하지 않는 것으로 나타났다.[5)]

이와 더불어 빈곤층의 투표불참에 주목한 연구가 현장운동가에 의해 대규모로 이루어졌다. 손낙구(2008)는 2004년과 2006년 부동산, 학력, 종교가 투표율과 투표성향에 어떻게 연관되는가를 수도권 전체 1,164개 동네의 자료에 근거해서 분석했다. 분석 결과, 서울 522개 동네 중 가장 투표율이 낮은 동네는 주민의 75%가 무주택자였고 아파트에 사는 사람들이 거의 없고 학력도 상대적으로 낮았으며 종교를 가지

5) 투표율이 크게 떨어진 2004년 17대 총선과 2008년 18대 총선 서울지역 투표율(62.2%, 45.8%)과 투표구별 세입의 상관관계를 보았을 때, 유의미하지는 않았지만, 빈곤한 지역의 투표불참이 높아지는 경향을 보였다.

지 않은 사람들이 많은 것으로 나타났다. 투표율이 높은 곳은 송파, 강남, 양평(목동) 등 아파트가 밀집하고 집값이 비싼 동네들이었고, 이 지역들은 투표율과 함께 새누리당 지지율도 높았다. 투표율이 높은 이들 지역 주민들은 대개 주택을 소유하고 학력이 높으며 종교를 가진 사람들이었다.

손낙구는 가난한 사람들일수록 투표하지 않는 원인으로 주거가 불안정한 점을 꼽았다. 무주택자의 80% 이상이 평균 5년에 한 번씩 이사를 다니고 있었다. 길어야 5년 정도 살고 떠날 동네에서 지역문제가 제기되더라도 자신의 문제로 인식하지 않게 된다는 것이다. 대의제 민주정치는 투표를 통해 소외된 세력이 자신의 권리와 이해를 표출할 수 있어야 하는데, 이들은 삶을 둘러싼 구조적 조건에 의해, 그리고 자발적으로 퇴행하고 있는 셈이다. 이들은 투표에만 참여하지 않는 게 아니라 사실상 사회적 공론장 바깥에 존재한다고 할 수 있다.

공적인 것(*res publica*, *the public*)으로부터 배제된 집단은 자기의 목소리를 내지 못한다. 말하지 못하는 게 아니라, 말하기를 스스로 포기하기도 했고, 말할 수 없기 때문이기도 할 것이다. 이러한 점은 지난 20년간의 노조참여율, 파업률로 부분적으로 설명할 수 있다. 김대호(2011)에 따르면 2007년 상용근로자 노조조직률은 20.7%, 임시근로자는 1.9%, 일용근로자는 0.2%였다. 사업체 규모별로는 100인 이하 사업장은 8.7%, 300인 이하 사업장은 20.7%, 1,000인 이상 사업장은 34.2%였다. 물론 공기업은 100%였다. 노조조직률의 전체적 경향을 요약하면, 상용근로자, 대기업, 공공부문, 제조업, 남성, 고학력자들의 노조조직률이 높은 경향을 보인다. 이와 유사하게 사업체 규모별 노사분규 추이도 대기업 노조는 적게 나타나고 소규모 사업장일수록 높게 나타났다. 여러 조건이 열악한 곳에서는 노조가 거의 조직되지 못한 것이다.

이런 조건으로 인해 지난 20년간 대기업과 공기업 부문의 임금은 크게 상승해서 선진국과 유사하거나 오히려 앞질렀지만(절대적으로도 그렇고 가처분소득을 고려하면 더욱 크게), 소규모 사업장과 비정규직 부문의 근로자들은 앞에서 보았듯 빈곤층으로 전락하고 있다. 한편, 대기업과 공기업의 임금은 선진국과 비교할 때 상당히 높다고 평가된다. 생산직 근로자 임금을 국제적으로 비교해 보면 1992년 한국은 5.21달러, 타이완 5.12달러, 싱가포르 4.91달러, 일본이 16.13달러였고, 2006년에는 한국이 14.72달러, 타이완 6.42달러, 싱가포르 8.55달러, 일본 16.13달러였다. 2006년 1인당 GNI가 한국이 약 18,400달러, 타이완 14,400달러, 싱가포르 28,700달러, 일본 35,200달러임을 고려하면, 한국 제조업계의 임금이 급격히 상승했을 뿐만 아니라 상당히 높은 수준인 셈이다. 김대호(2011)는 북유럽 국가들이 향유하는 동일노동 동일임금은 대기업 부문의 양보와 일자리 나누기(노조 조직률 70~80%)로 가능해졌음을 지적하면서, 공기업, 대기업 부문은 임금을 계속 올리면서 불황 때는 부담을 하청, 중소영세기업에 전가하는 상황이 한국 사회의 양극화를 더욱 악화시켰다고 본다.

한국의 대기업, 공기업 중심의 조직노동은 기업의 수익성이 허용하는 한 자신의 노동의 양, 질에 대한 사회적 평가 수준에 상관없이 끝없이 처우를 올린다. 노동시간 단축은 바라지만 임금 감소는 거의 반대한다. 고용 유연성이나 성과 직무급도 절대 반대한다. 당연히 조직노동의 관심사 및 요구 수준과 대다수 미조직 노동, (청년) 실업자, 영세자영업자의 그것은 너무나 다르다. … 한국 조직노동이 추구하는 최고의 가치는 '고용안정'과 '공공부문 유지 = 민영화 반대'이다. 이것이 기득권을 지키는 확실한 방안이기 때문이다. 당연히 최대의 적은 '고용임금 유연화, 성과/직무(실력) 중심 임금체계, 민영화, 공급자 간의 경쟁강화(소비자 선택권, 심판권)' 등으로 상징되는 자유주의, 시장주의 정책이다(김대호, 2011, 30쪽).

김대호에 따르면 대기업과 공기업 부문은 자신의 목소리를 냈지만, 노조조직률이 낮은 200인 미만 사업체에 종사하는 대다수 근로자는 그런 조건에 있지 못했다. 비정규직, 일용근로자가 임금인상이나 노동조건 개선을 요구할 조건에 있지 못한 것은 너무나 자명하다. 같은 자동차 조립작업장에서 일하는 정규직과 비정규직 사이에, 대학에서 교수와 강사 사이에, 언론 부문에서 정규직과 독립제작사 종사자 사이에 발생하는 임금, 직업안정성, 사회안전망 부문의 격차가 모두 여기에 해당할 것이다.

조금 우회한 셈이지만 지금까지의 논의를 통해서, 선거에 참여하지 않은 계층과 노동과정에서 자신의 목소리와 이해를 관철시키지 못한 집단이 800만에서 1천만 명에 달하는 이들 빈곤층에 몰려 있다는 점을 확인할 수 있었다. 그렇다면 양극화가 확대되고 빈곤에 속하는 사람들의 수가 늘어나는 상황에서 이들이 어떤 모습으로 살아가고 있는가? 인간답게 살아갈 최소한의 물질적 조건과 인간적 존엄을 요구할 30%의 국민들이 '사회적인 것'으로부터, '공적인 것'으로부터 배제되고 스스로 퇴행한 상황에서 이들은 극단적으로 싸우려 하거나 포기한 것은 아닌가? 빈곤문제를 오랫동안 취재해 온 〈한겨레〉 기자 안수찬은 다음과 같은 관찰을 내놓았다.

> 한국의 빈곤계층은 대통령, 국회, 정당, 노동조합, 기업, 언론 등에 대해 아무 관심이 없었다. 군사정권 시절을 거친 노인 빈곤층만 '기계적으로' 선거에 참여할 뿐, 50대 이하 빈곤층 대다수는 정치를 비난하는 게 아니라 그냥 무시했다. 정치, 운동, 언론이 그들의 삶에 힘이 되어 주거나 버팀목이 됐던 기억이 그들에겐 없었다. 빈곤층이 (특히 진보정당에) 투표하지 않는 이유, 신문(특히 〈한겨레〉)을 읽지 않는 이유, 노동조합(특히 민주노총)에 관심을 두지 않는 이유가 여기에 있다. 짧게는 지난 10여 년간, 길게는 1987년 이후 20여 년간, 이른바 진보 블록의 어떤 세력집단도 이들에게 의미 있는 존재가 된 적이 없다. 그들을 의미 있는 존재로 호명한 적이 없다(안수찬, 2010, 308~309쪽).

노동의 양, 질보다 소속이 처우를 결정하니 자신의 능력, 노력에 비해 낮은 처우를 받는다고 생각하는 사람은 신의 직장을 보면서 한편 부러워하고, 한편 분노하면서 억울함에 치를 떤다. 불공정과 불공평이 만연하는 한 현재의 처지에 만족하는 사람은 드물 수밖에 없다. 신의 직장으로 들어가려는 몸부림과 기업만 튼튼하다면 신의 직장을 만들어 보려는 투쟁의지가 들끓게 되어 있다. 그래서 근래에 벌어지는 한국의 격렬한 노동투쟁은 좋은 곳에 들어가려고 하는 투쟁이거나 좋은 곳에서 떨려 나오지 않으려는 투쟁이다. KTX 여승무원 투쟁, 쌍용자동차 투쟁, 현대차 비정규직 투쟁이 대표적이다. 대기업, 공기업 노조의 잦아들지 않는 전투성과 노동의 양, 질에 비해 월등히 높은 근로조건은 취업과 실업의 낙차를 너무나 키워, 유사시 구조조정을 지극히 어렵게 한다(김대호, 2011, 31쪽).

앞의 인용은 포기하고 스스로 퇴행하는 흐름을 탁월하게 읽어냈고, 뒤의 인용은 노동 내부의 격렬함과 분노가 서로를 적대하게 하고 분노를 터트릴 곳을 찾지 못하고 있음을 잘 보여 준다. 이들 두 집단 모두 공론장에서 목소리가 들리지 않는 사람들이다. 정당정치에서도 이들은 접근하거나 이해를 반영할 통로를 가지고 있지 못하다. 최장집(2007)은 투표율 저하와 노동의 위기가 민주주의의 지체를 초래하고 있음을 이렇게 지적한다.

만약 사회의 갈등하는 이해집단들의 소리가 조직되고 대표되지 않는다면, 그것이 이루어지는 정치의 장이 개방되지 않는다면, 사회적 약자나 시장에서의 열패자들을 포함해 보통사람들은 정치적으로 대표될 수 없고 그들의 권익을 실현할 수 있는 방법도 없다. 민주주의에서 이런 역할을 하는 중심적 제도가 바로 정당이다. 즉 민주주의란 한 공동체 내에서 공적 결정을 만드는 틀이고, 그 민주주의에 내용을 불어넣고 만드는 것이 복수정당이라는 것이다(최장집, 2007, 27쪽).

이상에서 공적인 것으로부터 배제된 집단의 양상과 삶의 상태를 살펴보고, 이들이 공론장의 바깥에 존재하고 있음을 보았다. 근대 이후 훈민공론장이 사회공동체의 통합에 기여하기 위해서는 사회적 공론장에서 소외되거나 배제된 사람들이 적어야 한다. 전근대시대 훈민공론장이 왕권을 지지하면서 사림/관료들이 공론장의 주류를 이루고, 평민과 상민은 말할 기회를 제대로 가지지 못했다. 개항 이후 1세기가 넘는 기간 동안 공론장에 참여하는 사람과 집단이 확대된 것은 사실이지만, 여전히 공론장에서 소외된 사람이 많은 것이다. 이렇게 눈에 보이지 않게 존재하는 소외되고 배제된 사람들의 존재로 인해 민주화 이후 민주주의가 지체되고 있다고도 할 수 있을 것이다. 이러한 배제의 정치는 다음에 살펴볼 공론장에서 파워엘리트의 과다 대표 현상으로 더욱 강화되는 양상을 보인다.

4. 파워엘리트의 과두지배: 누가 사회적 결정의 내용과 형식을 주도하는가

민주화 이후 국가-국민사회를 지탱하고 지지하는 사회적 절차로서 법의 지배가 위기에 처하고, 사회적 공론장에서 배제되는 집단이 광범위하게 존재하고 있음을 살펴보았다. 큰 틀에서 보면 권위주의 국가의 권력이 약화되고, 시장과 시민사회의 자율성이 신장되었지만, 여전히 민주주의는 지체하고 있다는 것을 알 수 있었다. 이런 변화를 행위자의 측면에서 들여다보면 변화의 양상을 더 잘 볼 수 있고, 왜 민주주의가 지체되고 있는가를 해명하는 실마리를 찾을 수도 있을 것이다.

사회구성의 3가지 층위를 구성하는 사람들은 정치인, 관료, 사법부와 검찰, 기업인, 전문가(과학자 및 예술가, 언론인 등) 등 파워엘리트와 시민운동과 노동운동 등을 통해 아래로부터 올라오는 세력이다. 이들 집단은 정책을 입안하고 집행하는 힘을 갖는다. 한국사회를 어떤 모양의 공동체로 만들 것인가는 사실상 이들의 손에 달려 있다. 앞서 살펴본 자유주의, 공동체주의, 공화주의 모델 역시 이들 주체들이 어떻게 토론하고, 타협하고, 조정하느냐에 따라 그 공동체 구성원의 운명이 달라지게 됨을 보여 주었다. 자유와 자율의 영역이 커지고, 개방되고 투명해진 영역도 커졌음에도 불구하고, 여전히 정계, 관계, 재계, 학계, 법조계, 언론문화계, 사회단체 인사들의 가시적·비가시적 네트워크는 지속되고 있다.

자유민주주의이든 민주공화주의이든 앞서 살펴본 공공성에 대한 여러 이론들이 공허해지는 원인의 한가운데에는 기득권 세력의 연대가 자리 잡고 있다. 사람들은 이것을 학연, 지연이라고 부르고, 개념적으로는 파워엘리트 집단의 과두(寡頭) 지배라고 할 수 있을 것이다. 특혜와 특권, 부패와 봐주기 등을 주고받는 파워엘리트의 동맹은 법의 바깥에서 여당과 야당에 관계없이 사회적 결정을 주도하고 있다. 이러한 상황을 이해하기 위해서는 사회적 정책결정에 관련된 이론적 모델을 참고해 볼 수 있다.

윤상우(2007)에 따르면, 한국은 개발국가 시절 관료집단이 정책 개발과 집행을 독점했다. 윤상우는 민주화 이후 시민사회와 기업의 참여가 상당히 높아졌음에도 불구하고 관료주도성이 여전히 강력함을 실증적으로 보여 주었다. 정확한 판단을 유보하지만 민주화 이후 정책 결정이 관료정치모델에서 엘리트과두제 모델로 이행하고 있다고 보는 듯하다. 여기서는 이런 판단에 대체로 동의하면서, 한국사회 공공성의 위기의 원인이라 할 수 있는 이들 파워엘리트 집단의 과두적 지배에 관하여 몇 가지 구체적 사례를 통해 살펴보기로 한다.

재벌의 불법행위를 감시하는 운동을 하는 경제개혁연구소의 보고서(이승희 · 이수정 외, 2010)는 지난 대통령 선거 당시 이명박 후보 선거캠프에서 활동하고, 또 관련 위원회에서 일한 관료, 기업인, 교수, 언론인, 시민운동가들이 집권 이후 얼마나 많이 재벌, 금융권, 공기업 사외이사로 진출했는가를 보여 주었다. 조사대상 274개 기업 중 62개사(22.6%), 금융그룹 및 금융회사는 33.3%, 공기업은 50%가 이들 이명박 정부 관련 퇴임 정치인, 퇴임 관료, 교수(교수는 모두 현직 유지), 시민운동가를 사외이사로 선임하였다. 이들 명단과 기업의 이름을 모

〈그림 11-1〉 정책생산의 이익대표모델 유형

		이익대표체계		
		집중적 ←		→ 분산적
역학관계	국가 우위 ↑	관료정치 모델	(엘리트 과두제 모델)	정당의회주도 모델
			거버넌스 모델	
	↓ 사회 우위	사회조합주의적 계급정치 모델	(급진민주주의적 시민정치 모델)	다원주의적 이익집단정치 모델

출처: 윤상우, 2007, 87쪽.

두 열거할 수는 없고, 몇 가지 대표적 예만 들기로 한다.[6]

두산중공업 사외이사에는 김회선(김앤장 변호사, 국정원 2차장), 윤건영(연세대 경영학과 교수, 17대 한나라당 국회의원), 삼성 계열사에는 최운열(소망교회 금융인선교회 멤버이자 서강대 경영대 교수), 임진택(소망교회 집사이자 한양대 경영학부 겸임교수), 강혜련(2004, 2008년 한나라당 총선 공천심사위원, 뉴라이트 전국연합 공동대표, 이화여대 경영학과 교수) 등이 신규로 임용되었다. 현대자동차에는 이두희(소망교회 소속이며 박미선 전 청와대 사회정책수석 후보의 남편, 고려대 경영학과 교수), 어윤대(국가브랜드위원장, KB 금융지주 회장, 고려대 총장), 오정석(이상득 의원 둘째 사위) 등이 신규 혹은 재선임되었다.

금융권에서도 양상은 유사하다. 우리금융그룹은 이명박 대통령 인사들이 6명(1명은 금통위원으로 옮기면서 사퇴)이나 이사로 포진했다. 이두희(재선임, 현대자동차도 겸임), 인수위원회 전문위원이었던 정인학 이

6) 여기 나온 명단의 소속과 직책은 2010년 당시 시점을 기준으로 한다.

사, 이명박 후보 정책자문단 소속 강명헌 교수는 금통위원으로 위촉되면서 사퇴하였다. 이어 서울경제포럼 사무총장 출신 백창열, 선진국민연대 상임고문과 인수위 취임준비위 자문위원 이용만(전 재무장관) 그리고 대통령 선대위 경제살리기 특위에서 활동한 이팔성 우리금융지주 회장이 우리은행 사외이사를 겸하고 있다.

이번에는 법조계의 네트워크 상황을 보자. 우선 기득권의 대표적 사례인 전관예우 차원이 있다. 참여연대 사법감시센터는 오랫동안 이 부분을 감시했다. 전관예우는 잘 알려져 있고 사회적으로도 비난의 대상이 되었지만 전혀 개선의 기미가 보이지 않는다. 참여연대 사법감시센터의 보고(2004)에 따르면 2000년 1월부터 2004년 8월까지 법관퇴직자 319명 가운데 305명이 개업했는데, 이 중 최종근무지 관할구역에서 개업한 경우가 90%에 이른다. 고등법원 및 지방법원 부장판사들의 관할구역 내 개업비율은 훨씬 더 높다. 같은 기간 검사 퇴직자 254명 중 93%인 236명이 변호사 개업을 했고, 75%가 관할구역에서 개업했다.

현직 국회의원 중에서는 출신 직업이 법조인인 사람이 가장 많다. 18대 국회 국회의원 296명 가운데 60명(전체의 20.4%)이 법조인 출신이다. 그리고 그 가운데 22명이 검사 출신이다. 이 중 대검 중수부나 지방검찰청 특수부에서 정치사건을 담당한 검사들이 상당수를 차지하였다(〈한겨레〉, 2009. 6. 16).

공직자윤리법은 퇴직공직자의 취업제한제도를 규정하고 있다. 이는 공직자가 퇴직 후 영리사기업에 취업하여 공직에 종사하면서 얻을 수 있었던 유무형의 이익을 남용하거나 전 소속기관이나 현직공직자가 수행하는 업무의 공정성을 훼손하는 것을 방지하는 등 퇴직자의 이해충돌

회피를 목적으로 한다. 공직자윤리법 제17조는 대통령령으로 정하는 직급이나 직무분야에 종사하였던 공무원과 공직유관단체 임직원은 퇴직일부터 2년간 퇴직 전 3년 이내에 소속하였던 부서의 업무와 밀접한 관련이 있는 일정 규모 이상(자본금 50억 원 이상, 외형거래액 150억 원 이상)의 영리사기업체 및 관련 협회에 취업할 수 없도록 규정하고 공직윤리위원회의 승인이 있을 경우 가능하도록 하였다.

퇴직공직자 취업제한제도가 어떻게 운영되는지를 모니터한 참여사회연구소 보고서(2010)를 보면 사실상 법이 제대로 지켜지지 않고 있음을 알 수 있다. 보고서에 따르면 2009년 6월 1일부터 2010년 5월 31일까지 1년간 공직에서 퇴직한 고위공무원 130명 가운데 최소 44명이 공직자윤리법상 업무관련성이 높은 취업제한 대상 업체 및 협회에 취업한 것으로 나타났다. 이들 44명 가운데 8명은 퇴직 다음날 취업하였고, 퇴직 전에 취업한 경우도 1명 있었으며, 퇴직 이후 3개월 내에 취업한 사람이 29명(66%)이었다.

이 가운데 대표적 사례를 보면, 공정거래위원장이 2006년 11월부터 2008년 9월까지 4차례의 담합으로 유리 가격을 40~50% 올려 조사받은 회사인(주)KCC에 취업했고, 정보통신 정책과 계획의 수립, 종합조정 및 예산 편성·조정을 담당하는 국무총리 산하 정보통신부 정책홍보관리실장이(주)KT 대외협력부문 부회장으로 취업했다. 또한 국방부 주한미군기지이전사업단 사업기획팀장이 총 4~5조 원 예산의 대규모 평택 미군기지 시설사업에 뛰어들 전망인 대림산업(주) 상무로 취업했고, 특정금융거래정보의 보고제도와 관련해 금융기관 등에 대한 감독 및 검사 업무를 담당하는 금융위원회 금융정보분석원 원장이 한국증권

금융(주) 사장에 취업하였다.

이상의 사례들이 직접적으로 관련된 업체에 취업한 경우라면, 직·간접적으로 연관성 있는 업체에 취업한 공직자 수는 총 퇴직자 130명 중 81명(62%)에 달해 사실상 법안이 제대로 작동하지 않음을 보여 준다. 경찰청, 국방부, 방위사업청 퇴직자 38명 중 28명(74%), 그리고 공정거래위원회, 국세청, 금융감독원, 금융위원회, 기획재정부 등 경제 관련 부처 퇴직자 48명 중 36명(75%)이 해당 부처의 정책결정 등에 직·간접적으로 영향을 받을 수 있는 관련 업체에 취업했다.

이상의 사례는 특별히 비밀스러운 자료가 아니라 언론에 이미 여러 차례 보도된 자료들이다. 한국사회를 사는 보통사람들은 모두 다 이러한 특권과 특혜의 네트워크가 작동한다는 것을 잘 안다. 물론 두 번에 걸친 야당의 집권으로 네트워크 내부 구성이 다양해지기는 했지만 보통사람들 입장에서는 그다지 차이가 없어 보인다. 왜 정관계에 무차별 로비를 벌인 증거인 X파일에 대해 당사자를 조사하기보다 그것을 보도한 MBC 기자를 구속하고, 김용철 변호사가 폭로한 비자금과 삼성의 상속에 대해 불법이 있었다고 판결하면서 사실상 상속재산을 합법화하는 판결을 내렸는지, 징역 3년과 집행정지 5년을 선고받은 이건희 회장이 어떻게 1년 만에 사면되었는지, 사람들은 잘 안다. 그렇기 때문에 보통사람들은 법의 판결이 개인의 권리를 중시하는가, 공동선을 중시하는가 등의 법리를 정교하게 따지는 일에 감동하기보다 나 몰라라 한다.

5. 소결

이상에서 한국사회 공공성의 위기를 정치의 사법화와 법을 앞세운 법의 지배, 공적인 것으로부터 배제된 800만 명에서 1천만 명으로 추산되는 빈곤층, 파워엘리트 집단의 과두적 지배를 통하여 살펴보았다. 민주적 공론장이 합리성을 갖추고 토론하는 시민의 존재를 요구한다면, 이들 3가지 공공성의 위기는 공론장의 제도와 시민들이 존재하기 위한 토대를 제공해 주지 못한다. 빈곤층은 구조적 조건에 의해 혹은 스스로 공적인 것으로부터 배제되어 최소한의 인간적 존엄과 삶의 조건을 위해 애쓰고 있지만, 그들의 모습은 공공장소에서 보이지 않는다. 그리고 공적인 공간에서 보통사람들은 특권과 특혜의 네트워크가 작동하는 모습을 늘 목도하면서, 내가 사는 일터에서는 경쟁에서 살아남기 위해 그리고 안정된 삶의 조건을 붙잡기 위해 무한경쟁에 빠져들었다. 배제된 자들에게 합리적인 언어와 합당한 토론이란 다른 세상의 것일지 모른다. 중산층 보통사람들에게 신뢰와 배려는 양보가 아니라 경쟁의 사닥다리를 내려오는 일인지도 모른다. 공공성의 위기는 여기에 있는 것이 아닐까.

지금까지 언론의 공공성의 철학적 기반을 철학이론 자체로 살피기보다는 한국사회 현실에서 누가 어떤 내용으로 말할 수 있는가 하는 문제의식을 통해 성찰해 보고자 했다. 글의 앞부분에서는 사회구성에 있어서 공공성의 위치, 그리고 자유주의, 공동체주의, 공화주의의 논의를 염두에 두면서 공공성을 3가지로 분류하였다. 도구적, 자유주의적, 공화주의적 공공성이 그것이다. 그러나 이들 유형의 내용을 구성하는 철학적 논의들은 이 글 후반부에서 다루는 현실사회 공공성 위기의 논의와 간극이 너무나 컸다. 철학적 논의는 논리적 정합성을 중시하고 문제의 근본에까지 다가가려 하기 때문에, 현실의 지도를 그리는 데 유용한 것도 아니고 거리가 있는 게 오히려 당연하다. 1980년대 말부터 철학계에서 시작되어 사회과학 분야로 확대된 자유주의와 공동체 논의가 공화주의, 입헌주의로 확대되고 그것의 적용 가능성을 검토하기 위해 현실사회에 견주어 보려는 노력들이 여러 가지 시사점을 보여 주었다. 특히 이들 논의가 다시 공공성이라는 문제틀로 집약되고, 한국사회 민주주의와 경제적·사회적 불평등을 분석하고 극복하는 성찰의 방편으로 진행되고 있음을 확인할 수 있었다. 이번 장의 논의 역시 그러한 노력의 일환이었다고 할 수 있다.

맺는말

한국과 동아시아의 맥락에서 훈민공론장의 개념을 구성하고 그것의 역사적 뿌리, 현재 한국사회에서 발현하는 양상을 살펴보았다. 보편적 개념으로 사용한 것이라기보다, 한국 공론장의 특성을 보여 주기 위한 역사적 개념으로 제안한 셈이다. 주로 한국의 맥락에서 여러 실증적 자료를 제시했지만, 일본과 중국의 기존 연구 검토에서 보았듯 훈민공론장이 일본과 중국의 유사한 현상을 설명하는 개념으로 적용될 수 있는 가능성도 보았다.

'훈민장'(訓民場)으로 쓸까 '훈민공론장'(訓民公論場)으로 쓸까 많이 망설였다. 후자를 채택하기는 했지만, 여전히 훈민장으로 쓰는 게 더 낫지 않을까 하는 생각을 가지고 있다. 말을 생산하고 사회적으로 나누는 공간으로서, 국가와 민족의 번영을 늘 생각하고 그 틀 안에서 사고하고 말하는 사람들(지식인, 관료, 정치인, 언론인 등)이 활동하는 공간으로서 훈민장을 설정하면 모든 게 분명할 것이라 믿기 때문이다. 그런데 공론장(*public sphere*; *Offentlichkeit*)이라는 번역된 개념, 하버마스의 공론장 개념에 의존하지 않으면, 훈민장이라는 말을 이해하기 어렵게 된다.

이 책은 머리말에서도 밝혔듯이 오랫동안 필자의 머리를 떠나지 않던 3가지 질문에서 시작되었다. 첫째, "한국의 저널리즘은 보수, 진보 언론에 관계없이 왜 애국적인가?", 둘째, "조선왕조 시기에는 왕권 아래에서, 해방 이후에는 강력한 권위주의 국가 체제 아래에서 성장한 시민사회와 공론장의 특성을 어떻게 설명할 것인가?", 셋째, "민주화 이후 한국의 공론장은 왜 보통사람들이 말을 나누고 토론하는 장이 아니라, 정치인과 관료, 기업인, 기자와 지식인 등 파워엘리트에 의해 주도되는가?" 등의 질문이 그것이다.

물론 어느 나라에서나 사회적 토론이 국가의 이익을 위하는 담론을 만들지만, 우리처럼 정치인은 물론이고 언론인이든 지식인이든 국가와 민족의 발전을 위한 나라 걱정을 많이 하는 경우는 흔하지 않다. 국가의 경제발전을 위한 과학기술자의 역할을 고민하는 과학자가 이렇게 많은 나라도 흔치 않을 것이다. 자연과 우주의 현상에 대한 과학적 탐구에 열중하는 과학자와 국가 발전에 기여하기 위해 발명과 혁신에 열중하는 과학자의 모습은 다를 것이다. 우리나라에는 왜 이런 과학자들이 참으로 많은가 하는 물음에 이 책은 나라를 위하는 선비의 전통, 애국계몽 지식인의 전통으로부터 이러한 훈민공론장의 흐름이 면면히 내려오고 있음을 밝히고자 했다.

조선 말기, 대한제국 시기 그리고 식민화 이후 활동한 박은식과 신채호, 두 사람은 모두 애국계몽운동가였고, 기자이기도 했고, 상하이 임시정부에 참여한 정치인이기도 했다. 동시에 두 사람 모두 민족주의의 바탕 위에서 서양의 지식과 사상을 수용했다. 예를 들어 신채호가 1907년 양기탁, 안창호 등과 함께 비밀결사로 창립한 신민회(新民會)는 국권회복을 위한 구국운동단체이기도 했고, 〈대한매일신보〉와 사실상 하나의 기관처럼 운영되었음을 보았다. 이것은 박헌영을 비롯한 사회주의 운동가들도 마찬가지였다. 더구나 해방 직후 언론의 좌우대립은 단순히 언론사 간의 이념적 지향의 차이가 아니라 근대국가 건설을 둘러싼 정치투쟁의 성격을 지녔다. 언론 역시 정치투쟁의 도구가 된 것이다. 이 지점을 보면 훈민공론장의 긍정적 면모와 부정적 면모를 모두 발견할 수 있다.

국가가 위기에 처했을 때 삶 전체를 헌신하는 열정을 가진 지식인, 더 나아가 항일을 위한 직접 무장투쟁에 뛰어든 신채호와 같이 단순히 지식인으로서의 역할에 그치지 않고 구국운동을 실천하는 운동가가 바람직한 지사(志士)의 모습이라는 점에서 훈민공론장은 21세기 이후까지도 계승해야 할 지식공동체의 전통이라고 할 수 있다.

그러나 다른 한편으로 해방 직후 민족지이든 사회주의계열 신문이든, 두 진영 모두에게 신문은 이념적 정치투쟁의 수단이었다. 언론은 근대국가 건설을 위한 다양한 정치체제, 사회체제에 대한 의견과 전략들을 충실하게 보도하는 정론지라기보다 정치투쟁의 도구였다. 이러한 훈민적 전통은 근대화 시기를 거쳐서 민주화 이후에도 지속되어 언론인들이 정치권으로 진출하는 일이 너무도 당연시되었다. 군사독재 시절에는 청와대가 직접 언론인을 정치권으로 받아들였다면, 민주화 이후에는 진보, 보수 할 것 없이 언론인들이 스스로 여당과 야당을 가리지 않고 선거참모로 활동하고, 정권 창출 이후 장관이나 청와대 수석비서관이 되었다. 기자들이 정치권력으로 진출하는 현상은 다른 나라에서는 찾아보기 어렵다. 일본의 경우 〈아사히신문〉이든 〈요미우리신문〉이든 장관에 진출하는 기자를 찾기 어렵고, 자신들의 저널리스트적 실천이 국가의 이익을 위하는 것이라고 자임하지 않는다. 이러한 특성은 많은 사회적 이슈들이 정치와 국가로 수렴되는 현상과 맞물려 있으며, 훈민공론장의 특성 가운데 하나라고 할 수 있다.

해방 이후 1987년 민주화까지, 그리고 민주화 이후 2000년대 초반까지 훈민공론장의 특성도 하나의 특성으로 고정되어 있다기보다 사회변동과 함께 상당히 다른 면모를 보이면서 변화했다는 점도 중요하다. 1960년대 국가주도 근대화, 1972년 이후 유신체제 그리고 광주항쟁 이후 1987년 민주화까지 기간 동안 한국의 공론장은 하나의 특성으로 정리하기 불가능할 정도로 기이한 양상으로 진화했음을 보았다. 근대화를 향한 '동원형 국가주의'가 정치, 경제, 사회, 문화 등 사회 전체를 압도하였다. 국가비상조치, 긴급조치, 유신헌법 등에서 보듯 폭력적 국가권력이 행사되는 경우 한국의 공론장은 공론장이 아니라 위로부터 억압과 배제, 훈육과 규율이 수시로 이뤄지는 동원체제였다고 할 수 있다. 이 경우 국가권력은 정권유지를 위해 위로부터 아래로 일방적으로 국민들 위에 군림하는 권력이었고, 국민들에게 주어진 것은 최소한의 저항(생활세계에서 청년문화 등)부터 최대치의 저항(광주항쟁)까지 다양한 형태로, 그렇지만 위축되고 우울한 시대였다. 관변단체를 제외하고 자율적 시민사회의 영역은 거의 존재하기 어려운 상태였다.

지나간 역사를 되돌아보면 어떠한 폭력적 권력도 한 사회 전체를 억압할 수는 없음을 알게 되지만, 그 시점 특정한 공간, 사회적 위치에서는 폭력과 억압이 압도하는 시절이었을 것이다. 동시에 헌법을 정지시키고 정권에 대한 어떠한 비판도 허용하지 않은 정치권력이지만 억압과 국가주의적 동원만으로 통치할 수는 없었다. 동원적 국가주의는 억압과 강제, 선전에 그치지 않고 자발적 참여와 규율이라는 장치를 통해서도 실현되었다. 이렇게 근대화 과정에서 나타난 훈민공론장의 특성을 훈육적 동원과 후견적 규율이라는 개념으로 설명했다.

이러한 국가 규율의 변화와 국민사회 내부의 내적 욕구의 분출을 통해 감성공론장이 형성되는 모습도 살펴보았다. 감성공론장은 합리적 정보와 지식에 기초해서 토론하고 숙의하는 장이라기보다는 개인적, 집단적 욕망과 감정을 분출하고 나누고 대립하는 또 다른 공간으로 진화했다. 이는 친밀성과 연대에 근거해서 촛불시위로 나타나기도 하지만, '일베'에서 보듯 적대감과 증오심의 표출로 드러나기도 했다. 이런 점에서 감성공론장은 엘리트 지식인들에 의해 좌지우지되고 주도되는 토론에 대한 대중적 거부와 저항의 면모를 가지고 있다고도 할 수 있지만, 또 한편으로는 합리적 지식과 정보에 근거하지 않고 적대와 증오를 표출하는 부정적 면모도 동시에 가지고 있다고 할 수 있다. 이렇게 해서 훈민공론장은 압축근대화 과정에서는 여러 가지 모습으로 그 시대의 얼굴을 드러냈다.

한편, 훈민공론장을 이론적 수준에서 국가-시민사회의 연결이 아니라 국가-국민사회의 틀에서 볼 것을 제안했다. 해방 이후 근대 국가형성 초기, 그리고 분단의 조건 때문에 주어진 과대성장국가는 경제발전의 주체였고, 시장은 국가의 힘에 의해 규율되었다. 제3공화국 경제발전 역시 수출 주도 중공업, 대기업 주도 발전모델이었고 기획 역시 국가가 주도했음은 새삼스러운 게 아니다. 이 과정에서 국가와 자본은 관료-기업인, 관료-전문지식인 등 다양한 파워엘리트 집단을 양성했다. 사회정책을 입안하고 사회적 담론을 이끌어가는 주역이었던 이들은 스스로 유능하고 나라를 위해 일한다고 자부했으며, 그러한 자부심으로 기득권을 당연하게 받아들였다. 민주화 이후 이러한 기득권 동맹은 진보와 보수로 갈리기는 했지만, 오히려 적대적 공생의 틀 안에서 갈등하면서 보통사람들은 오히려 소외되는 결과를 낳았다. 이렇게 해서 민주화 이후에도 훈민공론장에서 말하는 사람들은 확대되지 못하고, 오히려 제도정치적 논쟁의 틀(진보와 보수) 안에서 소수 엘리트가 주도하는 양상이 지속된 것이다.

이 책이 수행하고자 한 또 하나의 목표는 서구이론의 틀을 넘어서 한국과 동아시아의 역사적 맥락에 기초한 개념과 이론을 구성하는 작업이었다. 책을 마무리하는 이 지점에서 "국가-국민국가의 연결망이 국가-시민사회로 진전되어야 하는 것 아닌가?", "훈민공론장이 아니라 시민공론장이 필요한 것 아닌가?" 등의 질문이 제기될 수 있다. 필자 역시 이런 생각이 전혀 없었던 것은 아니다. 또 그렇게 되어야 한다고 믿기도 했다. 그러나 책을 집필하면서 훈민공론장은 서구의 그것과 차이가 나는 특성을 지니고 있고, 시대마다 다양한 얼굴을 드러내면서 변모했다고 판단하게 되었다. 시대에 따른 다른 얼굴들은 부정적이기도 하고 긍정적이기도 하다. 예를 들면 애국계몽을 실천한 지식인들, 지사를 자임하면서 독재정권을 비판하고 언론의 자유를 지키고자 한 언론인들은 세계시민의 이해가 아니라 국가와 민족의 번영을 위해 자신의 삶을 헌신했다. 오늘날 국가권력을 비판하고 시민의 권리를 주장하는 건강한 국민사회가 만들어진 것도 이들의 헌신 덕분이라고 할 수 있다. 이것은 당연히 훈민공론장의 긍정적 측면이라 할 수 있다.

그러나 한 사회공동체가 어떠한 방향으로 나아가는가 하는 질문을 앞에 놓고 이념적 차이가 있을 수 있다. 국가주의를 강하게 내세울 수도 있고, 민간과 개인의 자유를 강하게 내세울 수도 있다. 이를 한 사회공동체가 유지하고 발전하기 위해 필요한 '도덕적 공간'(*space of morality*)이라고 할 수 있을 터인데, 공론장은 바로 이런 도덕적 공간의 면모를 만드는 사회적 장치, 커뮤니케이션 공간이라 할 수 있다. 다시 말해 공론장은 도덕적 공간 안에서 공동체 구성원들이 자신의 삶을 추구할 수 있는 방향적 준거기준을 토론하고 숙의하는 곳이다. 사회가 어디로 나아가야 하는가, 우리의 삶을 어떻게 영위할 것인가, 나는 어떠한 삶을 살고자 하는가 하는 질문에 대해 다양한 해답과 해결책을 공유하는 곳이다.

그런데 여기에서 훈민공론장에서는 도덕적 공간의 동서남북이라는 준거, 방향타를 설정할 때 국가와 민족의 번영이 기준이 된다는 점, 또 동서남북 어디로 가야 하는지, 그 방위를 설정하는 주체들이 주로 파워엘리트 지식인들에게 집중되어 있음을 밝히고자 했다. 방향타는 반드시 있어야 하지만, 동서남북의 방위는 사회공동체 구성원들의 공동참여를 통해 만들어져야 하지 않는가 하는 정도의 희망은 있다고 할 수 있다. 국민사회는 역시 그 점에서 세계시민적 공동체의 이상을 조금은 더 받아들여 국민국가의 경계를 넘어가야 하는 당면과제를 지니고 있다고 할 수 있을 것이다. 훈민공론장에 민주적 요소가 더 도입된다면 그러한 당면과제의 해결에 조금은 더 가까이 갈 수 있다고 믿는다.

참고문헌

국내문헌

강명구(1994). "경제뉴스에 나타난 경제위기의 현실구성에 관한 연구: 경제뉴스의 담론과 접합을 중심으로". 〈언론과 사회〉, 3호, 92~131.

______(2004). "한국 언론 구조변동과 언론전쟁". 〈한국언론학보〉, 48권 5호, 319~348.

강명구 · 류한호 · 이기형(2002). 〈참여적 악세스 채널과 민주적 공론장〉. 방송위원회.

강명구 · 박상훈(1997). "정치적 상징과 담론의 정치: '신한국'에서 '세계화'까지". 〈한국사회학〉, 37집, 123~161.

강명구 · 백미숙(2005). 〈방송이념으로 공익 개념의 형성과 건전한 국민의 형성: '동원형 국가주의'를 중심으로〉. 방송문화진흥회.

강명구 · 양승목 · 엄기열(2001). 《한국언론의 신뢰》. 한국언론재단.

강미선 · 김영욱 · 이민규 · 장호순(2002). 《신문의 위기? 진단과 처방》. 한국언론재단.

강원택(2002). "투표 불참과 정치적 불만족: 기권과 제3당 지지를 중심으로". 〈한국정치학회보〉, 36권 2호, 153~174.

강준만(2003a). 《한국현대사 산책 1980년대 편 1권》. 서울: 인물과사상사.

______(2003b). 《한국현대사 산책 1980년대 편 3권》. 서울: 인물과사상사

강철규(1991). "한국경제, 피지도 못한 채 시들 것인가". 〈언론과 비평〉, 1월, 75~79.

공보처. 〈국정신문〉. 1993. 2. ~1995. 6.

곽준혁(2005). "춘원 이광수와 민족주의". 〈정치사상연구〉, 11권 1호, 79~100.

권보드래(2011). “〈사상계〉와 세계문화자유회의”. 〈아세아연구〉, 54권 2호, 246~288.

국회 상임위원회 속기록 1958~1992년.

김강석(2001). 《언론인의 권력이동》. 새로운사람들.

김경숙(2010). “等狀을 통해 본 조선 후기 聯名呈訴와 公論 형성”. 〈규장각〉, 제36집, 27~49.

김근태(1994). “내가 생각하는 국제화, 세계화”. 〈창작과 비평〉, 84호, 6~49.

김남석(1995). “한국신문산업 시장구조 변화에 관한 연구: 신문기업의 대응양식을 중심으로”. 한국언론학회(편), 《한국언론산업구조론》. 나남.

김대영(2004). “박정희 국가동원 매커니즘에 대한 연구-새마을운동을 중심으로”. 〈경제와사회〉, 통권 61호, 172~207.

김대호(2011). 〈진보의 철학, 가치, 비전은 유효한가?〉. 사회디자인연구소 주최 진보의 혁신과 통합을 위한 연속토론회 “한국사회의 ‘정의’를 묻는다” 자료집.

김무진(2005). “조선시대 향약 및 향안조직에서의 의사결정구조”. 〈한국학논집〉, 제32집, 79~113.

김민환(2001). 《미군정기 신문의 사회사상》. 나남.

______(2008). 《일제강점기 언론사 연구》. 나남.

김봉진(2011). “유길준의 근대국가관”. 〈동양정치사상사〉, 10권 1호, 217~235.

김비환(2000). “고전적 자유주의 형성의 공동체적 토대”. 〈정치사상연구〉, 제2집. 221~246.

김삼웅(2004). “위대한 독립운동가 박은식의 언론사상과 언론투쟁”. 〈인물과 사상〉, 79호, 124~136.

김상태(1998). “평안도 기독교 세력과 친미엘리트의 형성”. 〈역사비평〉, 45호, 171~207.

김성식(1993). “김영삼이 시공하는 ‘정치재개발’의 앞날”. 〈월간 말〉, 83호, 28~33.

김성익(1992). 《전두환 육성증언》. 조선일보사.

김성해·송현진 외(2010). “주류미디어 공론장의 이상과 현실”. 〈커뮤니케이션이론〉, 6권 1호, 144~190.

김수동(1982, 11). “〈아내〉와 윤리”. 〈방송심의〉, 제작자코너.

김수아(2007). “사이버공간에서의 힘돋우기 실천”. 〈한국언론학보〉, 51권 6호,

346~380.
김수행(1994). “김영삼 국제화전략 비판”. 〈월간 말〉, 83호.
김승수(1996). 《매체경제분석 - 언론경제학의 관점에서》. 커뮤니케이션북스.
김아름(2011). 〈전후 한국 공론장의 일면 1953~1960: 〈사상계〉와 지식인 공동체 형성을 중심으로〉. 서울대 언론정보학과 석사학위논문.
김영삼(1993a). 〈대통령취임사〉.
______(1993b). 〈신경제특별담화문〉.
김영주(2002). “조선왕조 초기 공론과 공론형성과정 연구”. 〈언론과학연구〉, 2권 3호, 70~110.
______(2007). “신문고제도에 대한 몇 가지 쟁점: 기원과 운영, 제도의 변천을 중심으로”. 〈한국언론정보학보〉, 39권, 250~283.
______(2008). “조선시대 성균관 유생의 권당·공관 연구”. 〈언론과학연구〉, 8권 4호, 253~298.
______(2009). “조선시대 구언제도의 절차와 내용 연구”. 〈언론과학연구〉, 9권 4호, 135~169.
______(2010). “조선시대 공론 연구: 여론 유사용어와 관점, 유형과 형성주체, 그 용례를 중심으로”. 〈언론학연구〉, 14권 1호, 41~73.
김영희(1999). “대한제국 시기 개신유학자들의 언론사상과 양계초”. 〈한국언론학보〉, 43권 4호, 5~41.
______(2012). “장준하의 언론사상 연구”. 〈한국언론정보학보〉, 59호, 50~70.
김영희·박용규(2011). 《한국 현대 언론인 열전》. 서울: 커뮤니케이션북스.
김예란(2003). 《뉴스 연성화》. 언론문화연구소.
김용진(1994). “가시화되는 국제화 전략의 실체”. 〈노동운동〉, 1호.
김윤태(1999). “사회계급과 네트워크 - 국가와 기업엘리트의 사회적 관계”. 〈경제와 사회〉, 41권, 152~178.
김은경(2013). “박정희체제의 음악정책에 관한 비판적 연구: 〈국민개창운동〉을 중심으로”. 〈한국정치외교사 논총〉, 35권 1호, 41~70.
김재형(1975, 5). “방송드라마의 예술성과 윤리성”. 〈방송윤리〉, 104호, 7~8.
김종철(1993). “개혁이 신종 이데올로기로 포장되는 경향”. 〈월간 말〉, 82호.
김진균·정근식(1997). 《근대주체와 식민지 규율권력》. 서울: 문화과학사.
김채환(2000). “박은식의 사상과 언론활동에 관한 연구”. 〈동서언론〉, 4권, 45~

68.
김택수(1993). "'김영삼 개혁' 신한국창조인가 신권위주의인가". 〈월간 말〉, 85호, 24~29.
김해식(1994). 《한국 언론의 사회학》. 서울: 나남.
김형국(1991). "산업구조의 변화에 따른 국가와 자본의 관계". 정치학회·사회학회(편), 《한국의 국가와 시민사회》. 서울: 한울.
김형기(1990). "민중주도 경제건설을 위한 몇 가지 대안". 〈월간 말〉, 11월, 40~46.
김훈(1983, 6). "방송의 성문제 접근 경향". 〈방송심의〉, 17~18.
대통령비서실(1976). 《박정희대통령연설문집》. 대한공론사.
류한호(2004). 《언론의 자유와 민주주의》. 커뮤니케이션북스.
문예운동 편집부(2012). "이광수의 문학과 생애". 〈문예운동〉, 115호, 34~53.
문종대·한동섭(1999). "한국 언론의 지역 갈등 재생산구조에 관한 연구". 〈한국언론정보학보〉, 13호, 7~32.
문화공보부(1969). 《한국방송현황》.
______(1979). 《문화공보 30년사》.
문화방송(1982). 《문화방송사사: 1961~1982》.
문화방송30년사 편찬위원회(1991). 《문화방송30년 편성자료집》.
민경국(2009). "경제적 자유주의의 옹호론. 신자유주의는 실패한 이념인가?". 〈철학과 현실〉, 봄호, 32~45.
민정기 편(1987). 《전두환 대통령 어록: 영광의 새 역사를 국민과 함께》. 서울: 동화출판공사.
박거용(2010). "상지대 사태를 통해 본 한국의 비리사학 문제". 〈시민과 세계〉, 18호, 118~133.
박경수(2003). 《장준하, 민족주의자의 길》. 파주: 돌베게.
박명규(2014). 《국민. 인민. 시민》. 소화.
박명림(2005). "헌법, 헌법주의, 그리고 한국 민주주의: 2004년 노무현 대통령 탄핵사태를 중심으로". 〈한국정치학회보〉, 39권 1호, 253~276.
박상섭(2008). 《한국개념사총서 2 - 국가·주권》. 서울: 소화.
박성준(2011). "태조의 공론정치". 〈동양정치사상사〉, 10권 1호, 29~47.
박승관(2000). "숙의 민주주의와 시민성의 의미". 〈한국언론학보〉, 45권 1호, 162

~194.
박승관·장경섭(2001). 《언론권력과 의제동학》. 커뮤니케이션북스.
박용규(1997). "여운형의 언론활동에 관한 연구". 〈한국언론학보〉, 42권 2호, 168~200.
______(2015). 《식민지 시기 언론과 언론인》. 논형.
박용상(1988). 《방송법제》. 서울: 교보문고
박은정(2010). "'정치의 사법화(司法化)'와 민주주의". 〈법학〉, 51권 1호, 1~26.
박정순(1993). "자유주의 대 공동체주의 논쟁의 방법론적 쟁점". 〈철학연구〉, 33권, 33~62.
______(1999). "공동체주의 정의관의 본질과 그 한계". 〈철학〉, 61권, 267~292.
박지영(2012). "총론". 사상계연구팀(편), 《냉전과 혁명의 시대, 그리고 사상계》. 소명.
______(2011). "번역된 냉전, 그리고 혁명; 사르트르, 마르크시즘, 실존과 혁명". 〈서강인문논총〉, 31호, 89~135.
박찬승(2002). "20세기 한국 국가주의의 기원". 〈한국사연구〉, 117호, 199~246.
______(2008). "한국의 근대국가 건설운동과 공화제". 〈역사학보〉, 200권, 305~342.
______(2010). 《한국개념사총서 5 - 민족·민족주의》. 서울: 소화.
박철희(2005). "사회경제적 구조전환의 관점에서 본 4·15 총선". 박찬욱(편), 《제 17대 국회의원 총선거 분석》. 푸른길.
박충석(1999). "조선 주자학: 그 규범성과 역사성". 〈아세아연구〉, 42권 1호, 1~60.
박현채(1993). "김영삼 정권의 계급구조와 불투명한 개혁전망". 〈월간 말〉, 81호.
박홍갑(2008). "조선의 대간제도: 부정부패를 막기 위한 장치". 〈경희대 대학원보〉, 2008. 8. 25.
방송위원회(2001). 《방송위원회 20년사》.
배은경(2004). 〈한국사회 출산조절의 역사적 과정과 젠더: 1970년대까지의 경험을 중심으로〉. 서울대 사회학과 박사학위논문.
백선기(1996). "한국 신문의 선거보도 경향과 심층구조: 제 15대 총선 보도에 대한 기호학적 분석을 중심으로". 〈한국언론학보〉, 39호, 122~179.
백미숙·강명구(2007). "'순결한 가정'과 건전한 성윤리: 텔레비전 드라마 성표현

규제에 대한 문화사적 접근". 〈한국방송학보〉, 21권 1호, 138~181.
사법감시센터(2004). "비정규 노동과 근로빈곤의 관계: 임금차별과 근로시간의 영향을 중심으로". 〈노동정책연구〉, 10권 3호, 87~117.
서복경(2010). "투표불참 유권자 집단과 한국 정당체제". 〈현대정치연구〉, 3권 1호, 109~129.
서재진(1991). 《한국의 자본과 계급》. 서울: 나남.
손낙구(2008). 《부동산 계급사회》. 서울: 후마니타스.
손석춘(2004). "조선 후기 공론장의 맹아에 관한 연구". 〈한국언론정보학회 학술대회 자료집〉, 169~185.
손승혜·이재경·배노필(1999). 《TV 저널리즘과 뉴스가치(II). 편집실험 - 기자와 수용자의 인식비교》. 한국언론재단.
손호철(1995). 《해방50년의 한국정치》. 서울: 새길.
송호근(2013). 《시민의 탄생》. 서울: 민음사.
신규호(1983. 11). "무조건적 TV 비판 재고할 때". 〈방송심의〉, 29호, 6~8.
신동은(2009). "조선 전기 경연(經筵)의 이념과 전개 - 태조~중종 연간을 중심으로". 〈정신문화연구〉, 32권 1호, 57~79.
신동준(2001). 〈조선 후기 성균관의 권당과 공관〉. 한국교원대 교육대학원 석사학위논문.
신복룡(2010). "당의와 예송의 정치사상". 〈동양정치사상사〉, 9권 1호, 23~56.
신용하(1991). "신채호의 생애와 사상과 독립운동". 〈사상〉, 10권, 380~407.
신진욱(2007). "민주화 이후의 공론장과 사회갈등: 1993년~2006년 〈조선일보〉와 〈한겨레〉의 헤드라인 뉴스에 대한 내용분석". 〈한국사회학〉, 41권 1호, 57~93.
안수찬(2010). "빈곤의 실상, 빈곤을 이기는 힘". 〈시민과 세계〉, 17호, 298~314.
언론진흥재단(2010). 〈2010 언론수용자 의식조사〉.
오인환·이규완(2003). "상소의 설득구조에 관한 연구: 시무상소문을 중심으로". 〈한국언론학보〉, 47권 3호, 5~37.
오종록(2009). "개인과 집단: 조선시대 학자관료집단 연구 - 조선 전기의 대제학을 중심으로". 〈국학연구〉, 14집, 89~120.
오태규(2009. 6. 16). "일본 검찰-한국 '견찰'". 〈한겨레〉.
우남숙(1997). "박은식의 〈자강〉·〈독립〉 사상 - 이론적 구조를 중심으로". 〈한

국정치학회보〉, 31권 2호, 65~87.
______(2000). “한국 근대 국가론의 이론적 원형에 관한 연구 - 블룬츨리와 양계초의 유기체 국가론을 중심으로”. 〈한국정치외교사논총〉, 22권 1호, 113~145.
______(2008). “사회진화론과 한국 근대민족주의: 박은식을 중심으로”. 〈동양정치사상사〉, 7권 2호, 139~167.
원용진(1998). 《한국언론민주화의 진단》. 서울: 커뮤니케이션북스.
유경환(1983). “잊을 수 없는 인물, 장준하”. 김삼웅(편)(1993), 《민족주의자의 죽음》. 서울: 학민사.
유선영(2002). 《한국 신문의 대중주의: 일간지 연성기사분석》. 한국언론재단.
유옥연(1987. 12). “시청자 소리도 비난 가세: 민주화에도 구태의연한 오락물”. 〈방송심의〉.
유영렬(2007). 《한국독립운동의 역사 12 - 애국계몽운동 I》. 독립기념관 한국독립운동사연구소.
유영익(2002). “이상재: 기독교 갑옷을 입은 유가 선비로 신대한 건설에 헌신”. 〈한국사 시민강좌〉, 30호, 203~223.
유준기(2006). “월남 이상재의 생애와 항일 민족독립운동”. 〈신학지남〉, 73권 4호, 66~93.
윤상우(2007). “민주화 이후 관료독점적 정책생산구조의 변형과 재편”. 〈동향과 전망〉, 69호, 82~114.
윤석민·장하용(2002). “외주정책을 둘러싼 논쟁의 특성과 그 성과에 관한 연구”. 〈방송학보〉, 16권 2호, 242~272.
윤영철(2000). “권력 이동과 신문의 대북 정책 보도: 신문과 정당의 병행관계를 중심으로”. 〈언론과 사회〉, 27권, 48~81.
______(2001). 《한국 민주주의와 언론》. 유민문화재단.
윤평중(2003). “공동체주의 윤리 비판: 급진자유주의의 관점에서”. 〈철학사상〉, 76권, 232~261.
이동수(2006). “〈독립신문〉과 공론장”. 〈정신문화연구〉, 29권 1호, 3~28.
이만열(2002). “박은식 - 민족을 위하여 학문과 운동에 아울러 진력한 지사”. 〈한국사 시민강좌〉, 30호, 224~237.
이민규(2001). “1980년대 신군부의 언론검열 정책 - 경제와 대학신문 분야를 중심으로". 〈동서언론〉, 제5집, 133~150.
이민웅(1995). "언론과 선거: 제14대 대통령 선거 TV 보도분석". 유재천 외(편), 《한국사회 변동과 언론》(147~180쪽). 서울: 소화.
이상록(2010). 〈사상계에 나타난 자유민주주의론 연구〉. 한양대 박사학위논문.
_____(2013). "1970년대 소비억제정책과 소비문화의 일상정치학". 〈역사문제연구〉, 29호, 137~182.
이상철(1998). "신문 50년, 현황과 개선방향". 〈신문연구〉, 38권 2호, 12~24.
이수훈(1996). 《세계체제론》. 서울: 나남.
이승현(2004). "이상재의 국가건설 사상: 독립협회 활동기를 중심으로". 〈정신문화연구〉, 27권 2호, 95~122.
이승환(2001). "한국 및 동양 전통에서 본 공과 공익". 〈철학과 현실〉, 50호, 24~35.
이승희·이수정 외(2010). "이명박 정권과 사외이사". 〈기업지배구조 연구〉, 37권, 4~14.
이연호(2002). "한국에서의 금융구조개혁과 규제국가의 등장에 관한 논쟁". 〈한국사회학〉, 36권 4호, 59~88.
이연호·임유진·정석규(2002). "한국에서 규제국가의 등장과 정부-기업관계". 〈한국정치학회보〉, 39권 3호, 199~222.
이용성(2012). 《사상계와 비판적 지식인 잡지 연구》. 한서대출판부.
이용우(1994). "개방화와 한국자본주의". 〈경제와 사회〉, 22권, 103~137.
이원홍(1983. 4). "국제화시대에 맞는 심의감각을, 1983년도 방송심의위원회 총회 개최사와 신임 인사말에서". 〈방송심의〉, 22호.
이인욱(2012). "신채호의 언론활동과 민족주의". 〈민족사상〉, 6권 2호, 139~169.
이재경(2003). "한국 저널리즘의 3가지 위기". 월간 신문과 방송 40주년 기념 세미나.
이준웅(2005). "비판적 담론 공중의 등장과 언론에 대한 공정성 요구: 공정한 담론규범 형성을 위하여". 〈방송문화연구〉, 17권 2호, 139~172.
이정옥(2001). "산업화의 명암과 성적 욕망의 서사". 〈한국문학논총〉, 29집, 387~407.
이철호(2013). "〈사상계〉 초기 서북계 기독교 엘리트의 자유민주주의 구상". 〈한국문학연구〉, 45호, 53~80.

이호룡(2004). “신채호, 민족 해방을 꿈꾼 아나키스트”. 〈내일을 여는 역사〉, 15권, 226~238.

이현우(2008). 《투표율 하락의 교훈》. 동아시아연구원.

이현출(2002). “사림정치기의 공론정치 전통과 현대적 함의”. 〈한국정치학회보〉, 36집 3호, 115~134.

이효성(1997). 《한국 언론의 좌표》. 서울: 커뮤니케이션북스.

이희주(2010). “조선초기의 공론정치”. 〈한국정치학회보〉, 44집 4호, 5~23.

임영태(1998). 《대한민국 50년사》. 서울: 들녘.

임영호(2002). 《전환기의 신문산업과 민주주의》. 서울: 한나래.

임영호·김은미·박소라(2004). “한국 일간지 언론인의 커리어 이동에 관한 연구”. 〈한국언론학보〉, 48권 3호, 61~89.

임의영(2010). “공공성의 유형화”. 〈한국행정학보〉, 44권 2호, 1~21.

임학송(1984. 2). “원작의 예술성 최대한 살리도록: 각색, 연출은 또 하나의 독자적 창작세계”, “논단: 문학작품의 TV 드라마화”. 〈방송심의〉.

임혁백(2000). 《세계화 시대의 민주주의》. 서울: 나남.

임현진(2001). 《21세기 한국사회의 안과 밖 - 세계체제에서 시민사회까지》. 서울대출판부.

______(2003). 《제3세계 연구: 종속, 발전 및 민주화》. 서울대출판부.

장동진·유인태(2005). “존 롤즈의 공적 이성과 관용의 한계”. 〈사회과학논집〉, 35권, 3~25.

장세진(2013). “시민의 텔로스(telos)와 1960년대 중반 〈사상계〉의 변천: 6·3운동 국면을 중심으로”. 〈서강인문논총〉, 38호, 43~83.

장행훈(2004). “언론인의 정계진출, 왜 문제인가”. 〈관훈저널〉, 90호, 76~85.

장호순(2003). 《한국신문의 위기》. 한국언론재단.

전경련. 〈주간전경련동향〉. 1993. 2. ~1995. 6.

______(1993). 〈93년 주요활동〉.

전재호(1997). 〈박정희 체제의 민족주의 연구: 담론과 정책을 중심으로〉. 서강대 정치외교학과 대학원 박사학위논문.

______(2000). 《반동적 근대주의자 박정희》. 서울: 책세상.

정문수(1985. 9). “논단: 문학작품과 TV 드라마 - 제작실무자의 변”. 〈방송심의〉, 51호.

정순일(1991). 《한국방송의 어제와 오늘: 체험적 방송 현대사》. 서울: 나남.
정운찬(1994). “우루과이라운드와 한국경제의 재편”. 민교협세미나 발표논문.
정연구(1998). “위기진단, 신문산업 - 판매유통질서 정상화를 위하여”. 〈신문과 방송〉, 327호, 47~52.
정연구·박용규(1996). “통계로 본 한국언론”. 〈신문과 방송〉, 301호, 34~51.
정중헌(1975. 5. 11). “불륜·저질 투성이 쇼·드라마”. 〈조선일보〉, 5면.
정진석(1995). 《인물 한국 언론사》. 서울: 나남.
______(1996). 《근대 한국언론의 재조명》. 민음사.
정태인(1991). “세계경제의 위기와 한국경제의 앞날”. 〈월간 말〉, 2월, 9~13.
______(1993). “김영삼 대통령, 국제경제학 공부 잘못했다”. 〈월간 말〉, 86호.
조맹기(2011). “소문에서 신문으로: 〈조보〉, 대간제도, 〈독립신문〉 사이의 내적 연관성”. 〈스피치와 커뮤니케이션〉, 15권, 121~156.
조선일보(1975. 5. 18). “도중하차한 〈아빠〉, 〈안녕〉”. 5면.
______(1987. 3. 28). “보통사람이 없는 TV 드라마”.
조승래(2008). “공화국과 공화주의”. 〈역사학보〉, 198집, 217~252.
조유식(1993). “진보세력은 국제화시대에 어떻게 대응할 것인가”. 〈월간 말〉, 89호.
______(1994). “서경석 경실련 사무총장과의 인터뷰”. 〈월간 말〉, 83호.
조한상(2006). “헌법에서 공공성의 의미”. 〈공법학연구〉, 7권 3호, 251~273.
조항제(2003). 《한국 방송의 역사와 전망》. 파주: 한울아카데미.
______(2008). 《한국의 민주화와 미디어 권력》. 한울.
조항제·박홍원(2010). “공론장-미디어관계의 유형화”. 〈한국언론정보학보〉, 통권 50호, 5~28.
조홍찬(2004). “유길준의 실용주의적 정치사상: 《서유견문》을 중심으로”. 〈동양정치사상사〉, 3권 2호, 169~191.
조희연(1994). “한국에서의 민주주의 이행에 관한 정치사회학적 연구”. 〈동향과 전망〉, 21호, 245~298.
주동황(1993). 〈한국 정부의 언론정책이 신문산업의 변천에 미친 영향에 관한 일 고찰〉. 서울대 언론정보학과 박사학위논문.
중앙일보(1985. 9. 4). “피서철 TV방송 역기능 컸다”. 8면.
참여사회연구소(2010). 〈퇴직 후 취업제한제도 운영실태 보고서〉. 참여연대.
최장집(1985). 《한국현대사 I》. 서울: 열음사.

______(1989). 《한국현대정치의 구조와 변화》. 서울: 까치.
______(2002). 《민주화 이후의 민주주의: 한국 민주주의의 보수적 기원과 위기》. 서울: 후마니타스.
______(2007). 《어떤 민주주의인가》. 서울: 후마니타스.
최장집·임현진(1997). 《한국사회와 민주주의》. 서울: 나남.
최주한(2010). "이광수와 식민지 문명화론". 〈서강인문논총〉, 27권, 369~395.
표재순(1992). 〈텔레비전 드라마 편성의 시대적 특성과 변천에 관한 연구〉. 연세대 행정대학원 석사학위논문.
피정란(1996). 〈조선시대 성균관 유생의 자치활동에 관한 연구〉. 성균관대 대학원 박사학위논문.
한국고전용어사전 편찬위원회(2001). 《한국고전용어사전》. 세종대왕기념사업회.
한국사특강편찬위원회 편(1990). 《한국사 특강》. 서울대출판부.
한국방송공사(1977). 《한국방송사》.
______(1987). 《한국방송 60년사》.
한국방송윤리위원회. 〈방송윤리〉 1969~1980.
______. 〈방송심의〉 1981~1987.
한국언론재단(2000). 〈전국신문방송 기자의식조사〉. 한국언론재단.
______(2002). 〈언론수용자 의식조사〉. 한국언론재단.
______(2003). 〈한국신문방송연감〉. 한국언론재단.
한상진(1996). 《현대성의 새로운 지평》. 서울: 나남.
허영(2002). 《한국헌법론》. 서울: 박영사.
홍선표(1997). 《서재필의 생애와 민족운동》. 독립기념관.
홍원표(1995). "한나 아렌트 정치철학의 역설: 전근대성, 근대성, 탈근대성". 〈한국정치학회보〉, 29권 4호, 153~179.
______(1997). "정치적 탈근대성과 정치공동체: 배제, 과잉, 균형의 정치". 〈한국정치학회보〉, 31권 1호, 7~30.
홍정애(2007). "근대계몽기 연설의 미디어 체험과 수용". 〈어문연구〉, 35권 3호, 267~291.
황경식·박정순 외(2009). 《롤즈의 정의론과 그 이후》. 서울: 철학과현실사.

영어 문헌

Arendt, H. (1958). *The Human Condition*. 이진우·태정호(역) (1996). 《인간의 조건》. 한길사.

Barber, B. (1984). *Strong Democracy. Participatory Politics of New Ages*. Berkeley and Los Angeles: University of California Press.

Beck. W., Giddens, A. & Lash, S. (1994). *Reflexive Modernization: Politics, Tradition and Aesthetics in the Modern Social Order*. Cambridge: Polity Press.

Blumler, J. & Gurevitch, M. (1981). Politicians and the press: An essay in role relationships. In D. Nimmo & K. Sanders(Eds.), *Handbook of Political Communication* (pp. 467~493). Beverly Hills, CA: Sage.

Fred, B. (1977). The ruling class does not rule. *Socialist Revolution*, *7*(3), 6~28.

Cohen, J. & Arato, A. (1992). *Civil Society and Political Theory*. Cambridge: The MIT Press.

Dirlik, A. (1996). The global in the local. In R. Wilson & W. Dissanayake (Eds.), *Global/local. Cultural Production and the Transnational Imaginary*. Durham: Duke University Press.

Elliott, P. (1980). Press performance as political ritual. In H. Christian(Ed.). *The Sociology of Journalism and the Press*. New York: Longman.

Evans, P. (1995). *Embedded Autonomy: States and Industrial Transformation*. Princeton, NJ: Princeton University Press.

Foucault, M. (1972). *An Archaeology of Knowledge*. 이정우(역) (1992). 《지식의 고고학》. 민음사.

Giddens, A. (1990). *The Consequence of Modernity*. Cambridge: Polity Press.

Habermas, J. (1990). *Strukturwandel der Offentlichkeit*. 한승완(역) (2001). 《공론장의 구조변동》. 나남.

Held, D. (1987). *Models of Democracy*. Stanford: Stanford University Press.

Huntington, S. P. (1968). *Political Order in Changing Societies*. Yale University Press.

Kang, M. K. (2000). Second modernization failed: Discourse politics from 'new Korea' to 'globalization'. In A. McRobbie & L. Grossberg (Eds.), *Without Guarantees: Anthology for Stuart Hall's Retirement* (pp. 231~253). New York: Polity.

Kant, I. (1996). *Historical Philosophy*. 이한구(역) (2009). 《칸트의 역사철학》, "계몽이란 무엇인가에 대한 답변". 서광사.

McIntyre, A. (1984). *After Virture*. University of Notre Dame Press.

Maravall, J. M. & Przeworski, A. (2003). *Democracy and the Rule of Law*. Cambridge: Cambridge University Press

Mouzelis, N. (1985). On the concept of populism: populist and clientelist modes of incorporation in semiperipheral politics. *Politics & Society*, *14* (3), 329~348.

Petras, J. (1986). The redemocratization process. *Contemporary Marxism*, *14*, 1~15.

Pettit, P. (2002). Keeping republican freedom simple. On a difference with Quentin Skinner. *Political Theory*, *30* (3), 339~356.

Przeworski, A. (1985). *Capitalism and Social Democracy*. Cambridge University Press.

______(1990). *The State and Economy under Capitalism*. Harwood Academic Publishers.

Rankin, M. B. (1986), *Elite Activism and Political Transformation in China Zhejiang Province, 1865~1911*. Stanford University Press

Rawls, J. (1996). *Political Liberalism*. 장동진(역) (1998). 《정치적 자유주의》. 동명사.

______(1999). *A Theory of Justice*. 황경식(역) (2003). 《정의론》. 이학사.

Rowe, W. T. (1990). The public sphere in modern China. *Modern China*, *16* (3), 309~329.

Skinner, Q. (2007). *Freedom as Independence*. Cambridge: Cambridge University Press.

Strand, D. (1990). "Civil society" and "public sphere" in modern China: A perspective on popular movements in Beijing, 1919~1989. Asian/Pacific

Studies Institute, Duke University.

Taylor, C. (1989) *Source of the Self: The Making of the Modern Identity.* Cambridge, Cambs: Cambridge University Press.

______(1991). *The Malaise of Modernity.* 송영배(역) (2001). 《불안한 현대사회》. 이학사.

Thompson, J. (1995). *The Media and Modernity: A Social Theory of the Media.* Stanford: Stanford University Press.

van Dijk, T. A. (1979). Pragmatic connectives. *Journal of Pragmatics,* 3, 447~456.

______(1985). *Handbook of Discourse Analysis.* London: Academic Press.

Weber, M. (1949). *The Methodologies of Social Sciences.* E. A. Shils & H. A. Finch(Eds. and trans.). New York: Free Press.

중국어 문헌

陳梅龍 & 蘇冲(2005). 近代中國公共領域初探. 學術論壇(011), 138~142.

李國娟(2006). 論"公共領域"与社會主義和諧社會 - 哈貝馬斯商談倫理在当代中國的運用. 理論探討(2002), 29~31.

李怀(2002). 哈貝馬斯的"公共領域"及其現代啓示. 西北師大學報: 社會科學版, 39(006), 84~88.

謝榮國 & 陳湘枝(2011). 教育公平与社會長治久安論析 - 以中國古代科擧制度"机會均等"爲視角. 新余學院學報.

許紀霖(2007). 公共空間中的知識分子(Vol. 6). 江蘇人民出版社.

余揚(2011). 科擧考試制度的社會功能再論. 教育与考試(5), 45~50.

黃宗智(2003). 中國的"公共領域"与"市民社會"? - 國家与社會間的第三領域. 《中國研究的范式問題討論》. 北京: 社會科學文獻出版社. 260~285.

呂約(2008). 啓蒙文學思潮与現代"知識分子". 〈當代文壇〉, 2008卷 5期, 107~109.

馬敏(1995). 《官商之間: 社會劇變中的近代紳商》. 天津: 天津人民出版社.

王笛(1996). 晚清長江上游地區公共領域的發展. 〈歷史研究〉, 1996年第 1期, 5~16.

夏維中(1993). 市民社會: 中國近期難圓的夢. 〈中國社會科學季刊(香港)〉, 4, 177.
蕭功秦(1995). 市民社會与中國現代化的三重障碍. 《蕭功秦集》. 哈爾濱: 黑龍江教育出版社. 300~312.
許紀霖(2003). 近代中國的公共領域: 形態, 功能与自我理解. 〈史林〉, 2003年 第2期, 77~89.
______(2006). 重建社會重心: 近代中國的“知識人社會”. 〈學術月刊〉, 2006年 第11期, 1~11.
______(2008a). 國本, 个人与公意: 五四時期關于政治正当性的討論. 〈史林〉, 2008年 第1期, 53~62.
______(2008b). “少數人的責任”: 近代中國知識分子的士大夫意識. 〈近代史研究〉, 2010年 第3期, 73~91.
徐嘉(2008). 自由: 近代中國倫理啓蒙的標志性理念. 〈華東師范大學學報(哲學社會科學報)〉, 40卷 3期, 111~115.
張灝(2004). 中國近代思想史的轉型時代. 《時代的探索》. 台北: 聯經出版公司. 37~42.
朱英(1996). 關于晩淸市民社會研究的思考. 〈歷史研究〉, 1996年 第4期, 122~136.
陳鋒(2006). 《明淸以來長江流域社會發展史論》. 武漢: 武漢大學出版社.
陳梅龍&蘇冲(2005). 近代中國公共領域初探. 〈學術論壇〉, 2005年 第11期, 138~142.
郭欽(2005). 論近代市民社會的區域特質与歷史軌迹 - 以淸末民初湖南長沙爲个案. 〈湖南社會科學〉, 2005年 第5期, 198~190.
賀躍夫(1998). 晩淸广州的社團及其近代變遷. 〈近代史研究〉, 1998年 第2期, 234~260.
金觀濤&劉青峰(2001). 從“群”到“社會”, “社會主義” - 中國近代公共領域演變的思想是研究. 〈中央研究院近代史研究所集刊〉, 第35期, 1~66.
劉增合(2000). 媒介形態与晩淸公共領域的拓展. 〈近代史研究〉, 2000年 第2期, 237~265.
桑兵(1995). 《淸末新知識界的社團与活動》. 北京: 生活讀書新知三聯書店.
王笛(2001). 二十世紀初的茶館与中國城市社會生活 - 以成都爲例. 〈歷史研

究〉, 2001年 第5期, 41～53.
周琳(2009). 中國史視野中的“公共領域”. 〈史學集刊〉, 2009年 第5期, 120～127.

일본어 문헌

淺野正道(2003). 公共圏と〈國民〉の創生: 明治20年代におけるプリント・ナショナリズムの諸相. 〈早稲田文學〉, 28(5), 94～113.
阿部謹也(2000). 《〈世間〉とは何か; 〈教養〉とは何か; ヨーロッパを見る視角(阿部謹也著作集 第7巻)》. 筑摩書房.
花田達朗(1996). 《公共圏という名の社會空間 - 公共圏, メディア, 市民社會》. 木鐸社.
平田由美(2002). 〈議論する公衆〉の登場 - 大衆的公共圏としての小新聞メディア. 《岩波講座・近代日本の文化史 3 近代知の成立》. 岩波書店.
東島誠(2000). 《公共圏の歴史的創造 - 江湖の思想へ》. 東京大學出版會.
桂木隆夫(2005). 《公共哲學とはなんだろう》. 勁草書房.
鹿野正直(1971). 《臣民・市民・國民》. 有斐閣.
小林直樹(1996). 現代公共性の考察. 〈公法研究〉. 日本公法學會 第51号.
三谷博(2004a). 公論形成 - 非西洋社會における民主化の経験と可能性. 三谷博 編. 《東アジアの公論形成》. 東京大學出版會. 1～27.
______(2004b). 日本における〈公論〉慣習の形成. 三谷博 編. 《東アジアの公論形成》. 東京大學出版會. 31～52.
野村一夫(1994). 《リフレクション - 社會學的な感受性へ》. 文化書房博文社.
鈴木健二(1997). 《ナショナリズムとメディア》. 岩波書店.
宮川康子(1998). 《富永仲基と懷德堂 - 思想史の前哨》. ぺりかん社.
溝口雄三(1996). 《公私》. 三省堂.
田原嗣郎(1995). 日本の〈公・私〉. 溝口雄三 著. 《中國の公と私》. 研文出版.
テツオ・ナジタ著, 子安宣邦譯(1992). 《懷德堂 - 18世紀日本の〈德〉の形成》. 岩波書店.
安永壽延(1976). 《日本における〈公〉と〈私〉》. 日本経濟出版社.

찾아보기

ㄱ

ㄷ~ㅂ

ㅅ

ㅇ~ㅈ

ㅋ~ㅎ